汉语修辞学

第四版

王希杰 著

图书在版编目(CIP)数据

汉语修辞学/王希杰著. —4版. —北京:商务印书馆,2024(2025.9重印)

ISBN 978-7-100-23209-8

Ⅰ.①汉… Ⅱ.①王… Ⅲ.①汉语—修辞学 Ⅳ.①H15

中国国家版本馆CIP数据核字(2023)第215165号

权利保留,侵权必究。

汉语修辞学
(第四版)
王希杰 著

商 务 印 书 馆 出 版
(北京王府井大街36号 邮政编码100710)
商 务 印 书 馆 发 行
北京市白帆印务有限公司印刷
ISBN 978-7-100-23209-8

2024年1月第1版 开本880×1230 1/32
2025年9月北京第3次印刷 印张13½
定价:68.00元

第四版前言

《汉语修辞学》草创于 1974 年 5 月。正式出版于 1983 年 12 月。2004 年 10 月出版修订本。日本清河大学加藤阿幸教授等集体译为日文，书名《中国语修辞学》，2016 年由好文出版社出版。2014 年出第三版。现在的是第四版。这应当是最后一版。既然是最后一版，也许可以免去"第四版"的标志。

第三版十二章。现在是十六章。因为一个学期的教学周一般是十六周，才扩展成十六章的。每周一章。授课教师可以根据具体情况，有所选择。有些章节可以不讲，自学，例如第十四章"语体"、第十五章"风格"、第十六章"在广阔的修辞的田野上"。讲授的章节，也可以有所选择。授课要突出重点，不必面面俱到。而对偶可以单独作一讲，结合对联，联系骈文。这次，我们把比喻单独成章，其实，汉语修辞学也可以把对偶单独成章的。

句子是修辞的核心。没有句子，就没有修辞。一切修辞问题都落实在句子上。语音和语义修辞，语体和风格修辞，修辞术和修辞格，都体现在句子上。提句子之纲挈修辞之领，修辞之纲举修辞之目张。

汉语修辞学是以汉语言文字为载体，以中华文化为背景的修辞学。古典诗文，作者不全是汉族人，是兄弟民族共同参与的创作。汉语是中国的通用语言。《汉语修辞学》用例也不局限于汉族人的用例。

世界的语言具有共性。各种文化相互交融。汉语修辞学不能跟其他语言的修辞学割裂开来。不同民族、不同文化的修辞学是共性大于个性差异性。大学生学习汉语修辞学应当联系自己学习的外语，同时汉语修辞学的学习也必然有益于外语的学习。

汉语修辞学是以汉语汉字为载体的，但汉语修辞学知识可以、也应当拓展到汉语言文字之外去，拓展到一切运用符号的交际活动中去。第十六章"在广阔的修辞的田野上"，是一个召唤，让我们从《汉语修辞学》中出去，到修辞活动中去，到多种多样的非语言文字的修辞活动中去。就是说，《汉语修辞学》的终点，是一个新的起点，走向一个广阔无边的大海洋的开始。祝福老师和同学与读者，弄潮儿在修辞潮头立，手把红旗旗不湿。

2022 年 3 月 22 日晨
南京秦淮河畔

序　言

希杰同志的《汉语修辞学》就要出版了，远道来信，要我写几句话作为序言。希杰同志的书我是看过初稿的，但现在只记得个大概，无从把本书的优点充分介绍给读者。我记得翻开这本书就有一个好印象，是因为它不像另外一些讲修辞的书那样，在近于敷衍似的稍微讲讲修辞原理之后，就把几十个修辞格一字摆开，作为读者学习的对象。不，本书不是为讲修辞格而讲修辞格，而是让修辞所要达到的各种目的出来统率修辞格：或者是为了结构的均衡，或者是为了声音的优美，或者是为了语言的变化，或者是为了语意的侧重，或者是为了出语的新鲜，或者是为了措辞的得体。这样就防止了在读者心中产生盲目的修辞格崇拜。

希杰同志这本书讲文章风格也讲得很好。虽然把风格分为藻丽与平实、明快与含蓄、繁丰与简洁这么六体三组也是有所继承，但举例多而切当都胜过前人。我觉得稍微有点不足的是作者忘了说明有一个原则贯穿于一切风格之中，也可以说是凌驾于一切风格之上。这个原则可以叫作"适度"，只有适度才能不让藻丽变成花哨，平实变成呆板，明快变成草率，含蓄变成晦涩，繁丰变成冗杂，简洁变成干枯。这个原则又可以叫作"恰当"，那就是该藻丽的地方藻丽，该平实的地方平实……不让一篇文章执著于一种风格。综合这两个方面用一个字眼来概括，就是"自然"，就是一切都恰到好处。借用苏东坡的话来说，就是"大略如行云流水，初无定质，但常行于所当行，常止于所不可不止，文理自然，姿态横生"。也许有人要说，你提倡自然，岂不是要取消修辞？不，文章要自然不等于写文章可以随便。苏东坡在"文理自然"之后接着说"姿态横生"，这岂是信笔所至所能做到？文理自然而又姿态横生，这个境界不是随随便便就能达到的，是要经过长时间的锻炼才能接近的。所以不是取消修辞，而是要用加倍的力气去修辞。因为希杰同志没有在他的书里发挥这个意思，我就借写序的机会做点补充。

吕叔湘

1982 年 9 月 24 日

修订本前言

一

《汉语修辞学》的修订工作基本结束了,我想起了吕叔湘先生。

重读吕先生的序言,我深深地体会到:前辈学者对年轻学人的关爱和支持是学术进步和繁荣的重要条件之一。

二十年后的今天,年过花甲的我,决心向前辈学者学习,经常关心和尽量支持年轻学人。

二

我走进修辞学,应归功于杨咏祁先生。

1974年春天,副系主任杨咏祁先生找我,说:"工农兵学员不愿意学习基础理论,他们要求开设实用性的课程,提出开修辞学。你去上修辞学!"

我问:"教材呢?"

"你编写。"

"时间呢?"

"现在就去华西大队,回来后给你一个月时间。"

于是,用了一个月的时间,我编写了一本教材《修辞常识》。

1976年秋天,"四人帮"垮台了。杨副主任找我,说:"教材用完了,形势变化了,你得修改一下你的教材。"

"时间呢?"

"给你一个月时间。"

修订后题为《现代汉语修辞》。1977年,南京工学院(现称东南大学)马列室请我去上课,我又压缩为《修辞讲话》。

1978年夏天,我到昆明参加全国现代汉语会议,把讲义送给了主办单位昆明师范学院,他们在我修改加工之后,作为函授教材,铅印了两万册。

本书的出版,关键人物是中国社会科学院语言研究所的林书武先生。1980年,林书武先生偶然看到了这个铅印本,主动推荐给北京出版社,那时他不认识我,我也不认识林先生,后来知道他的专业是英语,翻译过乔姆斯基的《句法结构》等。因为林先生的推荐,北京出版社才来信提出出版这本书。

三

在本书开始写作三十年后,在本书出版二十年后,修订本将同读者见面,而且是由商务印书馆出版,这是我非常高兴的事情。

但愿,曾经喜欢过《汉语修辞学》的人,也能够喜欢《汉语修辞学》(修订本)。但愿没有越改越坏,只要修订本比初版好些,我也就满意了。

王希杰
2003年3月8日

第三版前言

2009年6月,在北京,商务印书馆副总编辑周洪波博士告诉我,《汉语修辞学》(修订本)七年已经印刷八次了。他建议我与时俱进,做小修改,换些例子。回到南京,我就考虑修改的事情了。因合同尚未期满,故并不急。2011年年初,在日记中写着:"三月底修改完毕交出。"可结果是,今天已是2012年元月一日,我还没有完成修订任务。当初真的没有想到,原以为一两个月就可以轻松做了的事,竟然跨了三个年头,从虎年开始,整整一个兔儿年,此刻已经龙年啦!

兔年的最尾巴,陈章太先生来电话。谈起吕叔湘先生,章太说吕先生推动了中国修辞学会的成立。吕先生说,中国修辞学自有传统,很发达,不同于西方。《文心雕龙》的传统要继承发展。我说,《修辞概要》的作者张志公的毕业论文写的是《文心雕龙》,指导教师是吕先生。这是张先生对我说的。我很感谢章太对中国修辞学会的支持,我说:"中国修辞学会批文上的七个中央部委的公章是你章太办的,作为发起人之一的我至今也不知道这些机构的大门朝何处开呢!"章太说:"是吕先生支持成立中国修辞学会的。吕先生说,要搞好修辞学。"章太还说:"吕先生说:王希杰爱动脑子,脑子活,有新东西。"在本命年到来前夕,我深深地怀念吕先生。我对章太说,对吕先生,对方先生,对我们的老师们,年轻时理解不多不深,老了,才了解他们比较多一点了。

我从不保存来往书信,两个月之前,偶然间发现张志公先生的一封信和一张留言便条。一个月前,无意之间居然在一些废纸中发现小学毕业证书(扬州苏北育才小学1953年)。兔年年底,竟然又发现了吕叔湘先生1983年9月27日的信。吕先生说:"我对于修辞只有一个消极的意见,就是不能局限于修辞格。"谈到学会,他指出:"关于各种学会,我的印象是：会很多，做出来的事情很少，产生无数'理事'，供人往简历上填写。这也是学风问题。"

　　修改《汉语修辞学》期间，多次想到吕叔湘先生。我感谢吕先生主编的《中国语文》1960年发表了我的两篇修辞学习作，促使我走上这条路。感谢吕先生支持我们创办中国修辞学会。

　　这次修改，在尽量保持原书的格局和篇幅的前提下，章节方面做了一些调整，适当增加了一些新的想法，去掉了一些现在认为不很妥当的说法。"觉今是而昨非"，然而不敢断言，今日之所是就一定是是而不是新非，当我想到今日之所是者明日也许就是非，何况自以为是者他人可能就认定为非的。转而又想，世上哪有全是而无非的？倒也不必过分追求。

王希杰
二〇一二年元旦上午九时

目 录

第一章 修辞学 ... 1
- 一 古老而年轻的修辞学 ... 1
- 二 修辞 ... 2
- 三 修辞术 ... 4
- 四 修辞格 ... 6
- 五 修辞学 ... 8
- 六 修辞学和逻辑学 ... 10
- 七 修辞学和语法学 ... 11
- 八 修辞学和阐释学 ... 12
- 九 修辞的零度与偏离 ... 14
- 小 结 ... 16
- 思考与练习 ... 17

第二章 汉语修辞学 ... 18
- 一 古老而年轻的汉语修辞学 ... 18
- 二 汉语修辞学 ... 19
- 三 汉语修辞学和中国修辞学 ... 23
- 四 汉字文化圈 ... 24
- 五 观察法 ... 26
- 六 比较法 ... 29
- 七 归纳法和演绎法 ... 31
- 八 方法与方法论 ... 34

九　修辞学教学 ………………………………………… 37
　　小　结 …………………………………………………… 39
　　思考与练习 ……………………………………………… 40

第三章　交际的矛盾和修辞的原则 …………………… 41
　　一　交际的矛盾 …………………………………………… 41
　　二　语言和言语与思维和思想 …………………………… 42
　　三　四个世界 ……………………………………………… 43
　　四　自我和对象 …………………………………………… 49
　　五　语境 …………………………………………………… 54
　　六　话题和前提 …………………………………………… 56
　　七　诚信 …………………………………………………… 63
　　八　得体 …………………………………………………… 65
　　九　全局 …………………………………………………… 67
　　小　结 …………………………………………………… 69
　　思考与练习 ……………………………………………… 69

第四章　意义 ………………………………………………… 71
　　一　语言义和言语义 ……………………………………… 71
　　二　同形异义 ……………………………………………… 72
　　三　同义异形 ……………………………………………… 76
　　四　社会文化义 …………………………………………… 79
　　五　联想义和暗示义 ……………………………………… 82
　　六　语流义和情景义 ……………………………………… 86
　　七　模糊义和模糊话语 …………………………………… 90
　　八　显性和潜性义 ………………………………………… 93
　　九　表达义和接受义 ……………………………………… 93
　　小　结 …………………………………………………… 94

思考与练习 ··· 95

第五章　同义手段和语言变体 ································· 96
　　一　同义手段的定义 ··· 96
　　二　语言的同义手段和言语的同义手段 ························· 97
　　三　显性的同义手段和潜性的同义手段 ························· 98
　　四　同义手段的选择 ··· 99
　　五　语言变体与语言变体的选择 ······························ 100
　　六　地域变体 ·· 101
　　七　社会变体 ·· 103
　　八　言文变体 ·· 108
　　九　文学语言 ·· 112
　　小　结 ·· 114
　　思考与练习 ·· 114

第六章　语音 ·· 116
　　一　语音与表达效果 ·· 116
　　二　韵母与韵脚 ·· 119
　　三　声调与平仄 ·· 125
　　四　音节 ·· 128
　　五　节拍 ·· 131
　　六　象声词和联绵词 ·· 136
　　七　衬词和叠音词 ·· 138
　　八　谐音 ·· 140
　　九　语音句 ·· 142
　　小　结 ·· 143
　　思考与练习 ·· 144

第七章　结构 …… 145
- 一　句法结构 …… 145
- 二　句法结构和语义关系 …… 147
- 三　同义结构和多义结构 …… 150
- 四　并列结构 …… 152
- 五　偏正结构 …… 156
- 六　词序 …… 158
- 七　语序 …… 162
- 八　插入 …… 165
- 九　衔接与反衔接 …… 166
- 小　结 …… 169
- 思考与练习 …… 170

第八章　句子 …… 171
- 一　句子 …… 171
- 二　常规句和超常句 …… 174
- 三　主语和谓语 …… 176
- 四　主语和宾语与定语 …… 178
- 五　动词谓语 …… 183
- 六　状语：近状语和远状语 …… 185
- 七　长句和短句 …… 188
- 八　整句和散句 …… 192
- 九　句际关系 …… 194
- 十　纵式结构和横式结构 …… 196
- 小　结 …… 198
- 思考与练习 …… 199

第九章　比喻 …… 201
- 一　比喻 …… 201

二　相似点 ……………………………………………… 202
三　明喻和暗喻 ………………………………………… 205
四　借喻和代语 ………………………………………… 208
五　倒喻和互喻与反喻和较喻 ………………………… 210
六　疑喻和迂喻与曲喻 ………………………………… 214
七　博喻和连锁喻 ……………………………………… 215
八　比喻的审美功能和认识功能 ……………………… 217
九　比喻的色彩差 ……………………………………… 218
十　以花喻人 …………………………………………… 221
小　结 …………………………………………………… 224
思考与练习 ……………………………………………… 224

第十章　联系 …………………………………………… 225
一　语言的联系美 ……………………………………… 225
二　比拟 ………………………………………………… 227
三　借代 ………………………………………………… 229
四　禁忌与婉曲 ………………………………………… 231
五　反语 ………………………………………………… 235
六　拈连 ………………………………………………… 238
七　移就 ………………………………………………… 240
八　转类 ………………………………………………… 241
九　仿拟 ………………………………………………… 245
十　引用 ………………………………………………… 247
小　结 …………………………………………………… 252
思考与练习 ……………………………………………… 253

第十一章　均衡 ………………………………………… 254
一　语言的均衡美 ……………………………………… 254
二　对偶和对联 ………………………………………… 256

三　对照 …………………………………………… 261
四　排比 …………………………………………… 265
五　递进 …………………………………………… 268
六　顶针 …………………………………………… 270
七　回环 …………………………………………… 272
八　互文 …………………………………………… 273
九　列举分承 ……………………………………… 276
十　均衡的局限与超越 …………………………… 279
小　结 ……………………………………………… 280
思考与练习 ………………………………………… 280

第十二章　侧重 …………………………………… 282

一　语言的侧重美 ………………………………… 282
二　夸张 …………………………………………… 283
三　反复 …………………………………………… 286
四　同语 …………………………………………… 288
五　映衬 …………………………………………… 290
六　撇语 …………………………………………… 292
七　抑扬 …………………………………………… 293
八　问语 …………………………………………… 295
九　类聚语 ………………………………………… 297
十　名词语 ………………………………………… 299
小　结 ……………………………………………… 301
思考与练习 ………………………………………… 302

第十三章　变化 …………………………………… 304

一　语言的变化美 ………………………………… 304
二　视点 …………………………………………… 305

三　双关 ……………………………………………………… 310
四　析字和析词 …………………………………………… 315
五　返源和顾名思义 ……………………………………… 320
六　拟误和谬语 …………………………………………… 323
七　顿跌 ……………………………………………………… 329
八　相反相成 ……………………………………………… 331
九　藏词与歇后 …………………………………………… 333
小　结 ………………………………………………………… 335
思考与练习 ………………………………………………… 335

第十四章　语体 …………………………………………… 336
一　语体与修辞 …………………………………………… 336
二　公文语体 ……………………………………………… 337
三　学术语体 ……………………………………………… 340
四　传媒语体 ……………………………………………… 344
五　文艺语体 ……………………………………………… 346
六　平常词语艺术化 ……………………………………… 348
七　人物语言个性化 ……………………………………… 350
八　诗歌语言 ……………………………………………… 354
九　散文语言 ……………………………………………… 358
小　结 ………………………………………………………… 359
思考与练习 ………………………………………………… 360

第十五章　风格 …………………………………………… 361
一　语言风格 ……………………………………………… 361
二　表现风格的类型 ……………………………………… 363
三　藻丽风格 ……………………………………………… 366
四　平实风格 ……………………………………………… 368

五　明快风格 …………………………………… 372
　　六　含蓄风格 …………………………………… 374
　　七　繁丰风格 …………………………………… 377
　　八　简洁风格 …………………………………… 380
　　九　典雅风格 …………………………………… 381
　　十　通俗风格 …………………………………… 382
　　十一　风格的鉴赏与培养 ……………………… 384
　　小　结 …………………………………………… 385
　　思考与练习 ……………………………………… 386

第十六章　在广阔的修辞的田野上 …………… 387
　　一　投桃报李 …………………………………… 387
　　二　空城计 ……………………………………… 389
　　三　身态语和服饰语 …………………………… 391
　　四　镶嵌 ………………………………………… 393
　　五　图示 ………………………………………… 395
　　六　象征符号 …………………………………… 397
　　七　比拟行事 …………………………………… 399
　　八　符号和符号学 ……………………………… 401
　　九　符号修辞学 ………………………………… 403
　　十　手机修辞大世界 …………………………… 405
　　十一　真话和假话与美言和善言 ……………… 406
　　十二　修辞辩证法 ……………………………… 407
　　十三　多种多样的修辞学 ……………………… 409
　　小　结 …………………………………………… 410
　　思考与练习 ……………………………………… 410

参考文献 …………………………………………… 411
后　　记 …………………………………………… 413

第一章 修辞学

所有理论都是灰色的,生命的金树常青。(歌德《浮士德》)

古今之成大事业、大学问者,必经过三种之境界:"昨夜西风凋碧树,独上高楼,望尽天涯路。"此第一境也。"衣带渐宽终不悔,为伊消得人憔悴。"此第二境也。"众里寻他千百度,回头蓦见,那人正在灯火阑珊处。"此第三境也。(王国维《人间词话》)

关键词:修辞 修辞学 修辞术 修辞格 零度偏离

一 古老而年轻的修辞学

修辞学是一门古老而又年轻的学科。

修辞学是古老的。西方修辞学发轫于古希腊。古代希腊的修辞学(或叫修辞术),指的是演说的艺术,包括立论和词句的修饰。伊索克拉底(前436—前338)著有《修辞术》。亚里士多德(前384—前322)的《修辞学》是西方修辞学的源头。修辞学在中世纪的欧洲同语法学、逻辑学合称为"三艺",又是"七艺"之一,是文化人所必修的。有盛必有衰,19世纪中期开始,西方修辞学跌入低谷,走向衰落衰败之路。

修辞学是年轻的,20世纪初,西方现代修辞学再次崛起。索绪尔的学生、瑞士人巴利(Ch. Bally, 1865—1947)的《法语修辞学》(*Tralité de stylistique française*)①,把索绪尔的语言和言语区分的学说运用于修辞学,建立比较完备的词汇同义表达手段系统,开创了现代修辞学。

---

① 也有人译作《法语风格学专论》。

比利时列日大学列日小组推出《普通修辞学》(*A General Rhetoric*)，运用结构主义语言学和符号学重新阐释传统修辞学的修辞格，被称为"新修辞学"(neo-rhetoeric)。

二　修辞

修辞分为：修辞活动和修辞规律。

修辞活动就是交际活动中运用语言表达思想感情的一种活动。人们运用语言，总是有意或无意地追求最佳的表达效果。为了达到预期的最佳表达效果而对语言材料进行选择的过程，就是修辞活动。

画家吴昌硕说："事父母色难，作画亦色难。"这是用典。《论语》："子夏问孝。子曰：'色难。有事，弟子服其劳；有酒食，先生馔，曾是以为孝乎？'"孔子说的"色"是神态，是和颜悦色，吴昌硕说的"色"是颜色。吴昌硕故意混淆二者。这就是修辞。

画家齐白石20世纪40年代的画作《鹦鹉》，题跋："汝好说是非，有话不在汝前头说。"原先写的是："汝好说是非，有话别在汝前头说。"画家写完之后，用墨圈了"别"字，把"别"字改为"不"字，这就是修辞。"别在"是"不要在"，是劝告。"不在"则是"本当如此"，理所当然。鹦鹉"好说是非"，所以有话不在鹦鹉面前说。说话需要看清对象，把握好语境，是修辞的基本原则。

1956年暑假，我去扬州游玩。一个小学同学对我说："我家住莲花桥5号……"哇，好地方。"的后面。"啥？"我家不在莲花桥5号。是莲花桥5号的后面。"明白了，莲花桥5号的后面是大茅厕巷。他不说"我

齐白石　《鹦鹉》

家在大茅厕巷",避粗俗求雅致,很修辞。所以六十多年了,我还记忆犹新,如在目前。

修辞是普世的,是人都修辞,不分民族。人一旦开口说话,不管使用何种语言,都是在修辞。但是,最讲究修辞的是诗人小说家。英国小说家狄更斯的《双城记》开场白:"It was the best of times, it was the worst of times, it was the age wisdom, it was the age of foolishness, it was the epoch of belief, it was the epoch of incredulity, it was the season of Light, it was the season of Darkness, it was the spring of hope, it was the winter of despair, we had everything before us, we had nothing before us, we were all going direct to Heaven, we were all going direct the other way."("这是最美好的时期,这是最坏的时期;这是智慧的时期,这是愚蠢的时期;这是充满信仰的时代,这是顾虑重重的时代;这是光明的季节,这是黑暗的季节;这是富有希望的春天,这是充满绝望的寒冬;我们拥有一切,我们一无所有;我们正笔直走向天堂,我们正笔直走向地狱。")逻辑上自相矛盾是故意为之,这是对照与相反相成修辞格的运用,是成功的修辞。

修辞活动是动态的,是"预测—反馈"的互动过程。修辞活动是具体的、个别的、复杂多变的,因人、因时、因地、因事而异,千差万别,但是,千变万化的修辞活动中的修辞规律规则,是静态的、抽象的,是共同的、稳定的,对不同的人、不同的时间、不同的地点都是适用的。甚至是普世的,不同的民族、不同的语言、不同的文化、不同的国家具有相同的修辞规律规则。修辞活动是运用修辞规律的活动,修辞规律存在于修辞活动之中。修辞活动是动态的,修辞规律是静态的。

同"语法"一样,"修辞"也有两种用法。(一)指修辞活动中的规律规则,是客观存在物。(二)指人们对修辞规律规则的认识或描述,即有关修辞规律规则的知识、学说。科学术语要求单义性,所以应当区分"修辞"和"修辞学"。"修辞"指客观存在物;"修辞学"指关于修辞现象的知识、理论。同理,"语法"是客观存在物,"语法学"则是关于语法的学问,是语法学者的认识活动的产物。

作为一个语言学术语的"修辞学",与英语中的 rhetoric、德语中的 die Rhetorik、俄语中的 стилстика 相当。rhetoric 来源于希腊语 rhetoric。原义是演讲,后来一般都用来指修辞或修辞学。西方修辞学也用罗马语词 oratory 指称修辞学。

三 修辞术

"言必称希腊",论说修辞学总是从亚里士多德开始。亚里士多德的修辞学著作,罗念生译作《修辞学》,颜一翻译为《修辞术》。颜一的《修辞术》和罗念生的《修辞学》其实是同一本著作,异名而已。在西方,"修辞术"也曾用来指"修辞学","修辞术"和"修辞学"常常是同义词。

修辞的技术就是"修辞术"。阿拉伯神话故事《三句名言》,主人公是一个勤劳忠厚的农民,遭受王后的陷害,困在深深的井底下。面前出现:一个魔鬼,魔鬼面前站着两个姑娘。一个长得非常美丽,就像十五的月亮一样;另外一个生得十分丑陋,如同妖怪一般。魔鬼问:"这两个姑娘哪一个美丽?"农民先是想:魔鬼是丑的,那个丑姑娘,因为丑的可能会得到同情,物以类聚嘛。后来又想,魔鬼可能会喜欢那个美丽的姑娘,如果我说得不合他的意,他就要加害于我的。于是想说一句怎么理解都可以的话。这时他突然想起了他花了三千里亚尔购买的三句名言中的第二句:"你所喜欢的就是好的。"于是就对魔鬼说:"你喜欢的就是好的。"魔鬼听了,哈哈大笑说:"你的回答使你保住了活命。如果你说那个丑的漂亮,我将杀死你,我知道你在说假话骗我;如果你说那个美的漂亮,我也将杀死你,因为我喜欢那个丑的。去吧,你去为你的同伴们打水吧!"修辞术救了这个阿拉伯农民的命。

父母给孩子上的第一课是修辞术。父母教孩子怎样喊人,在不同的场合,对不同的人,怎样说话。修辞术就在我们身边,时时刻刻不离开我们,伴随着我们一生。修辞术是社会和人生绝对不可缺少的。修辞术诉诸人性与人心,是人情世故的载体。

"三个臭皮匠赛过诸葛亮"的诸葛亮是运用修辞术的高手。陈寿说:"羽闻马超来降,旧非故人,羽书与诸葛亮,问超人才可谁比类。亮知羽护前,乃答之曰:'孟起兼资文武,雄烈过人,一世之杰,黥、彭之徒,当与翼德并驱争先,犹未及髯之绝伦逸群也。'羽美须髯,故亮谓之'髯'。羽省书大悦,以示宾客。"(《三国志·蜀书·关羽传》)在这里,诸葛亮运用的是美誉法,关羽很受用。诸葛亮还善于使用激将法,如对孙权、周瑜、黄忠、司马懿等人都用过激将法。罗贯中《三国演义》第七十回,诸葛亮对黄忠说:"老将军虽然英勇,然夏侯渊非张郃之比也。渊深通韬略,善晓兵机,曹操倚之为西凉藩蔽,先曾屯兵长安,拒马孟起;今又屯兵汉中。曹不托他人,而独托渊者,以渊有将才也。今将军虽胜张郃,未卜能胜夏侯渊。吾欲酌量着一人去荆州,替回关将军来,方可敌之。"激将法促使黄忠、严颜大胜定军山,斩杀魏国名将夏侯渊。

修辞术的特点是适应或迎合对方的心理需求,投其所好,利用人类的心理弱点。尼泊尔民间故事《傲慢的大公鸡》:"其他鸡对这只刚愎自用、目空一切的大公鸡实在是忍无可忍,它们终于想出一个惩罚治它的办法。一天晚上,几位鸡元老将所有的鸡召在一起,然后呢,它们尽力吹捧这只自负的大公鸡。"连鸡们都善于运用修辞术,当然,实际上是人在运用修辞术。这是拟人修辞格,是人在假借鸡之口。我们引用尼泊尔民间故事,目的是说修辞术是普世的,是各民族所共同的。

柏拉图《斐多篇》中区分两类修辞术:一类是智者讲演中传授的诡辩式修辞术,不以真理为依据,是骗人的;另一类是建立在哲学和真理的基础上的真正的修辞术。我们区分两种修辞术:一种是立足于诚信原则、双赢的修辞术,另一种是反诚信的零和的修辞术。

修辞术惹人厌招人恨,经常是贬义的。事实上,修辞术是中性的。吃了修辞术的亏上了修辞术的当的人,迁怒于修辞术,责任其实不在修辞术。高尔吉亚为修辞术行家辩护,主张修辞术本身是中性的,既能用来做好事，也能用来办坏事。①修辞术可以用来进行诈骗活动，但是接受法律制裁的是诈骗犯，不是诈骗术。修辞术无罪。不能把修辞术抹黑丑化为诈骗术。

"修辞学"和"修辞术"的区别是，作为语言学的一个部门的修辞学是有效运用语言的理论体系，有助于提高表达效果的规律规则的总和，具有抽象性、普适性。修辞术是修辞的技术与策略、修辞的方式方法，是比较具体的、多种多样的，适用范围常常是有限的。修辞术只是修辞学的内容之一。

四　修辞格

"修辞格"这个术语是唐钺（1891—1987）首先提出来的。他说："凡语文中因为要增大或者确定词句所有的效力，不用通常语气而用变格的语法，这种地方叫作修辞格（又叫语格）。"②修辞格是提高表达效果的格式，修辞格是"变格的语法"。这"语法"不是同"语音、词汇"相提并论的那个"语法"，而是语言的结构规则、语言运用的常规。

1991年，我们在《什么是修辞格？》中给修辞格下了两个定义。第一个狭义的定义："修辞格是一种语言中为了提高语言的表达效果而有意地偏离语言的和语用的常规并逐渐形成的固定格式、特定模式。"这个定义包含三点：第一，修辞格是提高表达效果的手段；第二，修辞格是自觉地对于语言和语用的常规的偏离；第三，修辞格是固定的格式。

第二个广义的定义："修辞格是一种语言中偏离了语言的和语用的常规而逐渐形成的固定格式、特定模式。"进而，区分出正负修辞格："有意识地偏离常规，有利于表达效果的提高的，叫作正辞格。无意识偏离

---

①　罗伯特·沃迪著：《修辞术的诞生：高尔吉亚、柏拉图及其传人》，何博超译，译林出版社2015年，第780页。
②　唐钺：《修辞格》，商务印书馆1923年，第1页。

常规的,降低了语言的表达效果的,叫作负辞格。正辞格和负辞格有惊人的相似之处,它们是对立的,但又是可以相互转化的,并且可以在更高的层次上统一起来。"①

修辞格也可以分为显性辞格和潜性辞格。已经出现,得到认可的是显性辞格。有待发现的,是潜性辞格。

修辞格也可以分为归纳的辞格和演绎的辞格。② 运用归纳法总结出来的辞格是归纳的辞格。运用演绎法推导出来的辞格是演绎的辞格。

修辞格是固定的格式,具有能产性。修辞格是修辞学的最重要的组成部分,但是不是修辞学的全部,不能把修辞格和修辞学等同起来。修辞格具有造词功能,相当于具有造血功能的干细胞。造词功能是语言生存的必要条件。修辞格也是阐释的工具。没有必要的修辞格知识,就不能听话与阅读,不能听懂对方的话语,交际活动就无法继续进行。修辞格不是汉语独有的,是各种语言各种文化中都具有的。

修辞格是认识世界的方式,发明创造的方式。人类对世界的认识,是一个从已知向未知进军的过程。在这一过程中,人们通过已知事物和未知事物对比,把握两者之间的异同,以及相似关系和相关关系,促进了认识的飞跃。许多修辞格的核心正是相关关系和相似关系。例如,比喻的基础是相关关系,借代的基础是相关关系。"那人像小鸟一样飞了",这是修辞学上的比喻,它建立在人和鸟的异同上。科学家也从小鸟的飞行及人同小鸟的异同中得到启示,才发明了飞机。修辞格的借代往往用典型特征来代替事物,用"白大褂"代替医务工作者,用"白头翁"指代老男人。发现与考察特征是最重要的认识方式之一。看不到事物的重要特征,就谈不到真正地认识事物。

修辞格是影视、绘画、建筑、雕塑、服饰、摄影等的重要方法。修辞格也是解码的手段。修辞格还是游戏的工具。人是一种游戏的动物。汉

---

① 王希杰:《语言学百题》,上海教育出版社1991年,第345—348页。
② 参看王希杰:《论归纳的辞格和演绎的辞格》,《广西师院学报》1993年第3期。

字汉语具有巨大的游戏潜能。说汉语的人特别喜欢语言文字游戏。修辞格有造词功能。丧失了造词功能,语言就将逐步衰亡。

五 修辞学

修辞学可以定义为:提高语言的表达效果的规律规则的学说。①

当然,定义可以是多种多样的。可以从不同角度与侧面来认识对象。为了特定的研究目标,可以强调研究对象的某个方面。修辞学也可以有多种定义:"修辞学是研究语言表达效果的一个语言学分支学科。""修辞学是以修辞活动为其研究对象的一个语言学分支学科。""修辞学是研究语言表达效果规律规则系统的学问。""修辞学是表达者的学问。""修辞学是表达得体学。"

修辞学是"你—我"之学。"你—我"构成修辞圈。修辞学是修辞圈有效运转的学问。大修辞圈是"'你—我'—他"。修辞圈是动态的,"你—我"可以相互转化,不在场的"他"可以转化为修辞圈的"我"或"你"。

修辞学是语言学的一个部门。语言学是研究语言的学科。现代语言学是人文科学中领先的学科。恩斯特·卡西勒尔(1874—1945)说:"在整部科学史中也许没有一章比语言学这门新科学的出现更令人神往。这门科学的重要性完全可以跟17世纪伽利略改变了我们关于物质世界的整个观念的新科学媲美。"②

修辞学是应用学科,也是理论学科。修辞学是内部的微观的结构语言学同社会之间的桥梁。修辞学是语言学面对社会的一个窗口。修辞学

---

① 参看王希杰:《修辞的定义及其他》,《南京大学学报》1979年第2期;《论修辞学的对象》,《语言教学与研究》1988年第4期;《修辞学的现实和理想》,《修辞学习》1991年第3期;《论修辞学的性质和定义》,《云梦学刊》1993第1期;《论修辞学中的基本概念:显性和潜性》,《松辽学刊》1996年第1期。

② 伍铁平编著:《语言学是一门领先的科学》,北京语言学院出版社1994年,第2页。

研究的是语言的运用与运用的语言。语言是人类区别于动物的标志。语言是人类最重要的交际工具，是人们用来彼此交际、交流思想，以达到互相了解的手段。语言是人类最重要的财富（一言九鼎、一字千金），又是一文不值的（空话废话等就是一文不值的）；语言是积极的美好的，是人的社会化的手段、人际关系的润滑油，又是人际冲突的导火索，甚至是一把杀人的刀子（谣言流言谎言就是杀人的刀子）；语言是和谐的手段，也是战争的导火线。①

语言运用是一种复杂的社会现象，包括生理的、物理的、文化的、心理的、审美的、哲学的、历史的等因素。不同的学科可以从不同的角度来进行研究。不同角度的研究，构成不同的科学门类。修辞学研究的是语言的表达效果问题。语音学、词汇学和语法学的研究对象是语言本身的结构，如同汽车构造学，保证制造出合格的汽车。研究语言的交际功能、表达效果的修辞学，如同研究有效驾驶的汽车驾驶学。

修辞学关注的是对语言的加工。假定已经有了一个完整的健康的内容，要解决的只是如何表达。如何深化对世界的认识，提高自己的思想水平，这不在修辞学的研究范围之中。修辞学关注的是为了提高语言的表达效果而对语言进行的加工。叶圣陶："'吓！'声音很严厉，左手的食指坚强地指着，'这是中央银行的，你们不要，可是要吃官司？'"（《多收了三五斗》）"坚强"后来修改为"强硬"。"坚强"是褒义词，用于米行账房先生对农民的恐吓，不妥帖，中性词"强硬"比较得体。再如："……伴着一副懊丧到无可奈何的嘴脸。"贬义词"嘴脸"用于被剥削的穷苦农民，不妥当，后来修改为中性词"神色"。这一类为提高语言表达效果而对语言进行的加工，才是修辞学的研究对象。大多数情况下，这类加工都是同义手段的选择问题。修辞学研究的对象是为了提高语言表

---

① 参看王希杰：《语言是什么？》，《语文月刊》1994年第2期；《语言本质的再认识》，《云梦学刊》1994年第4期；《语言的理想和现实》，《语文月刊》1994年第5期；《语言的崇拜和迷信》，《语文月刊》1994年第7期。

达效果而对语言进行的加工,其核心是同义语言手段的选择,而同义语言手段的选择又大多是在语言的各种变体之间进行的。从某种意义上可以说,修辞学是同义手段选择的学问。

六　修辞学和逻辑学

修辞学经常跟语法学和逻辑学相提并论,简称"语修逻"。

逻辑学,研究人们思维的规律,解决对不对的问题。语法学,研究语言的结构规律,解决通不通的问题。修辞学,研究提高语言表达效果的规律,管的是好不好的问题。逻辑学和语法学是修辞学的基础。语法和逻辑是修辞世界里的常规。合乎逻辑,合乎语法的,表达效果好;不合乎逻辑和不合乎语法的,表达效果不好。但是不可简单化绝对化。

实际上,合乎逻辑的,不一定就是好,不合乎逻辑也不一定就是不好。《红楼梦》里的焦大说:"不和我说别的还可,若再说别的,咱们红刀子进去,白刀子出来!(第七回)不合逻辑。但是,不算病句。这是焦大酒后胡言乱语,是个性化人物的语言,好。

不可死抠逻辑。修辞≠逻辑,修辞学≠逻辑学。"面对面装饰取消人工费　真免费还是假噱头"(《现代快报》2011年10月28日)。这里的"还是"表示选择关系,要求在两个项目中间做出取舍:免费,还是不免费?动真格的真免费,还是来假招式玩真噱头?说免费而不免费就是玩噱头。"假噱头"不是噱头,则是真免费。逻辑的表达是:"真免费还是假免费的真噱头?"但是,读者的思维是:真—免费∥假—噱头。是真,还是假?是免费,还是噱头?免费是真,噱头是假。是真的免费,还是假的免费、真的噱头?"假"表层上跟"噱头"紧紧相连,深处却指向"免费":"假免费的噱头"。深层里"假"修饰的是"免费"。人脑是复杂的神奇的,这个逻辑噪声没有干扰接受者正常的解码活动。

2022年,北京冬奥会期间,2月16日《环球时报》一篇报道的标题:"冬季接近半年　冰雪融入人生　挪威人'带着滑雪板出生'"。任何人都是赤条条来到这个世界上来的。"带着滑雪板出生"绝对不可能,不合逻辑。但是,特能吸引眼球。敦煌曲子词《菩萨蛮》:"枕前发尽千般愿,要休且待青山烂。水面上秤锤浮,直待黄河彻底枯。　白日参辰现,北斗回南面。休即未能休,且待三更出日头。"六个条件:(1)青山烂,(2)水面上秤锤浮,(3)黄河彻底枯,(4)白日参辰现,(5)北斗回南面,(6)三更出日头,都是荒诞不经的,但是诗歌魅力四射,是千古绝唱。

七　修辞学和语法学

语法学是关于语法的学问,是用词造句的规律规则的学问。[①]

语法是修辞的起点。语法是修辞的基础。语法是修辞的必要条件。没有语法,就不能开口说话,不说话,何来的修辞?"反语法"家必须首先按照语法说话,才能反语法。反语法的口号必须按照语法规则说出来。交际的单位是合语法的句子。修辞要消除不合语法的句子。例如:"看来,作家无论是用古代汉语还是现代汉语、中国语言还是西方语言说话,只要他是用了汉语,就无法割断与中国古典传统的联系。"(王一川《汉语形象美学引论》)"无论……还是"是常用的连词,表示在任何条件下都不会改变。"只要"是保证不改变的条件,如:"无论是风和日丽,还是狂风暴雨,只要地球在转动,你就必须准时到达。"而在前面那段话中,孤立的"作家无论是用古代汉语还是现代汉语、中国语言还是西方语言说话",没问题。但是同"就无法割断与中国古典传统的联系"联系起来,麻烦大了:运用西方语言的作家如何"就无法割断与中国古典传统的联系"的呢?他们根本不懂"中国古典传统"!不懂的东西如何联系?"只要他是用了汉语"本身不错,但同"无论是用古代汉语还是现代

[①] 参看王希杰:《语法学的方方面面》,《毕节师专学报》1994 年第 3 期;《语法学的功能和情趣》,《语文月刊》1994 年第 8 期;《语法研究中的静态和动态》,《语言教学与研究》1993 年第 3 期;《论潜语法现象》,《汉语学习》1991 年第 4 期;《论语法学的研究对象》,《南京大学学报》1992 年第 4 期。

汉语、中国语言还是西方语言说话"联系起来,逻辑不通。"汉语"同"古代汉语、现代汉语"是什么关系?因此这段话表达效果当然就不好说了。专家学者的语法错误提醒我们:修辞必须以语法为基础。

当然,合乎语法的句子在修辞上不一定就是好,不合乎语法的句子在修辞上不一定就不好。俄国大诗人普希金(1799—1837)说:"老实说,我从来不喜欢／没有语法错误的俄语,／犹如不爱无笑意的芳唇。"(《叶夫根尼·奥涅金》,王士燮译)在普希金的眼里,语法错误是讨人喜爱的、艺术魅力四射的。

吕叔湘(1904—1998)说:"从原则上讲,语法讲的是对和不对,修辞讲的是好和不好;前者研究的是有没有这种说法,后者研究的是哪一种说法比较好。从修辞的角度看,没有绝对的好,倒可能有绝对的坏,例如使用生造的、谁也不懂的词语。哪种说法最合适,要看你是在什么时间、什么地方、对谁说话,上一句是怎么说的,下一句打算怎么说。不同的场合有不同的要求,有时候典雅点儿好,有时候大白话最为相宜。好有一比:我们的衣服,上衣得像个上衣,裤子得像个裤子,帽子得像个帽子。上衣有两个袖子,背心没有袖子,如果只有一个袖子,那就既不是上衣,又不是背心,是个'四不像'。这可以比喻语法。修辞呢,好比穿衣服。人体有高矮肥瘦,衣服要称身;季节有春夏秋冬,衣服要当令;男女老少,衣服的材料花色不尽相同。总之是各有所宜。"[①] 精辟,发人深省。

八　修辞学和阐释学

说话和听话,编码和解码,修辞和阐释,是相互联系的,是对立对应的同构逆向运动。交际效果分为"表达效果"和"接受效果"两种。语

[①] 吕叔湘:《漫谈语法研究》,《吕叔湘语文论集》,商务印书馆1983年,第129页。

境分为"表达的语境"和"接受的语境"。① 修辞学是表达的学问,阐释学是接受的学问。

表达效果和接受效果之间的差异是客观存在的。俄国诗人纳德松说:"人生最大的痛苦是语言的痛苦。"语言的痛苦就是表达的痛苦与接受的痛苦。东晋元帝司马睿得了皇子,赏赐群臣。光禄勋殷洪乔谦恭地谢恩:"皇子诞育,普天同庆,臣无勋焉,而猥颁厚赉。"晋元帝笑着说:"此事岂可使卿有勋邪?"(《世说新语·排调》)殷洪乔只想着皇妃是他女儿,忘记了自己的女儿是皇妃;只想到女儿的儿子是外孙,忘记了皇妃的儿子是皇子。

《世说新语·贤媛》:"赵母嫁女,女临去,敕之曰:'慎勿为好。'女曰:'不为好,可为恶邪?'母曰:'好尚不可为,其况恶乎?'"女儿没听懂自己母亲的话。表达者应当对其话语的表达效果负责,但是很难完全负责。因为接受者的接受活动并不是表达者所能够决定与控制的,接受者是独立于表达者的独立自主能动的行为人。接受者的接受效果同表达者预期的表达效果之间必然出现一个"差"。

钱锺书(1910—1998)说:"立言之人句斟字酌、慎择精研,而受言之人往往不获尽解,且易曲解而滋误解。"(《管锥编》)甚至有接受者别有用心故意曲解。同治十二年(1873年),日本借口琉球渔民遭遇狂风到台湾岛,被台湾居民劫杀数十人。日本向清政府交涉,清政府答复:"二岛俱属我土,土人相杀,裁决固在我,何预贵国事?"日使无言以对。后日方竟摘取答辞中的"生番化外,我政府未便穷治",歪曲为台湾不属于中国版图,出兵三千进攻台湾。(参看范文澜《中国近代史》上编第一分册)

解码和编码是对立的,逆向同构的。编码规律规则是解码的规则。表达的工具是理解的工具。

---

① 参看王希杰:《修辞活动和阐释活动》,《淮阴师范学院学报》2003年第2期;《表达语境和接受语境》,《毕节学院学报》2007年第1期。

值得注意的是,"修辞"一词正在沿着两条路线扩大化。第一条路,"修辞"本指编码,扩大到"解码",成为"析辞"。第二条路,"修辞"的"辞",本指语言文字,扩大到一切符号,乃至各种社会现象,"辞"被替代为"符号",可以叫作"修符"。阐释学变成"修辞阐释学"或"阐释修辞学"。

九　修辞的零度与偏离

零度和偏离是修辞学的基本概念。①

零度是理想的形式,是共同认可的标准,是共同遵守的规范。俗话说:"站有站相,坐有坐相。""立如松,行如风。"说的是行为的零度。强调这个站和坐与行动的零度,针对的是种种偏离现象。西方新闻界流行的说法:"狗咬人不是新闻。人咬狗才是新闻。"狗咬人不是新闻,因为狗咬人人不咬狗是零度,是常规,是常识。人咬狗才是新闻,因为人咬狗是偏离,是超常,信息量大。信息量大才有新闻价值。有好奇心是人之常情。获取新信息是人的一种内驱动力。认识活动是获取信息的过程。人的认知活动是从零度到偏离,从偏离再到零度的。认知活动是以已知零度来阐释未知的偏离。

现实都是对零度的偏离。偏离是现实的存在形式。现实同理想之间都必然有一定的距离,都是偏离。语言系统是零度。音位系统、句型系统是零度。语言运用是对语言系统的偏离。零度是理想化的产物,客观世界中,没有绝对的零度。偏离分为正负两种,正偏离和负偏离的最高值分别是 +1 和 -1。+1 和 -1 只能接近,永远不能真正地达到。

---

① 参看王希杰:《零度和偏离面面观》,《语文研究》2006 年第 2 期;《作为方法论原则的零度和偏离》,《广西师范学院学报》2005 年第 1 期;《论词语搭配的规则和偏离》,《山东师范大学学报》1995 年第 1 期。

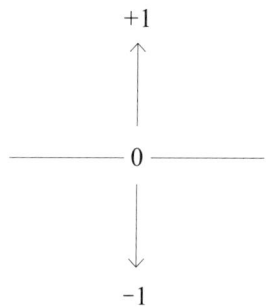

正偏离和负偏离是相对应的。

操作时,在可容忍的范围之内的偏离,可以忽略不计。常规形式指零度及其可容忍的偏离的结合。规范就是零度及其可容忍的偏离的结合。偏离指不可容忍的偏离。

语言错误是负偏离。《寻找"邓颖超"的扮演者》(《江苏广播电视报》1991年6月7日),寻找的本是电影《周恩来》中邓颖超的扮演者,不应当、不需要加上引号。加上引号的"邓颖超"是邓颖超,不是影视中扮演邓颖超的演员。弄巧成拙,说错了,说反了,是负偏离。钱锺书:"谁知道从冷盘到咖啡,没有一样东西可口,……除醋之外,面包、牛油、红酒无一不醋。"(《围城》)违背常识,是语义负偏离。但是表达效果特好,是正偏离。

俄罗斯语言学家阿鲁玖诺娃(1923—)说:"认识世界首先注意异常现象。"① 修辞学首先注意的是语言运用中的偏离现象。这是修辞学区别于语音学、语义学和语法学的地方。修辞学是转换之学。修辞学关注零度和偏离之间、正偏离和负偏离之间的相互转化的条件与效果。修辞学是研究交际活动中的零度和偏离及其相互转化的学问。纠正语言毛病,即负偏离转化为零度,是消极修辞。负偏离转化为正偏离,化语言毛

---

① [俄]阿鲁玖诺娃:《语言与人的世界》(上),赵爱国等译,北京大学出版社2012年,第68页。

病为语言艺术,"无理而妙",是积极修辞。

正负偏离标准有时难以把握。杜甫:"香稻啄余鹦鹉粒,碧梧栖老凤凰枝。"(《秋兴八首》之一)偏离了语法的零度。明明是语法病句,但是徐夤作为范式来模仿:"惊鱼掷上绿荷芰,栖鸟啄余红荔枝。"叶嘉莹说:"杜甫的句法,虽然对传统而言,乃是一种破坏,而其实却是一种新的创建,这种创建可把握感受之重点,写成精炼之对偶,而完全无需受文法之拘执。一方面既合于律诗之变平散而为精炼之自然的趋势,一方面又为律诗开拓了一种超乎写实的新境界。如此,七言律诗才真正做到了既保持了形式之精美,又脱出了严格束缚的地步,才真的完全发挥了七律的长处与特色,而避免了七律的缺点。"(《杜甫〈秋兴八首〉集说》)一个语法错误被认为是艺术化的典范。但是,反对"香稻啄余鹦鹉粒,碧梧栖老凤凰枝"的人也很多。

一切规律都必有例外,一切例外中必有规律,另外一条规律。规律是零度,例外是偏离。认识从偏离开始。修辞认识从零度开始。在生活的海洋里,去发现语言运用的种种偏离现象,偏离现象就是修辞现象——正偏离或负偏离。将正偏离和负偏离同零度相比较,寻找偏离的原因和条件,寻找零度跟偏离、正偏离和负偏离之间的转化的可能性及其条件。

小　　结

(1) 修辞是编码者的编码活动。阐释是接受者的解码活动。修辞活动和阐释活动是逆向同构的互补行为。阐释学是解码之学。修辞学是编码学。
(2) 修辞学是有效运用语言的学问,是提高表达效果的规律规则的理论。
(3) 修辞术是达到交际目的的技巧。修辞术是表达的技术,是中性的。
(4) 修辞格是提高表达效果的偏离常规的格式。修辞格是中性的。修辞格是表达的工具,也是解码的工具。修辞格是思维方式、认知模式。
(5) 零度:常规,默认点。偏离:对零度的反动、变异、超常。正偏离:

向零度以上提升。大庭广众之中,对身边的陌生人,零度。遇到熟人亲人知己亲爱者,笑脸相迎,正偏离。负偏离:向零度以下跌落。见到冤家仇人势不两立的人,怒目而视,负偏离。如果我们的常识是零度,那么真理和谬误都是偏离。真理是正偏离,谬误是负偏离。

思考与练习

（1）说说你对修辞术的看法。

（2）举例说明修辞格的认知功能。

（3）举例说明修辞同逻辑的联系与区别。流行的歌曲:"小燕子,穿花衣,年年月月来这里。"燕子是黑色的,古代叫作玄鸟,玄就是黑色。虽然据说有些许白的和淡黄的细羽毛。燕子是候鸟,一年来一次,不可能月月都来。但这首歌大家都喜欢,没人说有逻辑毛病。请说说你对此的看法。

（4）举例说明修辞同语法的联系与区别。谈谈你对病句和艺术佳句的看法。

（5）以《我的修辞观》为题,写一短文,说说你对修辞和修辞学的认识。学期结束时,用同样的题目,再写一篇。

第二章 汉语修辞学

汉语是一种心灵的语言、一种诗的语言,它具有诗意和韵味,这便是为什么即使是古代中国人的一封散文体短信,读起来也像一首诗的缘故。(辜鸿铭《中国人的精神》)

说话并不是一件容易事。天天说话,不见得就会说话;许多人说了一辈子话,没有说好过几句话。……我们并不想做辩士,说客,文人,但是人生不外言动,除了动就只有言。所谓人情世故,一半儿在说话里。(朱自清《说话》)

关键词:汉语修辞学 诚信 得体 观察法 比较法 归纳法

一 古老而年轻的汉语修辞学

汉语修辞学是古老而又年轻的。

汉语修辞学是古老的。因为,汉语修辞是随着汉语的诞生而出现的。早在先秦时代,就已经诞生了,有明确的修辞价值观:"一言九鼎","一言兴邦"。鲜明的修辞纲领:"修辞立其诚"。简明的修辞原则:(1)得体性原则。(2)语境原则。(3)内容和形式统一原则,即"文质彬彬,然后君子"。孔门四科的"言语"科,开创了修辞教学。先秦的修辞学大繁荣,是时代的需要,是百家争鸣百花齐放的一家一花。刘勰(约465—约532)的《文心雕龙》是中国古典修辞学的典范。

汉语修辞学是年轻的。1923年,留学美国的心理学博士唐钺的《修辞格》,引进西方修辞学,开创了传统修辞学向现代修辞学的转向之路。王易的《修辞学通诠》(1930年)、杨树达的《中国修辞学》(1933年)

与陈望道的《修辞学发凡》(1932年)的出版,标志着现代化的汉语修辞学的诞生。陈望道的《修辞学发凡》,建立起了一个比较合理的修辞学体系,被认为是现代修辞学的奠基之作。20世纪50年代前期,吕叔湘、朱德熙的《语法修辞讲话》(1951年连载于《人民日报》,中国青年出版社1952年)开创了语法修辞融为一体的模式,产生了极大的影响。张瓌一(张志公)的《修辞概要》(中国青年出版社1953年)力图打破辞格中心论,推出"辞格、用词、造句、篇章"的新模式。张弓的《现代汉语修辞学》(天津人民出版社1963年),引进苏联修辞学的同义手段说,力图创造新的修辞学体系。

20世纪最后二十多年里,汉语逐步走向成熟。王希杰的《汉语修辞学》(北京出版社1983年,商务印书馆2004年修订本、2014年第三版),是汉语修辞学成熟的标志之一。日本加藤阿幸等集体翻译《汉语修辞学》修订本,2016年出版日文本。《汉语修辞学》日文本的出版,是汉语修辞学的转折的标志之一,从一味地引进转而被国外引进,走出国门。

年轻的汉语修辞学,年轻在:新的观念、新的体系、新的术语、新的书写方式。汉语修辞学走在前进道路上,永远年轻。

二 汉语修辞学

汉语修辞学是以汉语为研究对象的学科。汉语修辞学是汉语语言学的组成部分。

汉语也叫中国语、中文,是中国的通用语言,是联合国的工作语言和通用语言。汉语是世界上使用人口最多的语言。汉语古老而年轻、简单而复杂、平凡而神奇。如果说形态丰富的俄语像国际象棋,那么汉语则是围棋。说它古老,它诞生在遥远遥远的年代里;说它年轻,现在还正是花样年华青春年少之时。说它简单,因为没有形态,语法手段主要是词序和虚词;说它复杂,是因为运用中的它不拘一格,变化无常,犹如围棋和毛笔与筷子。说它平凡,因它就像街头的大叔大婶;说它神奇,是它出神入化、千奇百怪、五彩缤纷、万紫千红,大魔术师都自愧不如。汉语简单又困难。欧美人说汉语最难,可中国的萌娃一岁就会了,不费力气的,何难之有哉!辜鸿铭(1857—1928)说:"中国语言到底难不难?我的回答是:难,也不难。……我认为汉语口语不仅不难,而且与我所掌握的其他半打语言相比,除了马来语外,它可算是世界上最容易的语言了。""汉语是一种心灵的语言、一种诗的语言,它具有诗意和韵味。"①

汉语修辞立足于汉语汉字中华文化,立足于中华民族的民族心理。中华民族是讲究美辞的民族。建立在汉语汉字上的对偶和析字是最中国的修辞。对联和大红灯笼是华人街的象征。印欧语没有汉语的对偶修辞格,也没有对联。汉语的析字复杂多样丰富多彩,使用拼音文字的语言是很难有汉语那样的析字的。

汉语修辞学不同于其他语言的修辞学,有自己的传统与特点。杨树达(1885—1956)说:"余恒谓:语言之构造,无中外大都一致,故其词品不能尽与他族殊异,治文法者乃不能不因。若夫修辞之事,乃欲冀文辞之美,与治文法惟求达者殊科,族姓不同,则其所以求美之术自异,况在华夏,历古以文为治,而谓其修辞之术与欧洲为一源,不亦诬乎?昧者顾取彼族之所为一一袭之,彼之所有,则我必有,彼之所缺,则我不能独有,其贬己媚人,不已甚乎?"② 杨树达强调的是修辞的民族差异,即汉语修辞学的独特性,强调修辞跟语法的区别,反对一味模仿甚至不惜抄袭东西洋修辞学的风气。这是对当时一味模仿外来修辞学而忽视汉语修辞学传统的抵制与反动。

日本修辞学家佐藤信夫(1932—1993)说:"无论日语、法语或英语都有其各自独特的语法。因此,轻易地将基于他国语言的语法理论用在不同国家的语言上是无意义的,这种意见的确是正确的。由于对这种只能说是正确见解的所谓盲从,而常常出现一种毫无反省的世俗之见,

---

① 辜鸿铭:《中国人的精神》,海南出版社1996年,第102页、106页。
② 杨树达:《中国修辞学之自序》,《汉文文言修辞学》,中华书局1980年。

甚至认为连语法都如此,'何况'修辞。各语言更是特有的,因此互相借用是不合适的。不用说,这个'何况'是荒唐的武断造成的错误。语法为各语言所特有,每个语句,从意义到语感,各语言也完全不同。但所谓修辞,其实也是一种野心,即它是以企图超越那种各语言的语法制约或词汇制约,从而表达任何思想内容的所谓普遍性为目标的。""修辞体系所研究的,不是每个词、句的意义或语感所产生的自然效果,它有时是对试图故意将计就计地利用这些材料的这种'模式'的研究。关于具体例子,就连最难以跨越国境的(即难以翻译的)俏皮话,作为修辞的'模式'分析来看,都显示出了无国境的共性。"① 佐藤信夫强调的是修辞的共同性。在他看来,修辞学的共性大于语法的共性。

杨树达和佐藤信夫各有自己的针对性。其实,语法和修辞都有共性和民族性。既然"作为修辞的'模式'分析来看,都显示出了无国境的共性",那么"作为语法'模式'分析来看,——同样——都显示了无国境的共性"。

汉语修辞学不是普通修辞学,正如汉语语法学不是普通语法学。汉语修辞学同俄语修辞学、英语修辞学、阿拉伯语修辞学等一样都具有共性与民族性。不同语言的修辞学,从其共性处看,都同;自其差异处看,都异。汉语修辞学要讲述汉语修辞的独特性,也需要讲述汉语修辞学同一切语言修辞学的共性。汉语修辞学需要跟其他语言修辞学平等地对话,在对话中显示自己的民族特点。求同存异是普通修辞学建设的必由之路。

汉语是古老的。汉语存在于时间的场合之中。汉语有上古汉语、中古汉语、近代汉语、现代汉语和当代汉语之分。简单点,古代汉语和现代汉语。那么语音学和词汇学与语法学和修辞学,理当区分这两种。语法学和语音学必须区分古代汉语和现代汉语,不可混为一谈。

四百年前的莎士比亚,今天一般英美大学生也不容易读懂了。诗人

---

① [日]佐藤信夫:《修辞感觉》,肖书文译,商务印书馆2023年,第93—94页。

弗洛斯特开玩笑说:"要教莎士比亚吗?那不难——也容易,你得把莎士比亚的原文翻译成英文。"中国三五岁小儿背诵几十首唐诗,毫无困难。小学生都会背诵许多浅显的古文。初中生阅读《水浒传》、《三国演义》、《西游记》,平常事,不稀奇。这归功于汉字,归功于中国人的时间观:"以史为鉴","前事不忘,后事之师"。中国人的现在时中包含着过去时。随着中华民族的复兴和文化的复兴,更多的古人古诗古词古语将与现代人共舞,共舞修辞之舞。

20世纪30年代"文法革新"讨论时,方光焘(1898—1964)引进索绪尔的区分历时和共时的学说,强调语法学不可以古今熔为一炉。但是,汉语修辞学可以古今熔为一炉,虽然分别建立现代汉语修辞学和古代汉语修辞学也是必要的。现代人编写的古代汉语修辞学,不是立足于古代的表达者,他们不需要;而是阐释修辞学,服务的对象是现代人,是为现代人阅读古代文献服务的。我们的汉语修辞学服务于现代人。之所以不严格区分古今,是因为,一来古今修辞学有一致性,同大于异;二来汉语中今中有古,今离不开古,古今经常水乳交融,难分难解。

但是,不可以忽视修辞的古今差。晚清打油诗:"阳历初三日,同袍上酒楼。一张民主脸,几颗野蛮头。细恳皆膨胀,姑娘尽自由。未须言直接,间接也风流。""处处皆团体,人人有脑筋。保全真目的,思想好精神。中心点最深,出门呼以太,何处定方针?"笑点在"民主、自由、团体、脑筋、目的、精神、中心点、以太、方针"等词上,这是当时闻所未闻的新词新义,保守的老派人士无法忍受的东西。现在是平常词汇,并无可笑之处。

汉语存在于广阔的空间之上,不同地域的汉语是不一样的,汉语的地域变体就是方言。汉语方言的差异严重。汉语方言差异主要在语音上。不同方言的语音不能混为一谈。但是不同方言之间的修辞差异却是微不足道的,不需要分别建立普通话修辞学和方言修辞学。

汉语修辞学可以超越汉语,因为各种语言之间共性大于差异性。汉语修辞学也需要适当超越汉语。适当超越汉语的疆界,不仅可以加强对汉语修辞的感知,也帮助体悟修辞的普世性,体悟"人类修辞共同体",

体悟人类的共性——人同此心，心同此理。

三　汉语修辞学和中国修辞学

杨树达1933年出版的《中国修辞学》（世界书局），郭沫若（1892—1978）认为不能称为《中国修辞学》，因为汉语是中国多种语言中的一种。1954年杨树达将此书改名为《汉文文言修辞学》（科学出版社）。2012年中华书局出版时改回《中国修辞学》。事实上，汉语可以称为"中国语"。日本有中国语研究会，有杂志《中国语研究》。安藤彦太郎《中国语与近代日本》（北京大学出版社1991年），"中国语"就是汉语，我们的《汉语修辞学》（修订本）的日译本是《中国语修辞学》（日本好文出版社2016年）。

汉语是中国语言中最重要的一种。《中国的语言》一书收集有129种语言资料，其中汉藏语系76种、阿尔泰语系21种、南岛语系16种、南亚语系9种、印欧语系1种、混合语5种，朝鲜语尚难界定合适的语系。因此，汉语修辞学≠中国修辞学，中国修辞学＝汉语修辞学＋各民族语修辞学，中国修辞学＝藏语修辞学＋蒙古语修辞学＋维吾尔语修辞学＋哈萨克语修辞学＋苗语修辞学＋彝语修辞学＋拉祜语修辞学……。

汉语修辞学是中国修辞学中的一种，同藏语修辞学、蒙古语修辞学、维吾尔语修辞学、哈萨克语修辞学、苗语修辞学等是并列关系。汉语修辞学应当积极参与藏语修辞学、蒙古语修辞学、维吾尔语修辞学、哈萨克语修辞学、苗语修辞学等修辞学的建设。汉语修辞学应当为藏语修辞学、蒙古语修辞学、维吾尔语修辞学、哈萨克语修辞学、苗语修辞学等修辞学的建设做出贡献。汉语修辞学也是能够在各民族语言修辞学的建设中做出贡献的。因为中华文化具有包容性。因为中国各民族长时期地和平共处，相互学习，交融渗透，文化习俗有同有异，同中有异，异中有同，同大于异。

"中国修辞学"中的"中国"可以指"中国特色"，即具有中国特色的修辞学。中国现代修辞学是在外来文化的影响之下产生的,许多术语和范畴都是从外国引进来的,一定程度上割断了自己的修辞学传统。汉语修辞学需要进一步引进西方修辞学,需要同国际接轨,但是不应盲目引进,不可生搬硬套。汉语修辞学应当是具有中国特色的修辞学。中国的各民族语修辞学也应当是具有中国特色的修辞学。

汉藏语系的语言绝大多数在我国境内,汉语是汉藏语中最重要的语言之一。汉语修辞学需要参照其他汉藏语系的语言,同汉藏语系其他语言的修辞学交流与互动。汉语修辞学应当为建立汉藏语修辞学多做贡献。

中国的外语修辞学教学,教师和学生都具备一定的汉语修辞学知识。汉语修辞学是我国的外语修辞学教学的参考框架。汉语修辞学应当与中国的外语修辞学对话与互动。中国学者为中国学生编写的外语修辞学,理当是具有中国特色的外语修辞学。

四　汉字文化圈

汉字在东亚就像拉丁语在欧洲。东亚有一个"汉字文化圈",或叫"儒家文化圈"、"汉文化圈"。朝鲜、韩国、日本、越南等均属于这个文化圈。法国汉学家汪德迈（Léon Vandermeersch,1928—2021）说:"单独一个汉文化圈的实力就将必不可免地导致整个世界引力中心的转移。"[①]

汉语修辞学在汉字文化圈里流动,从古至今。汉语修辞学是汉字文化圈里各国传统修辞学的核心。有日本学者说,弘法大师（即空海、遍照金刚）的《文镜秘府论》同刘勰的《文心雕龙》、亚里士多德的《修辞学》是世界修辞学的三大经典。日本修辞学的开山之作《文镜秘府论》的作者弘法大师（774—835）留学大唐,精通汉语文化。《文镜秘府论》

---

① ［法］汪德迈:《新汉文化圈》,陈彦译,江西人民出版社2007年,第157页。

是汉语修辞学日本本土化的杰作,是汉字文化圈的修辞学。

《文镜秘府论》是用汉字汉语书写的。是隋唐时期修辞学的重要成果,不能因为作者是日本人而排除出汉语修辞学,应当看作是唐代修辞学的重要著作。在声韵修辞和修辞格研究上成就最高。对偶的研究几乎是空前绝后,多达二十九种对偶。对偶研究其实是修辞格研究,其中涉及多种修辞格。引用元兢《诗髓脑》,指出对偶的起源,《易》:"水流湿,火就燥。""云从龙,风从虎。"《书》:"满招损,谦受益。"双拟对:"夏暑夏不衰,秋荫秋未归。"是反复。联绵对:"看山山已峻,望水水仍清,听蝉蝉响急,思乡乡别情。"是顶针。互成对:"天地心间静,日月眼中明,麟凤千年贵,金银一代荣。"是互文。回文对:"情亲由得意,得意遂情亲,新情终会故,会故亦经新。"是回环。声对:"初蝉韵高柳,密蔦挂深松。""蔦"是植物,一种小灌木,跟蝉不在同一个语义类别里。"蔦"同"鸟"同音才跟蝉对偶,是"谐音双关对"。考察了对偶中的常规和偏离问题。异类对:"风织池边字,虫穿叶上文。""风"和"虫"不同类,不属于同一个语义域。肯定并加以赞扬:"但解如是对,并是大才……"赞美"总不对对"时说:"此总不对之诗,如此作者,最为佳妙。"用我们的术语,就是负偏离的正偏离化。

中国现代修辞学,除了留学美国的心理学博士唐钺的《修辞格》,直接接受欧美修辞学,大多数修辞学家是经过日本接受的西洋修辞学的。日本明治维新比较成功地接受了西方文化学术。中国对西方文化学术的接受,经常经过日本中转。日本加藤阿幸教授说:"中国现代修辞学受惠于日本修辞学。"这是事实。陈望道(1891—1977)留学于日本早稻田大学。早稻田大学是日本现代修辞学的大本营。陈望道的《修辞学发凡》中的一些术语,陈望道的再传弟子指出,不但"分野"及"积极、消极"等来自日语,甚至"当然毋庸讳言,由于时代的风气使然,《发凡》也不例外,书中也或多或少存在一些沿袭日本修辞学著作的地方,例如上面所谈的语趣,《发凡》也有抄袭《新美辞学》的地方"。① 2004 年,《汉语修辞学》(修订本)出版之后,加藤阿幸牵头集体翻译。她说:"是中国修辞学回报日本修辞学的时候了。"中日修辞学在互动。中日修辞学家都在引进欧美修辞学,在接受欧美修辞学方面,中日修辞学也是互动着的。

五 观察法

研究方法是学科建设与繁荣中的重要因素。修辞学研究方法常用的有:观察法和比较法、归纳法与演绎法、统计法等。

朱自清(1898—1948)说:"有一天,我和一位新同事闲谈。我偶然问道:'你第一次上课,讲些什么?'他笑着答我:'我古今中外了一点钟!'他这样说明事实,且示谦逊之意。我从来不曾想到'古今中外'一个兼词可以做动词用,并且可以加'了'字表时间的过去;骤然听了,很觉新鲜,正如吃刚上市的广东蚕豆。隔了几日,我用同样的问题问另一位新同事。他却说道:'海阔天空!海阔天空!'我原晓得'海阔凭鱼跃,天空任鸟飞'的联语,——是在一位同学家的厅堂里常常看见的——但这样的用法,却又是第一次听到!我真高兴,得着两个新鲜的意思,让我对于生活方法,能触类旁通地思索一回。"(《"海阔天空"与"古今中外"》)朱自清善于观察修辞现象,是我们应当学习的。

生活在语言的海洋中,生活在修辞的大世界中,应当做一个修辞世界的有心人,随时随地都可以观察修辞现象。观察法是学习和研究修辞学的重要方法。学习与研究修辞,可从身边的修辞现象开始。例如广西黑芝麻糊的使用说明书:

---

① 复旦大学汉语文字学科《语言研究集刊》编委会:《语言研究集刊》第六辑,上海辞书出版社 2009 年,第 323 页。

图一 香 杭州佐料 倒进

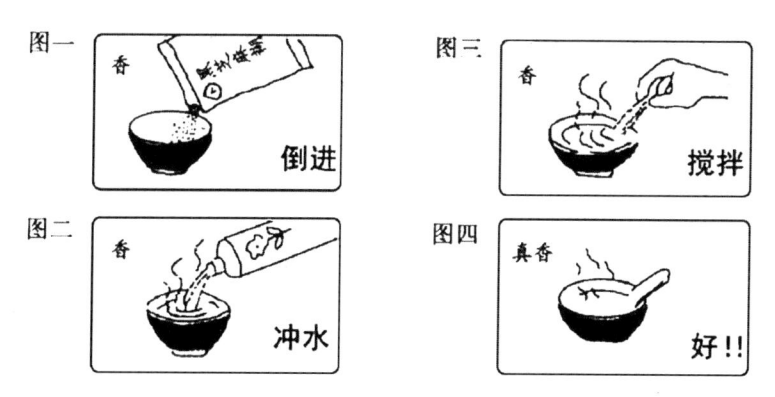

图二 香 冲水

图三 香 搅拌

图四 真香 好!!

12个汉字,有多种读法:(1)倒进,冲水,搅拌,好!香,香,香,真香!(2)香,香,香,真香!倒进,冲水,搅拌,好!(3)倒进,香!冲水,香!搅拌,香!好!真香!(4)香,倒进!香,冲水!香,搅拌!真香,好!!可以进行对比的是某种方便面的使用说明:"将面放置于碗中"(方便面只能在碗中食用吗?),"冲进沸腾的开水200ml"(什么是ml?),就值得商榷了。再如某家酒店的厕所,不叫"卫生间、洗手间",也不是"WC"(M或W),而是"水帘洞",再按性别分为"观瀑楼"和"听雨轩",很是荒谬。

20世纪90年代,著名修辞学家倪宝元教授(1925—2001)从杭州邮寄来的新年贺卡:

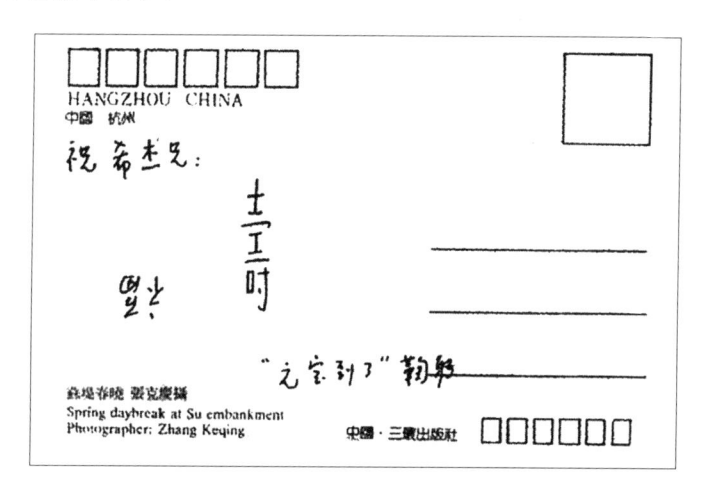

"福"字倒着书写,或把"福"倒着贴了。意义是:"福到了"、"来福了"与"福来了"。"倒"指的是汉字的"福"字。却要解读为汉语"福"这个词所指称的事物——幸福,这是故意混淆对象语言与元语言。"寿"字特长,意思是长寿。湖州师范专科学校的校长徐青教授对我说过:因为倪宝元著作多,而且字数特多,浙江人喊他"倪元宝"。在倪教授的书房里,我对倪先生说:"人家称呼你'倪元宝'……"倪先生愣住了,没有答话。我自知失言,很不好意思。新年之前,倪宝元先生自称"元宝到了",一来中国有"开门见财,斗大元宝滚进来"的传统;二来他坦言,你王希杰当面说我"倪元宝",我并没有生气,你不必放在心上。"元宝"有什么不好的?世人谁不爱元宝?斗大的元宝谁不爱?

　　观察法,要不带成见,但需要具有一定的理论。观察者应当先有一个零度的形式(或叫规范形式、常规形式),随时随地注意多种多样的偏离的形式。央视有一档节目叫"新闻30分",其零度形式应当是"新闻30分钟"。南京某商店招牌是:天津良乡糖炒栗子、黄山野生糖炒栗子、野生黄山糖炒栗子,事实上天津良乡出产的、黄山野生的都不是"糖炒栗子",是南京的这些商店"糖炒"的。其零度形式是:"糖炒+天津良乡栗子"、"糖炒+黄山野生栗子"、"糖炒+野生黄山栗子"。这些偏离可以叫作"正偏离"。这种词序是接受语音和谐律制约的结果。

　　观察法有两种。第一种,随时随地随意观察。修辞实例自己闯入我们的眼帘,无心插柳柳成荫,其乐无穷。第二种,有意识去寻找、收集某一类修辞事实。事前设计观察的项目。为撰写学位论文、著书立说去观察收集事实。有点苦,常常是"有心栽花花不发"。

　　观察法需要在一定的理论下使用。爱因斯坦说:"你能不能观察眼前的现象,取决于你运用什么样的理论。理论决定着你到底能够观察到什么。"[1]

　　收集资料的时候可以从宽,不拘一格,兼收并蓄。分析研究时要从严。

---

[1] 周昌忠编译:《创造心理学》,中国青年出版社1983年,第6页。

选用例证,更要从严。

六 比较法

比较法是最常见最简单的研究方法,是修辞研究和学习中不可缺少的方法。① 相互比较的项目应当是属于同一个语义域,可以叫作"比较域"。"古—今/白昼—黑夜/长远—短暂/",时间域;"上—下/高—低/远—近/一眼望不到边的辽阔的大草原—屁股转不过弯儿来的嘎嘎小的地方",空间域。不在同一个比较域中的事物,没有可比性,是不可以比较的。

修辞研究中经常运用的比较,如:成功的用例和失败的用例之间的比较,一般用法和特殊用法的比较,相同内容的不同人不同时间与地点的不同表达之间的比较,相同内容的不同语体之间的比较,等等。《水浒传》中武松血溅鸳鸯楼一事,武松本人对张青的自述:"一更四点进去,马院里先杀了一个养马的后槽,扒入墙内去,就厨房里杀了两个丫环,直上鸳鸯楼上,把张都监张团练蒋门神三个都杀了,又砍了两个亲随,下楼来,又把他老婆儿女养娘都戳死了。"办案人员检验之后的禀复是:"先从马院里入来,就杀了养马的后槽一人。有脱下旧衣二件。次到厨房里,灶下杀死两个丫环,后门边遗下行凶缺刀一把。楼上杀死张都监一员,并亲随二人,外有请到客官张团练与蒋门神二人。白粉壁上,衣襟蘸血,大写八字道:'杀人者,打虎武松也!'楼下搠死夫人一口,在外搠死玉兰并奶娘二口,儿女三口。共计杀死男女一十五名,掳掠去金银酒器六件。"前段武松自述是一般会话体,后段办案人员禀复是公文语体——公文语体的口头形式。这里同时也可以看出说话者的身份、角度对选词造句的制约作用。

---

① 参看王希杰:《论比较修辞学》,收入中国修辞学会编《修辞学论文集》(第一集),福建人民出版社 1983 年。

优秀作家的草稿和定稿、初刊稿和修订稿是修辞学的比较研究的对象。例如现代京剧《智取威虎山》：

  杨子荣：（无限深情地）孩子：有共产党、毛主席给你们作主！说吧！

按：改"你们"为"我们"。说你们，杨子荣是站在群众的对面，中间有一条河流；说我们，杨子荣以及解放军战士是群众中的一员，一家人，零距离。再如：

  杨子荣：啊，枪声！匪徒已经下山了。（镇静地）刚刚打死一只，现在又来一群。叫你同样逃脱不了覆灭的下场！

按："又来一群"的"又"联系着前面的"打死一只"，这是暗喻，把匪徒比喻成野兽。改"你"为"你们"，跟"一群"相呼应，前后一致。

鲁迅（1881—1936）说："凡是已有定评的大作家，他的作品，全部就说明着'应该怎样写'。只是读者很不容易看出，也就不能领悟。因为在学习者一方面，是必须知道了'不应该那么写'，这才会明白原来'应该这么写'的。""这确是极有益处的学习法，而我们中国却偏偏缺少这样的教材。"（《不应该那么写》）[①] 20 世纪 60 年代，朱泳燚开始了这个领域的研究，他的《叶圣陶的语言修改艺术》（宁夏人民出版社 1982 年）就是这样的教材。倪宝元的《汉语修辞新篇章——从名家改笔中学习修辞》（商务印书馆 1992 年）是这一领域的重要著作。

中国古籍浩如烟海。同一历史事件，不同古籍中的不同的记载，同一古籍中不同地方的不同记载，同一文献的不同版本，同一古典文本的不同的现代白话文的翻译，这些都是修辞学比较的资料。

同一外语文本的多种译文也是比较的资料。歌德的《浮士德》中魔鬼说的那句名言，郭沫若译作："梅菲斯特：理论全是灰色的，朋友，生命的金树长青。"钱春绮译为："梅菲斯特：理论全是灰色，敬爱的朋友，生命的金树才是长青。"绿原译作："梅菲斯特：尊贵的朋友，所有理论都是

---

① 鲁迅：《鲁迅全集》第六卷，人民文学出版社 2005 年，第 321 页。

灰色的,生命的金树常青。"樊修章译为:"梅菲斯托:朋友,生活的宝树青葱,而一切理论都显得朦胧。"董问樵译为:"靡非斯陀:灰色啊,亲爱的朋友,是一切理论,而生活的金树长青。"分别译作:"灰色／朦胧"、"金树／宝树"、"常青／长青／青葱"。但都采用倒喻"生活的金树(宝树)"。

第一章第九节"修辞的零度与偏离"是方法论原则,为比较法提供了新的视野。正负偏离是对称的。这是一个比较的框架。修辞现象往往是偏离现象,需要找出它的零度,同其零度相比较。确定它的偏离位置(上或下),比较零度线中的相应点,即正负偏离之间的比较。一个艺术佳句,可跟它的零度相比较,也可将它同与之对应的语病比较。病句不但要跟零度句子比较,也要同艺术佳句相比较。艺术佳句换个角度,改变一个因素,就成了病句。语法病句、语义病句,换个角度,给予某个条件,就摇身一变,而成为艺术性的语句、警句格言、金句银句。

第三章第三节"四个世界"也是方法论原则,给比较法也提供了新的视角。对于修辞现象,可以也需要从物理世界和语言世界与文化世界和心理世界四个层面进行修辞效果的考察。它不仅取决于语言世界,还取决于语言世界同物理世界的关系,也必须接受文化世界和心理世界的制约。修辞效果取决于四个世界之间的关系的处理。

七　归纳法和演绎法

归纳法是从个别到一般,从许多的个别事实之中总结出一般性的规律规则。

"例不十,法不立。"修辞的研究从收集大量修辞实例、考察具有某种共性的例子开始,目的是要从中归纳出规律规则来。有一次学术报告时,我说到"例不十,法不立"时,一个研究生上台在黑板上写下:"例不实,法不立。"我说:"对。例子必须是真实的。不是任何一个例子都可以用作构建理论大厦的基石的。"

怎样收集修辞事实?怎样归纳修辞学事实?语言学事实是在语言学

理论指导下才能发现的。因此,可以说理论在事实之先。有了理论,事实会找上门来的。在银川的一家农贸市场,"灵武农民自养鲜猪肉"找上我的门来了,根据层次分析法,应当切分为:(1)(灵武农民+自养)+(鲜+猪肉)。可是,常识是:灵武农民自养的是猪,不是"鲜猪肉"! 荒唐。真实的语义是:(2)鲜+{(灵武农民自养+猪)+肉}。但是,拗口,说不出口。"灵武农民自养鲜猪肉",顺口。说汉语的人,往往把语音和谐高置于语义关系和语法结构之上。因为我懂得层次分析法,才就发现了"灵武农民自养鲜猪肉"。

发现和收集事实的时候需要一定的理论。分析事实的时候,更加需要运用一定的理论。"例不十,法不立。"归纳法需要把握住例子的数量,数量太少,规则不能建立。数量太多,规则庞大,会干扰思维。"孤例不足为凭。"但是,孤例不可忽视。

归纳是修辞学研究中用得最多的方法之一。我的修辞学研究是从归纳法开始的。1960年2月,收到第1期《中国语文》,看到自己的《列举和分承》,很高兴,就想再写一篇,写鲁迅的反复修辞。我找来当时能够找到的鲁迅的文学作品,收集许多反复的例子,然后排比分类,写成《鲁迅作品中的一种修辞手法——反复》,《中国语文》第11期刊发了。方光焘教授说我:"你这只不过是收集了一些例子,加以归纳、排比而已。"事实的确如此,但这是一个好的开始。这篇文章是归纳法的产物。新加坡学者林万菁在他的博士论文中说我写的这篇论文是近几十年间研究鲁迅语言的论文中最好的几篇之一。可见归纳法是修辞学研究的好方法。

归纳法是有局限性的。波珀(也有译作波普尔的)说:"不管我们已经观察到多少只白天鹅,也不能证明这样的结论:所有天鹅都是白的。"① 归纳的规则往往有例外。事实是,凡规则必有例外。例外不可怕。凡例外必有规则。要关注例外,例外是受到例外一条规则控制的,要善

---

① [英]波珀:《科学发现的逻辑》,查汝强、邱仁宗译,沈阳出版社1999年,第4页。

于发现蕴含在例外之中的例外一条的规则。

　　1959年秋天的一个周末的晚上,我在江苏教育学院中文系阅览室看杂志,看到《中国语文》上刊载的三班朱泳燚同学的《双提与分承》,"双提",两项并列。那时国庆十周年刚过,我首先想到周恩来总理的《伟大的十年》:"在一九五八年,我国的钢、煤、发电量和棉纱已经分别跃居世界的第七位、第三位、第十一位和第二位。"周恩来总理提的是四个项目,因为并列结构虽然常常是两个项目的并列,但可以是很多个项目的,理论上项目甚至可以是无限的。既然并列结构不限于两项,可以是无限多的项,那么是否可以说双提分承是以偏概全,应当可以是三项、四项、五项、六项……按理说是可以的,但这只是一个主观的设想,需要有实例来验证。于是急忙赶回宿舍,翻看古代文选和现代文选等教材。一下子找到许多例子。有的例子,分承还不止一次、二次、三次。立刻动手,写了《列举和分承》。第二天,彭正公同学从南京师范学院来看我,他帮我誊清抄写,就一同到新街口邮局邮寄给《中国语文》,没想到居然发表了,在1960年第1期。这是演绎法的尝试:"双提"是两个项目的并列结构短语,大都是名词短语。语法上,名词并列绝不局限于两个,理论上说是可以无限多。《列举和分承》就是从这个普遍规律演绎出来的。演绎出来的东西,必须用事实来验证。在阅览室里,我想到的只是周恩来总理的那个例子,独木不成林,一个例子不成法则。在宿舍里,找到许多许多的例子,这许多例子证明"列举和分承"可以成立。《中国语文》刊发这篇短文是演绎法和归纳法的结合的胜利。

　　双关建立在词语和句子等单位的多义上。双关强调的是表里两层意义。其实,多义的词语和句子等单位的多义绝不只有两种两层,三种三层以上也是有的,万能动词"打"有二十多个义项,理论上说可以构成二十多关的。"双关"不必修改为"多关",约定俗成。多关是我们演绎出来的。能不能成立,需要通过事实的检验。这就是演绎法在双关修辞格的运用。我们的《论双关》就是运用演绎法探索双关的一个尝试。在

1993年的扬州会议上,我们提出"论归纳的辞格和演绎的辞格"。① 我们认为,所有的修辞格研究都可以同时运用归纳法和演绎法,我们区分出归纳的辞格和演绎的辞格。

演绎法是从一般原理推导出特殊情况下的结论,即从一般到个别。恩格斯说:"归纳和演绎,正如分析和综合一样,是必然相互联系的。不应当牺牲一个而把另外一个捧到天上去,应当把每一个都用到该用的地方,而要做到这一点,就只有注意它们的相互联系、它们的相互补充。"②

八　方法与方法论

《苏联大百科全书》说:"方法论研究的迅速发展及其在总的科学知识中比重的提高,是二十世纪科学发展的特点。"③

记得1961年9月,我上大四,做学年论文,指导老师是方光焘教授。走进方先生的书房,方先生看着我,说:"你就是王希杰,坐。"开门见山:"你在《中国语文》上发表的两篇文章,我都看了。"他指的是《列举和分承》(1960年第1期)和《鲁迅作品中的一种修辞手法——反复》(1960年第11期)。

"严格地说,这样的文章,算不得科学研究。你这只不过是收集了一些例子,加以归纳、排比而已。"方先生接着说:"真正的科学研究,是从一定科学理论原则,收集到充分的可靠的材料,运用科学的研究方法,加以分析,再上升为理论。"最后他才说:"当然啦,作为一个低年级的大学生,你能够写出这样的文章,也还是不错的。"

方老师特别重视科学研究的方法和方法论。1963年5月,南京大学

---

① 参看王希杰:《论双关》,《玉溪师专学报》1989年第6期;《论归纳的辞格和演绎的辞格》,《广西师院学报》1993年第3期。
② 马克思、恩格斯:《马克思恩格斯全集》第20卷,人民出版社1956年,第571页。
③ 孙小礼等主编:《科学方法》,知识出版社1990年,第50页。

校庆科学报告会上,方老师的学术报告的题目是《试论语言的研究方法》(提纲):

"语言的研究方法的探索是20世纪的语言学的重要特征之一。"
"方法是'对待现实、认识自然现象和社会现象的一种手段'。"
"方法论是'关于科学地认识世界的方法的学说'。"
"对象是对研究方法起决定作用的一个因素。"
"符合对象的要求的研究方法是正确的方法。"①

修辞学应当重视研究方法。研究方法问题是修辞学进一步发展繁荣的关键。研究方法的科学性是修辞学的科学化的保证。②科学研究必须重视方法,但是不可空谈方法。方法的生命在于运用,最重要的是熟练地运用方法。方法不是用来卖弄,拿来吓唬人的。迷信方法要不得。应当根据研究对象来选择方法。方法要适应对象,服务于对象,甚至可以说,是对象创造方法。应当不断探索新方法,不拘一格运用方法。科学研究的过程就是运用科学方法的过程。

以往的修辞学研究,习惯的是举例法,往往以偏概全。为了修辞学的科学化,应当提倡运用统计法和语料库法。何伟棠的《永明体到近体》自觉地运用了统计法。作者在自序中说:"本书在一系列声律问题的论证过程中都注重定量分析方法的运用。例如,作为永明声律主证材料的各种数据,就都是通过对永明体代表作家沈约、王融、谢朓全部入律的新变体五言诗(包括平韵诗223首、仄韵诗143首)的统计归纳得来;论述永明体向近体衍变的历史进程,又统计分析了自永明以迄唐之神龙年间36位诗人的全部入律的平韵五言诗2298首。揭开永明声律的千古之谜,实在也不能没有这样一番对于诗歌实证材料的穷尽性的统计分析。"③统计法的运用和语料库的建设推动了修辞学的科学化和现代化。

---

① 方光焘:《方光焘语言学论文集》,商务印书馆1997年,第336—344页。
② 王希杰:《科学方法和修辞学的繁荣》,日本《中国语研究》1994年第37期。
③ 何伟棠:《永明体到近体》,广东高等教育出版社2005年,第3页。

修辞学研究要提倡移植法。在《比喻的深层结构和表层结构》一文中，我们试图运用乔姆斯基的深层结构和表层结构的学说来研究比喻修辞格。在《潜意识和修辞》(《语文月刊》1987年第4期)和《"手误"例谈》(《学语文》1987年第1期)中，我们试图运用弗洛伊德的潜意识学说来解释修辞现象，在《残缺的完形化》(《语文月刊》1990年第8期)试图运用完形心理学方法来阐释修辞现象。方法是在不断地运用中逐步熟练与完善的。

理论可以转变为研究方法。送孙女苏钰上幼儿园，走在秦淮河畔。孙女边走边背诵唐代诗人王翰的《凉州词》："葡萄美酒夜光杯，欲饮琵琶马上催。醉卧沙场君莫笑，古来征战几人回？"

我问："什么意思？"

她回答："就'葡萄美酒夜光杯'呗！"

我又问："谁'欲饮琵琶'？什么事呀，不饮葡萄酒，却去饮琵琶？谁'马上催'？为什么'欲饮琵琶'？琵琶怎么饮？琵琶是弹奏的。"

孙女说："不知道！我听爷爷的，爷爷你说吧！"

我说："葡萄美酒在哪里？在夜光杯里。夜光杯在哪里？在出征的战士的手里。战士手拿装满葡萄美酒的夜光杯，做什么？说'欲'，欲就是想，那么还没喝？不是，喝了，但是不尽兴，还要继续喝，喝个痛快。'欲饮琵琶'？不对，欲饮的是葡萄美酒，不是琵琶。琵琶是弹的！是战士想边弹琵琶边喝葡萄酒？也不是。是歌女弹琵琶，边弹边唱。唱的是《凉州曲》，凉州在边疆，是前线。不是南京小调扬州小曲，因为南京扬州不是战场。是出征的战士，听歌女弹琵琶《凉州曲》。'马上催'！谁个马上催？是一同出征的战友，喝完酒的先上马的战友，招呼他赶快上马，奔赴前线上战场。一心想喝个痛快的战士说：'请不要催促我，不要阻止我继续饮酒，让我喝个痛快吧，因为'醉卧沙场君莫笑，古来征战几人回？'"

孙女当然并没有完全听明白，但是她问："爷爷你怎么知道这么多的？我怎么不知道的？"

我知道，是因为我会运用"显潜法"，我区分了：显性世界和潜性世界。我从显性的在场的到潜性的不在场的,从字面上的可见的到背后的看不见的。我用的是完形心理学的完形法,表层的现实的,都是残缺不全的,甚至是不合理的,运用完形法可以进入完整全面的境界。显性和潜性的区分是一种理论,完形心理学是一种理论,但是可以转化为一种研究的方法。

强调科学方法与方法的科学性的重要性的时候,也不可以排斥直观顿悟法。新的结论不在至少不全是在资料的堆积、卡片的排列之中。

九 修辞学教学

修辞学教学的任务,是帮学习者掌握修辞学理论,提高自己的语言运用的水平,培养修辞研究的能力。培养修辞学研究人才也是修辞学教学的任务之一,但是以成为修辞学家为学习目的的毕竟是少数,大多数学习者的目的是提高自己的语言修养,提高运用语言的水平。提高语言运用水平,就应当积极参与,勇于实践,多动口,勤动手。坐而论道是不能提高修辞水平的。

修辞学教学,离不开修辞学论著。但是不可迷信修辞学论著。正如歌德《浮士德》中的魔鬼梅菲斯特所说:"理论全是灰色的,朋友,生命的金树长青。"修辞学教学不可本本主义,要密切联系修辞现实。卡西尔《人论》说:"一本诗歌教科书不可能教会我们如何写一首好诗。"[①] 一部修辞学著作,一门修辞学课,也并不能造就一个修辞大师。

修辞学教学是师生共同完成的。老师是教学的主导者,学生是积极参与者、学习的主体。俗话说,"师傅领进门,修行在自身"。最好的修辞老师也只是领进门,修行还靠学习者自身。

修辞学是表达的学问,修辞学教学的根本任务是提高学生的表达能力,学习修辞学知识是为提高表达能力服务的。表达能力分口语和书面

---

① [德]恩斯特·卡西尔:《人论》,甘阳译,上海译文出版社1985年,第204页。

语两方面的能力。两种理当并重,师范院校就应当并重。但是可以有所偏重,文学院的修辞学,可以偏重书面语。

最好每次课后写作一篇千字短文。小题小做,谈一个问题。也可大题小做,对大题,可选择一个切入点,就一点谈一点看法。教师可要求学生做四五次小作业,当作平时成绩。批阅作业,教师的负担重了。但是,批阅作业,才真正了解学生,了解学生才能上好课。学生的作业,是有趣的,对教师有所启发的,有促进教师研究修辞学的功效。批阅学生的作业,可以促发教师的修辞学研究活动。期终,可以四千字左右的论文作为考核。既然是修辞学作业,就不仅仅是看观点,语言表达同样重要。最后的成绩,不仅看修辞学理论的把握程度,也看书面语表达能力的进步。

修辞学教师应当写写修辞随笔,给学生作示范。老师最好自己也动手写作,备课、讲课、批改作业,都会发现问题和课题。师生间教学相长,共同前进。

教师可利用现代教学技术,利用教学平台师生积极互动,激发学生的学习积极性,自觉提升自己有效语言运用的能力。可建立"修辞学教学群",师生共同参与。学生作业和期终论文发到群里,相互交流,教师在群里批改。教学结束时,可以将师生的修辞随笔和论文汇编成集,刻成光盘,以资纪念。

学习者可寻求学友,一同建立"修辞学习者群",发布读书札记与修辞随笔,交流心得,相互切磋,研讨学术。

我们愿意同教师和同学与读者们一同入群做作业。

我们这回的作业是:

搔痒曲

上面下面不到点,

左面右面差一点。

老子亲自操纵痒痒耙子,

精准出击,到位到点。

看,痒痒儿小子,

夹着尾巴,屁颠屁颠,

逃到爪哇国去了,

咱飘飘若仙,赛过活神仙。

附记 痒痒,平常事。痒痒感,人人有。搔痒痒,人人需要。人不能给自己的后背搔痒,就得求人。小时候,我们可能都给爷爷奶奶搔过痒。搔痒痒事小也不小,说"不小",是它居然上了皇帝的诏书。东汉光武帝刘秀:"汉中太守妻乃系南郑狱中,谁当搔其背垢者。"(《原丁邯诏》)"卿归田里,曷不令妻子从?将军老矣,夜卧谁当为搔背痒也!"(《赐侯将军诏》)

搔痒搔到痒处颇不容易。不容易不在搔痒本身,搔痒本身小事一桩、不值一提,而在于表达者自己说不清痒痒的准确所在,责怪搔痒人没有搔到真正的痒处。搔痒人则责怪被搔痒者没有提供精确的信息,无法准确把握痒痒所在处。这就是搔痒人同求人搔痒者之间的矛盾,以及相互埋怨的根源。

语言是抽象的模糊的。搔痒痒难,难在词语是抽象的,既难在"上下左右"是模糊的,也难在缺少了一个参考点。人的后背,一马平川,没有可以作为标记的东西。再如"楼下"一词,"我家楼下住的是……"和"你在楼下等我",两个"楼下"不是一回事。表示楼的附近的"楼下",范围是模糊的。"上下左右"的范围跟"楼下"一样模糊。

表达难,解读也难。修辞学和阐释学是不可忽视的。

教师和学生、读者与作者,在修辞学教学过程中,我们一同来要几招。不怕丑,不怕人笑。不怕丑不怕人笑是自信的表现。

小　　结

(1) 汉语修辞学:有效运用汉语的学问。以汉语为载体的修辞学。汉语修辞学理所当然地立足于汉语。但是,不必不可画地为牢死在汉语之中,可以也应当把外语作为参考框架。有外语作为参考,可以更好地把握汉语修辞学。汉语修辞学应当同世界上各种语言的修辞学接轨、共舞。

（2）观察法：做有心人，竖起耳朵听，睁大眼睛看。观察法是认识世界的开始。

（3）比较法：不蔽于同，不惑于异。发现同中之异，异中之同。善于同中求异，异中求同。比较法只能运用于有相同比较域的资料，不同比较域的资料，不具备可比性。没有可比性的语料的比较，所得到的结论没有科学性。

（4）归纳法：从充分可靠的事实中抽象出规律来，即从个别到一般。

（5）演绎法：从一般原理推导出特殊情况下的结论，即从一般到个别。

（6）方法是为研究对象服务的。方法的生命在于运用。完成研究任务的方法是好的方法。

思考与练习

（1）如果你是汉族人，你跟其他民族的同学、同事、朋友交谈时，有没有感觉到修辞的差异？作为中国人，你跟外国人交际时，有没有感觉到修辞的差异？这些差异是来自修辞的，还是文化心理的？

（2）我认为修辞语料就在我们身边，在食堂里，在马路上，在宿舍里。我指导研究生的时候，曾带领他们带上笔和小本子，从南京大学的南门，步行到夫子庙，边走边看，注意店招与广告，或有意识地跟商店售货员搭讪几句。我会问他们发现了什么，我会把自己看到的告诉他们。回校之后，让他们写一份作业。请观察身边的修辞现象，选择值得说说的，写成一篇修辞随笔。

（3）选择一个例子，从多角度多层次地比较分析。

（4）说说归纳法的功用及其不足，以及这种不足带来的危害。

第三章　交际的矛盾和修辞的原则

事物发展的根本原因，不是在事物的外部而是在事物的内部，在于事物内部的矛盾性。任何事物内部都有这种矛盾性，因此引起了事物的运动和发展。(毛泽东《矛盾论》)

关键词：四个世界　对象　自我　语境　话题　诚信　得体　全局

一　交际的矛盾 ①

交际活动是平常而复杂的。之所以复杂是因为多种矛盾交集其间：有限的语言世界和无限的主客观世界之间的矛盾，说写者的编码活动和听读者的解码活动之间的矛盾，语音和语义之间、语法和语用之间的矛盾，语言的内部和外部之间的矛盾，表达者和接受者之间的矛盾，话语和语境之间的矛盾，语言和话语之间的矛盾，交际的目的、表达的手段和交际的效果之间的矛盾。

其中第一位的是表达者和接受者之间的矛盾。说写者表达，听读者解读理解。说写者和听读者相互转化着。表达者要把握交际对象，要保持自我，然而真正全面地把握对象永远不可能，人对他人的了解同他人的真实之间总是有差距的。保持自我也是相对的，没有人能够真正完全认识自己，人对自己的认识同真正的自己之间也总是有差距的。对象和自我之间的矛盾是永恒的。

---

① 参看王希杰：《对交际的矛盾和修辞的原则的再认识》，《赣南师范学院学报》1992年第2期。

表达者和接受者的矛盾,产生出成对的关系及其"差":

  表达者的语境 / 接受者的语境:语境差
  表达的效果 / 接受的效果: 效果差
  表达者的心理 / 接受者的心理:心理差
  表达者的文化 / 接受者的文化:文化差
  表达者的前提 / 接受者的前提:前提差
  表达者的视点 / 接受者的视点:视点差

这些"差"一旦超出容忍度,就可能出现交际短路。

表达者只有一个:"我",可接受者可以有多个:"你们"。万人大会上的讲话,接受者是众多的。书面语的接受者是开放性的。

交际活动的工具是语言,语言是表达和理解的中介。

交际活动的目的是交流思想。话语所表达的都是具体的。语言与所表达的内容之间的矛盾是难以克服的。任何丰富发达的语言本身都是有限的,但交际双方所要交流的内容却是无限的,用有限的语言材料来交流几乎是无限的客观世界和主观世界,这是交际活动中一个很难真正完全克服的矛盾。

语言本身都是不完善的。宇宙间本没有绝对的完美无缺的事物。运用语言的交际活动中,语言也是不自足的,它必须同许多非语言因素一同协作才能够实现交际职能。

二 语言和言语与思维和思想

  索绪尔提出的语言和言语的区分是现代语言学的方法论原则,也是修辞学研究的方法论原则。[①] 思维是人类认识世界的一种活动。思维活

---

  ① 参看王希杰:《略论语言和言语及其相互关系》,《南京大学学报》1964 年第 1 期。

动的产物是思想。思维的工具是语言。语言是音义结合的符号所构成的价值系统。言语是思想内容和表达形式的统一体。言语是思想的表达形式,思想是言语所表达的内容。言语同现实具有对应性。言语具有交际功能。语言是社会集体的,相对稳定的。言语是语言的存在形式,是个人的、临时的、多变的。语言中的词句是抽象的一般的模式。言语中的词句是具体的,同现实发生一定的对应关系。

语言的意义,对所有使用这种语言的人,是共同的;语言所表达的思想,因人、因地、因时而异,是千变万化、千差万别的。"亮起来了。"语言的意义谁都懂。"一见面,他们便假作吃惊地说:'唉,亮起来了。'阿Q照例的发了怒,他怒目而视了。"(鲁迅《阿Q正传》)。这是对阿Q头上的癞疮疤的嘲讽。交际的双方所关心的都是思想,正如庄子所说:"筌者,所以在鱼,得鱼而忘筌;蹄者,所以在兔,得兔而忘蹄;言者,所以在意,得意而忘言。"(《庄子·外物》)

语言和思想之间的关系不是简单的一一对应的。有四种可能:(1)思想内容好+语言形式好,(2)思想内容好+语言形式不好,(3)思想内容不好+语言形式好,(4)思想内容不好+语言形式不好。修辞追求的是好的语言形式和好的思想内容之间的统一。

三　四个世界

(一)物理世界和语言世界

动物只有一个物理世界,人类拥有两个世界:物理世界和语言世界。人的物理世界是人借助语言世界所认识的所把握的物理世界。

维特根斯坦(Ludwig Wittgenstein,1889—1951)说:"语言给所有

的人设置了相同的迷宫。这是一个宏大的、布满迷径错途的网状系统。"①
宋人刘过:"斗酒彘肩,风雨渡江,岂不快哉!被香山居士,约林和靖,与坡仙老,驾勒吾回。"(《沁园春》)这首词作于宋宁宗嘉泰三年(1203年)。这一年辛弃疾被朝廷任命为绍兴府兼浙东安抚使。香山居士是大唐诗人白居易,宋人林和靖名逋,坡仙乃苏轼苏东坡,三人早已逝世。现在居然一同来"驾勒"他刘过,还:

> 坡谓:"西湖正如西子,浓抹淡妆临照台。"二公皆掉头不顾,只管传杯。
>
> 白言:"天竺去来,图画里峥嵘楼阁开。爱纵横二涧,东西水绕,两峰南北,高下云堆。"
>
> 逋曰:"不然,暗香浮动,不若孤山先访梅。须晴去,访稼轩未晚,且此徘徊。"

这是物理世界中绝不可能的,但语言世界中没有不可能的话,"时空穿越"是平常事。

人生活在四个世界之中:物理世界和语言世界与文化世界和心理世界。人的修辞活动是在四个世界中展开的。②

人是物理的人,物理人是万物的一种,最特殊的一种。人之所以是人,因为人具有语言。人是语言的人,人人生活在语言世界之中,语言是大海洋。语言的世界是人所认识到的物理世界,是客观存在的物理世界的一部分(一小部分)。语言世界之外是人没有认识到的世界。没有认识到的世界,是不可言说的,因为它跟语言无缘。语言的世界可分为语言的世界和言语的世界。在语言的世界里,词语同事物的关系是固定的、社会公认的,个人无权改变。在言语的世界里,词语跟事物的关系是个人的、临时的、可变的,千变万化又复杂多样。

---

① [英]路德维希·维特根斯坦:《文化和价值》,黄正东等译,清华大学出版社1987年的,第24页。
② 参看王希杰:《四个世界和语境类型》,《宁夏师范学院学报》2007年第1期。

语词不是事物,词语和事物之间没有任何必然的神秘的联系。语言符号同事物之间的关系是约定俗成的,相对稳定的,社会集体的,个人是不能随意改变的。语言符号和客观事物不是一对一的。同一个语言符号可以指称不同的对象,"杜鹃",一指花,二指鸟。不同的语言符号可以指称同一对象,如"妈妈、母亲、娘、老妈、妈咪","剃头店、理发店、发廊、发屋、美发厅","茶馆、茶室、茶座、茶社、茶吧",等等。尽管汉语词汇是那样丰富,但是还有许多事物没有相应的词语。不但还没有发现没有认识到的事物没有名字,就是经常打交道的事物,有许多也还没有名字。同时,有些词语却没有与之相对应的客观对象,如"天堂、仙女、魔鬼、上帝、安琪儿"等。言语中,词语跟物理世界的关系是相对的可变的临时性的。歌剧《刘三姐》中,刘三妹＝刘三姐。比她小的喊她"三姐",比她大的喊她"三妹"。"姐姐"等于"妹妹"了。同一个人,看小说时是"读者",听广播时是"听众",看电影时是"观众",在商店里是"顾客",在列车上是"乘客",在旅行中是"旅客",在父亲面前是"儿子",在子女面前是"父亲",母亲的兄弟喊他作"外甥",父亲的兄弟喊他作"侄儿",姐妹的孩子喊他作"舅舅"。芦芒:

> 我的母亲没有名字。
> 从小就给人叫"丫头",
> 长大了叫"大姐",
> 年青时候叫"阿姨",
> 年老了叫"老太婆"……
> 每一种叫法都有一段辛酸,
> 大半辈子生活在苦难里!
>
> 在以往——祠堂家庙要入谱,
> 她才上个名叫"某门某氏"。
> ……丈夫死了也要上名,
> 还是——"某门某氏"……

>   我在部队十多年,
>   每逢填写她的名字都很为难,
>   队伍里给她上了个名在花名册,
>   上面写了个:
>   "某老太"。　　　　　　　　　　　(《母亲的名字》)

朱梅喜("母亲")的不同的称呼体现不同的身份与不同的社会角色。

(二)文化世界

"文化"同"自然"相对,一切人的制作与创造都是文化。一块石头,是自然。人打磨成石斧,就是文化。是人都是"文化人"。仅仅指识字的人、懂得某种知识的人是"文化人",是狭义的"文化人"。人区别于动物的是:人是文化的人。人生活在文化世界之中。被认为是最没有文化的人也是具有某种文化的。文化是人们在社会实践过程中所创造的物质财富和精神财富的总和。

语言世界跟物理世界并不直接挂钩。文化世界是在物理世界与语言世界之间的中介物。物理世界经过文化世界反映到、结晶在语言世界之中。"四海之内皆兄弟",四海是东海、南海、西海、北海。事实是,中国的东边和南边是大海,北面和西面是陆地。汉语中的"四海"以及"四海龙王"等,是文化现象在汉语里的反映。事物在语言里相对应的词语越多,其在社会生活中地位越是重要,其文化价值越是高。例如因纽特语中的雪,阿拉伯语里的骆驼,汉语里的月亮。再如"蟋蟀",又叫"莎鸡、天鸡、酸鸡、樗鸡、蜻蜥、促织、趋织、蛀孙、百日虫"等。品类繁多,有:牙青、拖肚黄、红头紫、狗蝇黄、锦襄衣、肉黑头、金束袋、齐旅翅、梅花翅、琵琶翅、青金翅、紫金翅、乌头金翅、油纸灯、三段锦、银翅青、油青、白头青背、黄麻头白青、铜头铁背、琥珀头、青项白、朱头白、蜜蜡头、白尖翅、老白青、蜜背、滑白、蜊壳白、点子额、哑白、油灰额、时辰翅、左搭翅、铁线虫、玉额子、朱砂额、日月眼,等等。

莎士比亚《罗密欧与朱丽叶》中的朱丽叶说:"只有你的名字才是

我的仇敌:你即使不姓蒙太古,仍然是这样的一个你。姓不姓蒙太古又有什么关系呢?它又不是手,又不是脚,又不是手臂,又不是脸,又不是身体上任何其他的部分。啊!换一个姓名吧!姓名本来是没有意义的;我们叫作玫瑰的这一种花,要是换了个名字,它的香味还是同样的芬芳;罗密欧要是换了别的名字,他的可爱的完美也绝不会有丝毫改变。罗密欧,抛弃了你的名字吧;我愿意把我整个的心魂,赔偿你这一个身外的空名。"(朱生豪译)这话对又不对。说对,名词对于物是外在的任意的,语言符号具有任意性。但是,不同名称的意义和色彩是不一样的,语言是社会文化与心理的。陆龟蒙《早行》:"纵使碧虚无限好,客星名字也愁人。"《白兔记》:"(净叫介)娘子!房下!令正!浑家!拙荆!山妻!怎么好?自古道:三朝媳妇,月里孩儿。引惯了他了,罢罢,我的娘!(丑上)来了,听得老公叫,慌忙走来到。"(第六出)不同的称呼,大不一样的。

修辞活动归根到底是一种文化现象。交际活动是在文化语境中进行的。

(三)心理世界

人是心理的人。心理的人生活在心理世界中。人最宝贵的是有一颗人心。没心没肺、全无心肝、狼心狗肺等是骂人话。"人心不同,各如其面。"每个人之所以是自己,因为各自拥有不同于他人的心理世界。交际活动是一种心理现象。

鲁迅的《父亲的病》:

"叫呀,你父亲要断气了。快叫呀!"衍太太说。

"父亲!父亲!"我就叫起来。

"大声!他听不见。还不快叫?!"

"父亲!!父亲!!!"

他已经平静下去的脸,忽然紧张了,将眼微微一睁,仿佛有一些苦痛。

"叫呀!快叫呀!"她催促说。

"父亲！！！"

"什么呢？……不要嚷。……不……。"他低低地说，又较急地喘着气，好一会，这才复了原状，平静下去了。

"父亲！！！"我还叫他，一直到他咽了气。

我现在还听到那时的自己的这声音，每听到时，就觉得这却是我对于父亲的最大的错处。

当面称呼，应当用"爸爸"，不应当说"父亲"。而且作者十年前在一篇回忆的文章中就是用的"爸爸"一词。"爸爸"和"父亲"是非常平常的称呼语，作者的这一选择是慎重的。懂得现代心理学的鲁迅，选择"父亲"的意图是：要表示那时他在突然袭击面前，已经失去了正常意识，他呼喊"父亲"，这是衍太太导演、策划的一种无意识行为。强调自己的无意识，为的是减轻心理负担、减少负罪感。①

董说《西游补》，孙行者变身为虞美人同美人们聚会，做联句时，绿珠说："泣月南楼"，假虞美人对曰："拜佛西天"。绿珠指责说："美人，想是你意思昏乱了？为何要'拜佛西天'起来？"作者先交代是"行者一时不检点，顺口"说出来的。接着，作者让行者狡辩说："文字艰深，便费诠解。天者，夫也。西者，西楚也。拜者，归也。佛者，心也。盖言归心于西楚丈夫。他虽厌我，我只想他。"这个辩护词，当然是自欺欺人，强词夺理，诡辩胡缠。其实是孙行者潜意识的不自觉地流露，虞美人是假，取经的和尚孙行者是真。

《红楼梦》："话说探春湘云才要走时，忽听外面一个人嚷道：'你这不成人的小蹄子！你是个什么东西，来这园子里头混搅！'黛玉听了，大叫一声道：'这里住不得了。'一手指着窗外，两眼反插上去。"（第

---

① 参看王希杰：《修辞和心理》，《语文月刊》1992年第12期；《潜意识和修辞》，《语文月刊》1987年第4期；《"手误"例谈》，《学语文》1987年第1期；《残缺的完形化》，《语文月刊》1990年第8期；《论话语交际中语言同心理的相互关系》，《赣南师范学院学报》1995年第5期。

八十三回）老婆子说者无心,但听者有心,林黛玉是多心多疑的。

韦应物：

> 掬土移山望山尽,投石填海望海满。
> 持索捕风几时得,将刀斫水几时断?
> 未若不相知,中心万仞何由款? （《难言》）

但韦应物也看到了难言的反面:

> 洪炉炽炭燎一毛,大鼎炊汤沃残雪。
> 疾影随形不觉至,千钧引缕不知绝。
> 未若同心言,一言和同解千结。 （《易言》）

知心,零距离,"一言和同解千结"。心理世界是交际中的最重要的因素之一。

四　自我和对象

（一）自我

康德说,"人能够有'自我'的概念,这使人无限地提升到地球上一切其他有生命的存在物之上,因此,他是一个人"。①

交际活动是由表达者和接受者组成的,没有接受者就没有表达者。表达者就是"我",任何一个一旦开口说话的就是"我"。日常生活中,常常可以听到的是："大人说话,小孩不准插嘴！""爷们的事情,女人家不许插话！""谁跟你说啦？""这里没有你说话的地方！"都是在强调话语权。

"文如其人","言如其人",言语是说写者的自我画像。《隋书·牛弘传》中记："有弟曰弼,好酒而酗。尝因醉,射杀弘驾车牛。弘来还宅,其妻迎谓之曰：'叔射杀牛矣。'弘闻之,无所怪问,直答曰：'作脯。'坐定,其妻又曰：'叔忽射杀牛,大是异事！'弘曰：'已知之矣。'颜色

---

① ［德］康德：《实用人类学》,邓晓芒译,重庆出版社1987年,第1页。

自若,读书不辍。其宽和如此。"牛弘的妻子不满意的是丈夫答非所问,不切题。牛弘故意不切题,表现出自己的宽宏大度。

保持自我同适应对象不是矛盾的。保持自我本色不是自以为是、目中无人、我行我素、信口开河,不是老子天下第一。说什么:"我就这样说,我已经说了,我还要这样说,谁也不敢不给我说!我就说,你能把我怎么样?你还能杀了我?""我就是这个样子,嘴巴长在我的身上,想怎么说就怎么说!"这都是不可言之人。但是,尊重对方,适应交际对象,也并不是做奴才、应声虫。保持自我本色应当同尊重与适应对象统一起来,两者之间应当保持一种平衡。

北宋泗州小官郑起,贫穷,常乘骡。有一天,跟随上司张延范到郊外送客。

延范揖起曰:"请策马令进。"

起曰:"此骡也,不当过呼耳!"以讥延范。

延范深衔之,密奏起嗜酒废职。　　　　　(《宋史·文苑一》)

说良心话,张延范并没有讥笑郑起的意思。如果张延范对郑起说:"请策骡令进。"那倒是讥讽。郑起自卑心在作怪,无事生非。当然,张延范也大不得体。表达者心态不正,不利于正常交际。

(二)对象

没有交际对象就没有交际活动。交际活动是表达者与接受者的统一。《论语·卫灵公》:"可与言而不与言,失人;不可与言而与之言,失言。"意大利乔万尼·薄伽丘(1313—1375)在《十日谈》中说:"所以我们跟人打趣,应该认清对象,留心这句话这么说,还要注意到时间和地点才好。"

俗话说,"当着矮人不说矮话"。《西游记》中,猪八戒问路,喊对方一声"妖怪",那两个妖怪说:"这和尚恁懒!我们又不与他相识,平时又没有调得嘴惯,他怎么叫我们做妖怪!"(第八十二回)于是劈头就打。在妖怪看来,如果是"与他相识,平时又调得嘴惯"的,才可以叫"妖怪"。猪八戒没有把握对象。所以孙悟空也说："打得还少！"猪八戒错在：不看对象，不尊重对象。在接受孙悟空的指教之后，八戒再次问路，说："奶奶，贫僧稽首了。"那两个妖怪很喜欢，说："这个和尚却好，会唱个喏儿，又会称道一声儿。"尊重对象，效果不一样了。

把握对象是交际的起点。要分清对象的年龄、性别、出身、经历、政治态度、文化教养、气质、性格、习惯与语言能力等。李延寿《南史》中记："（刘谅）位中书宣城王记室，为湘东王所善。王尝游江滨，叹秋望之美。谅对曰：'今日可谓"帝子降于北渚"。'王有目疾，以为刺己。应曰：'卿言"目眇眇以愁予"邪？'从此嫌之。"（第三十九卷）刘谅只看到对方是皇帝的儿子，忽视了对方的眼睛。

把握对象要求把握自己跟对象之间的关系。唐代诗人于鹄《古词》："东家新长儿，与妾同时生。并长两心熟，到大相呼名。"青梅竹马才可以相互呼名的。《西游记》中孙行者到紫竹林拜见观音菩萨。守山大神大叫："孙悟空，那里去？"孙行者大怒："你这个熊罴！'悟空'是你叫的！当初不是老孙饶了你，你已此做了黑风山的尸鬼矣。今日跟了菩萨，受了善果，居此仙山，常听法教，你叫不得我一声'老爷'？"昔日的黑熊精、今天的守山大神忽视了自己跟孙行者之间的特殊关系，才有这个失误。

对象有显性与潜性之分。《红楼梦》第二十八回："有一个丫头说道：'那块绸子角儿还不好呢，再熨他一熨。'黛玉便把剪子一撂，说道：'理他呢！过一会子就好了！'"显性对话人是丫头，潜性对话人是贾宝玉。"宝钗笑道：'我告诉你个笑话儿：才刚为了那个药，我说了个不知道，宝兄弟心里就不受用了！'黛玉道：'理他呢！过会子就好了！'"这话其实都是说给贾宝玉听的，因为贾宝玉之前对薛宝钗谈论林黛玉时说："理他呢，过会子就好了。"①

交际对象可以是虚拟的。《红楼梦》第二十七回："（薛）宝钗便故意

---

① 参看王希杰：《略论交际活动中的第三者》，《广西师范大学学报》1989年第3期。

放重了脚步,笑着叫道:'颦儿,我看你往那里藏!'"这其实是说话人薛宝钗的"金蝉脱壳"的法子。林黛玉并不在场,不是薛宝钗的交际对象。

交际活动中有时有第三者,在场或不在场。《红楼梦》第八回:"可巧黛玉的丫鬟雪雁走来与黛玉送小手炉,黛玉因含笑问他说:'谁叫你送来的?难为他费心,那里就冷死我了!'雪雁道:'紫鹃姐姐怕姑娘冷,叫我送来的。'黛玉一面接了,抱在怀中,笑道:'也亏你倒听他的话。我平日和你说的,全当耳旁风;怎么他说了你就依,比圣旨还快些!'"显性接受者小丫头雪雁莫名其妙,因为林黛玉其实是对潜性对话人贾宝玉说的,因为"宝玉听这话,知是黛玉借此奚落他"。

尊重对象是关键。李延寿《南史》记:"帝尝设大臣饼,(蔡)撙在坐。帝频呼姓名,撙竟不答,食饼如故。帝觉其负气,乃改唤蔡尚书,撙始放箸执笏曰:'尔。'帝曰:'卿向何聋?今何聪?'对曰:'臣预为右戚,且职在纳言,陛下不应以名垂唤。'帝有愧色。"贵为帝王也应当遵守尊重对象的原则,也应当尊重对象。中华文化,直呼其名不礼貌。梁武帝为自己的不礼貌的行为感到惭愧。

成语"嗟来之食"出自《礼记·檀弓下》。春秋时期齐国发生饥荒,黔敖准备食物救济饥民。黔敖对一个饥民说:"嗟!来食!""嗟"(jiē),喂,叹词。那个饥民说:"我正是因为不吃'嗟来食'的东西,饿成这个样子的。"虽然黔敖道了歉,但那个饥民坚持不吃"嗟来之食",最后饿死了。即使是一种施舍行为,也要遵守尊重对象的准则,不可居高临下。但是,不可将尊重交际对象歪曲为一味迎合、讨好交际对象。

把握对象,说是容易,其实难。鲁迅《孤独者》:"……你知道,他先前不是像一个哑子,见我是叫老太太的么?后来就叫'老家伙'。唉唉,真是有趣。人送他仙居术,他自己是不吃的,就摔在后院子里,——就是这地方,——叫道,'老家伙,你吃去罢。'……""老太太"和"老家伙"是同义的,但有感情色彩的区别,"老太太"是尊称,"老家伙"是贬称,是骂人话。魏连殳对大良的祖母先是称为"老太太",后来叫她"老家伙",这一称呼语的改变,是他的社会地位和人生态度改变的产物和标志。大良的祖母对"老太太"的称呼有点反感,说是"迂",对"老家伙"的称呼反而得意扬扬,很是赞美。这反映了她的自卑自贱的心态。心态是潜性的,最难把握的。交际对象是生物的人、社会的人、文化的人、心理的人的统一体,而且是处在变化之中的。真正地把握住对象其实是很困难的事情。

交际对象是具体的,特定的,是"这一个";也可以是"普世"的。比利时修辞学家钱姆·佩雷尔曼(Chaim Perelman,1912—1984)在《修辞学王国》中说:"如果为发展论辩理论想以一种有用的方式来定义受众,那么我们必须视之为言者通过自己的论辩想要影响的人群集合。这是一个什么样的集合(gathering)呢?这种集合极其多变。它可以是说话人自己,私下反思如何应对为好的局势。或者它可以是整个人类,或者至少是所有那些有理解力、有理性的人,即我称之为'普世受众'(universal audience)的那些人,而'普世受众'自身又可以由无数的特别受众群组成。"[1] 亚里士多德和索绪尔、李白和杜甫,不知道有我,可我是他们作品的接受者。"李白乘舟将欲行,忽闻岸上踏歌声。桃花潭水深千尺,不及汪伦送我情。"特定交际对象是汪伦,后代的我们是"普世受众"。鲁迅和许广平的《两地书》,交际对象都从"这一个"转化为"任何一个愿意阅读的人",读者和研究者都是"普世受众"。

日记的唯一对象是自己,可一旦公之于世,受众便是普世的。写作日记的时候,也许心中都有一个潜性对象在的。临终之前不销毁自己的日记,甚至让图书馆保存,是期待着"普世受众"。中国古人"藏之深山,传之后代",是为后世受众而写作的。以色列盖伊·多伊彻在《话/镜》中说:"但是各位未来的看官,请原谅我们的无知,就像我们原谅那些先于我们的无知之人一样。"[2]

---

[1] 袁影编注:《西方修辞学经典选译》,上海外语教育出版社2017年,第165页。
[2] [以]盖伊·多伊彻著:《话/镜:世界因语言而不同》,王童鹤等译,清华大学出版社2014年,第274页。

五　语境[①]

交际活动是在语言环境中展开的。没有语言环境，就没有交际活动。语言环境简称为"语境"。"小语境"指上下文，是语内语境。句子是词语的语境。句群是句子的语境。段落篇章是句群的语境。"大语境"就是"交际场"，交际活动的舞台，是由人物、场景、事件所构成的。看得见的是显性语境。看不见的是潜性语境。文化背景和双方的心态是潜性语境。语境是语言世界和物理世界与文化世界和心理世界的统一体。

唐代诗人朱冲和《嘲张祜》："白在东都元已薨，兰台凤阁少人登。冬瓜堰下逢张祜，牛屎堆边说'我能'。"白指白居易，元是元稹。没有白居易和元稹，诗坛无人。张祜说"我能"，这是"牛屎堆边"说的。"牛屎堆"这个语境否定了张祜的"我能"。会话含义是在语境中获得的。民间笑话说："一人被妻殴打，无奈钻入床下。其妻曰：'快出来。'其人曰：'丈夫说不出去，定不出去！'"好笑之处就在于这豪言壮语同语言环境尖锐地对立着。《西厢记》中，法聪和尚说："小姐是他父亲的事，如何不来？""小姐是他父亲的事"？语境生成会话含义：老相国是小姐的父亲。追荐自己父亲的法事当然是作为女儿的小姐自己的事。

选择语境是交际的第一件事。"这里不是说话的地方。找个地方再说。""饭桌上不谈公事。"选择大城市中心最大的商场的购物大厅来研讨学术问题或交流个人感情问题，其效果是可想而知的。两个人之间的纯属个人的小矛盾，在没有第三者参与的时候，容易沟通。如果有许多人在场，矛盾不但不易消除，反而很容易扩大和激化。这类小矛盾，在办公室里谈，同在草地上、茶馆里、饭桌旁谈，其效果是不一样的。个人感情的交流，在办公大楼里，同在小河流水的郊外、鲜花盛开的季节、花前

[①] 参看王希杰：《论语言的环境》，《广西大学学报》1996年第1期；《语境的再分类》，《西北第二民族学院学报》2006年第3期。

月下时,效果更是全然两样的。

李延寿《北史》:"(长孙俭)后除东南道行台仆射、大都督十五州诸军事、荆州刺史。时梁岳阳王萧詧内附,初遣使入朝。至荆州,俭于厅事列军仪,具戎服,以宾主礼见使。容貌魁伟,音声如钟,大为鲜卑语,遣人传译以答问。客惶恐不敢仰视。日晚,俭乃著裙襦纱帽,引客宴于别斋,因叙梁国丧乱,朝庭招携之意,发言可观。使人大悦,出曰:'吾所不能测也。'"(《长孙嵩传》附长孙俭)长孙俭选用,或者说设置两种不同的语言环境,使用两种不同的语码与言说方式,取得了极佳的表达效果。

没有合适的语境,就创造语境。《三国演义》中的刘琦,创造了一个"上不着天、下不着地"的、只有他和诸葛亮的"二人世界",诸葛亮才给他出了好主意。创造语境是文学创作中的一个重要任务,是文学作品成功的保证。

适应语境是交际的基本原则。《论语》:"孔子于乡党,恂恂如也,似不能言者。其在宗庙朝廷,便便言,唯谨尔。朝,与下大夫言,侃侃如也;与上大夫言,誾誾如也。"孔子在不同的语言环境中采取了不同的言谈方式。

宋文帝刘义隆在朝廷上问大臣顾琛:"国家武器库中,有多少兵器?"当时,元嘉七年(430年)刘义隆派遣到彦之北伐,打了大败仗,损失了大量武器装备。刘义隆话音一落地,就后悔失言了。朝廷上有北方投奔来的人,谈论武器库是不适合的。但是一言既出,驷马难追。顾琛回答:"有可以装备十万大军的武器。"刘义隆放心了,赏了顾琛。因为顾琛说的假话在这样的语境里是最恰当不过的。

语境是解码的手段。语境有消除多义的功能。动词"扶"是多义的,(1)靠着,(2)搀扶。"医生扶着病人"中的"扶"是搀扶,"病人扶着医生"中的"扶"是靠着,小语境分化了"扶"的多义。"老夫人扶着小丫头走上舞台"中的"扶"是靠着,"小丫头扶着老夫人走上舞台"中的"扶"是搀扶,大语境区别了"扶"的多义。《三国志》裴松之注引《汉晋春秋》:

> 他日,王问(刘)禅曰:"颇思蜀否?"禅曰:"此间乐,不思蜀。"郤正闻之,求见禅,曰:"若王后问,宜泣而答曰:'先人坟墓远在陇蜀,乃心西悲,无日不思。'因闭其目。"会王复问,对如前。王曰:"何乃似郤正语邪?"禅惊视曰:"诚如尊命。"左右皆笑。

刘禅因此被指责为全无心肝。成语"乐不思蜀"表示乐而忘归。结合特定的语境,刘禅不是真的乐而忘归,不是全无心肝,是自我保护的手段。

心理语境尤其值得重视。心理语境指交际者的心理状态。鲁迅《肥皂》:

> "学程!"四铭记起了一件事似的,忽而拖长了声音叫,就在她对面的一把高背椅子上坐下了。
>
> "学程!"她也帮着叫。
>
> 她停下糊纸锭,侧耳一听,什么响应也没有,又见他仰着头焦急的等着,不禁很有些抱歉了,便尽力提高了喉咙,尖利的叫:
>
> "絟儿呀!"
>
> 这一叫确乎有效,就听到皮鞋声橐橐的近来,不一会,絟儿已站在她面前了……。

学程对自己的学名"什么响应也没有",对小名却反应如此之快,这是因为当时是在自己的家里。学名是上学用的,是对社会的。家里人,特别是他的母亲,平常都是叫他小名的。母亲叫他学名,之所以是偏离常规的现象,是顺着丈夫的口气在说话。

六 话题和前提

(一)话题

交际从话题的选择开始。选择话题是一门艺术。"话不投机半句多",是话题选择的失误。"酒逢知己千杯少",知己之间具有共同的话题才千杯少的。"哪壶不开提哪壶",交际没有不失败的。

切题是得体,以此交际活动才能顺利进行。引入话题,展开话题,扩展话题,扣紧话题,层层深入。作文的要诀:看准题目。错题,坏事了。语文教师批改作文时,不切题要大大地扣分。高考作文,不切题,完啦。切题是常规。跑题,离题万里,是失误。

故意跑题,答非所问也是修辞策略。冯道在后唐、后晋、后汉、后周四朝担任宰相二十多年,跟同事赵凤是儿女亲家。冯道夫人因为儿媳妇饭菜没做好,一顿骂。赵凤心疼闺女,让自家的女仆到冯道办公处哭诉。冯道一声不吭。女仆离去时,冯道说:"请转告亲家:今天的雪真好。"冯道故意跑题,意思是:这事不必过分计较。

禅宗和尚参禅,常常答非所问。

> 潭州石霜大善禅师,僧问:"如何是佛法大意?"
>
> 师曰:"春日鸡鸣。"
>
> 曰:"学人不会。"
>
> 师曰:"中秋犬吠。" (《五灯会元》卷三)

石霜大善禅师的答非所问,是对提问方式的否定,要求对方改换思路。

《碧岩录》中记:"僧问:'如何是清净法身?'(云)门云:'花药栏。'""清净法身"即不受尘世凡俗污染之心,同"花药栏",是风马牛不相及,答非所问。但是,在禅宗修辞圈里,却大有深意。云门认为,提问者执迷不悟,拘泥于"清净法身"的字面意义,用"花药栏"斩断思路:"清净法身"不可向外寻求。再如有僧问玄沙:"如何是清净法身?"玄沙回答:"脓滴滴地。"玄沙的"脓滴滴地"跟云门的"花药栏"同义。

切题的话语,需要言之有物,不可废话连篇。"言之有物"的"物"就是信息。含义丰富信息量大的文章是好文章。

作文废话连篇,要大大扣分的。老师毫不留情地删除废话,因为毫无信息。但是,诗人喜欢说"废话",诗歌经常废话连篇。不过,诗歌的"废话"不是真的"废话"。"废话不废",诗人的"废话"是修辞艺术。说废话也是一种本事。杭州西湖冷泉亭:

> 泉自几时冷起?峰从何处飞来?

　　　　　泉自冷时冷起,峰从飞处飞来。
废话。但是好,谁不点赞?

　　人是说废话的动物。说废话是人生一乐。不会说废话的人,活得累,活得苦。说废话让人讨厌,不会说废话的人不讨喜、没人缘。朱自清说:"不但诗文,就是儿歌,民谣,故事,笑话,甚至无意思的接字歌,绕口令等等,也都给人安慰,让人活得有意思。所以儿童和民众爱这些废话,不但儿童和民众,文人,读书人也渐渐爱上了这些。英国吉士特顿曾经提倡'无意义的话',并曾推荐那本《无意义的书》,正是儿歌等等的选本。这些其实就可以译为'废话'和'废话书',不过这些废话是无意义的。吉士特顿大概觉得那些有意义的废话还不够'废'的,所以百尺竿头更进一步。在繁剧的现代生活里,这种无意义的废话倒是可以慰情,可以给我们休息,让我们暂时忘记一切。这是受用,也就是让我们活得有意思。"(《论废话》)① 废话伴随着我们每一个人漫长的一生。

　　言之有物的"物"是必须是真实的。信息的真实性是交际质量的保证。虚假信息的交际效果是负面的。但是,故意提供虚假信息,是存在的、常见的,甚至是不可缺少的。"山海经",龙门阵,聊天吹牛,"姑妄言之,姑妄听之",过分顶真计较真实性,是煞风景,自找没趣。故意提供虚假信息,分为双赢的和零和的。

　　美丽的谎话是双赢的。对晚期癌症病人说:"炎症。很快就出院了。"对失去子女的老人说:"你孩子活得好好的。很快就回来看你了。"是为了对方设想的。《西游记》第六十九回,孙悟空给国王治病,药引子是:"半空飞的老鸦屁,紧水负的鲤鱼尿,王母娘娘搽脸粉,老君炉里炼丹灰,玉皇戴破的头巾要三块,还要五根困龙须,六物煎汤送此药,你王忧病等时除。"孙悟空是逗人家玩的。

　　故意少给信息,是修辞术。《战国策》:"靖郭君将城薛,客多以谏。靖郭君谓谒者无为客通。齐人有请者,曰:'臣请三言而已矣!益一言,

---

① 朱自清:《朱自清全集》(第三卷),江苏教育出版社1988年,第368—369页。

臣请烹。'靖郭君因见之。客趋而进曰：'海大鱼！'因反走。君曰：'客有于此。'客曰：'鄙臣不敢以死为戏。'君曰：'亡，更言之。'"这可以叫作"悬念术"，"吊胃口术"，"卖关子术"。传统章回体小说，每一回结尾，必来此术。

信息应当是适量的。吴承恩《西游记》第八十二回："便问：'长老，那里来的？'八戒道：'那里来的。'又问：'那里去的？'又道：'那里去的。'又问：'你叫做甚么名字？'又答道：'我叫做甚么名字。'那怪笑道：'这和尚好便好，只是没来历，会说顺口话儿。'""顺口话儿"是没有信息量的话。曾经的天蓬元帅的猪八戒怎么傻也傻不到这个份儿上，这是吴承恩借题发挥讲授修辞学。信息量不足是一种调侃手段。问："你是谁？"答："我是人。"问："你说的是什么话？"答："我说的是中国话，汉语。"废话，信息不足。但是，是有意义的话，不满，调侃，逗你玩儿。信息量不足的"有点儿那个！"比起"太不像话了"之类的说法效果好。

《世说新语·简傲》："钟士季精有才理，先不识嵇康。钟要于时贤俊之士，俱往寻康。康方大树下锻，向子期为佐鼓排。康扬槌不辍，傍若无人，移时不交一言。钟起去，康曰：'何所闻而来？何所见而去？'钟曰：'闻所闻而来，见所见而去。'"钟士季就是钟会。钟会是司马氏的人，嵇康是曹操家族的人。嵇康认为钟会代表司马氏来找麻烦的，所以不理睬钟会。因此问钟会："你听到什么东西才来查看的？你看到什么东西才走的呀？"钟会说："我听到我所听到的话而来，我看到了我所看到的东西才离开的。"嵇康和钟会都没有把话说透，留有余地，彼此心照不宣。

故意少给信息是修辞策略。前举靖郭君的例子中，客所说的"海大鱼"，海里的大鱼，信息量太少。正因为信息量太少，就会引发人们的好奇心，给人以悬念。好奇之心，人皆有之。侦探小说就是依靠悬念让人继续阅读的。故意少给信息，可以刺激人们的好奇之心，可以吊人胃口。《水浒传》第三回结尾处，鲁达看捉拿他的榜文时，被一个人拦腰抱住，扯离开十字路口。最后一句："毕竟扯住鲁提辖的是甚人，且听下回分解。"没了。留下悬念，激发阅读的渴望，可以叫作"悬念术"。第四回开头："话说当下鲁提辖扭过身来看时，拖扯的不是别人，却是渭州酒楼上救了的金老。"接着上回继续讲，是顶针修辞格。

切题不仅要"切题"，还要信息适量。即不仅是信息符合题目，而且信息量还要符合题目的要求，不多不少。信息量不足，信息量过剩，都是负偏离。问："吃了吗？"答："吃了四菜一汤一碗白米饭。九十八元伍角。"发怒："谁问你啦！说这许多干什么？烦死人了。"因为信息量过剩。

故意多给信息，也是修辞。问："吃了吗？"回答："吃了。吃的是：松鼠鱼、东坡肉、狮子头、佛跳墙、麻婆豆腐、西湖牛肉羹、法国鹅肝、加州龙虾、帝王蟹。喝的是法兰西葡萄酒、苏格兰威士忌。"对方哈哈大笑，说："去你的吧。牛皮。吹吧！喝的是香蕉水和洗脚水与西北风！我说得不错吧？"可就是有意义的了。鲁迅《采薇》："这时打头的木主早已望不见了，走过去的都是一排一排的甲士，约有烙三百五十二张大饼的工夫，这才见别有许多兵丁，肩着九旒云罕旗，仿佛五色云一样。"用烙大饼的工夫来表示时间，适应故事语境。这种表达方法本是模糊的。但是偏偏说是"烙三百五十二张大饼的工夫"，既然如此精确精密，那何必再加上模糊词"约"字？这是修辞艺术。

宋代无名氏《御街行》："霜风渐紧寒侵被，听孤雁声嘹唳，一声声送一声悲。云淡碧天如水。披衣告语：'雁儿略住，听我些儿事。　塔儿南畔城儿里，第三个桥儿外，濒河西岸小红楼，门外梧桐雕砌。请教且与、低声飞过，那里有人人无寐。'"诗人交谈的对象是对孤雁。诗人同孤雁是同病相怜，孤独，悲哀。诗人心中人在何处？在："塔儿南畔城儿里，第三个桥儿外，濒河西岸小红楼，门外梧桐堆砌。"不厌其烦，反反复复，啰啰唆唆，折射出的是诗人心灵深处对心上人的深切关怀。

长篇叙事吴歌《五姑娘》中，五姑娘要情郎去买绣花引线："勿要买粗来针，亦勿要买月来针，亦勿要买调龙里引线软条针，亦勿要买嘉善引线橄榄针，粗亦勿要买扎底针，细亦勿要买棉绸针，倷到苏州城里观前街浪弯几弯，牛角浜里转几转，碰鼻头转弯，大街浪朝南，小街浪朝北，铜匠店斜角，要买百花三姐屋里格小炉灶浪格只绣花针。"五姑娘撇除了一些项目之后，对目标是不厌其烦、反反复复、啰啰唆唆、再三再四地吩咐。故意做出的过分的精细，其实是一种调情的手段，加深感情的方式，情侣之间的废话。

（二）前提

前提是先决的条件，是作为推导的基础的先决判断。心理学家曾经做过这样的试验：用录音机录下一组普通的句子，在喧闹的环境中播放。喧闹声很强，被试者只能勉强听到句子，因而很难理解它。主试者先告诉听者，这些句子是关于某个话题的，如关于运动方面的。听完后要求听者复述句子。听者便把理解为关于运动的话复述一遍。接着，主试者告诉听者他们将听到关于另一个主题的句子，如关于天气。听完后也要求听者复述一遍，听者便把理解为关于天气的问题复述一遍。如此做了几次，每次听者都能复述出一些符合话题的句子。实验结束时，主试者宣布：他们每次听到的其实是同一录音带上相同的话语。这时大部分被试者表示难以置信。这表明，人们总是依据前提对话语进行理解的。

前提可以分为：语言中的前提和语用中的前提。语言中的前提是属于整个社会集体的，是在运用语言之前就已经存在的，是语言材料的必要条件。说"心急、心酸、心肠、断肠人、满腹经纶、一肚子坏水"，前提是心、肠、腹、肚子等是思维的器官。语用中的前提指的是交际活动中双方已知的信息，是交际活动得以顺利进行的关键。说"你又笑了"，前提是先前笑过一次。

宋玉《登徒子好色赋》："天下之佳人，莫若楚国；楚国之丽者，莫若臣之里；臣里之美者，莫若臣东家之子。""东家之子，增之一分则太长，减之一分则太短。著粉则太白，施朱则太赤。眉如翠羽，肌如白雪，腰如束素，齿如含贝。嫣然一笑，惑阳城，迷下蔡。"元代学者王若虚批评说："宋玉称邻女之状曰：增之一分则太长，减之一分则太短；著粉则太白，施朱则太赤。予谓：上二'太'字不可下。夫其红白适中，故著粉太白，施朱太赤。乃若长短,则相形者也。增一分既已太长,则先固长矣;而减一分乃复太短,却是元短;岂不相窒乎?"(《滹南遗老集》卷三十七)王若虚的根据是话语的前提,"太长、太短"的前提是:长、短。没有前提的"长、短",就没有"太长、太短"的话。"太长、太短、太白、太赤"都是对零度的偏离,东家之子"不太长、不太短、不太白、不太赤"的零度形式,是美女的典范。

"酒逢知己千杯少,话不投机半句多。""知己"之所以是知己,因为具有共同的前提,甚至是对方肚子里的蛔虫。"不投机"是因为缺少共同的前提,甚至是尖锐对立的。会话的含义其实是取决于前提的。相同的话语,前提不同,其含义也不同。例如说:"为了您的健康,以后要少喝点酒。"如果是喝酒很多的人,是要他减少喝酒,最好是不喝酒。如果本来不喝酒,则是要他去喝点酒。

人们读本专业的书速度快,理解深;而读其他专业的书,不仅速度慢,而且理解极差。因为理解不仅仅是一个语言问题,还有一个知识前提的问题。人们是运用自己的全部的知识、经验去理解话语的。苏轼的《日喻》说,有一个天生的盲人不认得太阳,便问别人,人家告诉他:"太阳的形状像铜盘。"他敲响铜盘听了听铜盘的声音,后来他听到洪钟的声音便当作是太阳。有人告诉他:"太阳的光芒像蜡烛。"他摸了摸蜡烛,后来便又把短笛当作太阳。这个人之所以闹了笑话,因为缺乏理解的前提。苏轼论述的是比喻的局限性,比喻的解读需要必要的前提。其实,任何一句话的解读都需要必要的前提。

交际活动中的前提,包括双方的思想、经历、教养、知识等。前提多而且明确,很少的话语就能传递很丰富很准确的内容;前提少,传递的信息就少。某甲请某乙传一句话给某丙:"103。2个。字典。"乙问甲:"什么意思?"甲说:"他会明白的。"甲的意思是:请丙在 103 教室先占两个座位,带上《英汉词典》。丙明白,因为丙和甲之间有一个前提在;乙不明白,是因为缺乏这一前提。小说《相亲》中,主人公收到一份电报,只有九个字:28 岁 4 分高中中教。收电人解读说:"你莫小看这九个字,翻译出来可就惊人啦：二十八岁的姑娘，相貌可以评四分（按当时流行的'五分制相貌评定法'），高中毕业，中学教师。"收电人与发电人有共同的话语前提。那个时代，高中毕业可以做中学教师。

《红楼梦》中，贾宝玉听见贾政大喝道："不许动。"便知道一定要挨打了，连忙对一个老妈妈说："快进去告诉：老爷要打我呢！快去！快去！要紧，要紧！"（第三十三回）这个有些耳聋的老妈妈却将"要紧"理解为"跳井"。这是因为她和贾宝玉之间缺少共同的前提，而贾府中，丫鬟跳井的事是常有的，是她所熟知而又关心的。

苏轼《江城子》："漫道帝城天样远，天易见，见君难。""天易见，见君难"是用典。《世说新语》记载，晋明帝小时候，晋元帝问晋明帝："汝意谓长安何如日远？"回答说："日远，只闻人从长安来，不闻人从日边来，居然可知。"晋元帝惊讶晋明帝的聪明。第二天群臣聚会时，晋元帝想显摆显摆，当众再次询问，回答："日近。"晋元帝愣住了，奇怪地问晋明帝："尔何故异昨日之言耶？"回答："举目见日，不见长安。"远和近需要前提。事实上，两个前提都不可靠：看不见并不见得是最遥远的。是人都看不见自己的面孔与后背，可并不遥远。有没有人来，不等同于距离的远近。老子说："鸡犬之声相闻，民至老死不相往来。"

前提制约着词语、句子、修辞方式的选择。

七　诚信

《周易·乾卦一》中说："九三曰：'君子终日乾乾，夕惕若。厉，无咎。'何谓也？子曰：'君子进德修业，忠信所以进德也，修辞立其诚，所以居业也。'"这个"修辞"是一个动宾结构的短语，就是"修饰文教"的意思。"修辞立其诚"本是一个政治概念，"辞"的本来意思是"文教"。孔颖达说："'修辞立其诚，所以居业'者，'辞'谓文教，'诚'谓诚实……内外相成，则有功业可居，故云'居业也'。"诚信是汉语修辞的最基本的原则。诚信是中国人言行的最基本的准则："赤诚相见"、

"推诚布公"、"推心置腹"、"言而有信"、"仁义礼智信"、"言必信行必果"、"诚招天下客"、"生意不成仁义在"。①朱自清说："至诚的君子,人格的力量照彻一切的阴暗,用不着多说话,说话也无须乎修饰。只知讲究修饰,嘴边天花乱坠,腹中矛戟森然,那是小人;他太会修饰了,倒教人不信了。"(《说话》)②

通天河里的老鼋主动提出送唐僧他们过通天河,为的是表示感谢,感谢孙悟空他们帮助他夺回了自己的"水鼋之第"。老鼋道："不劳师父赐谢。我闻得西天佛祖无灭无生,能知过去未来之事。我在此间,整修行了一千三百余年;虽然延寿身轻,会说人话,只难脱本壳。万望老师父到西天与我问佛祖一声,看我几时得脱本壳,可得一个人身。"唐三藏一口答应："我问,我问。"(《西游记》第四十九回)但是,"原来那长老自到西天玉真观沐浴,凌云渡脱胎,步上灵山,专心拜佛及参诸佛菩萨圣僧等众,意念只在取经,他事一毫不理,所以不曾问得老鼋年寿,无言可答,却又不敢欺打诳语,沉吟半晌,不曾答应。老鼋即知不曾替问,他就将身一幌,唿喇的淬下水去,把他四众连马并经,通皆落水。"(《西游记》第九十九回)菩萨设计这次灾难,虽说是为了硬凑九九归真的理论原则,其实也是对唐僧言而无信的惩罚。吴承恩借这个故事,告诫人们,第一,诚信是做人之本。无论是谁违背了诚信原则,都要承担后果,即如如来佛的大弟子大唐御弟的唐三藏也不能例外。第二,诚信是努力达到的最高目标。完全彻底的"诚信"是很难的,连唐僧也没有做到。第三,对诚信需要具体问题具体分析,简单化不得。有些小小不言的非诚信言行是需要忽略不计的。

倡导诚信原则是因为存在着不诚信的现象。诚信原则是建立在不诚信的现象的基础之上的。没有不诚信,没有欺诈,就不需要倡导诚信原

---

① 参看王希杰:《"修辞立其诚"与学风文风建设》,《淮阴师范学院学报》2016年第6期。
② 朱自清:《朱自清全集》(第三卷),江苏教育出版社1988年,第341页。

则。因为有欺诈不诚信,才渴望诚信,才渴望"诚信社会",呼吁创建"诚信社会"。诚信同反诚信与欺诈是矛盾的对立统一。反诚信与欺诈完全彻底地消失了,诚信原则就消失了。凡是提倡的其实往往都是所缺少的。只有在他人不信任自己的时刻,才说:"请您信任我。"知己知心人之间是不需要这样说的。

诚信是相对的。诚信是有等级的。诚信需要具体分析。诚信是有条件的。诚信需要看语境。

八 得体

得体就是言语行为恰当合适。杜甫《少年行》:"马上谁家白面郎?临阶下马坐人床。不通姓字粗豪甚,指点银瓶索酒尝。"言语行为粗豪,就是不得体,是没有教养的表现。注意,这里的"床"不会是睡觉的床,是马扎之类的凳子。白面郎是富贵人家的子弟,即纨绔子弟。

得体性原则的本质是在交际活动的各种矛盾中保持着动态的平衡。得体就是"和",孔子说:"君子和而不同,小人同而不和。""和"是多样性丰富性,是不同事物的宽容、共存、融合,是双赢。"同"是只允许同类事物的叠加,排除不同的事物。君子和而不同是得体,小人同而不和是不得体。得体是做人的基本的原则。得体的前提是"识体","体"是规范规矩,即零度。①

谢安的二哥是谢据,谢据的儿子是谢朗。谢据曾爬到房顶上薰老鼠。人们当作笑话传播。谢朗也听到了,还多次在家里说起这件事。因为他不知道人家说的就是他的父亲。谢安知道谢朗不知道是他父亲。在谢朗再次讲这件事的时候,谢安说:"那些人拿这件事来嘲笑二哥,也有人说是我同二哥一起上房顶去薰老鼠的。"谢安把事情拉到自己身上,开导侄

---

① 参看王希杰:《语言的规范化和言语的得体性》,《语言教学与研究》1998年第1期。

儿谢据,和睦家庭关系。谢安是得体的。

适应语境就是得体。1957年周恩来总理在《在加德满都市民欢迎会上的讲话》是这样开始的:"亲爱的朋友们:当我们站在这个广场上,同千千万万的尼泊尔人民在一起的时候,过去时代的珍贵的回忆就又涌现在我的眼前。虽然在我们两国之间横隔着世界上最险阻的喜马拉雅山,然而我们的人民却自古以来就保持着友好的来往,他们交换了彼此在文化上的创造和在农业和工艺上的成就。"用喜马拉雅山的险阻来反衬中尼两国人民自古以来保持着的友好来往。在结尾,他说:"在我要结束我的讲话的时候,我祝中国和尼泊尔的友谊像联结着我们两国的喜马拉雅山那样巍然永存。"此处又用喜马拉雅山的巍然永存来比喻中国和尼泊尔的友谊的永远牢固。由于喜马拉雅山就在眼前,是听众所熟知的,所以显得亲切、活泼。文艺作品重视利用自然环境的特点来提高语言的表达效果,这就是借景抒情、寓情于景、情景交融的手法。

违背语境就是不得体。《战国策·宋卫策》:"卫人迎新妇。妇上车,问:'骖马,谁马也?'御曰:'借之。'新妇谓仆曰:'拊骖,无笞服。'车至门,扶,教送母:'灭灶,将失火。'入室见臼,曰:'徙之牖下,妨往来者。'主人笑之。此三言者,皆要言也,然而不免为笑者,早晚之时失也。"新妇的三句话,本是"至善之言也",但是,不看语境,成了笑柄。

唐人胡曾《戏妻族语不正》:"呼十却为石,唤针将作真。忽然云雨至,总道是天因。"提倡语音规范与纯正是对的。嘲笑他人语音不正,不文明。嘲笑妻族语音不正,打击面太宽,损害人际关系。唐代洛州长史陆余庆,善于论事,不善于公文写作。儿子写诗嘲笑:"陆余庆,笔头无力嘴头硬。一朝受词讼,十日判不竟。"放到父亲办公桌上。陆长史一看就知道是自己的儿子,说:"必是那狗。"于是鞭打了不得体的儿子。他鞭打的是儿子的不得体。

孤立的语言单位,本身无所谓得不得体。语言单位组合成话语就要符合规范。合格的话语相当于成品服饰,合格的,可以在市场出售。一个人穿戴什么样的服饰,跟这个人的性别、年龄、身材、肤色、职业、社会地位、教养、性格、爱好、心情等相关,跟时间、场景等相关。得体要求话语跟自我、跟语境的协调。得体性是社会的、民族的、文化的、心理的。得体的标准是随着时代、地域而变化着的。甚至同一民族、时代、地区,不同阶层、职业、年龄、性别的人群,得体的标准也是不完全一样的。

九　全局

大局观第一是中华文化的特色。"忠孝不两全。""先天下之忧而忧,后天下之乐而乐。""有国才有家,有家才有我。""锅里有,碗里才有。锅砸了,哪来什么碗里?""个人服从集体。""少数服从多数。""为大局牺牲局部。""全国一盘棋。"

大局观包含时间和空间。交际是现在时,修辞要瞻前顾后,词句的选择不但要考虑上下文,还要进行预测,考虑到言后效应。只图一时之痛快,随心所欲,信口开河,是不懂修辞的表现。盛怒之时不作决定不许诺,是因为盛怒之际考虑不到后果,必然后患无穷。

全局之所以重要,因为整体大于部分、整体制约部分、整体改变部分的特性。《吕氏春秋·似顺论》:"夫草有莘有藟,独食之则杀人,合而食之则益寿。"歌德说:"要是你画一幅风景画,斤斤于细节的描绘,而不向着整体的概念破浪前进,你就会一败涂地地丧失了目标。"[①] 列宁说:"如果不是从整体上、不是从联系中去掌握事实,如果事实是零碎的和随意挑选出来的,那么它就只能是一种儿戏,或者连儿戏都不如。"[②] 毫无错误的词句组合在一起,可能是荒谬的。有毛病的词句组成的话语可能是合适的,甚至转为绝妙好辞。低层次的错误在高层次上中和了转化了。

[①] [德]歌德等:《文学风格论》,王元化译,上海译文出版社1982年,第3页。
[②] [苏]列宁:《列宁全集》第28卷,人民出版社1990年,第364页。

歌德《浮士德》第一部第六场：

  魔女（加强语气，开始朗诵读书中的第一节。）
  你要会意！
  将一作十，
  将二舍弃，
  使三成双。
  你就富强。
  将四丢落，
  从五与六，
  听魔女话，
  作七与八，
  这就完成：
  九等于一，
  十等于零。
  这就是魔女的九九口诀！
  浮士德 好像发烧说胡话一样。   （钱春绮译）

浮士德说得对，"好像发烧说胡话一样"。但是歌德这样写，可不是"好像发烧说胡话一样"，是伟大创作的一个不可少的组成部分。

  修辞应当胸有全局，大处着眼，小处着手。词语、句式、修辞方式的选择，都必须从全局出发，必须服从大局。句式的选择需要考虑到上下文的协调。单个的句子虽好，在特定的上下文中不协调，效果必然不好。如："卓别林头戴礼帽手持拐杖的形象，或者希特勒在纽伦堡大发雷霆的形象，布痕瓦尔德集中营尸体堆成山的形象，以及丘吉尔做一个V字表示胜利的手势，罗斯福披着黑斗篷，玛丽莲·梦露随风飘曳的裙子……所有这一切都成了世界形象行列中的标准内容。""丘吉尔做一个V字表示胜利的手势"和"罗斯福披着黑斗篷"都是语法上合格的主谓句。"卓别林头戴礼帽手持拐杖的形象，或者希特勒在纽伦堡大发雷霆的形象，布痕瓦尔德集中营尸体堆成山的形象"，"玛丽莲·梦露随风飘曳的裙子",都是合格的偏正结构的名词性短语。两者并列,就显得很别扭。孤立地看,"玛丽莲·梦露随风飘曳的裙子"也没有错,但同上文的三个"形象"并列,也给人以不和谐感。言语运用必须有一个整体观念,要善于从全局把握问题。

小　　结

（1）语言：音义结合的符号所构成的价值系统,思维的工具。言语是思想的外衣,交际的手段。
（2）四个世界可以看作是方法论原则。物理世界：人是物理世界的一部分。语言世界：是人类已经认识到的物理世界。文化世界：人类创造的世界。人生活在自己所创造的文化世界之中。心理世界：心理世界是人类赖以生存的基础,宇宙间最神奇最奥妙最宝贵的事物。
（3）对象：竖起耳朵听的是"你"。有"你"才有"我"。自我：开口的就是"我"。"我"为"你"而言说,"为你"归根结底是"为我"。
（4）语境：交际活动的舞台。"我—你"（时间＋场景）构成的修辞场。四种语境：语言语境、物理语境、文化语境、心理语境。
（5）前提：交际活动的先决条件,默认点。话题：交际的中心项目。切题就是围绕话题进行交际。适量是信息适中,不多不少,恰好。
（6）诚信：推诚布公,以诚待人。诚则灵,不诚则不灵。
（7）得体：符合常规,不偏不倚,中规中矩,恰到好处。全局：1＋1＞2。锅里有,碗里才有。

思考与练习

（1）鲁迅在《推背图》中写道："但我们日日所见的文章,却不能这么简单。有明说要做,其实不做的；有明说不做,其实要做的；有明说做这样,其实做那样的；有其实自己要这么做,倒说别人要这么做的;有一声不响,而其实倒做了的。然而也有说这样,竟那样的。难就难在这地方。"以这段话为例,谈谈话语同思想和行动之间的关系。

（2）如何在适应对象和保持自我表现本色之间的矛盾中保持平衡？

（3）成语"乐不思蜀"源于《三国志》裴松之注引《汉晋春秋》：

他日,王问（刘）禅曰："颇思蜀否？"禅曰："此间乐,不思蜀。"郤正闻之,求见禅,曰："若王后问,宜泣而答曰：'先人坟墓远在陇蜀,乃心西悲,无日不思。'因闭其目。"会王复问,对如前。王曰："何乃似郤正语邪？"禅惊视曰："诚如尊命。"左右皆笑。

刘禅因此被指责为全无心肝。成语"乐不思蜀"表示乐而忘归。刘禅真的乐而忘归？真的全无心肝？请就这个故事写一篇讨论语境的短论。

（4）说说你对诚信原则的看法。有人认为,屈原是诚信的,结果是诚信的反而被流放,无诚信的奸诈之徒却飞黄腾达。你如何看待这种现象？因为别人不诚信,因为被人欺骗,就"我也不诚信","我也欺骗你",对吗？请举例分析。

（5）每一句话都对都通都好,但是整个话语（文本）却不好很不好,有吗？有孤立的不对不好不通的句子,组成的话语（文本）却是好的有意义的,有吗？请举例分析。

第四章 意义

子曰:"书不尽言,言不尽意。"(《周易·系辞》)

筌者,所以在鱼,得鱼而忘筌;蹄者,所以在兔,得兔而忘蹄;言者,所以在意,得意而忘言。吾安得夫忘言之人而与之言哉!(《庄子·外物》)

关键词: 语言义　言语义　同形异义　同义异形　模糊义　潜性义

一　语言义和言语义

人是追求意义的动物。人生活在意义的海洋里。意义是许多学科所共同关注的。修辞学关心的是同交际活动相关的意义问题,同修辞效果相关的意义问题。

语言义,是属于社会集体的,是相对稳定的,个人无法改变的。言语义是特定交际环境中的产物,是个人的临时的。"言不尽意"和"言尽意尽",长期争论不休。其实,是对"意义"的不同理解造成的。"言尽意尽"者所说的"意"是语言义,言内之意,存在于语言之中。语言之外没有语言义,所以就"言尽意尽"。"言不尽意"者所说的"意",乃言语义,言外之意,话语所负载的内容,思想感情趣味情调。言外之意在话语之外,那就不会随着话语的结束而结束,"言"尽了,"意"必不能同时而尽。话语不能完全地表达出表达者的思想,接受者也不可能从话语中完全把握表达者的思想。

言语的意义可分为:话语义和内容义。话语义是话语自身的意义,内容义是表达者所要表达的意义。辛弃疾《丑奴儿》:"少年不识愁滋味,爱上层楼。爱上层楼,为赋新词强说愁。　而今识尽愁滋味,欲说还休。欲说还休,却道:'天凉好个秋!'"三个"愁"字,话语义相同。"天凉好个秋",话语义是对秋天的赞赏。内容上说,"天凉好个秋"是真愁深愁无法表述的愁。话语义是超语境的。内容义只能存在于语境之中。离开语境,就没有了内容义。"识尽愁滋味",相同的话语义可以表达不同的内容义;同样的内容义,可以用不同的话语义来表达。列宁说:"正像同一句格言,从年轻人(即使他对这句格言理解得完全正确)的口中说出来时,总是没有那种在饱经风霜的成年人的智慧中所具有的意义和广袤度,后者能够表达出这句格言的内容的全部力量。"(《哲学笔记》)列宁说的是话语的思想内容。

《宋史·曹彬传》:

> 初,彬之总师也,太祖谓曰:"俟克李煜,当以卿为使相。"副帅潘美预以为贺。彬曰:"不然。……"美曰:"何谓也?"彬曰:'太原未平尔。'及还,献俘。上谓曰:"本授卿使相,然刘继元未下,姑少待之。"既闻此语,美窃视彬微笑。上觉,遽诘所以,美不敢隐,遂以实对。上亦大笑,乃赐彬钱二十万。彬退曰:"人生何必使相,好官亦不过多得钱尔。"

"上"指宋太祖赵匡胤,潘美是《杨家将》中的潘仁美。"好官亦不过多得钱尔",话语义人所皆知,可以用作贪官的座右铭。内容义必须联系这个语境,其实,曹彬是对不在场的大宋皇帝说的,这是他自我保护的策略,不能用来证明曹彬是贪官的祖师爷。

二　同形异义

同形异义①,形式相同,但意义不相同的,就是多义现象。"厕所很透

---

① 参看王希杰:《同形异义说略》,《语文教学与研究》(锦州师范学院)1980年4期;《多义现象和理解的误区》,《逻辑与语言学习》1992年第6期。

明,'方便'很不方便"(《现代快报》2012年2月6日)。两个"方便",意义不一样:加上引号的"方便"指排泄,是委婉语。不加引号的"方便"是便利。再如:"便后冲便以便后便者便。"意思是请大便者便后马上冲洗大便,以便方便后来大便的人。"便后冲便",第二个"便"是"大便","大便"是名词。第一个"便",名词转化为动词,即解大便。"以便",连词。"便者"是名词,方便的人。最后一个"便"同第一个"便",转化为动词。十个字中有五个"便",50%!运用反复修辞格。"便"是名词,作动词用,转类修辞格。

同形异义现象是复杂多样的,因为其中的"形"和"义"都可以有多种多样的理解。

同形异义之"形",是多种多样的。"形"指:1.书写形式,即汉字的写法;2.语音形式,即词语的读音;3.词语或句子的结构形式。

1. 书写形式。汉字有形、音、义。书写形式相同,但读音和意义都不相同的汉字。例如:"长",(1)zhǎng 生长,(2)cháng 长度。"行",(1)xíng 行为,(2)háng 行业。这是"同形词"。

2. 语音形式。词是语音和语义的统一体,语音相同,但意义不同,毫无关系,这是同音词。"乱花钱"和"一朵鲜花"中的"花"是同音词。汉语,尤其是现代汉语,同音词特多。再如:jìgōng:(1)技工,(2)记工,(3)记功。pípa:(1)枇杷。(2)琵琶。shèngyú:(1)胜于,(2)剩余。

3. 结构形式。复合词和短语与句子的意义,不仅取决于组成成分及其次序,还取于结构方式。例如:"狗美容师":(1)"狗/美容师",骂人话。骂美容师像狗。童话故事里,可能美容师真的是狗;(2)"狗美容/师",美容师是人。为狗美容的人。有一家企业的一则内衣广告:"玩美女人"。相关管理部门解读为"玩+美女人",以《广告法》规定的内容不得"妨碍社会公共秩序或者违背社会良好风尚"的条款为由,做出行政处罚,责令其停止发布,公开更正,并罚款。企业不服,坚持该广告内容健康,是"完美+女人",不是"玩+美女人"。并起诉管理部门。(《扬子晚报》2010年4月6日)这是句法结构多义引起的法律问题。

同形异义之"义",也是多种多样的。

1. 词汇义。"白头翁",既指白发老人,郑谷诗:"白头波上白头翁,家逐船移浦浦风。"(《淮上渔者》)也指一种鸟,白居易:"黄梅县边黄梅雨,白头浪里白头翁。"(《九江北岸遇风雨》)还指一种草,李白:"如何青草里,亦有白头翁?"(《见野草中有名白头翁者》)又如"告",孙悟空说:"有事要告菩萨。"(《西游记》第五十七回)已经是善财童子的红孩儿听见一个"告"字,笑道:"好刁嘴猴儿!还像当时我拿住唐僧被你欺哩!我菩萨是个大慈大悲,大愿大乘,救苦救难,无边无量的圣善菩萨,有甚不是处,你要告他?"曾经的红孩儿善财童子曲解孙悟空的"告"字,调侃打趣。但是,玩笑开得不是时候,挨了一顿臭骂,活该。

2. 结构义。当年中国恢复在联合国的合法权利的时候,广播中说:"压倒多数"。引发的争论:"多数被压倒了,咋通过?""压倒的不是多数,是多数压倒了少数。""压倒多数"是偏正结构,不是动宾结构,"多数"不是"压倒"的宾语。"压倒"的宾语省略:"少数反对派"。类如防御协定、进攻武器、访问学者等都是偏正结构,不是动宾结构。或者说,显性的是偏正结构,潜性的是动宾结构。再如:"动词+名词",可以是动宾结构,也可以是偏正结构。"建筑工地、访问学者"等,作为动宾结构,意义是建筑一个工地、访问某位学者;作为偏正结构,意义是供建筑用的工地、访问式的学者。

3. 语义关系。例如:"这个小孩画得好。""这个小孩",是画画的人,也可以是画中的人。"开刀的人是个老头。""开刀的人",可以是主刀医生,也可能是接受外科手术的病人。"吃的人是什么人?""吃的人"可以是施事者,也可能是被吃的人。

4. 比喻义、引申义,修辞义。孙行者对师父说:"我去!我去!去便去了,只是你手下无人。"唐僧发怒道:"这泼猴越发无礼!看起来,只你是人,那悟能、悟净就不是人!"(第二十七回)孙行者说的"人"是引申义,指能人。唐僧说的"人"是这个词的本义。

5. 同客观事物的特定的对应关系。吴承恩《西游记》:"路旁边活活的笑倒个孙大圣,孜孜的喜坏个美猴王。"(第十五回)"这的是苦命江流思行者,遇难神僧想悟能。"(第二十回)"这正是:遭魔遇苦怀三藏,着难临危虑圣僧。"(第七十五回)孙大圣即美猴王,"三藏"和"圣僧"与"苦命江流"和"遇难神僧"是同一个人。

6. 指话语的内容,即说写者的思想感情。吴承恩:"行者帅五龙、二将,与妖魔战经半个时辰,那妖精即解下搭包在手。行者见了心惊,叫道:'列位仔细!'那龙神、蛇、龟不知甚么仔细,一个个都停住兵,近前抵挡。"(《西游记》第六十六回)五龙、二将当然知道"仔细"的词汇义,不知道的是孙行者的会话含义,因为他们没有见识过浑天袋的厉害。列宁引用了黑格尔的话:"老人讲的那些宗教真理,小孩也能说,可是对于老人来说,这些宗教真理包含着他的全部生活的意义。"(《哲学笔记》)指的是说写者通过话语所表达的思想感情。

同形异义是大量存在的。同形异义不一定都产生歧义和误解。"嘴上"是多义的:(1)嘴巴的上面,同"嘴下"相对;(2)嘴唇;(3)面部;(4)语言。但是,说:"你的嘴上有些黑灰,嘴下有个白点点。""嘴上没毛,做事不牢。""嘴上说得好听,谁知道你心里怎样想的呢?""她嘴上涂着唇膏。"不会有误解的。

有的多义不易发觉,容易忽略。例如:"好人坏人的争论,不止是曹操,历史上许多人物都有,不止是大人,小孩也有。""好人坏人的争论"有两种含义,(1)曹操等历史人物,是被争论的对象;(2)大人和小孩,是争论曹操等是好人还是坏人这一问题的人。作者混淆了两类人,读者也不去多想。

三 同义异形[①]

据说,小说家苏叔阳曾念一句话给诗人流沙河听:"审美主体对于作为审美客体的植物的生殖器官的外缘进行观照产生生理上并升华为精神上的愉悦感。"流沙河大惑不解,苏叔阳就换一个说法:"看花很愉快。"搞笑,其实这是同义异形现象的把戏。

同义异形指语言形式不同但意义基本相同的现象。曹操《赐袁涣家谷教》:"以太仓谷千斛,赐郎中令之家。以垣下谷千斛,与曜卿家。以太仓谷者,官法也;以垣下谷者,亲旧也。"曹操对同一个人,或称"郎中令"——他的职位,或呼"曜卿"——他的字;同样是给他谷子,一说"赐"——以上对下,一说"与"——朋友关系。

"同义异形"中的"同义"是相对的。事实上,形式方面的任何差异都必然在内容方面引起相应的区别。例如,北京就是首都,金陵就是南京,但是:北京师范大学≠首都师范大学!金陵饭店≠南京饭店!"同义"之"同"只是指某点某方面的义之同,这个"同"中必定有"异"。

同义异形的"义"和"形",都可以有多种多样的理解。义,可以指词汇意义、语法意义,也可以指和客观事物的对应关系,还可以指说写者所要表达的思想感情。

义指词汇义。如:美丽≈漂亮≈好看,竭力≈极力≈努力,平凡≈平常≈平淡,看≈瞧≈望≈视≈张≈观≈见≈盯≈瞟≈瞅≈观察≈注目≈凝视,等等,就是同义词。同义词,实际上是近义词,即基本意义大同小异的词。同义词是语言表达中最值得注意的。同义词的选择是修辞活动的一个重要内容。完全同义的叫等义词。如:"青霉素"和"盘尼西林","棒头、棒子、玉米、苞谷"和"珍珠米"及"玉蜀黍","土豆、

[①] 参看王希杰:《同义异形漫话》,《语文教学与研究》(锦州师范学院)1980年第1期。

番薯、洋芋、洋山芋"和"马铃薯","奎宁"和"金鸡纳霜","冰棒、棒冰"和"冰棍儿",等等,是规范化的对象。

义指语法义。例如:一本十分有趣十分有用的书≈十分有趣十分有用的一本书,一个贫苦而善良的老人≈贫苦而善良的一个老人,数量词短语在不同的位置上,语法关系是相同的。再如:"远行"和"行远"、"快做"和"做猛"、"快吃"和"食猛",前者是普通话,后者是潮州话。副词修饰动词,普通话是副词在动词前,潮州话却是副词在动词后。

义指对应的事物。李绅《建元寺》:"芳草垄边回首客,野花丛里断肠人。""回首客"和"断肠人"指称的是同一个人。美猴王、弼马温、齐天大圣、孙悟空、孙行者是同一个人。滑头滑脑的孙行者谎称是"者行孙""行者孙",结果是一样的,装到宝瓶里去了。

义指说写者所要表达的思想内容。例如:

甲:你这话什么意思(意义)?

乙:没有什么意思。

甲:没有什么意思就是有意思!

乙:你说有什么意思就有什么意思。

甲:你说的就是这个什么意思。

乙:我不知道你说的意思是什么意思。我单知道:你说的什么意思是你的什么意思!我告诉你呀:反正我的意思不是你所说的那个什么意思!

甲:你刚才说的那个意思就是你现在不承认的这个意思!

乙:我不懂你说的那个意思与这个意思!我没有意思跟你意思不意思!去你的意思吧!

甲和乙争得面红耳赤的是思想内容。

同义异形之"形",可以指:1. 书写形式,2. 语音形式,3. 句法结构。

1. 书写形式。如:"年青"和"年轻","思惟"和"思维","本相"和"本象"及"本像","糟蹋"和"糟塌"及"糟踏",等等。同一个"lángkāng",意思是"长大笨重",吴承恩的《西游记》:榔犺(第三回),

椰杭(第二十二回),狼楱(第二十三回),郎伉(第四十七回)。这叫作"异形词"。

声音和意义完全相同的一个词,汉语采用了不同的书写符号,作不同的分工。读音都是 chà,都表示主体的分支,在语言中本是同一个词,书面语时选用不同的汉字:(1)"汊",河流的分支。(2)"衩",衣服旁边开口的地方。(3)"杈",树枝的分岔,树干的分支。(4)"岔",道路等的分支。分化为四个不同的"书写词"。

2. 语音形式。同一个词具有两个不同的读音。"谁",(1) shuí,(2) shéi。"血",(1) xuè,(2) xiě。"厕",(1) cè,(2) sì。"场",(1) cháng,(2) chǎng。这叫作"异读词"。文白异读指同一个词口语和书面语中读音不一样。北京话,"学",口语读音 xiáo,书面语读音 xué;"陷",口语读音 xuàn,书面语读音 xiàn。

3. 句法结构。例如:"台上坐着主席团≈主席团坐在台上","门口停着自行车≈自行车停在门口","五个人吃一锅饭≈一锅饭吃五个人","好容易找到了他≈好不容易找到了他","我想死你了≈我想你想得要死≈我把你想死了","这是一件好事≈这并不是一件坏事≈这难道不是一件好事吗≈这当然不是一件坏事","他们修好了一台机器≈他们把一台机器修好了≈一台机器被他们修好了≈他们修机器修好了一台≈是他们修好了一台机器≈他们是修好了一台机器"。

宋人沈括《梦溪笔谈》:"穆(修)、张(景)尝同造朝……适见有奔马践死一犬,二人各记其事以较工拙。穆修曰:'马逸,有黄犬遇蹄而毙。'张景曰:'有犬死奔马之下。'"《唐宋八大家丛话》:"欧阳公在翰林时,与同院出游,有奔马毙犬于道。公曰:'试书其事。'同院曰:'有犬卧通衢,逸马蹄而死之。'……(欧阳公)曰:'逸马杀犬于道。'"这样,同一事件便出现了六种表达方式:(1)有奔马践死一犬;(2)马逸,有黄犬遇蹄而毙;(3)有犬死奔马之下;(4)有奔马毙犬于道;(5)有犬卧通衢,逸马蹄而死之;(6)逸马杀犬于道。这六种句子的优劣,前人争论不休。其实离开上下文和交际情景,是很难说清楚的。

同义异形是语言丰富发达的表现,是提高语言表达效果的重要保证。同义异形的选择,是修辞活动中的中心问题。同义异形本身,孤立地看是很难说哪个好哪个坏的。判定其好坏优劣,需要联系交际的对象、环境、目的和内容等因素。

同一个文本的不同的译文是翻译家对同义异形的选择。海涅的一首诗,郭沫若译为《打鱼的姑娘》:

把你的头儿来放在我的胸儿上,
你莫用怕得来那样非常。
你不是无忧无虑地日日朝朝,
委身于狂暴的海洋任它飘荡?

繁丰,甚至有点啰唆。"头儿","怕得来那样非常",很口语化。冯至译为《你,美丽的打鱼姑娘……》:

你不要过分害怕,
把头放在我的心旁,
你天天无忧无虑,
委身于狂暴的海洋。

简洁明快。一二行,郭译冯译词序颠倒。三四行,郭用反问句,冯用陈述句。

同义异形的选用,不仅可以避免单调、重复,使语言丰富多彩、活泼多变,还可以协调语言的节律,增加语言的音乐美。同义异形的选用,可以增强语势。贾谊《过秦论》:"秦孝公据崤函之固,拥雍州之地,君臣固守以窥周室,有席卷天下,包举宇内,囊括四海之意,并吞八荒之心。"一连串的同义异形词语连用,增强了语势。

四 社会文化义

歌德《浮士德》中,浮士德要梅菲斯特"你把那个小姑娘弄来",梅菲斯特不干。浮士德说:"可是已过了十四岁年纪。"什么意思? 衔接不上。译者钱春绮注释说:"当时法律禁止与不满十四岁的少女结婚或性交。"浮士德的会话含义是他跟玛加蕾特交往是合法的。这就是社会文化义。

社会文化义,是附着在语言之上的。它是在一定的社会生活、历史传统和文化背景之中产生的。贺知章《咏柳》:"碧玉妆成一树高,万条垂下绿丝绦。不知细叶谁裁出,二月春风似剪刀。""碧玉"是绿色的玉,把二月的柳枝比喻成绿色的玉,当然很美。译成英语:jasper、green jade 或 dark blue jade,都不能表现出这诗的文化内涵。这里的"碧玉"也是"用典"。汝南王同一个叫碧玉的女子的恋爱故事,广为流传,有首民歌开头就是"碧玉谁家子",这就是成语"小家碧玉"的来源。成语"小家碧玉"指小户人家的女孩,年轻美貌可爱的女孩。这里的"碧玉"是一个比喻,二月春风中的柳枝,犹如小户人家的年轻貌美可爱的女孩。中国传统文化中杨柳同女性的关系特别密切,"杨柳腰"专指年轻貌美的女子的腰。"杨柳腰"中的杨柳是柳枝柳条,不是杨柳树的树干。这里所咏的柳,是柳枝柳条,是女性的意象符号。

欧阳修《南歌子》:"凤髻金泥带,龙纹玉掌梳。走来窗下笑相扶,爱道:'画眉深浅入时无?' 弄笔偎人久,描花试手初,等闲妨了绣工夫,笑问:'双鸳鸯字怎生书?'""画眉"一词,如果换成"唇膏、胭脂、眼线、眼影、粉底",那就不像诗了。有个成语叫"张敞画眉",讲的是夫妻之间的情爱和隐私。"画眉深浅入时无?"是引用,暗引了这个成语。"双鸳鸯字怎生书?"如果换成"狐狸、麻雀、苍蝇、蚊子、臭虫"等,那就令人恶心作呕了。因为鸳鸯在中国传统文化中是爱情的意象符号。假若改为:"双蝴蝶字怎生书?"也还马马虎虎,因为蝴蝶也是爱情的意象符号,从"鸳鸯蝴蝶派"这个名称上就能看出这个文学派别的创作倾向了。"描花试手初",本是"描花初试手",所以把"初"字后移,为的是同"梳、扶、无、夫、书"等字押韵。

社会文化义,是民族文化的组成部分。我国文化传统悠久,汉语因此有许多充满浓厚民族文化色彩的特殊的词语。例如:龙、凤等。也有许多词语，由于在许多著名的古诗文中一再运用，便产生了一层浓厚的社会文化义。例如：春花、秋月、春兰、秋菊、秋水、芳草、南浦、鸳鸯、红豆、同心结、连心锁、比目鱼、连理枝，等等。朱光潜说："中文中'风'、'月'、'江'、'湖'、'梅'、'菊'、'燕'、'碑'、'笛'、'僧'、'隐逸'、'礼'、'阴阳'之类字，对于我们所引起的联想和情趣也决不是西方人所能完全了解的。这可以叫作'联想的意义'（associative meaning），它带有特殊的情感的氛围，甚深广而微妙，在字典中无从找出，对文学却极要紧。如果我们不熟悉一国的人情风俗和文化历史背景，对于文字的这种意义也就茫然，尤其在翻译时，这一种字义最不易应付。"（《谈翻译》）汉语中的"狗"是贬义的，比喻和形容坏人坏事：狗仗人势、狼心狗肺、狐群狗党、狗腿子、狗强盗、狗吃屎（跌跤）、画虎不成反类犬、狗嘴里吐不出象牙，等等。英国文化中"dog"的文化意义却是偏向于褒义的，用狗来形容和比喻人与事时并不一定是贬义。如：top dog（优胜者）；love me, love my dog（爱屋及乌）；old dogs will learn no new tricks（老人学不了新东西）；to dog sb's steps（跟着某人走）；to help a lame dog over a stile（仗义勇为），等等。

　　社会文化义，有地域的差异。新加坡华人，大概就比较难以真正把握汉语中"春、春风、春情、春心、春光、春花、春雨、春色、春意、春风得意、春光明媚、春暖花开、春风化雨、春满人间、春华秋实、春色满园、春意盎然"等词的社会文化义。因为新加坡"四季如夏，遇雨成秋"，他们对朱自清的散文《春》的理解，同哈尔滨的小学生相比，总会有一点差距的，这差距就在社会文化义上。同样的道理，新加坡土生华人也很难体会到汉语中"北风、西北风"的社会文化义的。

　　社会文化义是鉴赏古代诗文的关键。李白《黄鹤楼送孟浩然之广陵》："故人西辞黄鹤楼，烟花三月下扬州。"崔颢《黄鹤楼》："日暮乡关何处是？烟波江上使人愁。"葛鸦儿《怀良人》："胡麻好种无人种，正是归时不见归。"不知道"烟花"、"烟波"、"胡麻"等词的社会文化义，就不能真正把握这些诗句的意境与魅力。

对词语社会文化义的探索,是古典诗文的阅读、赏析和研究中的一个重要问题。杜甫《北征》:"凄凉大同殿,寂寞白兽闼。"1962 年胡小石在《杜甫〈北征〉小笺》中说:"篇终忽著此二语,此二殿阁之名,宋以来注家皆未注意,亦未得其解,今试探之,则皆为上皇(按:指唐玄宗)而发也。"唐玄宗发动政变时,是率领部下由白兽闼攻入皇宫诛灭韦氏集团的,因此这白兽闼是他奠定帝业的象征。大同殿是唐玄宗当皇帝时经常居住和接见大臣、处理国事的地方。在这里,他曾和高力士讨论过可否将国家大权移交臣下的问题。安史之乱后,唐玄宗被儿子肃宗软禁,"上皇移居西内,幽囚以死,并其旧侍亦付剪除,父子之恩乖离至此"。胡小石说:"《北征》于歌颂中兴之余,忽参入此二语,其事皆与肃宗无关,而悉出上皇,与上文似不甚连类。用语极隐微,实一篇主旨所在。盖杜早于灵武擅立、成都内禅之日,已豫见玄、肃将来父子之关系,必至恶化,固不待南苑草深,秋梧叶落,始叹上皇暮境有悲凉之感。"胡小石从这两句诗中看到了杜甫对唐玄宗的深微曲折的同情和叹息,即这首诗所包含着的社会文化方面的意义。

五 联想义和暗示义

(一)联想义

交际活动是交际双方的一种心理交流过程。人们的生活经历、文化教养、思想感情等的不同,对词语和句子,往往会有一些个人联想意义。俗话说,"谈虎色变","一朝被蛇咬,十年怕草绳"。不知道老虎厉害的孩子不会谈虎而色变。被蛇咬过的人,对"蛇"这个词,很自然就会有一种恐惧感。动物园中游玩的少年、山中的猎人、动物学家,对"虎"、"狼"这些词的个人联想意义当然是不同的。

鲁迅《阿 Q 正传》:"(阿 Q)最恼人的是在他头皮上,颇有几处不知起于何时的癞疮疤。这虽然也在他身上,而看阿 Q 的意思,倒也似乎以为不足贵的,因为他讳说'癞'以及一切近于'赖'的音,后来推而广之,'光'也讳,'亮'也讳,再以后,连'灯''烛'都讳了。一犯讳,不问有心与无心,阿Q便全疤通红的发起怒来,估量了对手,口讷的他便骂,气力小的他便打;然而不知怎么一回事,总还是阿Q吃亏的时候多。于是他渐渐的变换了方针,大抵改为怒目而视了。"这就是个人联想意义。对于没有癞疮疤的人,"赖"、"光"、"亮"、"灯"、"烛"这些词语,是没有这种意义联想的。

《红楼梦》中,贾宝玉来看林黛玉,头上戴着大箬笠,身上披着蓑衣,林黛玉不觉笑道:"那里来的这么个渔翁?"贾宝玉要送一套给林黛玉,林黛玉笑道:"我不要他,戴上那个,成了画儿上画的和戏上扮的那渔婆了。""及说了出来,方想起来这话恰与方才说宝玉的话相连,后悔不迭,羞的脸飞红,伏在桌上,嗾个不住。"(第四十五回)这时林黛玉个人的联想义,恐怕贾宝玉也没想到这个。

《红楼梦》里,鸳鸯大骂她的嫂子,她嫂子指责说:"愿意不愿意,你也好说,犯不着拉三扯四的。俗语说的好:'当着矮人,别说矮话。'姑娘骂我,我不敢还言;这二位姑娘并没惹着你,小老婆长,小老婆短,人家脸上怎么过的去?"(第四十六回)这二位姑娘指平儿和袭人,正好都是小老婆。鸳鸯说:"他见我骂了他,他臊了,没的盖脸,又拿话调唆你们两个。幸亏你们两个明白!原是我急了,也没分别出来,他就挑出这个空儿来!"鸳鸯当着两个身份为小老婆的好朋友的面,大骂小老婆,她的本意并不是指桑骂槐,但在场的听话人平儿和袭人却是不能不这样联想的。平儿和袭人之所以不计较,因为她们深知鸳鸯的为人,或者说,是鸳鸯的人品使平儿和袭人排除了这一联想。这是一种超常规的语境,鸳鸯处在心理超常的时刻,所以她说出了她平常不会说出来的话语,是可以原谅、不予计较的。

个人联想义的产生是非常复杂的。这里起作用的因素很多,例如年龄、性别、文化、身份、经历、职业、地域等,而且是有许多人所意想不到的地方。所谓拍马屁拍到马腿上去了,往往就是个人联想义惹的祸。

个人联想义,既可以是天使甜蜜的微笑,也可以是魔鬼杀人的刀!中国历史上的许多文字狱,大多是建立在个人的联想意义上的。因为个人的联想意义有很大的随意性,所以是十分危险的。1922年8月,青年诗人汪静之出版了新诗集《蕙的风》。其中有一首诗,题目叫《过伊家门外》,诗人写道:"我冒犯了人们的指摘,/一步一回头瞟我意中人;/我怎样欣慰而胆寒呵。"当时南京的东南大学学生胡梦华在《时事新报》的副刊《学灯》(1922年10月24日)上发表《读了〈蕙的风〉以后》,攻击是"堕落浅薄"的作品,"有不道德的嫌疑"。11月7日,鲁迅写了《反对"含泪"的批评家》一文。文中说:"胡君因为《蕙的风》里有一句'一步一回头瞟我意中人',便科以和《金瓶梅》一样的罪:这是锻炼周纳的。《金瓶梅》卷首诚然有'意中人'三个字,但不能因为有三个字相同,便说这书和那书是一模样。……我以为中国之所谓道德家的神经,自古以来,未免过敏而又过敏了,看见一句'意中人',便即想到《金瓶梅》,看见一个'瞟'字,便即穿凿到别的事情上去。然而一切青年的心,却未必都如此不净;倘竟如此不净,则即使'授受不亲',后来也就会'瞟',以至于瞟以上的等等事,那时便是一部《礼记》,也即等于《金瓶梅》了,又何有于《蕙的风》?"

(二)暗示义

暗示是常见的修辞术。不直接说,间接点拨,让人明白,这就是暗示。

隋朝大臣杨素与牛弘一同退朝,"好俳谑"的侯白说:"日之夕矣。"杨素说:"你当我们是牛羊下来啦!"《诗经·廊风·君子于役》中有"鸡栖于埘,日之夕矣",侯白只说"日之夕矣",却暗示下句"羊牛下来",因为面前是杨素和牛弘。苏东坡同佛印和尚对坐,说:"唐诗中,经常是'僧'同'鸟'相对。例如:'鸟宿池边树,僧敲月下门。''时闻啄木鸟,疑是扣门僧。'"佛印回答说:"今天,老僧正好同学士对坐。"苏东坡嘲笑佛印,和尚是鸟。佛印说,苏东坡学士是鸟。鸟是骂人话。彼此都没有说穿。苏东坡的逻辑,唐诗中"僧"同"鸟"相对,所以和尚是鸟,佛印是和尚,佛印也是鸟。佛印和尚的逻辑:唐诗中,"僧"同"鸟"相对,现在我佛印和尚正跟苏东坡学士相对,那么,苏东坡学士你就是鸟。双方都是绝顶聪明的人,不用明说的。《梁祝十八相送》,祝英台一而再再而三地暗示梁山伯,自己是女儿身,愿意鸳鸯成双,呆头鹅的梁山伯不懂暗示,造成双双化蝶的悲剧。

暗示不一定运用语言。鸿门宴上,"范增数目项王,举所佩玉玦以示之者三,项王默然不应。"玦是美玉,腰带上的装饰物件。"玦"和"决"同音,亚父范增暗示项羽同刘邦决裂,杀了他。"默然不应"表示项羽明白这个暗示,但是下不了决心,心有不忍。如果项羽接受了范增的暗示,杀了刘邦,也许就不会自刎乌江了?当然,没有"如果"的。鲁迅《药》:"那屋子里面,正在窸窸窣窣的响,接着便是一通咳嗽。"用"一通咳嗽"暗示小栓在生病,而且是"痨病"。生活中大量信息是由眼神、面部表情、手势、身体姿态、动作与实物所传递的,所暗示的。一个眼神,一个手势,一件实物,能改变千言万语,能让人终生难忘。暗示是生活中经常的事。

暗示分编码暗示和解码暗示。大良、纪元的《别扭话》(相声小段),甲(老人)家中煤气罐空了,街坊大李主动来帮忙。大李说:"您又没气儿啦?""你们老两口儿怎么总断气儿呢?"甲生气了,不换气了。买了猪肺下馆子了。饭馆还代办来料加工,服务员说:"干脆我把您肺子炒了得啦!"甲又生气了,说:"别炒哇!我还留它喘气儿哪!"甲吃面条的时候,一个小伙子对等位的同伴说:"过来过来,这老头儿眼看着就完啦!"回家后,外甥敲门;"是我,您快开门吧!我给你送钟来啦!"甲大怒,邻居张大嫂也来了劝架:

甲　小伙子说:"我什么也没说呀?"我真是气不打一处来:"啊?没说?你当着大伙儿说说,刚才叫门你说的什么话?"

乙　那就快说吧。

甲　"我就说给您送钟啊!"

乙　就这句惹的。

甲　这回可得讲理了吧,"大家听呀,我还没死他就要给送我的终啊!"张大嫂说话公道:"小伙子,甭说你舅舅没死,就算是死了,也不时兴那么说,你可太不会说话啦。那不叫送终……"

乙 那叫什么?

甲 "向遗体告别!"

甲老人生气的都是暗示义。不同于范增的是,这里是说者无意听者有心。范增的暗示是编码暗示,这里是解码暗示。

六 语流义和情景义①

(一)语流义

语言体系中语言单位之间是聚合关系。在言语运用中,在话语里,语言单位是组合关系。进入语言流(言语流)之后的语言单位,形式与意义均会发生一定的变化。其语义变化,可以叫作语流义变。语流义变,就是上下文义变。

为了提高语言的表达效果,还应当重视语流义和语流义变。语流义,也就是上下文意义。朱光潜说:"这种依邻伴不同和位置不同而得的意义在文学上最为重要,可以叫作上下文决定的意义(contexual meaning)。这种意义在字典中不一定寻得出,我们必须玩索上下文才能明了。一个人如果没有文学修养而又粗心,对于文字的这一种意义也难懂得透彻。"(《谈翻译》)②

词语和句子,在特定上下文中,可能改变其意义,获得新的临时性的意义。例如许多中性词语,一旦进入动词"有……"的框架之中,大多能

---

① 参看王希杰:《论语流义变和情景义变》,《南京大学学报》1982年第3期。
② 朱光潜:《朱光潜全集》第四卷,安徽教育出版社1988年,第290—291页。

获得偏向于好的含义。例如："他,有气质,有风度,有人品,有墨水,有文采,有模样,有头有脸……"当然也有向坏的方向偏离的,例如:"这里有气味。"一定是不好的气味。汉语中的"不是人",是骂人话。但有一则笑话,某人为一位老太太祝寿时说:"这个老太不是人,王母娘娘下凡尘!"后一句把"不是人"改变为恭贺恭维的意思了。

说话时,语音并不是一个个孤立地发出来的,而是连续地发出来的。在这个连续的语流之中,有些语音,由于在语流中所处的地位不同,或说话的快慢、高低、强弱的不同,受到邻近的音的影响,往往要发生这样或那样的变化。这就叫作语流音变。如:难[nan]+免[miɛn]→难免[nam miɛn]、辛[ɕin]+苦[k'u]→辛苦[ɕiŋk'u]。"难",单独说是[nan],在"难免"一词中,受到"免"的声母[m]的影响,便将收尾的[n]发作[m]了。"辛",单独说是[ɕin],但在"辛苦"一词中,韵尾的[n]受到后面的[k]的影响,变作[ŋ],即和[k]在发音部位上一致了。

语流中,不但语音可能发生音变,语义也可能发生义变。在词典中,每一个词都有其固定的意义。在连续的语流中,由于受到邻近的语义的影响,以及自己在语流中所处的地位不同等原因,有些词语的意义也要发生这样或那样的改变,这就叫作语流义变。以数词"二(两)、三"为例:在"三番五次、三心二意、三头六臂、再三再四、三令五申、三灾八难、接二连三"以及"三折肱知为良医"、"季文子三思而后行"等组合中,都有"多"的含义;但在"三言两语、三三两两、三拳两脚",以及"楚虽三户,亡秦必楚"等组合中,却是"少"的含义。

语流义变同语流音变有许多相似的地方,但是要复杂得多。同语流音变一样,语流义变一般也有同化、异化、弱化、脱落等现象。

所谓语义的同化,指的是由于受到邻近的语义单位的影响,一个词的意义同它邻近的那个词的意义接近了。例如:"我们为我们伟大的祖国而感到骄傲自豪。""我们以我们的祖国有这样的英雄而骄傲,我们以生在这个英雄的国度而自豪。""你是我的骄傲,我为有你这样的朋友而自豪。""骄傲自大的人没有不跌跤的。"前三例,"自豪"是褒义词,受到它的影响,"骄傲"一词也带褒义。最后一例,"自大"是贬义词,受到它的影响,"骄傲"一词是贬义的。或者说"骄傲"兼有褒义和贬义,受到上下文的影响,可以向不同的方向偏离。

修饰语有时能够使中心词发生义变,使之向修饰语靠拢。鲁迅《补白》:"中国的老先生们——连二十岁上下的老先生们都算在内——不知怎的总有一种矛盾的意见。"中心语"老先生"本指年龄大的人,但是接受了"二十岁上下"的修饰之后,指的就不再是年龄的大,而是思想的陈旧和迂腐。再如"民族"一词由于经常同"少数"连用,受到"少数"一词的同化,逐渐获得了"少数"的意思,例如"民族地区、民族干部"等短语中,"少数"这一修饰语虽然没有出现,"民族"一词仍然是专指少数民族,不包括汉族。再如:"艺术细胞、电子钱包、时代的列车、无声的语言、不是班长的班长、中国的莎士比亚、活着的雷锋、现代陈世美、东方的巴黎、女中丈夫",等等。

语义的异化,指的是两个语义单位彼此影响,一同改变了原有的意义,产生了新的意义。如:"不知道天高地厚。""好话坏话都要听。""好也罢,歹也罢,反正是这么一回事。"意思分别是:"什么也不懂。""什么话都要听。""不管怎么样,反正是这么一回事。"

对比的格式中,语义的异化现象比较常见,尤为明显。并列排比有时赋予语言以新的含义。黄宗英《小丫扛大旗》:

> 四外里走过的农民有的称赞说:"人穷骨头硬,有志气。"可也有人说:"三天看媳妇,百天才看孩儿。小于庄闺女是不是好样的,还得往远了瞧。"西村的富裕中农发话了:"小于庄几个黄毛丫头,想脱'花子'袄?我算准了,井底的蛤蟆飞不上天。"东村的地主暗地笑:"早先那块荒滩,白给我都不要,有车有马治不了,几个女流还能成得了气候?"南村的媒婆献殷勤:"挺水灵的闺女,早点找主儿嫁了吧,省得受这份罪,哪庄也比这庄强。"北庄的阴阳先生掐指算:"小于庄转运还得过一个甲子。"

这里"西村"、"东村"、"南村"、"北庄",也都是虚指,作者的意思是要表明有好些地方。

语义脱弱指的是有的语义单位在语流中消失了。《墨子·非攻上》:"今有一人,入人园圃,窃其桃李。"《史记·刺客列传》:"多人不能无生得失。"《史记·孝文本纪》:"骂其女曰:'生子不生男,有缓急,非有益也。'"《孔雀东南飞》:"便可白公姥,及时相遣归。"其中的"圃"(种菜的地方)、"得"、"缓"、"公"等的意义都已经脱弱。这就是"偏义复词"。

语流义变,是一种修辞现象,也是一种构词现象。例如"墨"就是黑,但是在"红墨水、蓝墨水"中,黑的意义已经语义异化,变成"书写的液体"了。"松针、松塔"不是针和塔,"人山人海"不是山和海,"海马"不是马,等等,这些都是词汇世界中的语流义变现象。

(二) 情景义

交际情景和话语的关系是互动的。不仅交际情景要求表达者适应情景来选择语言材料、组织话语,要求接受者参照情景来把握话语的意义。情景也能够改造话语和句子,赋予话语新的临时性的含义。

情景义,指的是词语和句子在特定的交际情景中所获得的临时性意义。

任继愈说:"如《天演论》这部书,在西方不失为一部捍卫进化论学说的名著,它的社会作用,在西方和东方却大不相同。《天演论》在西方人看来,是一部学术著作,在当时的中国人看来,它是一部救亡图存的政治著作。西方人阅读它,可以心平气和地理解其生物进化的道理;灾难深重的中国人阅读它,不禁诱发一种优胜劣败、亡国灭种的危机感。这种结果,是赫胥黎料想不到的。"(《中国文化与世界文化》)《天演论》在中国的接受效果,是中国当时特定的社会文化背景的产物,是不能同作者所预期、所追求的表达效果混为一谈的,是两码子事儿。

情景可导致义变,义变之后的情景意义,是不容忽视的。交际情景,有时具有取消话语本身含义的功能。西方有一个笑话,一家戏院失火了,小丑上台通知观众:"失火了,请快快离开戏院!"全场哄堂大笑。小丑提高嗓门大叫,再次引得哄堂大笑。是交际情景取消了"失火了,请快快离开戏院!"这句话本身的含义。

日常生活中,一本正经地告诉他人一件非常重要的事情,说到最后,那么一笑,做一个鬼脸,就把前面的话语全部取消了,那只是开玩笑,逗你玩儿的,不可当真。

情景可以强化或弱化话语的含义。在人际关系友好的时候,在清风明月之夜,在花前月下,在双方心情舒畅的时候,每一句话语,都是甜蜜的、富于诗情画意的,是交际情景强化了美好话语的美的倾向;在人际关系出现危机之后,本无恶意的话语也都有了强烈的坏的意思。这就是情景的强化作用。另一方面,在人际关系友好的时候,即使出现了含义不好的词语或句子,对方也会忽略它;在人际关系恶化之后,本来是好的意思的话语,好的意思也淡化了。这就是情景的淡化作用。

情景也能转移话语的意义。情景能够把好话变成坏话,把坏话变成好话。"您是英雄模范,我要向您学习。"在大会上说,对方会很高兴的。但是,双方有了矛盾,发生了冲突,再这么说,就是对他的讽刺、嘲笑、挖苦。有了必要的和充分的条件,就是说在特定的交际情景中出现,坏话也能变成好话。例如在最亲密的老朋友之间,见面时可以说:"你这个死东西,鬼家伙,怎么还没死呀!"并没有骂人的意思,的确是好话。

七 模糊义和模糊话语

模糊与精确是一对矛盾。模糊性是自然语言的一个重要属性。[1]

所谓模糊词语,就是它的中心意义虽然是很明确的,但边缘意义却是没有界线的。其含义就是相对的、模糊的、不精确的。例如"门前、

---

[1] 参看王希杰:《模糊理论和修辞》,《新疆大学学报》1983 年第 3 期。

楼前"就是模糊的概念。门和楼的前面的五公尺,是。十公尺,是不是?一百公尺,还是吗?再如:早—中—晚,少年—青年—中年—老年,春—夏—秋—冬,等等。又如"半天"一词,可以指十二小时,因为一天是二十四小时;也可以指六小时,如果只算白天;也可以指四小时,因为工作八小时;也可以指一两小时,甚至一二十分钟,如"等了你半天了",也许只是几十分钟。

模糊词语不可缺少,重要的是对待模糊词语的态度。乔纳森·卡勒讨论"什么是文学?"时说"文学也许像杂草一样":"所有帮助在花园里锄过草的人都知道区分杂草和非杂草有多么困难,而且也想知道有没有什么诀窍。会有什么诀窍吗?你怎样识别一棵杂草呢?嗨,其实这诀窍就是没有诀窍。杂草就是花园的主人不希望长在自己园里的植物。假如你对杂草感到好奇,力图找到'杂草的状态'的本质,于是就去探讨它的植物特征,去寻找形式上或实际上明显的、使植物成为杂草的特点,那你可就白费力气了。其实,你应该做的是历史的、社会的,或许还有心理方面的研究,看一看不同的地方、不同的人会把什么样的植物判定为不受欢迎的植物。"(《当代学术入门 文学理论》)

模糊词语不可怕,因为交际活动总是在特定的语言环境中进行的,语境可以排除语言单位的模糊性。更重要的是,人需要模糊词语,模糊词语是不可缺少的。模糊词语也有积极的作用。模糊词语是语言美的手段之一。

语言的模糊和话语的模糊应当加以区别。语言的模糊性是全社会所共同的,话语的模糊或模糊的话语是具体交际活动中的事情。模糊词语构成的话语,不一定就是模糊话语。非模糊词语所构成的话语,也有可能是模糊话语。司马迁《史记·留侯世家》:"父去里所,复还,曰:'孺子可教矣。后五日平明,与我会此。'良因怪之,跪曰:'诺。'五日平明,良往。父已先在,怒曰:'与老人期,后,何也?'去,曰:'后五日早会。'五日鸡鸣,良往。父又先在,复怒曰:'后,何也?'去,曰:'后五日复早来。'五日,良夜未半往。有顷,父亦来,喜曰:'当如是。'出一编书。""平明"是一个模糊词语。黄石公说的"平明"是模糊的话语。黄石公利用语言的模糊性在同张良开玩笑,在考验张良。

准确这一概念是相对的,不同的交际环境、对象和目的,要求不同程度的准确。拿时间来说,日常讲话,只需说:"过几天有空我去看你。""下午他们到莫愁湖去了。""今年夏天我们上黄山了。"文学作品中常用"黎明"、"黄昏"这类词。作战命令和火车时刻表上却不能这样,必须明确几点几分。一次车祸,过路人当作马路新闻来讲,公安局作为一次交通事故来陈述,两者对准确的要求是不一样的。科学著作和科普读物在陈述同一件事时对准确的要求也是不一样的。对一个普通旅游者讲述古迹时,大量运用历史学和考古学的术语,列举一连串精确的数字,效果是不会好的,因为对方并不要求这种历史学、考古学上的准确。

模糊有时比准确更好。周克芹《山月不知心中事》:"有一次,在供销社看见那种雪白的薄薄的乳罩,她多想买一副回去戴起来呀!""这时她多么希望自己有那样一件小玩意呵!""四年前买不起一件小玩意儿,不是鲜明的对比么!"乡村女孩说"小玩意儿",不说"乳罩",得体又文雅。

人们常说,诗歌语言的特点是准确。其实,诗歌语言也是模糊的。冯梦龙《笑府》中说,一个苏州人要二女婿学习大女婿的诗,诗中有一句:"清光一片照姑苏。"二女婿说:"差了,月岂偏照姑苏乎?须云'照姑苏等处'。"准确的"清光一片照姑苏等处"不是诗歌的语言。模糊的"清光一片照姑苏"却正是诗歌的语言。

模糊、含混和含蓄,应当区别开来。模糊是中性的,是语言本身的特征。含蓄是一种修辞技巧,它有提高话语表达效果的功能。模糊的本质在边缘不清而中心明确,所指具有多种可能而主要指向不难锁定。这正是模糊表达所以含蓄的根本原因。含混是表达不清楚的话语,它妨碍表达效果。含混是应当避免的。

八　显性义和潜性义 ①

语言世界可以分为显性语言与潜性语言。词和词义都有显性与潜性之分。已经存在的词是显词。"地震、酒醉、晕船、晕车"是显词。已经为人们所使用的意义、公认的意义、词典上记载的意义是显义。

可能性的，至今没有人使用过的则是潜词。"月震、阳震、饭醉"是可能的，在出现之前是潜词。《预防"饭醉"》（《报刊文摘》1996年11月11日），这是潜词的显性化。

"东坡肉"是一种食品。《西游记》里的妖怪要吃的"唐僧肉"是唐僧身上的肉。笑话中说，有个文人说他特别喜欢苏东坡，朋友问他喜欢苏东坡的什么，他回答："喜欢东坡肉，每天都吃东坡肉。"朋友故作惊诧地说："你为什么如此憎恨东坡？每天都要吃他的肉？"这个"东坡肉"指苏东坡身上的肉，类似"唐僧肉"。"唐僧肉"可指唐僧身上的肉，也可指一道菜肴，类似于"东坡肉"。

潜性义是修辞的重要资源。开发和利用词的潜性义，可以提高语言的表达效果。例如："忽左忽右，航行万里全仗看风使舵；或红或白，作画千幅只靠察言观色。"

九　表达义和接受义

修辞学站在表达者的立场上研究表达的效果。阐释学研究的是接受者的接受效果。表达者的表达义和接受者的接受义不是一回事。表达义同接受者义之间，总是不能完全一致的。两者之间总会有个"差"。《西游记》：

---

① 参看王希杰：《显性语言与潜性语言》，商务印书馆2013年；《显对话和潜对话》，《语文月刊》1996年第3期。

只见那小妖走上大路，敲着梆，摇着铃，口里作念道："我等巡山的，各人要谨慎提防孙行者，他会变苍蝇！"行者闻言，暗自惊疑道："这厮看见我了，若未看见，怎么就知我的名字，又知我会变苍蝇！"原来那小妖也不曾见他，只是那魔头不知怎么就分付他这话，却是个谣言，着他这等胡念。行者不知，反疑他看见。（第七十四回）

孙行者的接受义不是巡山小妖的表达义。

李长之 1935 年写了《鲁迅批判》，出版前曾送请鲁迅审读，得到了鲁迅的支持。正式出版之前，1936 年的《青年界》还发表文章赞扬说："已是文坛上一个最勇敢而最有意义的创举"，"是中国批评界上划时代的一本著作"。书名中的"批判"，是当时的流行用法，就是分析、评论的意思。这是德国哲学对中国学术影响的结果。康德有三大"批判"。李长之曾埋头攻读德国哲学，特别崇拜康德的三大"批判"。他还写了《王国维文艺批评著作批判》《〈红楼梦〉批判》等。新中国成立后，"批判"逐渐成了一个贬义词，"文革"中的"四大"（大鸣、大放、大字报、大批判）之一就是"大批判"。相当长的时期里，"批判"一词总是同阶级敌人相联系的，"批判"是阶级斗争的手段之一。在这样的语境中，《鲁迅批判》就成了李长之恶毒攻击鲁迅的罪证，"使他沉冤数载，给他带来了无比深重的灾难"。

小　结

（1）语言义：进入语境之前语句本身的意义，社会共同认可的意义。言语义：同现实相联系之后的话语的含义，个人的特定的意义。

（2）同形异义：形式相同，语义内容不同。同义异形：语义相同，形式不同。形式和意义是多样的，所以同形异义和同义异形都是多种多样的。

（3）社会文化义：社会集体的认可的文化语义。个人联想义：个人联想引发的意义，因人而异，复杂多变，难以把握。

（4）语流义：上下文中的意义。语流义变：词语句子在上下文中所发生的语义变化。情景义：词语句子在情景中产生的意义。情景义变：词语句子因情景而产生的意义变化。

（5）模糊义：不能精确界定的意义。模糊话语：含义模糊的话语。

（6）显性义：已有的意义，集体公认的意义。潜性义：没有被使用的可能的意义。

（7）表达义：表达者要传达的意义。接受义：接受者实际获得的意义。

思考与练习

（1）语言的意义和言语的意义区别何在？分析日常生活中的误会，区别哪些是由语言的意义引起的，哪些是由言语的意义引起的。俗语说，"锣鼓听声，听话听音"，这个"音"指的是什么？"一样话百样说"中的"话"指的是什么？

（2）观察汉语中多种多样的同形异义现象。同形异义的"形"有哪些种类？它的"义"有哪些种类？请分析一些平常词语的多义现象，例如："嘴上、楼上、地下"等。汉语短语的多义现象很严重，请分析一些平常用的短语的多义现象，例如："会照相"等。

（3）观察汉语中多种多样的同义异形现象。同义异形的"义"有哪些种类？它的"形"有哪些种类？同义异形的单位就构成了同义手段，从义和形两个方面来观察汉语的同义手段的丰富性、复杂性。

（4）观察社会文化义的多样性。举例说明社会文化义在跨文化交际中的重要性。

（5）观察个人联想义的丰富性、灵活性和多变性。俗话说，"说者无意，听者有心"。这个听者的有心就是他的个人心理联想，思考一下听者心理联想的限度问题。观察由于听者过度的、不适当的心理联想所造成的交际短路现象，即人际冲突事件。

（6）上下文是如何改变词语意义的？上下文是如何临时赋予词语特定含义的？

第五章　同义手段和语言变体

表达和内容的关系是联合的,它们互为条件。表达之所以是表达是因为它是内容的表达,内容之所以是内容是因为它是表达的内容。除了人为地将两者分开,没有表达就没有内容,没有无表达的内容;没有内容就没有表达,没有无内容的表达。(叶姆斯列夫《语言理论绪论》)

关键词:同义手段　语言同义手段　言语同义手段　显性同义手段　潜性同义手段　语言变体

一　同义手段的定义[①]

同义手段是具有相同意义的语言材料。地球只有一颗卫星,高高地悬挂在夜幕上,叫作"月亮"。"月亮"同"蟾蜍、蟾兔、婵娟、冰蟾、银蟾、碧华、素娥、清虚、瑶兔、瑶轮、玉鉴、玉兔、玉杵"同义,构成"月亮同义词汇场"。"月亮"是零度形式,其他词语是偏离形式,不同时代、不同语体、不同风格的变体。

同义手段是两个以上具有相同语义的不同的语言单位集合,是零度形式和它的一切偏离形式的总和。同义词汇场内部的各个单位凭借着自身差异性才取得独立的位置。同义词汇场的成员"抱'同义'团"一致对外,对内因示差性而彼此独立存在。俗话说:"不是一家人,不进一家门。"进一家门的一家人都具有"家族相似性"。

[①] 参看王希杰:《漫谈人物语言个性化》,《修辞学习》1983年第1期。

同义手段包括同义短语和同义句。"我想死你了≈你想死我了≈我把你想死了≈你把我想死了",共同的语义是:我想你,想得要死。"四个人一组≈一组四个人","烧饼夹油条≈油条夹烧饼","两个人骑一辆自行车≈一辆自行车骑两个人","甲队战胜了乙队≈甲队战败了乙队","甲队把乙队打败了≈乙队被甲打败了","他是个沉默寡言的人≈他是一个哑巴","我突然间看到了你≈你突然间闯进了我的眼帘","我突然间想到了你≈你突然间闯进了我的心头",都是同义手段。

汉语中许多词语都有不同音节的同义形式,例如:鼠≈老鼠、船≈船只、马≈马匹、相机≈照相机、大幅≈大幅度、反恐≈反恐怖、维和≈维护和平、龙虎斗≈龙争虎斗、亮≈亮晶晶≈晶晶亮、红≈红色≈红通通≈通红通红、修≈修理≈修一修≈修理修理、大方≈大大方方,等等。

"办不到"为后件的同义歇后语,有:"隔河握手"、"叫牛坐板凳"、"拉鼻子进嘴"、"按牛头喝水"、"赶鸭子上架"、"强逼公鸡下蛋"、"筷子穿针眼"、"瘦子割肥膘"、"小炉匠打铡刀"、"羊身上取驼毛"、"一口气吃个大胖子"、"尼姑庵里借梳子"、"黄鳝毛毛做棉絮"、"白水锅里揭豆腐皮"、"提着自己的头发上天",构成"办不到歇后语场"。

汉语的同义手段是非常丰富而发达的。同义手段是多种多样的,可以用不同的标准来进行分类。其中最重要的是区分:"语言的同义手段"和"言语的同义手段"。

二 语言的同义手段和言语的同义手段

同义手段可分为语言的同义手段和言语的同义手段。

语言的同义手段,如"母亲、妈妈、娘、老娘、老妈、妈咪"和"妻子、老婆、媳妇、爱人、内人、贤内助",如"台上坐着主席团/主席团坐在台上","汽车上盖着油布/油布盖在汽车上",存在于语言系统之中,进入具体交际环境之前,就是同义的,是全民的,相对稳定的,个人不能改变的。

言语的同义手段，指交际活动中表现相同思想内容的语言材料。李清照："生怕闲愁暗恨（一作离怀别苦），多少事，欲说还休，新来瘦，非干病酒，不是悲秋。"（《凤凰台上忆吹箫》）辛弃疾："而今识尽愁滋味，欲说还休。欲说还休，却道'天凉好个秋'。"（《丑奴儿》）为什么"新来瘦"？李清照撇除"病酒"和"悲秋"，真正的原因是："闲愁暗恨"。"而今识尽愁滋味"的辛弃疾说"天凉好个秋"，正是真正的愁最深沉的愁。李清照的"新来瘦，非干病酒，不是悲秋"同辛弃疾的"却道：'天凉好个秋'"是言语的同义手段，临时性的，依赖于语境的。脱离语境，就不是同义手段。

语言的同义手段，词汇学和语法学等已经做了充分的研究，其研究成果是修辞学研究的出发点和可靠的基础。言语的同义手段，是修辞学研究中的一个非常重要的方面。

三　显性的同义手段和潜性的同义手段

显性同义手段指已经出现、被社会所公认的同义手段。《环球时报》："台湾自产的高端疫苗'打气'低迷，出现了过剩的情况。"（2021年10月27日）"人气、脾气、风气、局气、运气、手气、勇气、孩子气、泥土气"是显词。"打气"是仿造"人气"临时创造的，意义是受到欢迎的程度。"打气"，在此之前没有见到过，是潜词。潜性同义手段指还没有运用过的，但是具有可能性的同义手段。程乃珊的小说《女人经》，女主人公用"wife"来指称男朋友的配偶，回避"妻子"一词。"wife"是英语词，临时性进入"妻子同义词场"，与"妻子、爱人、太太、夫人、老婆、内人、那口子、俺家做饭的、孩子他妈"共舞，可看作"妻子"的潜性同义手段。

词汇的发展，新词语的出现，可看作是潜性同义手段的显性化。20世纪90年代以前，汉语中只有"茶馆、茶社、茶室、茶座"等词语，"茶吧"是一个可能的等待着出现的潜词，是"茶馆"的潜性同义手段。现在不但有"茶吧"，连"网吧、书吧、水吧、氧吧、陶吧、舞吧、音乐吧、咖啡吧、玩具吧"等都已经是显词了。还有许多,如:"菜吧"(菜馆)、"饭吧"(饭馆)、"泳吧"(游泳池)、"棋吧"(棋类活动中心)、"灯谜吧"(灯谜俱乐部)、"游戏吧"(游戏活动室)。

四 同义手段的选择

俗话说,"一样话百样说。"如李白的诗:
  江城如画里,山晓望晴空。　　　　　(《秋登宣城谢朓北楼》)
  汉下白登道,胡窥青海湾。　　　　　　(《关山月》)
  晨登瓦官阁,极眺金陵城。　　　　　　(《登瓦官阁》)
  俯视洛阳川,茫茫走胡兵。　　　　　　(《古风其十九》)
  越人语天姥,云霞明灭或可睹。　　　　(《梦游天姥吟留别》)
  遥看汉水鸭头绿,恰似葡萄初酦醅。　　(《襄阳歌》)
  停杯投箸不能食,拔剑四顾心茫然。　　(《行路难》)
  红罗袖里分明见,白玉盘中看却无。　　(《白胡桃》)
李白对"看"的同义词语进行了精心的选择。

  修辞活动就是在语言的和言语的同义手段之间做出选择的一种活动。鲁迅:"我佩服会用拖刀计的老将黄汉升,但我爱莽撞的不顾利害而终于被部下偷了头去的张翼德;我却又憎恶张翼德型的不问青红皂白,抡板斧'排头砍去'的李逵,我因此喜欢张顺的将他诱进水里去,淹得他两眼翻白。"(《集外集·序言》)鲁迅交替使用"佩服"、"爱"和"喜欢"。

  同义手段的仓库提供了选择的可能性。同义手段的选择活动是在特定的语境中进行的。语境制约着对同义手段的选择。父子亲密无间之时,孩子选择"老爸",甚至说"piapia",考试不及格或闯下了大祸时,就不敢"老爸"或"piapia"了。学术论文和法律文件中绝不可以出现的"心不在马"、"吹毛求屁"之类的说法,对亲密无间"零距离"的人们,则趣味盎然、特有情调。

修辞活动可以看成是同义手段的选择活动。脱离开具体的语言环境，是无所谓选择不选择的。同义手段的选择是在特定的语言环境之中进行的。同义手段的选择不是盲目的任意的随心所欲的，而是在得体性原则的指导之下进行的。修辞活动其实就是在得体性原则指导下对同义手段的选择活动。修辞的选择活动中，同义手段本身的美丑好坏固然也重要，但最重要的还是它同语境之间的关系，只有符合得体性原则才是美的，才能取得最佳表达效果。

修辞学问题大多数可以归结为同义手段的选择范畴。任何同义手段都是有条件的，只是某个方面的同义，必然存在着差异，而且是不可忽视的。金克木说："不过语言符号有一种特异的功能。同样意思时换了符号便走了样，甚至大变样。例如《离骚》二字照注解正相当于'倒霉'，但不能更换。'朕皇考曰伯庸'，不过是'我的爸爸叫伯庸'。两句又岂能更换？"① 同义手段之间是同中有异异中有同的关系。有人说："我不认识茅盾，但是我认识沈雁冰。这话的意思是，当沈雁冰采用'茅盾'为笔名，而且以此笔名驰誉全国的时候，我就没有同他往来了，在此以前我却随时同他见面，并且共同工作一个时期的。换一句话说，我这里回忆的不是文学家沈雁冰，只是共产党员沈雁冰。"② 甚至指称同一个人的"茅盾"和"沈雁冰"表达意义也可能是不同的。

五　语言变体与语言变体的选择

修辞活动首先是对语言变体的选择。

修辞活动，从本质上说，其实就是对丰富多彩的语言变体的选择。同义手段的选择也可以说主要是在语言的各种变体之间进行的。同义的语言材料经常存在于不同的语言变体之中，许多同义手段都显示出不同

---

① 　金克木：《探古新痕》，上海古籍出版社 1998 年，第 38 页。
② 　郑超麟：《郑超麟回忆录》，东方出版社 2004 年，第 112 页。

的语言变体的差异与对立。许多同义手段其实是语言变体的体现。有些同义形式体现了方言和共同语的差异，例如："自行车"和"单车"，"肥皂"和"胰子"，"妻子"和"堂客"，"我"和"阿拉"，"你"和"侬"等。有许多同义形式，例如："熟"和"熟稔、熟悉"，"脑袋、脑瓜"和"头颅"，"闹"和"喧闹、喧嚣"，表现了口语和书面语的对立。"心"和"心田、心扉、心潮、心弦"等，是通用语体和文艺语体对立的产物。由语言的变体所形成的同义形式多种多样、丰富多彩。

语言是社会集体的共同财富。它对所有的使用者都是同一的，这是相互交流的保证。不同个人、不同时空的交际活动中，语言是多种多样的，甚至可以说，有多少说话的人就有多少种语言。这些不同个人的语言，不同时空的语言，是同一的语言的变体，是共同的语言的体现，是共同的语言的存在的形式。每一种语言都存在着多种变体。

现代汉语，对一切说现代汉语的人，都是共同的。它存在于人们所说的话、所写的文章之中。这些话语和文章各不相同，但又有共同之点。这些话和文章就是现代汉语的变体。离开了这些变体，现代汉语就不存在了。但每一种变体，都还有许多特殊性。

现代汉语的变体虽然是多种多样的。需要把握的是几种主要的变体。语言的主要变体有：1. 地域变体——方言；2. 社会变体——社会习惯语等；3. 功能变体——语体；4. 风格变体；5. 言文变体。地域变体指方言和共同语；社会变体包括：阶级习惯语、术语、行话、隐语、俚俗语、禁忌语、委婉语等；风格变体指语体风格和表现风格等，文学语言与文艺语言其实也是共同的汉语的一种变体；言文变体指口语和书面语。

六　地域变体

方言，是语言的地域变体。方言是按照地域来划分的。现代汉语的方言，一般可以分为七大方言区，即：北方方言、吴方言、湘方言、闽方言、粤方言、赣方言和客家方言。每一大方言区内，还可以进行再区分。

现代汉语方言在语音方面的分歧尤其严重。现代汉语方言在词汇方面的分歧也很大。如各地方言中,对不同性别的牛的称法不同:

北京	公牛	母牛
西安	犍牛	女牛
苏州	雄牛	母牛
温州	牛牯	牛娘
长沙	牛公、牛公子、牯子	牛婆子、牛婆
福州	牛公	牛母
梅县	牛牯	牛嬷
广州	牛牯	牛乸
阳江	牛公	牛乸

汉语各个方言之间,语法差异比较小,语音差异比较大。

从古到今,人们的方言感情是浓厚的。唐代诗人贺知章说:"少小离家老大回,乡音无改鬓毛衰。"(《回乡偶书》)反映了对乡音(方言)的强烈而深厚的感情。小说家李准说:"乡音"是"亲切的"、"热乎乎的"、"甜滋滋的"、"沁人心脾的"、"质朴憨厚的"、"难以忘怀的"、"美妙动听的"。作者同那些"操着同样乡音的英雄建设者们,亲切交谈,共叙甘苦欢乐",可以帮助作者在边塞的风雪之夜的旅途中"受到异常热情的接待",可以勾起人们对"家乡故土的怀念",使人"感到光荣和骄傲",可以激发革命者为"保卫全中国"和实现"祖国社会主义现代化"而献身的精神,可以同"各民族、各地区千百种乡音和谐编织成……祖国社会主义现代化的雄伟的大合唱"。(《乡音》)

方言情结是人们对自己的方言的偏爱。与之对立的是对其他方言的歧视。

方言的社会功能是不可忽视的。方言具有修辞功能,这是普通话所不能代替的。方言是民间歌谣所必不可少的。如苏北淮安民歌:"尕尕一只舟,/叭叭水上游。/哗啦一声响,/霍托到扬州。"(《船号》)"尕尕",是小的意思;"霍托"夸张,形容快速,象声词。吴歌:"东家娘娘听仔男客闲话心里蛮欢喜,想勿着当家人今朝门枪活络勿推板。"(《五姑娘》)"男客"指丈夫;"门枪"本指猪舌头,这里泛指舌头;"活络"就是"灵活";"闲话"就是"说话";"推板"的意思是"不好";"仔"就是"了"。

方言是曲艺、地方戏等产生与存在的基础。用方言来写作的文学作品,具有乡土气息。晚清小说《海上花列传》,对话部分都用吴方言。例如:"耐阿好!骗我阿是?耐说转去两三个月,直到仔故歇坎坎来!阿是两三个月嗄?只怕有两三年哉!我教娘姨到栈房里看仔耐几棣,总说勿曾来,我还信勿过。间隔郭孝婆也来看耐,倒说道勿来个哉。耐只嘴阿是放屁!说来闲话阿有一句做到!把我倒记好来里!耐再勿来末,索性塔耐上一上,试试看末哉!"

在文学语言中,方言词语和句式是修辞手段。方言中有许多很有表现力的东西,普通话中没有相应的表达形式,如鲁迅小说《故乡》中的"狗气煞"。

方言成分的适当采用,可增添作品的地方特色、乡土气息,有利于塑造人物形象,在文学作品中尤其如此。但是,滥用方言土语是不好的。

七 社会变体

语言是一种特殊的社会现象。语言同社会之间是互动的。语言随着社会的演变而演变,随着社会的分化而分化。语言的社会变体是语言的社会分化的产物。语言的社会变体是由于阶级、阶层、集团、职业、政治态度、文化教养、年龄、性别等因素造成的。社会变体一般包括阶级习惯语、行话、术语、隐语(黑话)、俚俗语、禁忌语、委婉语等。语言的社会变体不是根据地域来划分的。它同地方变体的区别还在于:方言有自己的基本词汇和语法构造,有可能发展成为独立的语言;社会变体没有独立的基本词汇和语法构造,主要表现在一些特殊用语和特殊的表达方式上。方言是该地区的一切人的思维工具和交际工具,一视同仁地为一切人服务;社会变体则流行于社会上的一部分人之中,主要为这一部分人特殊的交际目的服务。

汉语的社会变体是对核心汉语的偏离,又是对核心汉语的丰富和发展,它是核心汉语丰富和发展的重要途径之一。社会变体中的一些成分,也是可以被共同语所吸收的。例如"将一军"来自象棋术语,"亮相"来自戏剧用语,"串联"来自物理学术语,"开夜车"本是学生的习惯语(指"深夜读书"),现在都已经被吸收到共同语中去了。

文学作品中,采用语言的社会变体有利于渲染气氛和塑造人物形象。鲁迅《阿Q正传》:

> 假使有钱,他(指阿Q)便去押牌宝,一堆人蹲在地面上,阿Q即汗流满面的夹在这中间,声音他最响:
>
> "青龙四百!"
>
> "咳~~开~~啦!"桩家揭开盒子盖,也是汗流满面的唱。"天门啦~~角回啦~~!人和穿堂空在哪里啦~~!阿Q的铜钱拿过来~~!"
>
> "穿堂一百——一百五十!"

这里的"青龙"、"天门"、"穿堂"等都是赌场的惯用语。这些惯用语的运用,有力地渲染出了赌场的气氛。

语言没有阶级性,对社会各个阶级是一视同仁的。但是,各社会集团、各阶级对于语言远不是漠不关心的。他们极力利用语言为自己的利益服务。各个阶级都会把自己的某些特别的用语"强加到语言中去",于是出现了阶级习惯语。

阶级习惯语是阶级社会里的一种特殊现象。数量非常之少,使用的范围十分狭窄,甚至不能推行到一个阶级的所有成员中去。它没有作为语言的基础的基本词汇和语法结构,也不能发展成为独立的语言。它的构词材料是从全民语言中借来的,本身又是按照全民语言的规则构造起来的。它的运用也不是按照什么阶级的语法规则(这种语法规则是不存在的),而是按照全民语言的语法规则构造起来的。

行话，指的是各行各业为了适应自己的特殊需要而使用的某些特殊用语。行话只通行于一个行业之中，其他行业的人往往不熟悉，也不使用。如某些地区理发师把"修脸"叫作"光盘子"，把"修眉"叫作"挂八字"；演员把由于未背熟台词而产生的对白中的停顿叫作"吃螺丝"；学生把回答不出老师的问题叫作"挂黑板"；等等。

行话中数量很大的一个组成部分，是关于生产工具、生产过程和生产对象的名称的词。如木匠的工具刨子，就有沟刨、剞刨、剜刨、花边刨、龙门刨等不同的种类和名称。

行业不限于工业、农业、商业部门，一切同样性质的职业或工作岗位，也应看作是行业。体力劳动者，如木匠、石匠、渔夫、猎人等，脑力劳动者，如医生、教师、音乐家、工程师等，都有自己的行话；学生、军人也都有自己的行话；一切术语也都是行话。行话不仅能为社会上某一部分人的特殊需要服务，也能够为共同语的丰富和发展提供材料。

术语，是专门用于政治、经济、文化及各种科学技术方面的行话。这是因为社会科学、自然科学技术也可以看成是一种社会的分工，也是一种行业。单义性和体系性是术语的两个显著的特点。

单义性是术语最重要的特征。如果一个术语有两种意义、两种解释，那么对于科学技术的交流和传播，对于科学技术的发展，都将是不利的。因此，人们力求保持术语的单义性。术语的词义总是和概念最为一致的，反映客观事物的各种特征，特别是本质特征。它没有感情色彩，不必借助于上下文来理解。

术语的体系性是说每一种社会科学、自然科学或工程技术本身，就是一个体系，每一个术语只有隶属于它所从属的体系，才能获得精确的含义。因此，同一个术语在不同的学科中往往有不同的含义，如"形态"、"功能"等词在生物学、语言学中的含义是不一样的。

术语对于科学的发展是有重要意义的。科学的发展促使了相应术语的产生，而术语则把科学认识的成果用词的形式巩固下来。为了更好地发挥术语在科学发展中的作用，我们应当重视术语的规范化工作。

在文学作品中，适当运用行话和术语，有利于渲染气氛和塑造人物形象。如周立波《湘江一夜》："领会了大家笑他的缘由，门虎认真地忙说：'不，不，司令员，抗战时期，没工夫提这件事。等待鬼子赶跑了，到时候有困难，当然要请司令员帮助，司令员爱人肯自动协助侦察一下子，也行，门虎也欢迎。'这个年轻庄稼汉吃了几年侦察员的饭，把本行的术语，不知不觉应用到爱情事务上来了。"把"侦察"这一军事术语，用到了爱情事务上来，这正显示出了门虎的军人本色。

隐语，又叫黑话，也叫：秘密语、暗语、方言、市语、杂语、查语、锦语、切口、俏语、春点等。隐语，就是具有保密特征的行话。闻一多说："隐语古人只称作'隐'，它的手段和喻一样，而目的完全相反，喻训晓，是借另一事物来把本来就说不明白的说得明白点；隐训藏，是借另一事物把本来可以说得明白的说得不明白点。"古代的隐语是一种文字游戏，如孔融的《郡姓名字诗》，曹娥碑"黄绢幼妇外孙齑臼"。现代语言学中的隐语指的是一种词汇单位。

隐语具有鲜明的行业色彩。例如，不同行业对数字的称法：

	一	二	三	四	五	六	七	八	九	十
米行	子	力	削	类	香	竹	才	发	丁	足
药行	羌	独	前	柴	梗	参	苓	壳	草	荸
线行	田	伊	寸	水	丁	木	才	戈	成	
典当行	口	仁	工	比	才	回	寸	本	巾	
杂货行	平头	空工	横川	侧目	缺丑	断大	皂底	分头	未丸	田心
绸绫行	又	计	沙	子	固	羽	落	未	各	汤
估衣行	大	土	田	东	里	春	轩	书	籍	

隐语大多是对全民语言材料的一种改头换面，运用比喻、析字、借代、谐音、夸张、引用、委婉、藏词等修辞手法。

隐语之所以又叫黑话，是因为经常同黑社会相关。例如小偷集团把"衣服袋"叫作"仓儿"，"衣服"叫作"叶子"，"行李"叫作"滚大个"，"什么都偷"叫作"大抓"。强盗集团中把"钱"叫作"杵头"，"眼睛"

叫作"招路儿","老太太"叫作"蘸果","吃饭"叫作"安根","兵"叫作"跳子","药"叫作"太平","入山为盗"叫作"做太公"。被绑架去的人叫作"肉票",女人叫作"花票",杀死被绑架去的人叫作"撕票"。

隐语最流行的是在盗贼土匪和绿林好汉群体中。《说唐》中的尤俊达对程咬金说:"原来兄弟对此道行中的哑谜都不晓得。大凡强盗见礼,谓之'剪拂'。见了些客商,谓之'风来',来得少谓之'小风',来得多谓之'大风'。若杀之不过谓之'风紧',好来接应。'讨账',是守山寨,问劫得多少。这行中哑谜,兄弟不可不知。"这"哑谜"就是黑话。曲波小说《林海雪原》中的杨子荣智取威虎山时候,土匪问:"蘑菇,溜哪路?什么价?"意为:"什么人?哪里去?"杨子荣答:"嘿,想啥来啥,想吃奶就来了妈妈,想娘家的人,小孩他舅舅就来啦。"意为:"找同行来了。"

在文学作品中,运用隐语可以渲染气氛,塑造人物形象。刘富道《南湖月》:"譬如说,谁给圆圆脸的黎露介绍一位男朋友,长长脸的苑霞瞧过一眼,端庄的鼻子一皱,嘘声:'米老鼠!'(黑话,可译为:看不起眼的小矮子。)圆圆脸脸色马上变了,于是告吹。"

在改革开放以后的新时期里,一个很值得注意的社会现象是,旧的黑话复活了,新的黑话大量产生了,甚至出现了一种偏爱隐语黑话的趋势。

俚俗语,指流行于社会下层某些没有文化教养的人的口头的鄙俗、粗鲁的用语,其中往往夹杂着一些很生僻少用的方言土语和一些特殊的行话,有时错误百出,不合乎语言的一般规范。骂人话,学名叫"詈词",我国港台地区,以及新马(新加坡和马来西亚)华语中叫作"三字经"。这两个概念有交叉的地方。俚俗语中包括了骂人话,但俚俗语并不全都是骂人话。古代崇尚高雅的语言,贬低俚俗语。现代则主张"雅俗共赏"。雅和俗的标准是相对的,可变动的,历史地变化着的。雅俗同语体和语境相关。文学作品中往往把俚俗语当作渲染启发与塑造人物形象的手段。日常生活中,一个人的言语所采用的俚俗语成分的多寡,往往体现了他的文化水平、品质修养。

1932年,鲁迅说:"现在有些作品,往往并非必要而偏在对话里写上许多骂语去,好像以为非此便不是无产者作品,骂詈愈多,就愈是无产者作品似的。其实好的工农之中,并不随口骂人的多得很,作者不应该将上海流氓的行为,涂在他们身上的。即使有喜欢骂人的无产者,也只是一种坏脾气,作者应该由文艺加以纠正,万不可再来展开,使将来的无阶级社会中,一言不合,便祖宗三代的闹得不可开交。"(《辱骂和恐吓决不是战斗》)[①] 令人遗憾的是,鲁迅的"辱骂和恐吓决不是战斗",至今没有失去现实性。网络上粗口泛滥,辱骂和恐吓不绝于耳。

需要区分"语言的骂人话"和"言语的骂人话"两个不同的概念。语言的骂人话指的是具有骂人意义的语言材料——詈词,是全社会所公认的。例如:"他妈的、老混蛋、老不死的、小骚货、狐狸精、杀千刀的"等。言语的骂人话指的是具有骂人功能的话语。两者并不是简单地画上等号的。虽然语言中的骂人话常常用来骂人,但在某些时候却并没有骂人的意思,只是一种"口头禅",当然是不好的。在特定语言环境中,语言中的骂人话甚至还能用来表示最亲昵的感情。例如:"你这个老不死的,还没死呀!""我家那个杀千刀的……""你真混蛋,我恨死你了!"言语中的骂人话也不是非得用语言中的骂话来表示不可的。

八 言文变体

言文变体,指口语和书面语。书面语是记录语言的符号系统——文字出现之后逐步形成的。没有文字的语言是没有书面语的。汉语里,言文变体有时也指文言和白话。

口语是语言存在的最基本的形式,是人类最重要的交际工具,应用于人类社会生活的各个领域,这是人们每时每刻都不可缺少的。口语交际中,说者和听者共处于一个特定的时间、地点之中。说者运用语言表达思想,发出一连串包含着特定意义的声音,听者通过所听到的声音,理

[①] 鲁迅:《鲁迅全集》第四卷,人民文学出版社 2005 年,第 465 页。

解这些声音所蕴藏着的语言的意义,进而把握语言所表达出来的特定的思想,做出适当的反应。说者和听者处在相互转化的位置上。

声音一发即逝,所以口语复杂多变。音色、语气和语调等的多样化,使口语显得异常丰富,表现出特有的魅力。

口语存在于特定的语境中。"鸡不吃了"、"咬死了猎人的狗"等书面语中有歧义的句子,口语中不会发生歧义。养鸡场里,"鸡不吃了",当然是鸡不吃了;饭桌上的"鸡不吃了",当然是人不吃鸡了。口语录音,第三者听,往往莫名其妙,很难理解。借助于具体的语言环境,口语中的某些失误也能够得到校正。例如:"'生了,生了!'他语不连贯,显然在向亲人通报他当爸爸的喜讯,'我儿子给我生了一个老婆!'"(《小说月报》1984年第11期)因为有具体的语境,听话的人很容易就自动校正为:"我老婆给我生了个儿子。"

口语交际中,交际的双方都是积极活动着的,说话者要考虑说话的效果,根据对方的反应来调节自己的语言活动,要听取对方的话,要由说话者向听者转化。听者要对听到的话做出反应,可以打断说话者,可以要求他重说一遍或换一个说法,并由听者向说话者转化。这就使得口语千变万化。孙犁《荷花淀》:

她问:"他们几个哩?"

水生说:"还在区上。爹哩?"

女人说:"睡了。"

"小华哩?"

"和他爷爷去收了半天虾篓,早就睡了。他们几个为什么还不来?"

水生笑了一下。女人看出他笑的不平常。

"怎么了,你?"

水生小声说:

"明天我就到大部队上去了。"

口语中有大量反复、省略、残缺,以及突然的停顿、话题的转移。

口语交际中,还有一些辅助的交际工具,例如:手势、面部表情、各种可以利用的实物等。这就使得口语中许多词语获得了一些特定的丰富的含义，口语交际也就异常丰富多彩。

口语有会话体和讲演体之分。讲演体比较接近于书面语。

总的说来，口语和书面语相比，口语中短句多而长句少，不完全句多而完全句少，而感叹词、象声词、语气词多而古词语、成语典故少，常常出现一些偶发词，显得自然而活泼。口语一方面比书面语粗糙，另一方面却更丰富多彩。口语是书面语产生的基础，是书面语丰富和发展的唯一源泉。

口语是一发即逝的，活动范围受到时间和空间的限制。书面语用视觉的符号来记录口语，使之能够"传于异地，留于异时"，大大地扩大了口语的交际范围。

书面语是文字出现之后逐步产生与形成的，是在口语的基础上产生的。口语是第一性的，书面语是第二性的。书面语是文字产生以后才出现的，文字的历史只有几千年，而口语则可能已有上百万年的历史了。没有一个人类社会集团可以没有自己的口语，但是人类社会在一个相当长的时间内，却是没有文字、没有书面语的，直到今天，也还有不少人类社会集团是只有口语、没有自己的书面语的。

书面语，虽然是在口语的基础上形成的，但在语音、词汇、语法、修辞诸方面都有不同于口语的地方。口语和书面语各有自己的特点，不能简单地等同起来。书面语有自己的体系，而且是相对稳定的。书面语具有自己的传统，这个传统又有其保守性。于是，书面语和口语，就是有文字的语言的两种不同的存在形式。在书面语中，交际的双方已不再直接共处于一个特定的时间、地点之中，他们之间的直接联系被切断了，交际活动由一方在一时一地单独进行，而由另一方在异时异地再继续进行下去。表情、手势、各种可以利用的实物，这些在口语中起着积极作用的因素，在书面语中已经无法起作用了。口语中异常丰富多彩的语调、语气，在书面语中也根本无法表达出来。书面语在写作时，可以反复推敲，读的时候可以细细琢磨，因此可以也应该比口语更简洁、更严密、更完整。

书面语中的图表符号之类,更使书面语简约、明白,这是口语无法比拟的。鲁迅说:"语文和口语不能完全相同;讲话的时候,可以夹许多'这个这个''那个那个'之类,其实并无意义,到写作时,为了时间、纸张的经济,意义的分明,就要分别删去的,所以文章一定应该比口语简洁,然而明了,有些不同,并非文章的坏处。"(《答曹聚仁先生信》)[①] 书面语需要靠拢口语,从口语中吸取营养,但是,不可、不必要求同口语完全一致。

记录语言的书面符号对书面语是有很大影响的。尤其是方块汉字,对汉语的书面语影响很大。在汉语中,有一些字在口语和书面语中的读音是不一样的,也就是所谓"文白异读"。有不少口语词,书面语中没有适合的书写形式。而有些口语中并无区别的东西,书面语中却又有着明确的分工。如:他——她——它,他们——她们,的——地——得,壹贰叁肆伍——一二三四五——1 2 3 4 5,等等。现代汉语中同音的字(词或语素)是很多的,口语中没法区别,书面语中却能够区分开来。甚至出现了这样的现象:有时只听别人口念,不看文本,听不明白,一看文本,便一清二楚。口语中的一些多音节词,书面语上往往不完全写出来。换句话说,有些口语中不能单独运用的语素,在书面语中却可以作为单独的词来单独运用。例如:"云彩"和"云","虽然"和"虽","但是"和"但","(的)时候"和"时","如同、如果"和"如"等。

书面语可以利用视觉创造特有技巧,例如诗歌中的分行和图形符号等。但是,这应当有所节制。

词可以分为三类:通用词、口语词、书面语词。句式也可分为三类:通用句式、口语句式、书面语句式。总的说来,书面语同口语相比,长句多而短句少,完全句多而不完全句少。在日常说话时,如果滥用书面语词,如"晨曦"、"心扉"之类;滥用书面语句式,例如双音动词谓语前加上"加以"、"给以"、"进行"之类,就会显得不协调。口语词是书面语的一种修辞资源。例如:"'帅'呆了 闯入美网十六强 彭帅明日冲

---

① 鲁迅:《鲁迅全集》第六卷,人民文学出版社 2005 年,第 79 页。

八强"(《现代快报》2011年9月4日,标题)。"帅呆了"是口语词,用作标题,显得亲切,可缩短同读者之间的心理距离。

九 文学语言

"文学语言"和"文学作品的语言",这是两个不同的概念。文学语言,指的是加工过的书面语、规范化了的书面语。文学语言是在书面语的基础上产生的。如果没有书面语,由于口语的流动性和朴素性,是很难形成文学语言的。文学语言是加工过的书面语,这个加工指的是在全民语言材料中选择最合乎语言发展规律的、具有普遍性的语言成分作为规范,并用文字巩固下来。因此,文学语言比起一般的书面语,就具有更丰富、更严密、更有表现力的特点。例如,"和、同、跟、与",在口语及在一部分书面语中,既可以做连词,又可以做介词,没有明确的界限,在文学语言中则应有明确的分工。文学语言,有两种基本形式:书面形式和口头形式。口头形式的文学语言是书面形式的文学语言的口语化。课堂上、话剧舞台上、广播电视上、各种形式的政策报告会上所使用的语言,就是现代汉语文学语言的口头形式。

非语言学界,常常把"文学语言"用来指文学作品的语言。其实文学作品的语言应当叫作"文艺语言"。必须区分开文学语言和文艺语言,这是因为,虽然一般说许多属于文学作品的语言是属于文学范畴的,但并不是所有的文学作品的语言都是文学语言。某些主要是运用或是大量使用方言土语写成的文学作品,它的语言就不能叫作文学语言。即使是属于文学语言范畴的文学作品,其中某些人物言语也不是文学语言,鲁迅《理水》:

离地五尺,就挂下几只篮子来,别人可不知道里面装的是什么,只听得上下在讲话:

"古貌林!"

"好杜有图!"

"古鲁几哩……"

"O·K!"

而文学语言的运用范围,又不只限于文学作品。国家机关的政策法令、科技学术论文等,通常也运用文学语言。

学习现代汉语,要在提高口语表达能力的基础上提高运用书面语的能力,特别是运用文学语言的能力。口语是我们从小学会的,不知不觉之中向父母邻居玩伴学习来的,是天天用时时用的。书面语是学校里课堂上书本里学会的,向列祖列宗孔子老子李白杜甫等学习来的。熟练地运用书面语是有文化的标志。加强书面语的训练,是中小学语文课的任务。

晚清诗人黄遵宪提倡"我手写我口":"我手写我口,古岂能拘牵?即今流俗语,我若登简编,五千年后人,惊为古斓斑!"(《杂感》)这个口号好。但是不可走向极端。正如朱我农所说:"笔写的白话,同口说的白话断然不能相同的。口说时有声调状态帮助表明人的意思,笔写时就没有此等辅助品了。所以用笔写那口说的白话时,即使加进许多表意思的东西,也未必能把口说时的意思完全表出来。反言之,则笔写时的白话大概必须比口说的详细而周到。"①

汉语书面语的悠久传统,是不可忽视的,是建设和发展现代汉语书面语的最宝贵的财富。过分强调口语化,拒绝吸收古代汉语成分,一味排斥文言词语和文言句式,不利于现代汉语书面语的进一步发展。文言词语和句式在现代汉语书面语中的修辞作用是不可忽视的。在这个问题上,"五四"新文化运动时,有些形而上学。20 世纪 30 年代的"大众语"讨论中,过多地否定了古代汉语成分在现代汉语书面语建设中的积极作用。

其实,近代汉语中的半文半白、不文不白的语体,也是有其积极意义的,不可全盘否定。《水浒传》、《三国演义》和《西游记》等伟大著作就是半文半白的。

---

① 张宝明等主编:《回眸〈新青年〉》,河南文艺出版社 1998 年,第 345 页。

文白夹杂,是一种修辞作用。韩少功《马桥词典》:

"怪了,是你讨饭还是我讨饭?你要就要,不要就赶快走,莫耽误了我的生意。"

"你以为是我要讨饭么?是我要讨饭么?"九袋爷睁大眼,觉得应该好好教育这个醒崽一番才对,"天有不测风云,人有旦夕祸福。流年不利,国难当头,北旱南涝,朝野同忧。我戴世清虽一介匹夫,也懂得忠孝为立国之本,先国而后家,先家而后己。我戴某向政府伸手行不行?不行。向父母兄弟三亲伸手行不行?也不行!我一双赤脚走四方,天行健君子自强不息,不抢不偷,不骗不诈,自重自尊,自救自助,岂容你这样的势力奸小来狗眼看低!有了两个臭钱就为富不仁的家伙我见多了……"

盐商是现代口语大白话,而九袋爷则是文不文白不白、半文半白、文白夹杂,这是个性化的人物语言。

小　　结

(1)同义手段:表达相同语义内容的语言单位互为同义手段。语言的同义手段对全社会是共同的。言语的同义手段指语言运用中、话语中,表达相同话语含义的语言组合体。
(2)语言的变体:语言有多种变体。时间变体和空间变体尤为主要。文言和白话的对立属于汉语的时间变体的范畴。语言的地域变体是方言。汉语的方言差异特大。

思考与练习

(1)举例说明汉语中的同义手段的丰富性。
(2)如何区别语言的同义手段同言语的同义手段?
(3)举例说明方言词语的修辞作用。

（4）举例说明文言词语、文言句式在现代汉语中的修辞作用。

例如，标题中的文言词语和句式有什么样的修辞色彩？文言词语和文言句式的运用同语体和风格有什么样的关系？文言词语和文言句式的运用同说写者的身份和教养之间的关系如何？半文半白、不文不白、文白夹杂，都是必须坚决禁止的吗？哪些情况下，半文半白、不文不白、文白夹杂也是可以的，甚至还能有积极的作用，有助于表达效果的提高？

（5）举例说明外语词语和句式在现代汉语口语和书面语中的修辞作用。

例如，外语词语和句式的运用同说写者的身份、教养的关系如何？外语词语和句式的运用同语言环境的关系如何？外语词语和句式的运用同语体和风格有怎样的关系？外语词语和句式的运用同语言的民族风格是矛盾的吗？如何正确对待所谓的欧化句法？

第六章 语音

凡音者,生人心者也。情动于中,故形于声,声成文,谓之音。(《礼记·乐记》)

文章之精妙不出字句声色之间,舍此便无可窥寻。诗文要从声音证入,不知声音,总为门外汉。(姚鼐《论文辑要》)

关键词:押韵 平仄 音节 节拍 谐音 语音句

一 语音与表达效果

我们生活在声音的海洋里。每时每刻都被声音包围着。声音是一种物理现象。声音也是一种社会文化现象。"乐者,音之所由生也,其本在人心之感于物也。是故其哀心感者,其声噍以杀;其乐心感者,其声啴以缓;其喜心感者,其声发以散;其怒心感者,其声粗以厉;其敬心感者,其声直以廉;其爱心感者,其声和以柔。六者非性也,感于物而后动,是故先王慎所以感之者。"(《礼记·乐记》)《尚书·舜典》中也说:"诗言志,歌永言,声依永,律和声,八音克谐,无相夺伦,神人以和。"中国古代声音同政治是相互关联的。"声音之道与政通矣。"(《礼记·乐记》)"五声和,八风平,节有度,守有序,盛德之所同也。"(《左传·襄公二十九年》)

语音同语义紧密结合在一起,是具有语义内容的声音。人类的发音器官能够发出许多声音,不负载语义的声音不是语音,正如不是语音所负载着的意义不是语义一样。语言是语音和语义相结合的符号系统。语言学研究的是负载语义的声音(语音)与语音所负载的意义(语义)。

语音和语义都是社会文化现象。

语音和表达效果的关系,可以从积极和消极两个方面来说。从积极的方面来看,双声词、叠韵词、联绵词、重叠词语在诗歌中的运用,能使诗歌的节奏和旋律更具有音乐美。"叠韵如两玉相扣,取其铿锵;双声如贯珠相联,取其宛转。"李清照《声声慢》:"寻寻觅觅,冷冷清清,凄凄惨惨戚戚,乍暖还寒时候,最难将息。"真乃千古绝唱。

朱光潜说:"领悟文字的声音节奏,是一件极有趣的事。普通人以为这要耳朵灵敏,因为声音要用耳朵听才生感觉。就我个人的经验来说,耳朵固然要紧,但是还不如周身筋肉。我读音调铿锵、节奏流畅的文章,周身筋肉仿佛作同样有节奏的运动;紧张,或是舒缓,都产生出极愉快的感觉。如果音调节奏上有毛病,我的周身筋肉都感觉局促不安,好像听厨子刮锅烟似的。我自己在作文时,如果碰上兴会,筋肉方面也仿佛在奏乐,在跑马,在荡舟,想停也停不住。如果意兴不佳,思路枯涩,这种内在的筋肉节奏就不存在,尽管费力写,写出来的文章总是吱咯吱咯的,像没有调好的弦子。我因此深信声音节奏对于文章是第一件要事。"(《散文的声音节奏》)[①]

从消极的角度上说,同音是造成歧义和误解的重要原因。现代汉语的同音现象极其严重。现代汉语普通话的 21 个辅音声母(再加一个零声母)和 39 个韵母,可以组成 418 个基本音节。其中 109 个常用音节,使用频率占四分之三。汉语是有声调的语言,汉语普通话有四个声调,声调有区别对待意义的作用。配合四个声调,有 1332 个音节。但是,汉语的词有百千万之多,同音现象就是很平常的事。同音字词搭配不当,妨碍语音的和谐。袁鹰《秋风起的时候》:"说起'贡',越南朋友都会眉飞色舞,一往情深,就像向你介绍他的爱人……"眼睛看,还可以;嘴巴念,拗口。

同音词语省略不当,是语法不通的原因之一。《汉唐封建土地所有制研究》:"庞大的苻秦王国,和它同一世纪时间稍前的匈奴人、羯人建立

[①] 朱光潜:《朱光潜全集》第四卷,安徽教育出版社 1988 年,第 221 页。

的前赵王国、后赵王国有共同之处。"这个句子应当是:"庞大的苻秦王国,和和它同一世纪时间稍前的匈奴人、羯人建立的前赵王国、后赵王国有共同之处。"其句法关系可以图解如下:

　　和 1+{［和 2 它］同一世纪时间稍前的匈奴人、羯人建立的前赵王国、后赵王国}

"和 1"是连词,连接的对象是"苻秦王国"和"前赵王国、后赵王国"。"和 2"是介词,"和它"是介宾短语。由于两个"和"字同音,无意间省去了一个,整个句子就不通了。"和"与"同",都有连词和介词两种用法。这句话也可以写作:"庞大的苻秦王国,同同它同一世纪时间稍前的匈奴人、羯人建立的前赵王国、后赵王国有共同之处。"三个"同"字连续出现,很拗口,也同样容易无意间省略一个。这可以通过选用不同音的词语来解决,例如:(A)庞大的苻秦王国,和与它同一世纪时间稍前的匈奴人、羯人建立的前赵王国、后赵王国有共同之处。(B)庞大的苻秦王国,与和它同一世纪时间稍前的匈奴人、羯人建立的前赵王国、后赵王国有共同之处。(C)庞大的苻秦王国,与同它同一世纪时间稍前的匈奴人、羯人建立的前赵王国、后赵王国有共同之处。(D)庞大的苻秦王国,和同它同一世纪时间稍前的匈奴人、羯人建立的前赵王国、后赵王国有共同之处。(E)庞大的苻秦王国,和跟它同一世纪时间稍前的匈奴人、羯人建立的前赵王国、后赵王国有共同之处。相较而言,最后一句比较好些。

　　汉字有分化同音词的功能。"我们在整风运动中,要扫除一切官气、暮气、阔气、娇气。"(《人民日报》1958 年 3 月 7 日社论)眼睛看时清清楚楚的。白先勇:"站在那一刻,我看到了他们的眼睛;她的眼睛,他的眼睛。"(《游园惊梦》)朗读时莫名其妙的"她的"和"他的",眼睛看一目了然。

　　丰富的同义词为避免因同音现象而造成的歧义和拗口提供了方便。如:"我的意见同你的不同,同小张的相同。"一句之中有四个"同",读起来就很拗口。不如改为:"我的意见跟你的不同,与小张的一样。"

语音的联想是交际中的一个重要问题。20世纪50年代,抗美援朝战争期间,美国将军李奇微的名字,起先中译为"李奇伟","伟"者"伟大"也,是中国人民难以接受的,很快就改译为"微小、微末、微细"的"微",反映了中国人民的民族感情。早期新加坡、马来西亚华人把马来西亚的国父译为"鸭都拉",鸭的文化形象不佳,后改为"阿都拉"。

汉语的音乐性主要表现在声调、音韵、节拍和旋律上,也就是表现在音响的高低快慢、抑扬顿挫、长短舒促等方面。汉语是元音占优势的语言,乐音多,响亮悦耳;汉语是有声调的语言,四声分明,平仄相配,抑扬有致;汉语是音节分明的语言,音节组合灵活,单双音节转换灵活。

诗歌是最讲究语音美的。李群玉的诗:"裙拖六幅湘江水,鬓耸巫山一段云。"(《同郑相并歌姬小饮戏赠》)王力分析说:"又如说'裙拖六幅湘江水,鬓耸一段巫山云',在意思上是很工整的对仗,在文理上也同样通顺,但是,平仄仍嫌不调,所以非颠倒过来不可。"[①]

日常口语也需要注意语音美。老舍说:"当然,我们没法子给每个句句尾都安上平声字,而且也不该那样;每句都翘起尾巴,便失去句与句之间的平仄互相呼应的好处——如'今天你去,明天他来'。或'你叫他来,不如自己去'。'来'与'去'在尾句平仄互相呼应,相当好听。"[②]

二 韵母与韵脚

押韵,就是有规则地交替使用韵母相同或相近的音节,利用相同或相近的声音的有规则地回环往复。闻一多《一句话》:

　　有一句话说出就是祸(huò),
　　有一句话能点得着火(huǒ)。

---

① 王力:《汉语诗律学》,《王力文集》第十四卷,山东教育出版社1989年,第218页。
② 老舍:《出口成章——论文学语言及其他》,人民文学出版社1984年,第55页。

别看五千年没有说破（pò），
你猜得透火山的缄默（mò）？
说不定是突然着了魔（mó），
突然青天里一个霹雳，
爆一声：
"咱们的中国（guó）！"

"祸、火、破、默、魔、国"韵母中的韵腹都是o或uo。韵腹相同的音节，就叫作韵脚。

刘半农《教我如何不想她》：

天上飘着些微云（yún），
地上吹着些微风（fēng），
啊！
微风吹动了我头发（fà），
教我如何不想她（tā）？

月光恋爱着海洋（yáng），
海洋恋爱着月光（guāng），
啊！
这般蜜也似的银夜，
教我如何不想她（tā）？

水面落花慢慢流（liú），
水底鱼儿慢慢游（yóu），
啊！
燕子你说些什么话（huà）？
教我如何不想她（tā）？

枯树在冷风里摇（yáo），

野火在暮色中烧（shāo），

啊！

西天还有些儿残霞（xiá），

教我如何不想她（tā）？

"她"和"发"、"话"和"霞"，"云"和"风"，"洋"和"光"，"摇"和"烧"等。有规则地配置韵脚，就叫作押韵。

汉语押韵比较容易。汉语的声母是辅音，韵母主体是元音。汉语中韵母相同的字词非常多，因此说汉语的人押韵很容易。押韵是诗歌的特征。朱光潜说："中国诗的节奏有赖于韵，与法文诗的节奏有赖于韵，理由是相同的：轻重不分明，音节易散漫，必须借韵的回声来点明、呼应和贯串。""就一般诗来说，韵的最大功用在把涣散的声音联络贯串起来，成为一个完整的曲调。它好比贯珠的串子，在中国诗里这串子尤不可少。邦维尔在《法国诗学》里说：'我们听诗时，只听到押韵脚的一个字，诗人所想产生的影响也全由这个韵脚字酝酿出来。'这句话对于中文诗或许比对于西文诗还更精确。"[①] 由于汉语押韵非常容易，所以汉语押韵不是诗歌的专利，押韵广泛运用于各种文体。

押韵增加了语言的节奏感和音乐美，能渲染气氛，增加感染力。押韵的作品，读起来顺口，听起来悦耳，能唱能诵，便于记忆，利于流传。汉语里押韵不限于诗歌，甚至公文、科技作品也有押韵的。民间谚语，也大多是押韵的。例如："嘴上没毛，做事不牢。""熟读王叔和，不如临症多。""若要健，天天练。""救了落水狗，回头咬一口。""看自己一枝花，看别人豆腐渣。""春雨贵如油，夏水遍地流。"有些谜语也是押韵的。例如："像桃不是桃，肚里长白毛；拉开毛来看，还是小黑桃。"

押韵方式是多种多样的。押韵，可以句句押，也可以隔行押。句句押韵的，叫作排韵；隔行押韵的，称隔行韵。排韵有时给人以单调、呆板的感觉，所以通常是押隔行韵的居多。

---

① 朱光潜：《朱光潜全集》第三卷，安徽教育出版社1987年，第188、189页。

四句一首的短诗,一般是二、四句押韵,第三句不押韵,第一句可押可不押。五律第一句多数不押韵,七律第一句多数是押韵的。例如苏轼《惠崇春江晚景》:"竹外桃花三两枝,春江水暖鸭先知。蒌蒿满地芦芽短,正是河豚欲上时。"第一、二、四句押韵。

第一、三句和第二、四句分别押韵的,即交叉使用不同韵部的字相押的叫作"交韵",如臧克家《老马》:

　　总得叫大车装个够,
　　它横竖不说一句话,
　　背上的压力往肉里扣,
　　它把头沉重地垂下。

　　这刻不知道下刻的命,
　　它有泪只往心里咽,
　　眼里飘来一道鞭影,
　　它抬起头望望前面。

押韵,可以一韵到底。王力说:"一韵到底是最占势力的传统韵律","在西洋,一韵到底的诗是相当少的。可见一韵到底表现了汉民族诗歌的民族风格。"[①] 押韵也可以中间换韵。一篇诗歌或唱词中,换用不同的韵,叫作"换韵",又叫作"花辙"。换韵有时是因为情调有了变化,有时是因为说唱的中心有了改变,有时是为了写作和演唱的方便。

中国是多民族的国家。兄弟民族的押韵方式是有民族特色的。例如,蒙古族民歌同时押头韵和尾韵。朝鲜族民歌押头韵、腰韵和尾韵。满族用词尾音押韵。维吾尔族民歌押韵方式有:(1)AA,BB,CC。(2)AA,BA,CA,DA。(3)AB,AB。(4)AABBA。(5)ABCDPGD。(6)AAAAABBBBA,或 AAABCCCB,或 AAAABBBB。(7)AA 或

---

　　① 王力:《汉语诗律学》,《王力文集》第十四卷,山东教育出版社 1989 年,第 218 页。

AABA。(8) AABA。布依族民歌往往要求头韵和尾韵相押,其格式是:

○ ○ ○ ○ ●
○ ● ○ ○ ▲
○ ▲ ○ ○ ●
○ ● ○ ○ ▲
○ ○ ○ ○ ▲ （按：●和▲表示韵脚）

这些押韵方式对汉语来说,是潜性的。

语音是历史地演变着的。今天押韵应以普通话语音为标准。普通话有三十九个韵母,不计韵头,可以归纳为十八个韵辙。现代有韵的文学——诗歌、戏曲、说唱,都以这十八个韵辙为准。

普通话十八个韵辙列表如下：

韵脚名称		韵辙所含的韵母			
1 麻	a 韵	a	ia	ua	
2 波	o 韵	o		uo	
3 歌	e 韵	e			
4 皆	ê 韵	ê	ie	ue	
5 日	-i 韵	-i			
6 儿	er 韵	er			
7 齐	i 韵		i		
8 微	ei 韵	ei		uei	
9 开	ai 韵	ai		uai	
10 模	u 韵			u	
11 鱼	ü 韵			ü	
12 侯	ou 韵	ou	iou (iu)		
13 豪	ao 韵	ao	iao		
14 寒	an 韵	an	ian	uan	üan
15 痕	en 韵	en	in	uen	ün
16 唐	ang 韵	ang	iang	uang	
17 庚	eng 韵	eng	ing	ueng	
18 东	ong 韵	ong	iong		

读音相近的韵可以通押,如 i 和 ü 可以通押,e 和 u、uo 可以通押。但不宜过宽。过宽就不顺口了。汉语方言在语音上的分歧较大,押韵还应当注意到方言问题。有些诗歌用方言押韵,主要表现在 o 和 e 通押,ê 和 ai 通押,en 和 eng(包括 in、ing、ong)通押。有时 i 和 u、e 和 u、uo 也能通押。我们应当努力学习普通话,纠正方音,按照普通话的语音来押韵。有些谚语是用方言押韵的,用普通话读起来就不押韵了。例如:"隔夜茶,毒如蛇。"普通话中"茶"读 chá,"蛇"读 shé,不押韵。而在某些方言中,蛇读 shá,这便和茶字押韵了。

押韵时应尽量运用宽韵。相同韵母的字多的,叫"宽韵"。如:ang 韵、eng 韵、an 韵、en 韵、a 韵、ao 韵等。相同韵母的字少的,叫"窄韵"。如:ou 韵、ei 韵、u 韵等。押韵时还应考虑到韵的响亮度。响亮度是由发音时口腔、鼻腔共鸣大小决定的。如:ang 韵、eng 韵、en 韵和 a 韵比较响亮,ao 韵、ai 韵、ou 韵比较柔和,韵脚的响亮度最好能和作品的感情协调。例如:洪亮的韵宜于表现雄壮激昂的情绪。

十三辙的响亮度表

响亮程度	韵辙名称	
	十三辙	十八韵
洪亮级	12 江阳辙(宽辙)	十六唐
	13 中东辙(宽辙)	十七庚,十八东
	10 言前辙(宽辙)	十四寒
	11 人辰辙(宽辙)	十五痕
	1 发花辙(宽辙)	一麻
柔和级	8 遥条辙(宽辙)	十三豪
	6 怀来辙(宽辙,字少,常用)	九开
	2 梭坡辙(宽辙)	二波、三歌
	9 油求辙(窄辙)	十二侯
细微级	7 灰堆辙(窄辙)	八微
	3 乜斜辙(窄辙)	四皆
	4 姑苏辙(窄辙,字多,不常用)	十模
	5 一七辙(宽辙)	五日,六儿,七齐,十一鱼

音韵同感情之间的关系是有某些联系的。周济说:"东、真韵宽平,支、先韵细腻,鱼、歌韵缠绵,萧、尤韵感慨,各具声响,莫草草乱用。"(《介存斋论词杂著》)沈德潜说:"诗中韵脚,如大厦之有柱石,此处不牢,倾折立见。"(《说诗晬语》)

押韵应当摆正内容和形式的关系。不顾内容的需要,片面追求韵脚是不好的。如:"……镐。//别看我只是挖土,//我堵住了山洪的咆哮!"这是歌颂十三陵水库的诗。为了押"镐"字的韵,用了"咆哮"。法国文艺批评家布瓦洛(1636—1711)在《诗的艺术》中说:"音韵不过是奴隶,其职责只是服从。""韵不能束缚理性,理性得韵而丰盈。"这是很有道理的话。[①]

三 声调与平仄

"平仄"有两个含义:一是指平声和仄声,二是指由平仄交替配合而构成的诗文的韵律,即平仄律。

汉语是有声调的语言。声调是汉藏语系诸语言的特征。古汉语分平上去入四声。四声又分为两大类。上、去、入为一类,叫仄声。平声为一类。现代汉语普通话中,入声已经消失,古汉语的入声字分别演变进现代汉语普通话里的平声、上声、去声中了。同时平声分化为阳平和阴平。入声仅保留在方言中。现代汉语中,平声包括阴平、阳平,仄声包括上、去。古汉语仄声中的入声的一部分在现代汉语普通话中则是平声字了。

平声读起来语调平缓。仄声读起来语调曲折多变,口气较重。声调和语言的表达效果关系较大。林语堂说:"汉语具有分明的四声,且缺乏末尾辅音,读起来声调铿锵,洪亮可唱,殊非那些缺乏四声的语言之可比拟。……中国人要自己的耳朵训练有素,使之有节奏感,能够辨别平仄的交替。这种声调的节奏甚至可见于散文佳品之中,这一点也恰好可

[①] 伍蠡甫主编:《西方文论选》上册,上海文艺出版社1963年,第289、290页。

以用来解释中国散文的'可吟唱性'。"①

　　平仄不协调,读起来就拗口,听起来就别扭。而利用平仄交替和对应,可以构成汉语的音律美。白居易的《琵琶行》:"大弦嘈嘈如急雨,小弦切切如私语。嘈嘈切切错杂弹,大珠小珠落玉盘。"朱光潜分析说:"第一句'嘈嘈'决不可换仄声字,第二句'切切'也决不可换平声字。第三句连用六个舌齿摩擦的音,'切切错杂'状声音短促迅速,如改用平声或上声、喉音或牙音,效果便绝对不同。第四句以'盘'字落韵,第三句如换平声'弹'字为去声'奏'字,意义虽略同,听起来就不免拗。第四句'落'字也胜似'堕'、'坠'等字,因为入声比去声较斩截响亮。我们如果细心分析,就可见凡是好诗文,平仄声一定都摆在最适宜的位置,平声与仄声的效果决不一样。"(《诗论》)②

　　平仄律是汉语音乐美的重要手段。鲁迅《自嘲》:

> 横眉冷对千夫指,
> 平平仄仄平平仄
> 俯首甘为孺子牛。
> 仄仄平平仄仄平

毛泽东《七律·送瘟神》:

> 红雨随心翻作浪,
> 平仄平平平仄仄
> 青山着意化为桥。
> 平平仄仄仄平平
> 天连五岭银锄落,
> 平平仄仄平平仄
> 地动三河铁臂摇。
> 仄仄平平仄仄平

---

① 林语堂:《中国人》,学林出版社1994年,第242页。
② 朱光潜:《朱光潜全集》第三卷,安徽教育出版社1987年,第170页。

由于平仄调配得好,和谐悦耳,抑扬顿挫,易于记诵。

旧体诗歌平仄有严格的要求。如五律的句子有以下四个类型:

A. 仄仄仄平平
B. 仄仄平平仄
C. 平平仄仄平
D. 平平平仄仄

每一种句子内部,平仄交错。四种类型的句子组成诗篇时,相对的两个句子在相应的部位上也要平仄交错。这一来,整首诗便抑扬顿挫,富有音乐美。李白《送友人》:

  D. 青山横北郭,
  A. 白水绕东城。
  B. 此地一为别,
  C. 孤蓬万里征。
  D. 浮云游子意,
  A. 落日故人情。
  B. 挥手自兹去,
  C. 萧萧班马鸣。

七律的句子也有四种基本类型:

A. 平平仄仄仄平平
B. 平平仄仄平平仄
C. 仄仄平平仄仄平
D. 仄仄平平平仄仄

四种句子组合时,相对的两个句子在相应的部位也要平仄交错。李白《登金陵凤凰台》:

  A. 凤凰台上凤凰游,
  C. 凤去台空江自流。
  D. 吴宫花草埋幽径,
  A. 晋代衣冠成古丘。

B. 三山半落青天外，
　　C. 二水中分白鹭洲。
　　D. 总为浮云能蔽日，
　　A. 长安不见使人愁。

现代韵文一般不管句中音节的平仄，只讲究句末音节的平仄。有两种基本格式。一是"上仄下平"，这是戏曲唱词的基本格式。二是"同调相押"，又叫"一条龙"，就是韵脚只用同一声调的同韵字（有时阴平、阳平可以通押），快板、快书、歌谣常用这种押韵方式。

四　音节

音节是从听觉上最容易分辨出来的最小的语音单位。由一个或几个音素组成，其中包含一个比较响亮的中心。一般来说，一个汉字是一个音节，一个音节写成一个汉字。例外的是儿化韵，一个音节写成两个字，儿不自成音节。

汉语是音节分明的语言。汉语的音节很容易辨认与把握。因为汉语基本上是每一个音节都具有语义，就是说几乎每一个音节都是语素——语义和语音的结合体、统一体。那些本来没有语义的音节，汉语的使用者尽力使之语义化语素化，即强加上某个语义。古代汉语中，单音节词占优势。现代汉语以双音节词为主。现代汉语中四字格数量多，能产性比较强。单音节和三字格虽然也很活跃，但总受到一些限制。

音节的搭配，是汉语中的一个大问题。林语堂说："这种极端的单音节性造就了极为凝练的风格，在口语中很难模仿，因为那要冒不被理解的危险，但它却造就了中国文学的美。于是我们有了每行七个音节的标准诗律，每一行即可包括英语白韵诗两行的内容，这种效果在英语或任何一种口语中都是绝难想象的。无论是在诗歌里还是在散文中，这种词语的凝练造就了一种特别的风格，其中每个字、每个音节都经过反复斟酌，体现了最微妙的语音价值，且意味无穷。如同那些一丝不苟的诗人,中国的散文作家对每一个音节也都谨慎小心。这种洗炼风格的娴熟运用意味着词语选择上的炉火纯青。先是在文学传统上青睐文绉绉的词语,而后成为一种社会传统,最后变成中国人的心理习惯。"①

注意词语的音节搭配,特别重要。毛泽东《人的正确思想是从哪里来的?》:"无数客观外界的现象通过人的眼、耳、鼻、舌、身这五个官能反映到自己的头脑中来,开始是感性认识。""眼"、"耳"、"鼻"、"舌"、"身"都是单音节词。我们知道,它们都有同义的双音节词,即:"眼睛"、"耳朵"、"鼻子"、"舌头"、"身体"。如果把这句话中的"耳"改为"耳朵"、"舌"改为"舌头",那么整个句子的音响效果就不一样了,就显得拗口别扭。

音节组合,要遵守均衡原则。叶文玲《篱下》:"任凭大家说、嚷、吵、怨,她只是闷着头,露着可怜巴巴的笑容,不还一句嘴。"《文摘报》:"编、导、演、音、美各方面都要具有权威性,有效地造就一批更好地为四化服务的'新大师'、'新权威'。"(1984年4月20日)多个单音节词的连用,显得整齐和顺。

双音节和双音节的组合符合均衡的要求。鲁迅《这个与那个》:"我独不解中国人何以于旧况那么心平气和,于较新的机运就这么疾首蹙额;于已成之局那么委曲求全,于初兴之事就这么求全责备?"方振铎《我国第一座纺织博物馆》:"展示了我国劳动人民用葛、麻、丝、毛、棉等为原料的纺织品的遗存;展示了中国最高纺织水平的薄如纱、轻如罗、华如锦、光如缎、茸如绒的纺织品精华;展示了印、染、刺绣、服饰等发展演变的历史进程。"音节相同的词连用与呼应,是汉语造句的基本规则。词语排比时,习惯上总是把音节少的放在前面,而把音节多的放在后面。

搭配不当,读起来就拗口,听起来就别扭。例如:"事实胜于雄辩,水落石出。""祖国建设大跃进,光辉的路谁来开创?"不如说成:"事实胜于雄辩,水落自然石出。""祖国建设大飞跃,光辉的道路谁来开创?"

---

① 林语堂:《中国人》,学林出版社1994年,第222—223页。洗炼,今作洗练。

再如:"喜剧《马戏团》是卓别林自编自导自己主演的一部早期作品,拍摄于1927年。"也可以说成"自己编导自己主演",但不能说"自编剧自导自己主演"。再如:扫街、打扫街道—打扫街,买书报、买书买报、购买书报—购买书、购买报,加以维修、进行调整—加以修、进行调,投产、投入生产—投入产。这里的后一种说法都很拗口。

汉语词语往往具有多种多样的音节变体,即音节方面的灵活性。同一个意思或相近的意思,在汉语中有丰富的不同音节长度的等价物。如:成—成功、功—功劳、败—失败、过—过错、错—错误、城—城市、攻—攻击、优—优秀、良—良好、修—修理等,单音节词和双音节词同义。红—红彤彤、绿—绿油油、黑—黑沉沉、胖—胖乎乎、亮—亮晶晶、白—鱼肚白等,单音节词和三音节词同义。大方—大大方方、干净—干干净净、糊涂—糊里糊涂、正经—正儿八经等,双音节词和四音节词同义。这可以叫作词的音节变体或音节同义词。

汉语中有许多变单音节为双音节或多音节的办法。常用的是附加法和重叠法。附加法是在词的前头或后面,加上一些附加成分,凑上一个音节。如:

　　老——老张、老李(少说"老诸葛"、"老欧阳")

　　阿——阿妈、阿牛(少说"阿哥哥")

　　初——初一、初五(不说"初十三")

　　第——第一、第八("十五"前可不加"第")

　　市——沙市("上海"后可不加"市")

　　县——泰县、吴县("宝应"后可不加"县")

　　国——哥国(哥伦比亚。但不说"哥伦比亚国")

重叠法如:"看"和"看看","慢"和"慢慢","玩"和"玩玩","快"和"快快","走"和"走走","轻"和"轻轻",等等。掌握了这些方法,在调配音节时就能得心应手。

现代汉语中,双音节词具有优势,但单音节词也很活跃,特别是动词。许多在现代汉语中丧失了独立运用能力的古代单音节词,一般情况下是语素,但在特定场合、特定结构中,还是可以独立运用的,有条件地充当一个词。例如:"员"——指团体或组织中的一个成员的意思,在口语和一般书面语中不能独立运用,但公文中是可以的,例如"该员因公外出"。再如"告",有"告诉"义,一般不单独用。"告"单独用是"控告"的意思。"不要告他"一般总是理解为"不要控告他",不会理解为"不要告诉他"。但在"不可告人"之类的结构中,"告"就是告诉。

汉语中有许多变多音节词为双音节词或单音节词的办法,即词语简缩的办法。例如:中尼(中:中国,尼:尼泊尔),老米(米洛舍维奇),米卢(米卢蒂诺维奇),莎翁(莎士比亚),别车杜(别:别林斯基,车:车尔尼雪夫斯基,杜:杜勃罗留波夫),等等。常见的地名,往往有简称。例如:沪宁铁路(沪:上海,宁:南京),津浦铁路(津:天津,浦:南京浦口)等。

数字统概是汉语的一大特色。例如:三国、三好、三秋、三反、三废、四大、四季、四化、四旧、四新、四海、四喜、四害、五官、五彩、五谷、五音、五脏、五洲、五毒、五子登科、六腑、七子、八宝、八珍、九州,等等。

掌握简缩音节的方法,灵活自由地变化音节,得心应手、灵活自由地调配音节,是汉语修辞的基本功夫。例如:"一个园子十亩地,一亩鱼塘三亩园。"(谚语)"园子—园",同义。如果是:"一个园十亩地,一亩鱼塘三亩园子。"就不美了。再如:"石阙生口中,衔碑不得语。"(《读曲歌》)"雾露隐芙蓉,见莲讵分明。"(《读曲歌》)"天上星星千万颗,矿山灯火比星多。"(儿歌《矿山灯火》)"石阙—碑"、"芙蓉—莲"、"星星—星",单双音节的交错运用,为的是大体匀称,符合 2 // 2 // 1 或 2 // 2 // 2 节拍的要求,上口悦耳,增强了语言的节奏感。

五 节拍

运动和节奏是物质的基本性质。运动的有规律的交替就是节奏。节奏运用对称性和重复实现自身的调节作用。音乐和诗歌与舞蹈的节奏分别是音的和音节的与动作的有规律的交替。

节拍是节奏的基本单位,是由一定数量的音节构成的音律单位。调配节拍,是形成节奏美的一种方法。诗歌和说唱文学中,都特别重视节拍。央视有个节目:"新闻30分"。常规应当是"新闻30分钟",之所以说"新闻30分",是因为"2∥2∥1"的语音模式更具有音乐美。再如:《布利克斯警告伊拉克距离战争:"午夜差5分"》(《扬子晚报》2003年2月5日)与之成鲜明对照的是,"健美5分钟",却不说成"健美5分"。这是"2∥1∥2"节拍的胜利。

汉语中的四字格,通常读成:2∥2。这种节拍配置,顺口悦耳。如:"节外∥生枝、五花∥八门、口是∥心非、文过∥饰非、上行∥下效",如果读成:3∥1,或1∥3,就很拗口。

即便是从结构和意义上,必须做"1∥3"或"3∥1"式切分的四字格,也不能读作1∥3或3∥1,而应当依然读成2∥2。结构和意义上应当划分为1∥3的,例如:

谈∥何容易	举∥不胜举	力∥不从心
身∥怀绝技	身∥临其境	身∥不由己
心∥怀叵测	心∥急如焚	心∥如刀割
乘∥人之危	无∥所适从	无∥所不为
无∥一是处	无∥所事事	成∥人之美

都应当读为:

谈何∥容易	举不∥胜举	力不∥从心
身怀∥绝技	身临∥其境	身不∥由己
心怀∥叵测	心急∥如焚	心如∥刀割
乘人∥之危	无所∥适从	无所∥不为
无一∥是处	无所∥事事	成人∥之美

结构和意义上必须划分为3∥1的,还是读成2∥2。例如:

| 败军之∥将 | 丧家之∥犬 | 众矢之∥的 |
| 弦外之∥音 | 一衣带∥水 | 一面之∥交 |

都应读为:

败军//之将　　丧家//之犬　　众矢//之的
弦外//之音　　一衣//带水　　一面//之交

　　节拍是语言音乐美的重要因素。"春江花月夜、老虎神仙狗、剪刀锤子布、青菜豆腐汤",《篱笆·女人·狗》和《辘轳·女人·井》,流畅上口悦耳,因为是2//2//1节拍。李季《王贵和李香香》:"香香又羞又气又害怕,／低着头来不说话。"改为:"又羞又气又害怕,／香香低头不说话。"原句,"香香／又羞／又气／又害怕",四拍。"低着／头来／不说话",三拍。两句节拍不均衡。改为"又羞／又气／又害怕,香香／低头／不说话",两句都是三拍,对称均衡,有节奏感。唐代诗人雍陶《峡中行》:"楚客莫言山势险,世人心更险于山。""世人心更险于山"句法切分是:世人／心//更险／于山,但是诵读则是:世人／心更//险／于山。

　　诗词中,通常两个音节为一个节拍,三字句、五字句、七字句最后一个音节单独成为一个节拍。常见的节拍配置方式是:2//2、2//2//1、2//2//2、2//2//2//1。结构切分和意义单位如果和它一致,就能产生出节奏美。毛泽东《沁园春·长沙》:"指点//江山,激扬//文字,粪土//当年//万户//侯。"《如梦令·元旦》:"宁化//清流//归化,路隘//林深//苔滑。"《西江月·井冈山》:"山下//旌旗//在望,山头//鼓角//相闻。敌军//围困//万千//重,我自//岿然//不动。"

　　节拍同结构和语义有时不一致,如张祜《题青龙寺》:"人人尽到求名处,独向青龙寺看山。"七言诗,节拍当划分为:"独向//青龙//寺看山"。语义和语法上是:(独向＋青龙寺)＋看山。南京夫子庙的一家商店的店招:"黄山野生糖炒栗子"。银川某农贸市场猪肉摊位的提示语:"灵武农民自养鲜猪肉"。句法结构是:

(黄山＋野生)＋(糖炒＋栗子)

[(灵武＋农民)＋自养]＋(鲜＋猪肉)

黄山野生的是栗子,不是"糖炒栗子"！糖炒栗子是这家糖炒栗子店的产品。灵武农民自养的是猪,不是"鲜猪肉"。合理的表达是:"糖炒黄山野生栗子","灵武农民自养的猪的鲜肉"。这是语音句优先的结果,避免拗口,追求和谐入耳,宁可舍弃语义的准确。在语义和语音冲突的时候,说汉语的人倾向于把音韵结构优先,高居置于语义和句法结构之上。

新诗和说唱文学在节拍搭配时,对音节数字的要求,没有古诗词那么严格,有时由三四个音节组成一个节拍,句子总的音节长度也超过了古诗词。但节拍调配的基本方式和古诗词还是一致的。郭沫若《天上的街市》:

> 我想//那缥缈的//空中,
> 定然有//美丽的//街市。
> 街市上//陈列的//一些物品,
> 定然是//世上没有的//珍奇。
> 你看//那浅浅的//天河,
> 定然是//不甚//宽广,
> 我想//那隔河的//牛女,
> 定能够//骑着牛儿//来往。

闻一多《死水》:

> 这是//一沟//绝望的//死水,
> 清风//吹不起//半点//漪沦。
> 不如//多扔些//破铜//烂铁,
> 爽性//泼你的//剩菜//残羹。
>
> 也许//铜的//要绿成//翡翠,
> 铁罐上//锈出//几瓣//桃花;
> 再让//油腻/织一层//罗绮,
> 霉菌//给他//蒸出些//云霞。

这些成功的尝试,为现代汉语格律的发展做出了贡献。

节拍是一切语言表达都应注意的一个问题。疏忽了,就会闹笑话。李名方对我说过一个笑话,某地某官员做报告时大声说:"已经结婚的和尚,和未结婚的适龄青年,都应当踊跃报名参军……"和尚(中国的和尚)可以结婚吗?结婚之后的和尚(还俗?)还是和尚吗?其实秘书草拟的报告稿是:"(已经结婚的/和/尚未结婚的)/适龄青年"。没有和尚什么事情的。

节拍是话语解读时一个不可忽视的因素。如:"其后,撮举其要,如:东汉许慎的《说文解字》(即解说文、字),魏郦道元的《水经注》和贾思勰的《齐民要术》中多说明文字,唐宋的'记'亦多以说明为主,再如宋沈括的《梦溪笔谈》、元王祯的《农书》(书中有图)、明宋应星的《天工开物》、《沈氏农书》、《本草纲目》、《几何原本》,清代康熙御定的《数理精蕴》、郑光复著的《镜镜詅痴》等。""明宋应星的《天工开物》、《沈氏农书》、《本草纲目》、《几何原本》"可以有多种理解:一种是宋应星只写过一本《天工开物》,另外三本书的作者不是宋应星;第二种是,这四本书都是宋应星写的,这里用顿号,就加强了这种理解的合理性;第三种是宋应星写的是前两本;第四种是宋应星写的是前三本。没有相应历史知识的读者,单纯根据形式,是很难在这四种解释中做出正确的选择。其实,《沈氏农书》不是宋应星所著,《辞海》说是明末浙江吴兴一位姓沈的学者所著,名字已不可考。《本草纲目》是大名鼎鼎的李时珍的著作。《几何原本》应当是徐光启的著作。

汉语中节拍是制约人们辨别和选择多义结构的一个重要因素。例如:

(A)漂亮的女生和聪明的男生

(B)穿裙子的漂亮的女生和穿西装的聪明的男生

(C)穿裙子的漂亮的爱笑的女生和聪明的穿西装的好玩的男生

(D)东边的穿裙子的漂亮的爱笑的女生和西边的聪明的穿西装的好玩的男生

(E)东边的穿裙子的漂亮的爱笑的正在画画的女生和西边的聪明的穿西装的好玩的正在打电游的男生

(F)东边的穿裙子的漂亮的长发的爱笑的正在画画的女生和西边的聪明的短发的穿西装的好玩的正在打电游的男生

因为连词"和"的两边保持着均衡,所以不会产生歧义误解。但如果是:

(A)长发的女生和男生

(B)长发的聪明的瓜子脸的女生和男生

(C)穿西装的长发的好激动的女生和男生

(D)穿西装的长发的爱笑的女生和好学的男生

(E)穿西装的长发的胆小的爱笑的怕考试的女生和男生

(F)穿西装的长发的胆小的爱笑的怕考试的喜欢开夜车的女生和男生

就不够均衡,因为不均衡,往往就会造成歧义和误解。①

六　象声词和联绵词

摹声,就是对客观世界的声音的模仿。模仿客观世界的声音而构成的词,通常叫作象声词,也叫拟声词。象声词不是客观世界声音的简单再现,而是根据一种语言的语音系统对客观世界的声音进行一番改造的结果。象声词是客观世界的声音所固有的节律和一种语言所特有的语言特点相结合的产物。如汉语中的象声词,不但音节分明,而且有声、韵、调,而印欧语没有声调系统,其象声词也没有声调的区别。

象声词的运用,能够使人感受到事物的生动性和内在的旋律,仿佛身临其境似的。苏南民歌《蟋蟀叫》:"蟋蟀叫,／宝宝心里跳。／翻开乱砖头,／必必卜卜跳。／一跳跳到城隍庙,／香炉蜡杆都跌倒,／吓得城隍老爷无处跑。"模仿了蟋蟀的叫声,使你仿佛和这孩子一同在抓蟋蟀似的。这时,这孩子不怕鬼、不敬神的大胆举动对你来说也就显得更可爱了。

盛成《海外工读十年纪实》:

雷声万应之下,全场一响之中,但听:

---

① 参看王希杰:《节律和歧义》,《汉语学习》1980年第5期。

乒乒乒乒乒　乒乒乒乒乒　乒乒乒乒

"威丽斯名城名士,多承厚谊,欣幸无极!这正是十三世纪的回音,诸君当不曾忘却玛可保禄罢!"

乒乒乒乒乒　乒乒乒乒乒　乒乒乒乒　中国男儿万岁!中国男儿万岁!

……乒乒乒!威丽斯万岁!中国万岁!共和万岁!(按:威丽斯,即威尼斯。玛可保禄,即马可·波罗。)

象声词的运用,使读者如同亲临其境。

象声词也是诗歌中调节节奏的手段。郭沫若《女神之再生》:

太阳虽还在远方,
太阳虽还在远方,
海水中早听着晨钟在响:
丁当,丁当,丁当。

万千金箭射天狼,
天狼已在暗悲哀,
海水中早听着葬钟在响:
丁当,丁当,丁当。

我们欲饮葡萄觥。
愿祝新阳寿无疆,
海水中早听着酒钟在响:
丁当,丁当,丁当。

从全诗出发,需要三个音步,所以用"丁当,丁当,丁当"。

摹声在口语中要比书面语中用得多。文学作品,特别是民间说唱文学及儿童文学用得较多。扬州评话艺人王少堂说武松打虎时,是这样叙述老虎出场的:"孽障已经出洞了,前爪撑着,后脚盘着,虎头昂着,望着天空这轮明月,'呜啊——',一声虎啸,'哗——!'同时就是一阵狂风,只听得野树乱吼。……一声虎啸之后，前爪一悬，后足一蹬，'嘟——儿，嘟——儿'，到数丈之外平整地方落下。'叭哒、叭哒'一摇二摆，直接走起官步来了。"（《武松》）大量象声词的运用，才有声有色，扣人心弦。

联绵词，是古代汉语中的双音节单纯词，主要是双声词和叠韵词，少数是没有双声叠韵关系的双音节单纯词。双声词，指两个声母相同的汉字构成的单纯词，例如：玲珑、弥漫、慷慨、忐忑、仿佛、踌躇、惆怅等。叠韵词指由两个韵母相同的音节组成的单纯词。例如：烂漫、荒唐、徘徊、蜿蜒、窈窕、翩跹、澎湃、昆仑等。联绵词在以单音节词为主要的古代汉语中，是语言音乐美的重要手段。《诗经·周南·关雎》："窈窕淑女，君子好逑。参差荇菜，左右流之。窈窕淑女，寤寐求之。"曹丕《杂诗》："辗转不能寐，披衣起彷徨。"杜甫《曲江》："穿花蛱蝶深深见，点水蜻蜓款款飞。"韦庄《思归》："外地见花终寂寞，异乡闻乐更凄凉。"联绵词的运用增强了声韵节奏，顺口入耳，使诗歌更适宜歌唱和吟诵。

七　衬词和叠音词

词是声音和意义的结合物。但有这样一些词，自身并无意义，只起着协调音节的作用，这就叫作"衬词"。许多衬词本来是有意义的，但在话语中虚化了，失去了本身的意义。朱敦儒《柳枝》："江南岸，柳枝；江北岸，柳枝；折送行人无尽时，恨分离，柳枝。　酒一杯，柳枝；泪双垂，柳枝；君到长安百事违，几时归？柳枝。""柳枝"本指柳树的树枝。这里是和声，没有实际意义。

衬词虽然没有意义，但绝不是可有可无的。没有它，就拗口。有了它，就顺口，就悦耳。口语中的衬词是很多的，如"这个"、"那个"之类。口语中的衬词到了书面语中大多被删除，只有在讲究语言节奏的诗歌韵文中，在保持口语风格的剧本和小说的人物对话中，才适当保留了一些衬词。芦芒《弹起我心爱的土琵琶》："我们爬飞车那个搞机枪，／撞火车那个炸桥梁；／就像钢刀插入敌胸膛，／打得鬼子魂飞胆丧。""那个"

是衬词。

衬词有调节节拍的作用,是歌曲中常用的手法。电视剧《严凤英》主题歌:

> 茶歌飘四方,(罗嗬嗬),飘在人心上,
> 你是山野吹来的风,带着泥土香。
> (罗嗬嗬!侬子呀子哟!呀子侬子哟!)
> 彩裙翩翩舞,(罗嗬嗬),凤鸣声声亮,
> 你是山野吹来的风,清新又奔放。
> (罗嗬嗬!侬子呀子哟!呀子侬子哟!)
> 黄梅好听乡音甜哪,
> 天上人间你还在深情唱。罗嗬嗬!嗬!罗嗬嗬!

表现兄弟民族生活的歌曲里,常常插入兄弟民族习用的衬词:赫哲族的"赫呢哪呢哪"、"格给嘎格给嘎"、"赫力勒赫勒"、蒙古族的"啊哈嗬"、维吾尔族的"唻唻唻唻"、藏族的"索牙拉索"、傣族的"洒罗"。

"四大金刚,十八罗汉,三千古佛。"不表示金刚比罗汉高上一个等级,也不是说佛比金刚和罗汉更古一些。这个"大"和"古"是一个衬词,为的是凑成四音节。本义已经虚化,甚至完全消失,即衬词化了。"三大法宝、三大纪律、四大平原、四大原则"中的"大"都衬词化了。

句子也可以衬词化了。朱丹《剑门山歌》:

> 五月榴花红,
> 人人唱英雄。
> 愚公移山威力大,
> (英雄的花开,)
> 战天斗地乐无穷。
> (英雄的花开,
> 英雄的花红。)

"英雄的花开"的作用仅仅是调整音节,增强节奏,可以说是衬语。

散文不宜多用衬词。小说戏剧中的衬词主要用于人物对话中,使其

更加口语化，人物语言显得个性化。

重叠是汉语中一种构词手段。用叠音方式构成的词，如"爸爸、妈妈、姐姐、妹妹"等，就是"叠音词"。重叠也是汉语的一种语法手段，重叠表示行为者可以自主控制的动作，有短暂和喜爱的色彩，如"看看、玩玩、吃吃、看一看、玩一玩、吃一吃"等。构词的重叠和构形的重叠都创造了丰富多彩的同义手段，为汉语语言美提供了必要的基础。

叠音词有调节节拍、创造音乐美感的功能。《古诗十九首·迢迢牵牛星》："迢迢牵牛星，皎皎河汉女。纤纤擢素手，札札弄机杼。……盈盈一水间，脉脉不得语。"叠音词的连续运用创造了一种优美和谐的意境。《西厢记》："安排着车儿马儿，不由人熬熬煎煎的气！有甚心情花儿靥儿，打扮的娇娇滴滴媚？准备着被儿枕儿，则索昏昏沉沉的睡。从今后衫儿袖儿，都揾做重重叠叠的泪！兀的不闷杀人也么哥，兀的闷杀人也么哥。今已后书儿信儿，索与我恓恓惶惶的寄。"朗诵时，不自觉地进入美妙的语音世界中去了。

重叠词语和象声词相近，常常搭配运用。周文质《[正宫]端正好·悲秋》："叮叮当当铁马儿乞留玎琅闹，啾啾唧唧促织儿依柔依然叫。滴滴点点细雨儿淅零淅留哨，潇潇洒洒梧叶儿失流疏剌落。睡不著也末哥，睡不著也末哥，孤孤另另单枕上迷飚模登靠。"象声词和重叠词的搭配，有一种特殊的韵味。

八　谐音

汉语，特别是现代汉语，同音现象特别严重。

同音是就语音系统而言的。谐音是言语运用的事情。谐音就是语言运用中的同音现象，谐音比同音范围宽广，包含语音相近。谐音是文化世界和心理世界的。谐音兼有积极与消极两个方面。积极方面，特指对同音现象、音近现象的积极利用和开发。

谐音的运用可以增加语言的情趣。《避暑漫抄》中有一段文字：

问曰:"既言博通三教,释迦如来是何人?"

对曰:"妇人。"

问者惊曰:"何也?"

曰:"《金刚经》云'敷坐而坐',非妇人何须夫坐而后儿坐也?"

……

又曰:"太上老君何人?"

曰:"亦妇人也。"

问者益所不喻。

乃曰:"《道德经》云:'吾有大患,为吾有身。及吾无身,吾有何患?'非妇人何患于有娠乎?"

……

又问曰:"文宣王何人也?"

曰:"妇人也。"

问者曰:"何以知之?"

曰:"《论语》云:'沽之哉,沽之哉,我待价者也。'非妇人奚待嫁为?"

李可及利用"敷"和"夫"、"身"和"娠"、"价"和"嫁"的谐音曲解生义,来开玩笑,运用谐音联想来进行调侃打趣。

谐音也是一种构词手段。为什么黑头发女孩是"黄花闺女"、"黄毛丫头"?黄花是什么花?其实是黄花菜。黄花菜又叫金针菜,"针"和"贞洁、贞节"的"贞"同音,所以才把少女叫作"黄花闺女"。"黄毛丫头"是"黄花闺女"的讹误。之所以说"二百五",因为过去五百两银子为一封。二百五十个,是半封。"封"和"疯"同音,"二百五"就是"半疯"。

元人刘时中《套数〔正宫〕端正好·上高监司》:"粜米的唤'子良',卖肉的呼'仲甫',做皮的是'仲才邦辅',唤'清之'必定开沽,卖油的唤'仲明',卖盐的称'士鲁',号'从简'的是采帛行铺,字'敬先'是鱼鲊之徒,开张卖饭的呼'君宝',磨面登罗底叫'德夫',何足云乎!"讽刺的是假风雅的社会现象。谐音是粗俗事物高雅化的手段。

九　语音句

　　语音句是从语音上划分出来的单位,是言语流中前后具有较大停顿的语音单位。语义句是从语义角度划分出来的句子,是意义相对独立完整的语流片段。语法句是从语法结构角度划分的句子。鲁迅《伤逝》:"我看见怒涛中的渔夫,战壕中的兵士,摩托车中的贵人,洋场上的投机家,深山密林中的豪杰,讲台上的教授,昏夜的运动者和深夜的偷儿……。"有七个语音句,但只是一个语法上的单句。谓语动词是"看见",宾语是"怒涛中的渔夫,战壕中的兵士,摩托车中的贵人,洋场上的投机家,深山密林中的豪杰,讲台上的教授,昏夜的运动者和深夜的偷儿"。

　　语音句、语法句、语义句可以是同一的,如李白的《静夜思》:"床前明月光,疑是地上霜。举头望明月,低头思故乡。"王之涣的《登鹳雀楼》:"白日依山尽,黄河入海流。欲穷千里目,更上一层楼。"四个语音句,四个语法句,四个语义句,一一对应。一个语音句就是一个语法句,也是一个语义句。

　　语音句和语法句可以是一致的,如王维《相思》:"红豆生南国,秋来发几枝?愿君多采撷,此物最相思。"王安石《咏梅》:"墙角数枝梅,凌寒独自开。遥知不是雪,为有暗香来。"语音句同语法句相对应。语音句和语法句也可以是不一致的。毛泽东《沁园春·雪》:"望长城内外,惟余莽莽;大河上下,顿失滔滔。山舞银蛇,原驰蜡象,欲与天公试比高。"共七个语音句,可只是一个语法句:望+(a.长城内外,惟余莽莽;b.大河上下,顿失滔滔;c.山舞银蛇;d.原驰蜡象;e.欲与天公试比高)。这是一个省略主语(诗人,抒情主体)的动词谓语句,宾语是多项并列式的。

　　书面语中句子可以很长很长。书面语中的一个语法上的长句在口头朗读时,就需要切分为许多个语音句,如:"战争——从有私有财产和阶级以来就开始了,用以解决阶级和阶级、民族和民族、国家和国家、政治集团和政治集团之间,在一定发展阶段上的矛盾的一种最高的斗争形式。"(毛泽东《中国革命战争的战略问题》)这是由两个分句组成的一个复句,第二个分句口头说的时候,需要分解为五个语音句。

语音句和语用句之间不是对应的。合格的语音句不一定是得体的语用句;不合适的语音句,表达效果不一定就坏,也可能是好的语用句。拗口令,在语音上,不恰当,拗口别扭,但是讨人喜,招人爱,是一种传统的语言游戏。绕口令把许多个声母、韵母或声调极易混同的字,组成反复、重叠、绕口、拗口的句子,要求一口气急速念出。例如:"打南边来了个瘸子,担了一挑子茄子,手里拿着个碟子,地下钉着木头橛子。没留神那橛子绊倒了瘸子,弄撒了瘸子的茄子,砸了瘸子的碟子,瘸子毛腰拾茄子。打北边来了个醉老爷子,腰里掖着个烟袋别子,过来要买瘸子的茄子,瘸子不卖给醉老爷子茄子,老爷子一生气抢了瘸子的茄子,瘸子毛腰捡茄子拾碟子,拔橛子,追老爷子,老爷子一生气,不给瘸子茄子,拿起烟袋别子,也不知是老爷子的烟袋别子打了瘸子的茄子,还是瘸子用橛子打了老爷子的烟袋别子。"这是对人们的发音能力的挑战。人的本性喜欢甚至渴望挑战,因为挑战具有刺激性,刺激使人兴奋,兴奋给人快乐与享受。

小　　结

(1)汉语特重视语音美。讲究的是朗朗上口,和谐入耳,声情并茂。
(2)押韵:就是韵母相同相近的音节的有规律的反复。通常在句子的最后一个音节。汉语同音和音近的音节特多,押韵比较容易。
(3)平仄:汉语音节分别平仄很重要。平仄调配是汉语语言美的高级境界。
(4)汉语是音节分明的语言。音节搭配是语音修辞的基本要求。音节也是汉语语法不可忽视的问题。
(5)节拍是诗歌语言的核心。

（6）汉语同音现象特严重。谐音是汉语修辞的重要手段。谐音是汉语文化现象。
（7）语音句：按照语音标志划分的句子是语音句。区别于语法句和语义句与语用句。

思考与练习

（1）观察音节（特别是单双音节）的搭配对表达效果的影响。
（2）举例说明节拍同表达效果之间的关系。
（3）观察节奏同语法和语义之间的不一致现象。
（4）举例说明押韵在词语和句式选择方面的制约作用。押韵是如何导致词语和句式的超常现象的？举例说明押韵字的响亮度同感情之间的关系。
（5）举例说明平仄的修辞功能和美学功能。
（6）举例说明谐音在社会生活中的重要性。
（7）举例说明语音修辞和神秘文化之间的关系。
（8）思考象声词的文化色彩和地方特色。

第七章　结构

　　根据对于有限词汇和有限地加以阐明的一组规则的掌握,我们便有条件去造出并理解其数量潜在无限的任何语句。(戴维森《真理与意义》)

　　句法的发展让人类的沟通有了无限的可能。(埃力克《人类的天性——基因、文化与人类前景》)

　　关键词：句法结构　多义结构　同义结构　并列结构　偏正结构　词序　语序

一　句法结构

　　阿恩海姆说："艺术中发生的事情也是如此,最成熟的艺术品,能够成功地使其中的一切成分服从一个主要的结构规律。……布洛克曾经说过,'把一个柠檬放在一个橘子旁边,它们便不再是一个柠檬和一个橘子了,而变成了水果。数学家信奉这个规律,我们也信奉这个规律。'"①这个规律就是结构。语言世界也是如此。

　　陈寿《三国志》："(诸葛)恪父瑾面长似驴,孙权大会群臣,使人牵一驴入,长检其面,题曰'诸葛子瑜'。恪跪曰:'乞请笔益两字。'因听与笔。恪续其下曰:'之驴。'举坐欢笑。乃以驴赠恪。""诸葛子瑜"四个字指称诸葛亮的哥哥诸葛瑾,贴在驴子的脸上,就构成一个比喻:诸葛

---

①　[美]鲁道夫·阿恩海姆著:《艺术与视知觉——视觉艺术心理学》,滕守尧等译,中国社会科学出版社1984年,第673页。

子瑜像驴子。驴子是喻体,本体是诸葛子瑜。诸葛恪在"诸葛子瑜"之下,加上两个字:之驴。构成一个表示领属关系的偏正短语:"诸葛子瑜之驴"。

句法结构是词与词之间的组合模式,造句的方法。句法结构是潜性的,看不见摸不着的。句法结构的产品——复合词和短语与句子是显性的。

汉语的句法结构是造词法,没有句法造词法,就不能轻松自如地源源不断地创造出许许多多的新词。汉语复合词,主要是并列复合词和偏正复合词、动宾复合词和主谓复合词。造血功能是人赖以生存的必要条件。造词功能是语言得以存在的必要条件。句法结构是汉语的生命线。

句法结构主要是:并列结构和偏正结构、动宾结构和主谓结构。汉语的句法结构也是短语的结构方式。句法结构把实词组合成短语,短语是词的等价物。短语是造句的预制板。固定短语是存放在词汇库里的现成的商品,语言客户可以随时提货。自由短语是客户自己随时随意制作的。依据句法结构方式,短语分为:并列式短语和偏正式短语与动宾式短语和主谓式短语。偏正结构依据中心词分类,分为:名词短语、动词短语、形容词短语等。

句法结构是制造句子的方式。没有句法结构,就没有句子。句子是交际的最小单位。没有句子,就没有交际。没有交际,就没有修辞。没有修辞,就没有修辞学。

句法结构是检验句子的合格性的工具,是纠正病句的方法。例如:"这是她生命中第一个男人向她求婚而她来不及困惑和思虑就已经戴上了他送给她的钻戒。"句子的主干是:

这是……钻戒。

但是,"是"字之后:

(她生命中第一个男人向她求婚)+{而(她)+〔(来不及困惑和思虑就已经)+(戴上了)+(他送给她的钻戒)〕}

这一个完整的自足的结构体。"她生命中第一个男人向她求婚"表示动词"戴"的时间,"来不及困惑和思虑就已经"是"戴"的修饰成分,"他送给她的钻戒"是"戴"的宾语。主干"这是……钻戒"的"钻戒"没有了,被动词"戴"抢劫了,霸占着了。没有了"钻戒","这是……"句子就残缺了散架了。"钻戒"不可以同时跟"是"和"戴"搭配组合。

句法结构是理解句子的必要条件。高举反语法大旗的诗人和小说家们,甚至高呼"掐断语法的脖子"。"掐断语法的脖子"之后:

晚一个风向
过雨
回你时的是
雨声

发把到头了的
就你松时
细的子
细看
（吴非《窗口》）

弄不清楚句法结构,就弄不懂是什么意思。什么意思都不懂,哪来的什么艺术效果?

"掐断语法的脖子"的修辞是修辞的反动与颠覆。真正的修辞理所当然地同句法结构共舞。

二　句法结构和语义关系

句法结构和语义关系是形式和内容的关系。句法结构是语义的载体,表现形式;语义是句法结构的内容。句法结构是语法单位之间的语法关系,语义关系是语义单位之间的语义联系。句法结构是简单的有限的,语义内容是复杂多样的。一种句法结构往往对应多种语义内容。不同的句法结构可以表达不相同的语义。

句法结构和语义关系是不等同的。例如:

窗槛边坐着一个妇人,……头上黄烘烘的插着一头钗环。

（《水浒传》第二十六回）

>只见店里赤条条地走出三五个大汉来,径奔杨雄、石秀来。
>
> (《水浒传》第四十五回)
>
>把唐僧拿出去,……把些大料煎了,香喷喷的大家吃一块儿,也得个延年益寿。　　　　　　　(《西游记》第八十六回)
>
>(薛)宝钗……浓浓的煎了一碗,给他母亲吃了。
>
> (《红楼梦》第八十四回)
>
>我要葱绿地每天走进你的诗行
>
>又绯红地每晚回到你的身旁　　　(舒婷《会歌唱的鸢尾花》)

在句法结构上,"黄烘烘的""赤条条地""香喷喷""浓浓"是谓语动词的修饰成分。在语义上,却都是宾语的修饰成分,即黄烘烘的钗环、赤条条的大汉、香喷喷的一块儿、浓浓的一碗。动词"走"和"回"无所谓"葱绿"与"绯红","葱绿"的是"诗行","绯红"的是"你"的脸颊。

礼貌语言客套话:"谢谢你的雨伞。"故意挑刺儿的反问道:"谢谢我的雨伞,就不谢谢我?"似乎言之有理。动词"谢谢"的宾语是"雨伞","你"是宾语"雨伞"的修饰成分,"谢谢"和"你"不是直接成分,没有结构关系。当然是冤枉死人了,说话人心里头,"谢谢"的对象是"你",怎么可能是"雨伞"呢。雨伞仅仅是谢谢的原因,信息的焦点。不是说话人词不达意,大家都是这样说的。因为语义上,"谢谢"的关系户是"你",不是"雨伞"。语法结构同语义关系不是一一对应的。语法学家考察句型,主张把偏正短语的修饰成分先撤除出去,"打入冷宫"。站在语义和语用的立场,重要的不是中心词,而是修饰成分,信息的焦点。日常生活中,引发矛盾冲突的总是修饰成分。"你说:你是什么人?我是什么人?是你是坏人我是好人,还是你是好人我是坏人?今天一定要说说清楚!"问题不在中心词"人"上,双方都是人,毫无异议,不须争论,争的是修饰成分:"好",还是"坏"?"你好",还是"我好"?"你坏",还是"我坏"?修饰成分是绝对不能含糊的。

我们家附近的一家废旧物资回收站,店招是:"人和废旧物资回收站"。"人和"是这家废旧物资回收站的名称,句法结构是:人和+([废旧＋物资］＋回收站）。媒体刊发照片，问道："人也收？定淮门桥下，一家废旧物资回收站的店名真牛，竟然连人也收？"故意这样切分：

人和废旧物资＋回收站

"和"是连词。连词"和"把"人"与"废旧物资"组成并列短语，作为动词"回收"的宾语，回收的对象。用歪曲句法结构来逗趣，不可当真。

启功（1912—2005）用王维的"长河落日圆"，变化出多种句式：

①河长日落圆
②圆日落长河
③长河圆日落
④长日落圆河
⑤河圆日落长
⑥河日落长圆
⑦河日长圆落
⑧圆河长日落
⑨河长日圆落
⑩河圆落长日

启功说，例①、②、③，"虽有艺术性高低之分，但语义上并无差别，句法上并无不通之处"。艺术性的高低不是语法问题，是修辞问题。例④到⑨，"不能算通顺"的，——这是就孤立的句子自身而言，——"但假如给它们各配上一个上句，仍可'起死回生'。"配上一个上句，就是把语境之外的句子投放到特定的语境（上下文）之中，就是把单个的句子组成句群。启功配搭上一个句子之后，"这些变了的句式，虽然词义有不同的，甚至有一些不免'强词夺理'的，但从诗句的特有句法上讲，却非完全不许可的。"这是因为整体大于部分之和。只有例⑩，"太拙劣，无法替它圆谎了。一句五言诗竟能变成十种句式，其中仅仅有一句绝对不通，能不使人惊异吗？"[①]诗人惊讶的是词序和句法结构和语义之间的

[①] 启功：《汉语现象论丛》，商务印书馆2018年，第37—40页。

互动竟然如此神奇。

启功指出,例④到⑨,配搭了上句之后,才是通了,可接受了。换句话说,它们需要一定的语境,它们的通和可接受性是以一定的语境为条件的。王维的原句"长河落日圆",在没有上下句的配合情况之下,就是通的。这就是说,常规词序是超语境的,变异的词序,需在一定的语境之中的。

启功的十种"句式",有的仅仅是语境中的五个词(或者说是五个汉字)的不同位置的变化,并不是语言中的句子格式的差异。句法结构是词性与词和词之间的句法关系。这"长、河、落、日、圆"这五个字之中,两个名词:"日、河"。一个动词:"落"。两个形容词:"长、圆"。语言的词序基本上就是:

形容词+名词:长河、落日。偏正结构。名词短语。
名词+形容词:河长、日圆。主谓结构。主谓短语。
名词+动词+名词:长日落圆河。主谓宾句。

就句法结构而言,并没有十种之多的"句式"。至于"长日、圆河"的组合,是语义问题。说汉语词序极其灵活的,说的是言语现象。极其丰富复杂的词序变化的,是言语的句子。从语言的角度上来观察,词序是固定的、稳定的、简单的、有限的。

三 同义结构和多义结构

修辞学关注的是句法的同义结构和多义结构。

不同句法结构表达相同的语义关系就是句法的"同义结构"。例如:

①猪八戒是老实人。　　　　　　("是"字谓语句)
　猪八戒老实人。　　　　　　　(名词谓语句)
　难道猪八戒不是老实人?　　　(反诘句)
　猪八戒不是不老实的人。　　　(双重否定句)
②中国女排大胜美国女排。　　　("胜"字句)
　中国女排大败美国女排。　　　("败"字句)

中国女排把美国女排打得大败。("把"字句)

美国女排被中国女排打得大败。("被"字句)

丰富的句法同义手段是语言变化美的保证。

句法结构非常有限,语义是多种多样的。句法结构跟语义内容是一对多的。1972年,中华人民共和国恢复联合国合法地位时,新闻报道说"压倒多数",我们系教师展开一场讨论:"'压倒多数',多数被压倒了?不对,应当说'压倒少数'。""'压倒多数'就是'压倒少数'。""'压倒多数'等于'压倒少数'?荒唐。""压倒多数"是多义结构,(1)"压倒多数"是动宾结构,"多数"是宾语,是动词"压"的对象。(2)"压倒多数"是偏正结构,中心词是"多数","压倒"是修饰成分。汉语的动词可以直接修饰名词,如果带宾语,那就是动宾短语作修饰成分。"压倒"的宾语是"少数",省略了,不出来,就是:"压倒少数的多数"。"防御武器"是"防御敌人进攻的武器"。句法结构相同,表示不同的语义,叫"多义结构"。"哥哥和姐姐的朋友":(1)(哥哥+姐姐)的朋友:哥哥和姐姐两个人的共同的朋友;(2)(哥哥的+姐姐的)朋友:哥哥的朋友+姐姐的朋友;(3)哥哥+(姐姐的朋友):朋友只是姐姐的,同哥哥无关。而"朋友"既可以指志同道合者,又可以指恋爱对象。

钱锺书《围城》中说:"三闾大学校长高松年是位老科学家。这'老'字的位置非常为难,可以形容科学,也可以形容科学家。不幸的是,科学家跟科学大不相同,科学家像酒,愈老愈可贵,而科学像女人,老了便不值钱。将来国语文法发展完备,总有一天可以明白地分开'老的科学家'和'老科学的家',或者说'科学老家'和'老科学家'。现在还早得很呢,不妨笼统称呼。"这是层次切分造成的多义。就像右图,可从不同视角观察,图(1)是老头,还是老鼠?是老头,也是老鼠。图(2),是猫咪,还是老鼠?这是制作者自觉地运用双关修辞格的双关图像。多

(1)

(2)

义结构造就了语法双关。

多义结构是歧义误解产生的原因之一。一家企业发了一则内衣广告:"玩美女人"。工商管理部门解读是:"玩+美女人",以违反《广告法》广告不得"妨碍社会公共秩序和违背社会良好风尚"的条款为由,做出行政处罚,责令其停止发布,公开更正,并罚款。企业不服,坚持该广告内容健康,是:"完美+女人"。并起诉工商部门。(《扬子晚报》2010年4月6日)这家企业故意混淆结构层次,是一种修辞术。宜春的宣传语曾经是:"'宜春',一座叫春的城市"。"叫春",是"指猫发情时发出的叫声",用作一个城市的宣传语,粗俗,极其不当。但是精心策划的制作者早准备好辩护词了:"叫春"不是词,是动宾短语,是叫作"春"的城市,城市名字中有"春"字而言,跟"叫春"毫无关系。反咬一口:往"叫春"上想,解读为"叫春",是受众想歪了,心理阴暗。这种解释并不能令人信服。

四　并列结构

并列结构最简单,两个成分的加合,各自保持自己的独立性,组合体和各个成分的功能是相同。① 并列结构像联邦制国家。语音上最好是音节相等;语义上要求同属于一个语义域;语法上要求词性相同。并列结构最常见,出现频率最高。并列短语主要有:名词性并列短语和动词性并列短语与形容词性并列短语。最常见且数量巨大的是名词性短语,主要是做主语和宾语。因为并列项目可以无限制地扩展,所以,并列式定语的扩展是长句之所以长的主要原因。并列短语中最主要的是名词性并列短语。第一最常见,数量最多,多得惊人。任何语言中最最多的是名词,

---

① 参看王希杰:《语言表达中的并列》,《语文战线》1989年第1期;《并列转义和异类并列》,《阅读与写作》1987年第5期;《名词并列的常式、变式和偏离》,《语文月刊》1993年第7期。

每时每刻都在扩张。第二,名词性短语最具中国文化特色。如:春花秋月、清风明月、笔墨纸砚、剪刀锤子布、东南西北中、仁义礼智信、天地君亲师、柴米油盐酱醋茶、貂皮人参乌啦草、春兰秋菊夏清风、琴棋书画药工茶。名词的并列语义内容丰富多彩,最富有民族文化意味。

并列要求词性相同,语义类别相同。不同类别的事物不可并列。例如:

甲:手提包中是否装有现金支票、贵重的物品,如:金、银、首饰、自行车……

乙:这自行车能装手提包里吗?

甲:还有是否携带易燃、易爆、易腐蚀危险品,如汽油、火油、硫酸、盐酸、香蕉水、橘子汁……

乙:这苹果酱许带不许?

甲:苹果酱干吗?

乙:橘子汁能算危险品吗? (马季《多层饭店》)

不同类别的事物并列是荒谬的。荒谬是制造笑料的手段。

并列结构内部成分,句法上无所谓先后,是任意的随机的。语义上,静态的并列,不在乎次序;动态的并列不可随意更改次序。如:两汉魏晋南北朝、宋齐梁陈、梁唐晋汉周、宋元明清。语用上大有讲究,马虎不得的。"排名不分先后"说说而已。最重要往往在最前面,这是"首位原则"。当然最后面的位置也比较主要。

并列短语是夸张的手法之一。吴承恩《西游记》:"果然不多时,展抹桌凳,摆将上来。果是几盘野菜。但见那:嫩焯黄花菜,酸齑白鼓丁。浮蔷马齿苋,江荠雁肠英。燕子不来香且嫩,芽儿拳小脆还青。烂煮马蓝头,白燺狗脚迹。猫耳朵,野落荜,灰条熟烂能中吃;剪刀股,牛塘利,倒灌窝螺操帚荠。碎米荠,莴菜荠,几品青香又滑腻。油炒乌英花,菱科甚可夸。蒲根菜并茭儿菜,四般近水实清华。看麦娘,娇且佳;破破纳,不穿他。苦麻台下藩篱架。雀儿绵单,猢狲脚迹,油灼灼煎来只好吃。斜蒿青蒿抱娘蒿,灯蛾儿飞上板荞荞。羊耳秃,枸杞头,加上乌蓝不用油。几般野菜一餐饭,樵子虔心为谢酬。"(第八十六回)一口气列举了这许多的野菜,几个盘子如何装得下?樵子一时间如何办得到的?这是夸张。

名词并列是静态的,也是动态的。小说家巴金写道:

> 青春,热情,明月夜,深切的爱,一对青年男女,另一个少年,三角恋爱,不体谅的父亲,金钱,荣誉,事业,牺牲,背约,埃及的商业,热带的长岁月。

> 没有父母的少女,酗酒病狂的兄弟,纯洁的初恋,信托的心,白首的约,不辞的别,月夜的骤雨,深刻的心的创痛,无爱的结婚,丈夫的欺骗与犯罪,自杀与名誉,社会的误解,兄弟的责难和仇视,孀妇的生活,永久的秘密,异邦的漂泊,沉溺,兄弟的病耗,返乡,兄弟的死,终身的遗恨。

> 久别后的重逢,另一个女人,新婚的妻子,重燃的热情,匆匆的别,病,玫瑰花,医院中的会晤,爱情的自白,三角的恋爱,偕逃的计划,牺牲的决心,覆车的死。　　　　　(《春天里的秋天》)

全部是词和短语的并列,句法结构极其简单。但是,语义内容极其丰富。一个词,就是一段故事。这是一个动态的过程,一个女人的一生,悲欢离合,酸甜苦辣,可歌可泣。

并列短语简单是简单,但是最简单的并列短语也最容易出错。最危险的地方最安全,最简单的事情最容易出错。如:"小说中描写的张家寨、朱家寨,当过南京兵部尚书的吕维祺、永宁的万安王、洛阳的福王、开封的周王,直至最高的崇祯皇帝及其戚畹、勋旧、亲信臣僚,正是这一级级的大地主、大官僚、大贵族组成了一个最反动的集团,把吸血管伸向全国各地。"(《钟山》1978年第3期223页)这个句子虽然长,但并不复杂。三组并列结构:(1)小说中描写的张家寨、朱家寨,当过南京兵部尚书的吕维祺、永宁的万安王、洛阳的福王、开封的周王,(2)直至最高的崇祯皇帝及其戚畹、勋旧、亲信臣僚,(3)这一级级的大地主、大官僚、大贵族。"直至"表示(1)和(2)之间是递进关系,递进到崇祯皇帝,没问题。递进到"戚畹、勋旧、亲信臣僚"则是"画蛇添足","戚畹、勋旧、亲信臣僚"同"当过南京兵部尚书的吕维祺、永宁的万安王、洛阳的福王、开封的周王"递进不起来,同"张家寨、朱家寨"更加无法递进。"张家寨、朱家寨"不是人,不能算是"大地主、大官僚、大贵族",跟"当过南京兵部尚书的吕维祺、永宁的万安王、洛阳的福王、开封的周王"不属于同一个语义域,不可并列。把"崇祯皇帝"归入"大地主、大官僚、大贵族",不符合一般情理。"张家寨"、"朱家寨"就是"大地主、大官僚、大贵族",并组成了"一个最反动的集团",合逻辑。

汉语的名词和名词性短语可以直接作谓语,印欧语的名词和名词性短语绝对不可以。名词性偏正短语不管多么长,句法分析都很简单,寻找中心词,中心词的名词可以看作是"关键词",修饰成分可以紧缩掉,丢弃不管。名词性短语,经常是句子的主语和宾语,修饰成分叫作"定语"。

并列结构是各种语言中都极其常见的。也是语言艺术家所喜爱的。法国小说家拉伯雷的《巨人传》,并列结构的运用让人拍案叫奇。美国诗人惠特曼写道:

> 男人的,女人的,儿童的,青年的,妻子的,丈夫的,母亲的,父亲的,青年男子的,青年女子的诗歌,/ 头,颈子,头发,耳朵,耳坠和鼓膜,/ 眼睛,眼眶,虹彩,眉毛,眼皮的醒和睡,/ 嘴,舌头,唇,齿,上颚,牙床,咬嚼筋,/ 鼻子,鼻孔,鼻梁,/ 面颊,鬓角,前额,下巴,喉咙,脖颈,颈椎,/ 强壮的两肩,威严的胡子,肩胛,后肩,广阔的胸部,/ 上臂,两腋,肘拐,下臂,臂筋,尺骨,/ 腕和腕关节,手,手掌,指节,大指,食指,指关节,指甲,/ 宽阔的前胸,胸前卷曲的汗毛,胸骨,腰窝,/ 肋骨,肚子,脊骨,脊骨的各部,/ 臀部,尾椎,臀部的里外,睾丸,肾根,/ 强壮的大腿,很好地支持了身体,/ 下腿,膝,膝盖,上腿,脚肘,/ 脚踝骨,脚背,脚拇指,脚趾,趾关节,后踵,/ 一切的姿态,一切美妙的形象,一切属于我的,你的,或者任何人的,男性的,女性的,肉体的东西,/ 肺的海绵体,胃囊,芳香洁净的肚肠,/ 在头盖里面的脑子的褶壁,人体器官的交感,心瓣的开合,口盖的蠕动,性爱,母爱,/ 女性与一切属于女性的,生自女人的男人,/ 子宫,乳房,乳头,乳汁,眼泪,欢笑,哭泣,爱的表情,爱的

不安和兴奋，/ 声音，姿态，话语，低诉，大叫，/ 食物，饮水，脉搏，消化，汗液，睡眠，散步，游泳，/ 臀部的平衡，跳跃，斜倚，拥抱，手臂弯曲和伸张，/ ……
(《草叶集》)

这可以叫作"惠特曼式并列"。

五　偏正结构

偏正结构的组成成分之间是不平等的，有主次之分的。为主的是中心词，中心词决定组合的性质，叫作"正"。修饰成分不影响决定偏正短语的语法性质，不影响句子的格局，所以为"偏"。按照中心词区分偏正短语，分为：名词性短语、动词性短语和形容词性短语。偏正结构的语义是复杂的。"钢铁的意志、钢铁的桥梁"和"中国的列车、高速的列车、时代的列车"都是偏正结构，但是，"钢铁的意志、时代的列车"是比喻，"钢铁的桥梁"是材料，"中国的列车"是领属，"高速的列车"是性质。

偏正结构具有扩展性。以"鸡吃虫"为例：

（1）一只鸡在吃一只虫。

（2）一只小鸡在吃一只小虫。

（3）一只小鸡从容不迫地在吃一只小虫。

（4）一只毛茸茸的小鸡摇头晃脑地、从容不迫地在吃一只小青虫。

（5）一只黄灿灿的毛茸茸的小仔鸡专心致志地、摇头晃脑地、从容不迫地正吃着那一只刚刚从青菜的嫩嫩的叶子上面猛地一下抓住的、我也不知道叫什么的大青虫。

（6）在一个春天的上午，在中国东部某个小村庄里，一只离开它亲爱的妈妈，初出江湖、独自闯荡世界的、黄灿灿的毛茸茸的小仔鸡洋洋自得地、专心致志地、摇头晃脑地、从容不迫地美美地正吃着那一只刚刚从青菜的嫩嫩的叶子上面猛地一下抓住的、我也不知道叫什么的可怜的倒霉鬼大青虫。

（7）在一个春天的上午，在中国东部某个小村庄里，一只离开它亲爱的妈妈，初出江湖、独自闯荡世界的、黄灿灿的毛茸茸的、傻乎乎的嬉皮笑脸的小仔鸡洋洋自得地、专心致志地、摇头晃脑地、从容不迫地灵活地用它那张樱桃小口，贪婪地美美地正吃着那一只刚刚从青菜的水灵灵的嫩嫩的叶子上面猛地一下抓住了的、我也不知道叫什么名字的、在睡梦中糊里糊涂地来到"世界末日"的可怜兮兮的倒霉鬼大青虫。

分析句子的时候，快刀斩乱麻，先把修饰成分撇开、丢弃。

偏正短语的多个修饰成分之间有个次序问题。法国拉伯雷的《巨人传》中的一句话："发现吕西侬爵爷戈德福洛亚，外号长牙戈德福洛亚的，原来就是他后母的媳妇的叔父的女婿的姑妈的长女的连襟的祖父。"什么什么的呀？真真的绕口令，能够把人头闹大了。正确的切分是：（1）他+后母，（2）（他后母）的+媳妇，（3）（他后母的媳妇）的+叔父，（4）（他后母的媳妇的叔父）的+女婿，（5）（他后母的媳妇的叔父的女婿）的+姑妈，（6）（他后母的媳妇的叔父的女婿的姑妈）的+长女，（7）（他后母的媳妇的叔父的女婿的姑妈的长女）的+连襟，（8）（他后母的媳妇的叔父的女婿的姑妈的长女的连襟）的+祖父。"他"仅仅修饰"后母"。"他后母"只修饰"媳妇"。"他"跟"后母"之外的词没有直接关系。"后母"跟"祖父"等词没有直接关系。

多个修饰成分之间的次序具有误导性。"为庆祝中华人民共和国成立三十周年，国务院办公室今天上午在人民大会堂宴会厅举行招待会，招待来自世界五大洲的华侨，港澳同胞，台湾同胞和中国血统的外籍人。"（《光明日报》1979年9月30日）这个修饰语"来自世界五大洲的"，到底修饰什么呢？也有多种可能：（1）来自世界五大洲的+（华侨+港澳同胞+台湾同胞+中国血统的外籍人）；（2）｛来自世界五大洲的+（华侨+港澳同胞+台湾同胞）｝+中国血统的外籍人；（3）｛来自世界五大洲的+华侨｝+｛港澳同胞+台湾同胞+中国血统的外籍人｝。（1）是合乎作者的原意的。

六　词序

词序是句子内部词语的先后次序。①《西游记》第十七回，观音菩萨变成妖怪黑熊精——

  行者道："妙阿！妙阿！还是妖精菩萨，还是菩萨妖精？"
  菩萨笑道："悟空，菩萨、妖精，总是一念；若论本来，皆属无有。"
  行者心下顿悟。

词序颠倒，句法结构不变，语义变了，"妖精菩萨"≠"菩萨妖精"："妖精菩萨"是菩萨，"菩萨妖精"是妖精。至于观音菩萨说的"总是一念""皆属无有"那不是我们这里所要讨论的。类似的如：

① 语言的美和言语的美
② 传统的文化和文化的传统
③ 哲学的贫困和贫困的哲学
④ 修辞的艺术和艺术的修辞
⑤ 规律的例外与例外的规律
⑥ 存在的现象与现象的存在
⑦ 时代的精英和精英的时代
⑧ 无情的多情和多情的无情
⑨ 战争中的艺术与艺术中的战争

汉语词序是固定的，也是灵活的。汉语词序是语法手段，也是修辞手段，还是游戏的工具。例如：

⑩ 不怕辣≠辣不怕≠怕不辣
⑪ 活死人≠死活人≠活人死
⑫ 读死书≠读书死≠死读书

---

① 参看王希杰：《略论汉语词序的稳定性和灵活性》，《南京晓庄学院学报》2020年第1期；《词序的艺术》，《语文月刊》1983年第1期。

⑬读好书≠读书好≠好(去声)读书

⑭放狗屁≠狗放屁≠放屁狗

词序不同,意义也不同。如:"人不犯我,我不犯人",不主动进攻,但并未放弃自卫反击的权利,把握住主动权;"我不犯人,人不犯我",用自己的不进攻换取对方的不进攻,把主动权给了对方。"人不犯我,我不犯人,/我不犯人,人不犯我","我为人人,人人为我,/人人为我,我为人人","大家为一人/一人为大家"与"虽事出有因,但查无实据/虽查无实据,但事出有因",等等。"我为人人,人人为我",我为大伙儿出力,大伙儿也帮助我;"人人为我,我为人人",只有大伙儿为我着想,有益于我,我才肯为大伙儿出力。这里强调了条件。但是,句法结构并无不同。

小说家张抗抗的书《你对命运说:不》,印出来之后,却是:《命运对你说:不》。张抗抗说:"本来是我想对命运说不。而在这封面上,词组间竟然颠了个倒,变成了命运对我说不。"编辑的回答:"经过查询,原因在美术组合封面标题时,一时疏忽大意,将'命运'和'你'的顺序排列颠倒了。之所以没有及时发现,一个重要原因是:词组虽然颠倒排列,但语法依然通顺,句式逻辑成立。一眼看去,如若不逐字核对原文,实在难喙其错。"

不同词序具有相同意义的叫作"同义词序"。如:五朵红花=红花五朵、两个人骑一匹马=一匹马骑两个人、汽车盖着油布=油布盖着汽车、台上坐着主席团=主席团坐在台上、一顿饭吃了五百元=五百元吃了一顿饭、一锅饭吃了五个人=五个人吃一锅饭。同义词序在表意、色彩风格等方面有细微的差别。如:客人来了=来客人了、鱼我买了=我买了鱼,前者客人和鱼是确定的,交际双方已知的;后者,客人和鱼是未定的,是交际对象所未知的。如果太太叫你去买鱼,你说:"鱼我买了。"完成任务了。如果太太没要你买鱼,你说"鱼我买了",她一定很是惊诧。这时你就需要加以说明:"这鱼很便宜的。"不同的词序往往侧重点不同。重点在于陈述事实,则说"我看过这本书、我见过这个人、我吃过这道菜、我说过这句话"。重点在描述对象,则说"这本书我看过、这个人我见过、这道菜我吃过、这句话我说过"。要强调主体,则说"我,这本书看过""我,这个人见过""我,这道菜吃过""我,这句话说过"。

同一词序具有多种意义的叫"多义词序"。"关于索绪尔的两本书":(1)[(关于)索绪尔]的+[(两本)书],研究索绪尔的两本书;(2)〈关于〉[(索绪尔)的(两本书)],索绪尔写的两本书。再如:"不/很好≠很不/好,不/很注意≠很不/注意,大/不同≠不大同。消极修辞要避免词序多义的干扰。多义词序的积极开发就是词序双关。

超常词序也是安排韵脚、协调平仄、增加节奏感的一种手法。毛泽东《如梦令·元旦》:"宁化清流归化,路隘林深苔滑。"当年红军的行军路线是:清流、归化、宁化。"宁化清流归化"是满足诗歌韵律需要的词序。徐志摩《偶然》:"你我相逢在黑夜的海上,/你有你的,我有我的,方向!"本当是:"你有你的方向,我有我的方向!""你和我各自有各自的方向!"定语应当紧紧跟着中心词,诗歌节奏促使诗人偏离了常规词序。隔断定语同中心词的语音连续,造成惊诧莫名之感,这是平常句子的"陌生化"。

词序是一种游戏手段。英语词序比俄语稳定。英国诗人勾吉士写词序游戏诗:

她的脸	她的舌	她的才智
如此美	如此甜	如此敏捷
先吸引了	接着诱了	接着撞了
我的眼	我的耳	我的心

我的眼	我的耳	我的心
带头	教导着	动了念
要喜欢	要知晓	要疼爱
她的脸	她的舌	她的才智

她的脸	她的舌	她的才智
光灿灿	出声音	以巧艺
遮蔽了	迷惑了	织补了
我的眼	我的耳	我的心
我的眼	我的耳	我的心
被她的脸	被她的舌	被她的才智
灌满了	注满了	装满了
生命	希望	妙技
噢,脸	噢,舌	噢,才智
别皱眉头	别鼓脸颊	别用刺痛
虐待	苦恼	伤害
我的眼	我的耳	我的心
此眼	此耳	此心
当欣喜	当臣服	当宣誓
侍奉	信赖	敬畏
她的脸	她的耳	她的心

(《她的脸》)

这首诗之所以妙趣横生,就在于它的词序多解性。横着读,是两个单句,第一个句子是:"她的脸、她的舌、她的才智如此美、如此甜,如此敏捷。"第二个句子是:"先吸引了我,接着诱了我,接着撞了我的眼,我的耳,我的心。"横着读的是列举分承句式。竖着读是三个并列的复句:"她的脸如此美,先吸引了我的眼;她的舌如此甜,接着诱了我的耳;她的才智如此敏捷,接着撞了我的心。"按照这个式样,用汉语更容易的。

七　语序

　　语序是语篇中句子和句子之间的先后次序。语序以句子为最小单位。语序体现的是句子之间的逻辑关系。安史之乱,先安禄山,后史思明。东都的樱桃熟了,史思明想起在河北的儿子,送给儿子。赋诗一首:"樱桃一笼子,半赤半已黄。一半与怀王,一半与周至。"身边的无耻文人大加赞美。有人建议:"明公此诗大佳,若能言'一半周至,一半怀王',即与'黄'字声势稍稳。"思明大怒:"我儿岂可居周至之下。"(陆楫等《古今说海》)周至是史思明儿子的师傅。史思明坚持内容第一,按照地位的高下来安排语序。文人拘泥于诗歌韵律。

　　时间和空间都是话语的结构的重要因素。"时间"是物质运动中的一种存在方式,由过去、现在、将来构成的连绵不断的系统,是物质的运动、变化的持续性、顺序性的表现。"空间"是物质存在的一种客观形式,由长度、宽度、高度表现出来,是物质存在的广延性和伸张性的表现。人和万事万物都存在于时间和空间之中。人们的修辞活动都是在特定的空间,以及特定的时间中展开的。时间和空间也是修辞活动中最重要的因素。语言环境,核心就是时间和场景。

　　安排语序,主要依据指时间和空间。时间是不可逆转的。按照事件发生的先后来安排话语是最常见的话语结构模式。例如:

①莫愁十三能织绮,
　十四采桑南陌头。
　十五嫁为卢家妇,
　十六生儿字阿侯。　　　　　　　　　　(萧衍《河中之水歌》)

②春天里,我想变成河水,
　但愿你是水中的金鱼。
　夏天里,我想变成蜜蜂,
　但愿你是绽开的花蕾。

>   秋天里，我想变成麦酒，
>
>   但愿你是吉祥的酒杯。
>
>   冬天里，我想变成歌声，
>
>   但愿你是颤动的长琴。
>
>   就这样，我们一年四季，
>
>   都只有相会，没有分离。　　（藏族民歌《一年四季不分离》）

依据年龄与四季的顺序安排句子的先后。

就时间因素区分结构模式，有三种：顺叙、倒叙、插叙。顺叙是最常见的。蒋捷《虞美人·听雨》："少年听雨歌楼上，红烛昏罗帐。壮年听雨客舟中，江阔云低，断雁叫西风。　而今听雨僧庐下，鬓已星星也。悲欢离合总无情，一任阶前，点滴到天明。"二十五史记载历史事件和历史人物基本上是顺叙。《资治通鉴》类的编年史当然更是严格按顺叙的。顺序平直明朗，但是容易产生单调之感，可以用倒叙、插叙来加以调节。所谓倒叙，并不是一一反顺叙，而只是截取一个关键时间，从一个具有吸引力的情节写起，然后转入顺序。事件本身是不可逆转的，但是话语中是可以倒过来叙述的。插叙是在常规叙述中插入以后或以前的事件。插叙是话语变化美的常用手法。公文语体、学术语体以顺叙为宜，而文艺语体大都是顺叙、倒叙、插叙兼用。

空间是话语的结构方式。对照经常是在空间展开的：上——下、前——后、东——西、南——北，等等。郭沫若：

>   山右有枯槁了的梧桐，
>
>   山左有消歇了的醴泉，
>
>   山前有浩茫茫的大海，
>
>   山后有阴莽莽的平原，
>
>   山上是寒风凛冽的冰天。
>
>   ……
>
>   我们飞向西方，
>
>   西方同是一座屠场。

我们飞向东方,
　　东方同是一座囚牢!
　　我们飞向南方,
　　南方同是一座坟墓!
　　我们飞向北方,
　　北方同是一座地狱! 　　　　　　　　　　　　　　(《凤凰涅槃》)

方位词语结构语序时,经常是成对成组出现的。

　　时空的前后,语义是不同的。小品《结婚前的对话》,说结婚前:

　　　　他:万岁! 终于到来了! 我都等不及了!
　　　　她:我可以离开吗?
　　　　他:不,你甚至想都别想!
　　　　她:你爱我吗?
　　　　他:当然!
　　　　她:你会背叛我吗?
　　　　他:不会,你怎么会有这样的想法?
　　　　她:你会吻我吗?
　　　　他:会的!
　　　　她:你会打我吗?
　　　　他:无论如何都不!
　　　　她:我能相信你吗?

结婚后,翻转来从下往上看,结果是:

　　　　她:我能相信你吗?
　　　　他:无论如何都不!
　　　　她:你会打我吗?
　　　　他:会的!
　　　　她:你会吻我吗?
　　　　他:不会,你怎么会有这样的想法?
　　　　她:你会背叛我吗?

他:当然!

她:你爱我吗?

他:不,你甚至想都别想!

她:我可以离开吗?

他:万岁!终于到来了!我都等不及了!

(《读者》2007年第19期第34页)

话还是那些话,含义完全不同,正好相反。当然,这是编造的虚构的。真实的是,某公益广告:(1)指望传销致富(2)生活没有出路。是纵式的。按照传统书写阅读顺序排列,(1)在右,(2)在左。意义是:"指望传销致富,生活没有出路。"现在书写阅读顺序是从左到右,就是:"生活没有出路,指望传销致富。"本是反对传销活动的标语,却被错误地理解。

八 插入

插入语不是句子的成分,是游离于句子结构之外的东西。同关联词语不同的是,关联词语不破坏句子的结构,其作用正在于连接词语、短语、句子成分和句子;但插入语往往要打乱句子的结构。司马迁描写鸿门宴:"项王、项伯东向坐,亚父南向坐——亚父者范增也,沛公北向坐,张良西向侍。"(《史记·项羽本纪》)插入语"亚父者范增也"打乱了句群的结构。

插入语是对衔接的反动,破坏了常规结构。但是从表达意图和效果方面看,插入语的功能是不可忽视的。例如:

①那和尚便道:"师兄请坐,听小僧……"——智深睁着眼道:"你说!你说!"——"……说:在先……"

(施耐庵《水浒传》第五回)

②把御花园里仙桃树上结得一个大桃子——有碗来大小——摘下放在柜子内。 (吴承恩《西游记》第四十六回)

③大圣伏在洞边上,仔细往下看处——咦,深啊!——周围足有

三百余里。　　　　　　　　　（吴承恩《西游记》第八十二回）

鲁智深的"你说！你说！"打乱了句子的结构，更鲜明地刻画了鲁智深的性急如火，比让那和尚说完了这句话更妙。从形式上看，插入语破坏了句子结构的完整。但是，在内容上，它是不可缺少的组成部分，它使语义更丰富更完整。语法学家把归纳句型当作自己的最中心的任务，把插入语从自己的研究对象中排除出去。但是在修辞学上，插入语是不可忽视的。插入语具有严密思想、深化内涵等重要作用。

　　鲁迅喜欢也善于运用插入语。例如：

　　④至于我们——我相信：我和许多人——所最愿意看的，却在活无常。　　　　　　　　　　　　　　　　　　　　　（《无常》）

　　⑤好！在礼义之邦里，连一个年幼——呜呼，"娥年十四"而已——的死孝女要和死父亲一同浮出，也有这么艰难！

　　　　　　　　　　　　　　　　　　　　（《朝花夕拾·后记》）

　　⑥现在她知道，她以后所有的只是她父亲——儿女的债主——的烈日一般的严威和旁人的赛过冰霜的冷眼。　　（《伤逝》）

　　⑦做工的人，傍午傍晚散了工，每每花四文铜钱，买一碗酒，——这是二十多年前的事，现在每碗要涨到十文，——靠柜外站着，热热的喝了休息……　　　　　　　　　　　　　（《孔乙己》）

插入语是对衔接的反动。插入语的运用，使文字更加精密细致全面，避免单调，赋予语言以多姿多彩的变化美。

九　衔接与反衔接

　　插入是常规衔接的反动手法之一。《三侠五义》："（展昭）悄悄开门，回手带好，仍然放下软帘，飞上房，离了寓所，来到花园，——白昼间已然丈量过了——约略远近，在百宝囊中掏出如意绦来，用力往上一抛，——是练就准头——便落在墙头之上，用脚尖蹬住砖牙，飞身而上。"（第十二回）作者有意识地突破了形式上的衔接常规。

衔接是结构成分之间的联系与连接,是词和短语与句子之间的联系。就衔接而言,短语和句子与句群跟词是等同的,都是衔接的对象,是成分。衔接把两个成分组成整体。虚词和修辞格是衔接的手段。

关联词语的功能是衔接。关联词语指连词和具有衔接作用的代词、副词和数词与短语。关联词语,把词语和短语组成句子,句子构成句群,段落构成文章,使语义关系更加明确。

衔接可以分为:形式的衔接和意义的衔接。形式衔接,是有标志的衔接,就是利用一定的形式手段把词和短语与句子组合成为更大的整体。具有衔接功能的形式手段就是衔接的标志。衔接手段有语音、词汇、语法和修辞等方面的。例如押韵、平仄、节拍等是语音的衔接手段。从词汇方面说,同义词语、近义词语、反义词语、对义词语、上下义词语的运用,以及词语的重复,都具有衔接功能。从语法方面,衔接的方式主要是虚词、句子成分和句子格式等。

形式衔接的标志是显性的,没有外部标志的意义的衔接则是潜性的衔接,靠的是所表达的内容的内部逻辑关系来把句子、句群、段落组合成为一个整体。白居易的《勤政楼西老柳》:

半朽临风树(1),多情立马人(2)。

开元一株柳(3),长庆二年春(4)。

四个句子之间没有衔接标志。(1)和(2)是人跟物的对照:"立马人"对"临风树"。(3)和(4)是时间上的今昔对照,开元对长庆二年春。开元年间栽植的一株柳树,到长庆二年春,已经是半朽了。这是喻体,"立马人"就像"半朽临风树"。"多情立马人"借着景物(半朽临风树)来抒发自己的感慨:已经是"半朽临风人"啦。

学术语体、公文语体中多采用有标志的衔接方式。文艺语体,特别是诗歌语体中更多的是无标志的衔接,即潜性衔接。

汉语中数词具有关联功能,是组织句群的常用手段。例如:

①十字街,灯光灿烂;九重殿,香蔼钟鸣;七点皎星照碧汉,八方客旅卸行踪;六军营,隐隐的画角才吹;五鼓楼,点点的铜壶初滴;

四边宿雾昏昏;三市寒烟蔼蔼;两两夫妻归绣幕,一轮明月上东方。

(吴承恩《西游记》第八十四回)

②[小措大]喜的一宵恩爱,被功名二字惊开。好开怀这御酒三杯,放着四婵娟人月在。立朝马五更门外,听六街里喧传人气概。七步才,蹐上了寒官八宝台。沉醉了九重春色,便看花十里归来。[前腔]十年窗下,遇梅花冻九才开。夫贵妻荣八字安排。敢你七香车稳情载,六官宣有你朝拜。五花诰封你非分外。论四德,似你那三从结愿谐。二指大泥金报喜,打一轮皂盖飞来。

(汤显祖《牡丹亭》第三十九出)

修辞格也是句子衔接的重要手段。比喻、对照、排比、反复、递进、顶针、回环、映衬等辞格都是句子衔接的常用的方法。《洛阳伽蓝记》:"洛阳城东面北头第一门曰建春门。门外御道北名建阳里。建阳里东有绥民里。绥民里东即崇义里。"采用顶针手法把几个分句连接成为一个整体。谢璞用"珍珠"一词的本义和比喻义,把文章连成了一个整体:"滨湖人民利用天然水源,精心地养殖珍珠蚌,在很短时间内,就摸出了珍珠养殖的规律,获得了优质高产,并有所发明创造,我不禁赞为奇迹。然而,老渔人告诉我:'洞庭湖还有更美的珍珠!'"(《珍珠赋》)老渔人的话是一个伏笔,文章转入新议题的一个关节:"正当我们返回的时候,天渐渐黑了。霎时间,四面八方,电灯明亮,就像万千颗珍珠飞上天!这排排串串的珍珠,叫天上银河失色,叫满湖碧水生辉!"文章的最后一节是:"洞庭呵洞庭,你天上、地面、水下,处处闪耀着珍珠的异彩,你就是镶嵌在我们伟大祖国土地上的一颗大珍珠。"这些就是对那个伏笔的交代。伏笔和交代,可以使文章形成有机的整体。

衔接的起点是明确句子及其成分。反衔接的方法,就是故意混淆句子单位之间的界限。林亨泰《风景》:

农作物的

旁边还有

农作物的

> 旁边还有
> 农作物的
> 旁边还有
> ……

这首诗中的所有句子之间都有相互交错的单位,句子之间没有明确的界限。

无标点,是现代文学作品中广泛采用的一种手法。张承志《三岔口》:"可是我根本记不清你的模样啦我使劲想也想不起来你的脸庞模样我真的认识你吗真的和你在一块儿在秋天开满黄色的金针花的草地上听你讲过那些话吗我想不起来了我只有一个印象一个强烈的炫目的光彩的印象。"刘索拉《你别无选择》:"'假如,'董客接着说下去,'三和弦的共振是消失在时空里只引起一个微妙的和谐幻想,假如你松开踏板你就找不到中断的思维与音程的延续像生命断裂,假如开平方你得出了一系列错误的音程平方根并以主观的形象使平方根无止境地演化,试想序列音乐中的逻辑是否可以把你的生命延续到理性机械化阶段与你日常思维产生抗衡与缓解并产生新的并非高度的高度并且你永远忘却了死亡与生存的逻辑还保持了幻想把思维牢牢困在一个无限与有限的结合中你永远也要追求并弄清你并且永远弄不清与追求不到的还是要追求与弄清……'"

话语衔接是以物理世界中事物之间的秩序为基础的,是受文化世界和心理世界的规则制约的。反衔接的方法就是同物理世界、文化世界和心理世界的秩序对着干,例如反时空、时空倒置等。

小　结

(1) 句法结构是句子的结构方式,也是复合词和短语的构造方式。句法结构同语义关系不可混同。相同的句法结构负载不同语义,是句法的"多义结构"。不同的句法结构表达相同的语义关系,是句法的

"同义结构"。

（2）词序是句子里词语的次序。词序是语法手段。词序是修辞手段。词序是游戏的工具。修辞要避免多义词序的干扰。修辞要善于利用多义词序表达艺术的语言。

（3）语序是语篇中句子之间的次序。

思考与练习

（1）从翻译作品（小说与学术著作）中选取特长特复杂的名词性偏正短语，分析其层次关系。

（2）举例分析多义句法结构。

（3）举例说明句法结构跟语义关系的区别。

（4）举例说明汉语词序的灵活性与重要性。

（5）学习启功，选唐诗中一个句子，尽可能地变化词序，分析不同形式的结构和语义。

第八章 句子

句法学是研究具体语言中构造句子所根据的原则和方法的学问。(乔姆斯基《句法结构》)

无疑,句法是人类智力的主要标志,如果没有句法,人就比黑猩猩高明不了多少。(卡尔文《大脑如何思维——智力演化的今昔》)

关键词:句子 同义句 多义句 主语 谓语 宾语 状语 纵式结构 横式结构

一 句子

句子为交际而生的,在交际中生存。句子是交际的最小单位。句子是修辞的核心。一切修辞问题都落实在句子上。语音修辞和语义修辞,语体修辞和风格修辞,修辞术和修辞格,得体性,艺术化,都体现在句子上。提句子之纲,挈修辞之领,修辞之纲举则修辞之目张。修辞学是句子运动学。① 修辞与句子共舞。

美国诗人库赫写道:"一天名词们集聚在街衢,/一个形容词在一旁经过,/名词们怦然心动,就此变了,/第二天一个动词驶了上来,/于是创造了句子。"(《永恒地》)名词和动词的结合,就是句子,这就是

---

① 参看王希杰:《语言的语法分析和言语的语法分析》,《南京大学学报》1982年第1期;《抽象的词和句与具体的词和句》,《广西师范大学学报》1993年第3期;《句子面面观》,《扬州师院学报》1990年第4期;《论句子修辞学》,《修辞学研究》(五),江西教育出版社,1991年;《论句型》,《南京大学学报》1989年第6期;《论显句和潜句》,《语言教学与研究》1996年第1期。

人类语言的普遍模式。这是印欧语的句子,名词和形容词作名词的谓语,不能结合成句子。汉语的名词和形容词可以作谓语,跟名词结合成句子。

语法是用词造句的规律。句子的最小的单位是词。句子由词组合而成的。短语是词的等价物。短语是建筑的预制板。固定短语是库存的商品。自由短语是临时定制的。

句子可以从四个角度来观察:语音和语义与语法及语用。于是有四种句子:语音句和语义句与语法句及语用句。

语音句,第六章第九节说过,是按照语音标准划分的,语音句是前后有较大停顿的语音段落。

语义句是从语义角度划分出来的句子,是意义相对独立完整的语义单位。语义句内部的组成成分之间的联系叫作语义关系。

语用句由话题和述题构成。话题是已知信息,述题是未知信息。语义流向:已知信息→未知信息。

语法句是按照句法结构规律规则构造的句子。语法句的组成成分之间的关系是句法结构关系。语法句的基本结构模式是:主语+谓语。语法句是具有语气语调的主谓结构。这是抽象的模式。

句子的解读,首先要把握住语法结构。如萨特说:

> 我作为被身为身体的他人认识的东西而为我地存在。
>
> (《存在与虚无》)

主语是"我",谓语是"存在"。"作为被身为身体的他人认识的东西而为我地"是状语,绕人。

> 作为〈被{(身)为身体的他人}+认识的〉东西/而(为我地)存在

造句是一步步地扩展的:"我……存在"→"我作为……东西而……存在"→"我作为被……认识的东西而……存在"→"我作为被……他人认识的东西而……存在"→"我作为被……身为身体的他人认识的东西而……存在"→"我作为被身为身体的他人认识的东西而为我地存在"。

语用句具有同现实的对应关系,是作为交际市场上的商品的句子。

语用句具有交际价值。语音句是语音学的研究对象。语义句是语义学的研究对象。语法句是语法学的研究对象。修辞学关注的对象是语用句,从修辞的角度切入语音句和语义句与语法句。

语音句和语义句和语法句与语用句之间不是简单对应的。《百家姓》共568个字,四字一句,共142个语音句。双数音句的最后一个是:王、杨、张、姜、章、郎、方、唐、汤、常、康、黄、汪、臧、庞、梁、强、郭、骆、霍、莫、宗、洪、龚、翁、封、松、弓、蓬、宫、戎、龙、薄、鄂、蒙、双、逄、雍、通、农、充、容、终、弘、东、隆、融、空、丰、红、公、阳、方、羊、屠、狐、容、空、车、西、良、梁、钦、门、生、琴、门、宫、佟、终。押开口度大的韵,朗朗上口,铿锵有力。从"赵钱孙李"开始,到"第五言福",是并列结构,最后是"百家姓终","百家姓"是同位语,谓语是动词"终",那么只是一个语法句。也只是一个语义句。

语法句和语义句不是一回事。"人咬狗"和"狗咬人"都是主谓宾句,语义大不相同。"小李的眼睛大。"主谓谓语句。"小李大眼睛。"名词谓语句。"小李眼睛大。"形容词谓语句。三个句子语义相同,却是不同的语法句。鲁·阿恩海姆说:"如果一位语言学家试图说服我们,'那个小孩在追赶那只猫'和'那只猫被那个小孩所追赶'这两句话包含着同一信息,这不过暴露了他的无知。"① 修辞学家说这两个句子同义的同时,强调的正是这两个句子的差异。

不合语法的句子,不等于毫无意义。合语法的句子可能毫无意义的。例如:

洒水车里喷出橘子露

老酒瓶里长满白发

广告牌在风中走动

……

---

① [美]鲁·阿恩海姆著:《艺术心理学新论》,郭小平译,商务印书馆1996年,第126页。

孔明于2000年复活

世界上一下子死去两千个总统　　　　　　（詹小林《荒诞》）

语义荒谬,但语法是合格的。

　　语法句和语用句不是对等的。不符合汉语语法规则的句子,人们听懂了,理解了。符合语法规则的句子,不一定就一定能听得懂。斯蒂芬·平克说:"我们常常会有这种体会,虽然一些句子并不符合英语语法规则,但我们却可以从常识上理解它们。……虽然它们在语法上有问题,但意思非常好懂。"[①] "一些句子虽然毫无意义,不知所云,但却符合语法标准。"[②] 平克说"即使是一些很短的句子,如果存在层层嵌套现象,也会变得不知所云",他的例子是:

The dog the stick the burned beat bit the cat.

一只被火烧过的棍子打过的狗咬了这只猫。

　　语法病句不一定就是语用的病句。不合语法的句子可能是语用的佳句。语用的病句大都是合语法的句子。"你怎么这样说话?""你这样说就是你的错。""在这个场合,你不可以这样说的!""你对我说这句话,就是你的错。"所有这些被指责为语用不合适不得体的话,语法上都是毫无问题的。儿童是语法的天才。三岁的孩子基本上掌握了母语的语法。不需要上语法课。小学以后,一般情况下,是不会出现语法病句的。出问题的大都是语用病句。

二　常规句和超常句

"(一个被人家轻视着的女子短期旅行的佳地明媚的风景在舞场海水浴场电影院郊外花园里生长着的香港被玩弄的玩弄着别人的被轻视的

[①] ［美］史蒂芬·平克著:《语言本能:人类语言进化的奥秘》,欧阳明亮译,浙江人民出版社2015年,第80页。

[②] ［美］史蒂芬·平克著:《语言本能:人类语言进化的奥秘》,欧阳明亮译,浙江人民出版社2015年,第82页。

被轻视的给社会挤出来的不幸的人啊)"(穆时英《Craven "A"》)这类无标点文字,打破句子和句子之间的界限。

　　福克斯的《在我弥留之际》中有一段文字:"他走过来看我喊道抓住她达尔抓住她他没有回来因为她太重了他只好再接着去抓她我喊道抓住她达尔因为在水下她能比任何男子都游得快达尔只好悄悄地去抓她于是我知道他能抓住她因为他最长于此道即使骡子挡道也不在话下他们又潜入水中腿往上伸得笔直又卷入水中他们现在背朝上达尔只好再一次去抓因为在水里她能比任何男人或女人都游得快我走过弗农身边他不愿下水帮助达尔他不愿和达尔一道悄悄去抓她他不愿帮忙。"弗里德曼说:"在其中一段(按:即上段)独白中,他想象着他弟弟达尔试图把她从水中拉上岸来,这段独白没有标点,表明他正处在相当远离意识的思想阶段。"① 这是句子的偏离现象。

　　句子分:零度句和偏离句。偏离句分正偏离句和负偏离句。零度句是常规句,偏离句是超常句。正偏离句是佳句,负偏离句是病句。佳句和病句有四种:语音佳句和语音病句、语义佳句和语义病句、语法佳句和语法病句、语用佳句和语用病句。

　　语音病句是上不了口入不了耳的句子。语义病句是语义荒谬的句子。语法病句是语法不合格的句子。语用病句是交际场中不能接受的句子,不得体的句子。四种病句不是简单一一对应的。如:

　　　　谢公最小偏怜女,自嫁黔娄百事乖。　　(元稹《遣悲怀三首》)
谢公,本指东晋的谢安,这里借指诗人的岳父韦夏卿。谢安偏爱自己的最小的侄女谢道韫。诗人用来比喻自己的岳父韦夏卿偏爱自己的最小的女儿韦丛,诗人的妻子。诗人把自己比喻为黔娄——春秋时齐国的一个贫士。"谢公最小偏怜女"是一个复句,第一个分句"谢公最小",第二个分句:"(谢公)偏怜女"。"谢公最小偏怜女"完全符合语法。问题

---

①　[美]梅·弗里德曼著:《意识流:文学手法研究》,申雨平等译,华东师范大学出版社1992年,第240页。

出在，它所负载的语义内容（谢公最小）与历史事实不符合，这同事实不符。事实是：不是谢安最小，而是谢道韫最小。常规的表达应当是："谢公偏怜最小女"。为了音韵节奏而颠倒词序，词序颠倒当导致言不达意。"谢公最小偏怜女"，语法没问题，是语法常规句，是语义病句，不是没有意义，而是话说反了，句子的意义跟事实不符合。

句子修辞的任务是：（1）把语音病句和语义病句与语法病句和语用病句转化为常规语音句和常规语义句与常规语法句和常规语用句。这就是所谓的消极修辞。（2）把语音病句转化为语用佳句、语义病句转化为语用佳句、语法病句转化为语用佳句。这就是所谓的积极修辞。可以说，修辞学是转化之学。①

三　主语和谓语

语言的王国是名词的王国。名词具有特强的自我滋生能力，不停地繁殖着。动词数量少，但是本姓"动"，一时一刻也闲不住。春光明媚，名词"思春"，动词"好逑"，于是成双成对，主谓一家亲，白头偕老。形容词紧随其后来到了，形容词花枝招展，美丽动人。有名词以身相许，就有了形容词谓语句。名词们有相互结伴而行的，这就是名词谓语句。名词懒洋洋，多动症的动词忙忙碌碌劳碌命。

语法的句子二分：主语＋谓语。主谓结构是所有语言中的最基本的结构。跟主谓短语的区别在句子具有语气语调。句子是具有语气语调的主谓结构体。换言之，具有语气语调的主谓短语就是句子。句子是主语和谓语的对立统一。汉语句子，主语在前，谓语在后。"主语—谓语"是常规句。"谓语＋主语"是倒装句。如："起来，不愿做奴隶的人们！"（《中

---

① 参看王希杰：①《病句转化学》，《云梦学刊》1989年第1期；《病句生成学》，《汉语学习》1989年第3期；《语言的病句和言语的病句》，《语文月刊》1995年第8期；《应大力开展病句修辞的研究》，《平顶山师专学报》2001年第3期。

华人民共和国国歌》)

主语是话题,谓语是对话题的陈述。主语是已知信息,谓语是未知的新信息。已知信息可以省略,未知信息不可省略。诗词中,主语省略尤其多。杜甫:

娇儿不离膝,畏我复却去。　　　　　　　　(《羌村三首》)

"复却去"的主语是什么?谁"复却去"?主语不明。潜藏着多种理解的可能性:(1)娇儿害怕我再次离去。(2)娇儿害怕我,娇儿再次离我而去。(3)娇儿畏惧我,我"复却去"。杜甫的意思是第一种,娇儿害怕父亲复却去。杜甫本意是:娇儿害怕父亲再度离开自己而去。"娇儿不离膝",不离膝的娇儿并没有因为畏惧而离开。主语省略汉语里很常见,汉语主语省略大大多于英语等印欧语。主语省略中显现出的是汉语特有的简洁风格。

启功跟主语较了真,说:"再后教起古代文章和诗词作品,问题就来了,句式真是五花八门,没有主语的,没有谓语的,没有宾语的,可谓触目惊心。我回忆小时学英语语法有一条:一个句子如在主语、谓语、宾语三项中缺少任何一项时,这就不算一个完成的句子。我国古代作者怎么作了这么多未完成的句子呢?真不减于小孩唱的一首儿歌:两只老虎,两只老虎,跑得快,跑得快。一只没有尾巴,一只没有脑袋。真奇怪,真奇怪。我努力翻检一些有关讲古代汉语语法修辞的书,得知没有的部分叫作'省略',但使我困惑不解的是为什么那么多省略之后的那些老虎,还那么欢蹦乱跳地活着。"(《古代诗歌、骈文的语法问题》)①

虽说汉语有句句有主语的,如:"新年来到,糖瓜祭灶。姑娘要花,小子要炮。老头子要戴新呢帽,老婆子要吃大花糕。"(北京儿歌)但是,启功说得没错,主语的大量省略是汉语的常见现象。区分语言和言语,启功的问题可以这样解决:句子是"主语+谓语"是指语言的句子,没有主语的句子是属于言语的。言语交际,有上下文,有时间和场景,有交

---

① 启功:《汉语现象论丛》,商务印书馆2018年,第16—17页。

际前提,话题是已知的,是不言而喻的,主语的大量省略是允许的,没啥子的。

主语模糊性是古代汉语的一大特色。李白:

玉阶生白露,夜久侵罗袜。
却下水精帘,玲珑望秋月。　　　　　　　　　　(《玉阶怨》)

主语是什么?谁在望秋月?是一位女士。白露所侵的罗袜是她的。"却下水精帘"的也是她。"玉阶生白露"是她的感知。全诗是这位女士在"玉阶怨"。李白是这位女士的代言人。诗人余光中说:"但是遇到像李白的《玉阶怨》:'玉阶生白露,夜久侵罗袜;却下水精帘,玲珑望秋月'一类诗,我们就颇费踌躇了。如果译文用第一人称的 I,则诗的主题直逼眉睫,我们不仅同情那美人,我们简直就是那美人自己了。如果译文用第三人称 she,则诗的主题就推远了。我们遂从合一(identification)退为同情(sympathy),也就是说,从参加(participation)退为旁观(observation)。"①诗歌主语的模糊性是古典诗歌朦胧美的特征。过分追求主语,反而损害了诗的情趣。

四　主语和宾语与定语

句子可三分:主语+谓语+宾语。这是语义的划分,是语义句的基本格局。

主语跟谓语相对。宾语是谓语的组成部分。语法上,主语跟宾语不在同一个层面上,两者不是直接成分,没有语法关系。德国心理学家约翰内斯·恩格尔坎普说:"构成句子的意义的是它的'主语'和'宾语'的句法关系。"②宾语同主语之间的关系是语义关系。语法上,主语跟宾语

---

①　余光中:《余光中谈翻译》,中国对外翻译出版公司2002年,第5页。
②　[德]约翰内斯·恩格尔坎普:《心理语言学》,陈国鹏译,上海译文出版社1997年,第22页。

之间没有句法结构关系。主语和宾语都是名词或名词性短语,都是动词的关系户。但是,它们不是同一个档次的,不在同一个句法平面上。①

吕叔湘说:"主语是对谓语而言,宾语是对动词而言。主语是就句子格局说,宾语是就事物和动作的关系说。主语和宾语的位置不在一个平面上,也可以说是不在一根轴上,自然不能成为对立的东西。主语和宾语既然不相对立,也就不相排斥。一个名词可以在入句之前做动词的宾语,入句之后成为句子的主语,可是它和动词之间的语义关系并不因此而消失。不但是宾语分为施事、受事、当事、工具等。在一定程度上,主语也可分为施事、受事、当事、工具等。在一定程度上,宾语和主语可以互相转化。"②"就事物和动作的关系说",就是说是语义关系为内托。"不在一根轴上","不能成为对立的东西","主语和宾语既然不相对立,也就不相排斥",说的是句法问题。主语和宾语一家亲,亲的是语义。主语和宾语不相干,说的是句法结构。宾语升格,跟主语和谓语分庭抗礼,并驾齐驱,"主语—谓语—宾语",三驾马车是语义的关系,句法上依然是二分法:主语+(谓语+宾语)。打个比方来说,主语和宾语虽然具有种族的血缘关系,但是拥有不同的国籍。

主语和宾语互换位置,"张三敬佩李四"和"李四敬佩张三",语法上是同一个句子,并无区别。语义大不同,是词汇义造成的。

语义不变的主宾语换位有两种。第一种,语法换位;第二种,修辞换位。

语法换位,指运用语法手段使主语和宾语互换位置。例如:

①我吃了巧克力。

②巧克力被我吃了。

③我把巧克力吃了。

例①是主动句,"巧克力"是主语。例②是被动句,"巧克力"是宾语。

---

① 参看王希杰:《施受、词序、主宾语》,《南京大学学报》1987年第3期。
② 吕叔湘:《汉语语法分析问题》,商务印书馆2017年,第62—63页。

例③是"把"字句,"巧克力"位于状语位置上。修辞换位,如昆明大观楼长联:"五百里滇池,奔来眼底"、"数千年往事,注到心头。"用"奔来"和"注到"替换"看"和"想",保证主语和宾语换位之后,语义大体不变。

修辞式主宾语换位,有两种。第一种语义大体不变。例如:

④我看到一个人。→一个人闯进了我的眼帘。

⑤我想到一个好主意。→一个好主意涌现在我的脑海里。

⑥杨子荣打死了一只老虎。→一只老虎撞到杨子荣的枪口上了。

⑦疾走来停止在街道旁的汽车吐出一个披着青草的气味的轻大衣的妇人和她的孙女儿来。

最后一例,常规说法是:"一个披着青草的气味的轻大衣的妇人和她的孙女儿走出疾走来停止在街道旁的汽车来。"

第二种,换位之后,语义荒谬。梭伦:"我们没有乘坐铁路,铁路倒乘坐我们。/不是人在牧牛,简直是牛在牧人。"(《瓦尔登湖》)但是正是荒谬营造出新奇感。这在日常生活中有的是。小学生说:"我在看书。我在做作业。"妈妈挖苦说:"你在看书?是书在看你!你在做作业?是作业在做你!"

宾语的复杂化常常复杂在它的定语上。闻一多写道:

> 他看不出"鹦鹉惊寒夜唤人"句一定比"山雨滴栖鸥"更足以令人关怀,也不觉得"牛羊识童仆,既夕应传呼"较之"归吏封宵钥,行蛇入古桐"更为自然。　　　　　　　　(《贾岛》)

这是简单的主动宾句。复杂在宾语上。第一个分句的宾语是:"鹦鹉惊寒夜唤人"句一定比"山雨滴栖鸥"更足以令人关怀。宾语是主谓短语。主语是:"'鹦鹉惊寒夜唤人'句一定比'山雨滴栖鸥'",谓语是:"更足以令人关怀"。第二个分句的宾语是:"牛羊识童仆,既夕应传呼"较之"归吏封宵钥,行蛇入古桐"更为自然。也是主谓短语。话题主语是:"'牛羊识童仆,既夕应传呼'较之'归吏封宵钥,行蛇入古桐'",谓语是:"更为自然"。

闻一多偏爱这种表达方式,他写道:

> 早年记忆中,"坐学白骨塔"或"三更两鬓几枝雪,一念双峰四祖心"的禅味,不但是"独行潭底影,数息树边身"、"月落看心次,云生闭目中"一类诗境的蓝本,而且是"瀑布五千仞,草堂瀑布边"、"孤鸿来夜半,积雪在诸峰。"甚至"怪禽啼旷野,落日恐行人"的渊源。
>
> (《贾岛》)

这是一个句子的基本骨干是:"禅味是蓝本,是渊源"。可以转写为:

> 早两年记忆中(的)"坐学白骨塔。"或"三更两鬓几枝雪,一念双峰四祖心。"的**禅味**,不但是"独行潭底影,数息树边身。……月落看心次,云生闭目中。"一类诗境的**蓝本**,而且是"瀑布五千仞,草堂瀑布边。……孤鸿来夜半,积雪在诸峰。"甚至"怪禽啼旷野,落日恐行人。"的**渊源**。

可以简缩为:

> **禅味**,是**蓝本**,是**渊源**。

宾语复杂化了,不,是宾语的定语复杂化了。

定语地位低下,从属于主语,从属于谓语的下属成分的宾语,上不了台面。但是,语义上、语用上甚至比它所修饰的中心词更重要。庞朴说:

> "白马非马"和"白马是马",争论的是个别和一般的关系问题。"白马"代表个别,"马"代表一般。……公孙龙大胆地用"白马非马"向"白马是马"这一常识挑战,究其实质,也就是在中国哲学史上,破天荒地提出了个别和一般的关系问题,来进行讨论。这是人类认识史上的又一巨大成绩。虽然公孙龙的答案错了,它否认"个别就是一般",否认认识的辩证法;但它错得悲壮,它的功绩无法磨灭。[①]

人们一眼就看出"白马非马"的荒谬,但是却经常说:"女人不是人。""男人不是人。""小人(小孩子)不是人!"而且很是坚持,"男人就是不是人。""女人就是不是人。""小孩不是人,乘公交车不用买票!"修辞学尤其关注定语的修辞功能。

[①] 庞朴:《公孙龙子今译》,巴蜀书社1990年,第10页。

"时代的列车"是定语否定了中心词,是负定语。但是,"负定语"并不真的"负"。"我的感情的三角梅啊"(舒婷《会歌唱的鸢尾花》),"让阳光的瀑布洗黑我的皮肤"(顾城《生命幻想曲》),"中国的高尔基——鲁迅","中国现代的孔夫子","千万个雷锋",具有强烈的修辞色彩,是正能量。

定语错位是语病,但是可转化为艺术语言。例如:

①那天早上,辛楣和李梅亭吃了几颗疲乏的花生,灌了半壶冷淡的茶…… (钱锺书《围城》)

②小石匠浑身立时暴起一层幸福的鸡皮疙瘩。

(莫言《透明的红萝卜》)

③说不定他会给她一记金光灿灿的大耳光。

(朱苏进《城市的爱情》)

④又捏住腮沉思,手指恰好掩住那位要咆哮的粉刺。

(张欣《咱俩谁是谁》)

"疲乏、冷淡"跟"花生米、茶"是"驴头不对马嘴","那位、咆哮"同"粉刺"无关无缘。"金灿灿"与"大耳光"搭配不当。"幸福"属于人,跟鸡皮疙瘩说不到一块去的。都是语义病句。但是,是修辞佳句。是比喻,是拟人,是联觉。

超长的超常定语给人以一种怪怪的感觉。例如:

⑤一朵墨绿色的罂粟花似地,羽样的长睫毛下柔弱得载不住自己的歌声里边的轻愁似地,透明的眼皮闭着,遮住了半只天鹅绒似的黑眼珠子…… (穆时英《墨绿衫的小姐》)

⑥羽样的长睫毛下像半夜里在清澈的池塘里开放的睡莲似的半闭的大眼眸子是永远织着朦胧的五月的梦的!

(穆时英《电影的散步.性感与神秘主义》)

⑦她有两种眼珠子:抽着 Craven 'A' 的时候,那眼珠子是浅灰色的维也勒绒似的,从淡淡的烟雾里,眼光淡到望不见人似的,不经意地,看着前面;照着手提袋上的镜子搽粉的时候,舞着的时候,笑

着的时候,说话的时候,她有一对狡黠的耗子似的深黑眼珠子,从镜子边上,从舞伴的肩上,从酒杯上,灵活地瞧着人,想把每个男子的灵魂全都偷了去似的。　　　　　（穆时英《CRAVEN "A"》）

例⑦,其实就是:"她有两种眼珠子:抽着 Craven 'A' 的时候,浅灰色的维也勒绒似的,从淡淡的烟雾里,眼光淡到望不见人似的,不经意地,看着前面的眼珠子和照着手提袋上的镜子搽粉的时候,舞着的时候,笑着的时候,说话的时候,从镜子边上,从舞伴的肩上,从酒杯上,灵活地瞧着人,想把每个男子的灵魂全都偷了去似的,她有狡黠的耗子似的一对深黑眼珠子。"带两个长长的定语,读起来有点儿吃力,看似复杂,其实简单。而原来的句子,阅读方便流畅,但是,容易陷入于迷魂阵之中。

五　动词谓语

动词性短语和形容词性短语可合称为谓词性短语。谓词性短语分:前偏动词短语(状语)和后偏动词短语(补语)。谓词性短语主要是做谓语。短语中最复杂的是动词性短语。句子中,最复杂的是动词谓语句。谓语中最复杂的是动词短语的谓语。动词短语谓语句是语法学家关注的中心。

主语比谓语简单。句子的复杂大都复杂在谓语上。名词谓语句、形容词谓语句相对比较简单,最复杂的是动词谓语句。形容词短语不可能复杂到哪里去。动词短语是最复杂的短语。动词好动,东拉西扯,拉帮结派。及物动词尤其好事。动词谓语句中的动词四通八达:

(1)动词短语跟主语相互对立相互依存。

(2)通过主语,跟主语的定语联系着。

(3)在谓语内部,动词跟宾语相对。

(4)在谓语内部,跟状语相对。

(5)在谓语内部,跟补语相对。

(6)通过宾语,跟宾语的定语联系着。

复杂的动词短语是由三种短语——动宾短语和状中短语和后补短语——组合成为的：

状语
↓
〈定语〉主语 ←→ 谓语动词 → 〈定语〉宾语
↑
补语

句子是主语和谓语的组合。谓语内部是动宾短语和状动短语和动补短语的组合。谓语动词对外，同主语相对。对内，要同宾语和状语与补语相处，句法和语义都要和谐相处。再进一步，还要注意到跟主语的定语和宾语的定语的语义联系。谓语内部最重要的是动宾关系。

动宾短语作谓语是最常见的。动词前面走，名词紧跟其后。初学汉语的老外，常常问道："'吃食堂'？食堂怎么吃呀？"问题出在忽视了动宾短语的语义是多样的：

受事　吃大娘水饺、吃北京烤鸭、吃盒饭
处所　吃食堂、吃馆子、跑路、走大路、逛马路
方式　吃包伙、吃 AA 制、吃宴席、吃小灶、吃外卖、吃烧烤
工具　吃大碗、喝纸杯、吃饭盒、吃火锅、荡秋千、坐飞机
结果　造房子、打草稿、写文章、吃坏肚子
数量　吃一碗、喝两杯、喝二两、来两斤
施事　走人、住人、来客人、晒太阳

老外之所以提出这个问题，是因为受事宾语是最常见的，各种语言中都有的。强势的受事关系挤压、代替了其他语义关系。新加坡人说"吃饭盒"，旅日华人认为不可接受。其实"吃饭盒"是可以接受的，正如南京人的"吃冰棒"。事实是：吃砂锅＝吃鱼头砂锅＝吃砂锅鱼头。但是，这类习惯说法，往往不可简单地类推。说"吃食堂""吃馆子"可以，但是不说"吃第三学生食堂""吃北京王府井中间的那家的馆子"。

动宾结构的语义关系是复杂的。例如：

①穿鞋穿出健康　　　　　（《中国青年报》1996年8月30日）
②读您,读您的热情与理想／您的苦闷您的冤屈。

(郑炯明《墙》)

③这个药是吃肠胃的。这个药是吃高血压的药。

明代人赵南星:"郡人赵世杰半夜睡醒,语其妻曰:'我梦中与他家妇女交接,不知妇女亦有此梦否?'其妻曰:'男子妇人,有甚差别。'世杰遂将其妻打了一顿。至今留下俗语云:'赵世杰,半夜起来打差别。'"(《笑赞》)"打差别"!? 赵世杰打的是妻子,原因是妻子说了句大实话:"有甚差别",以原因代替对象,就"打差别"了。

六　状语:近状语和远状语

状语是动词和形容词的修饰语。可以把状语分为:(1)近状语,(2)远状语。近状语位置在它所修饰的动词形容词之前。基本上不能离开中心词,尤其是单音节紧紧地跟着中心词,忠心耿耿,一步不离。徐志摩:

轻轻的我走了,
正如我轻轻的来。
……
悄悄的我走了,
正如我悄悄的来。　　　　　　　　　　　　（《再别康桥》）

"轻轻的"和"悄悄的"是近状语,常规位置是在主语之后谓语中心词之前。移到主语之前,颠覆常识,骇人听闻,获得非常的效果。"轻轻的我走了"因此已经成为徐志摩的名片。

冯至:

寂寞的儿童,白发的夫妇,
还有些年纪青青①的男女,
还有死去的朋友,他们都

---

① 年纪青青:今作年纪轻轻。

>给我们踏出来这些道路;
>我们纪念着他们的步履
>不要荒芜了这几条小路。　　　　(《十四行集》第十七首)

废名批评说:"但如第三章第三行'还有死去的朋友,他们都'未免笑话!"① 可笑之处在于:单音节副词"都"是近宾语,理当紧紧跟着动词。可是"红杏出墙",远远地离开了动词。

余光中:
>从一则爱情的典故里
>你走来
>从姜白石的词里,有韵地
>你走来　　　　　　　　　　　　(《等你,在雨中》)

"有韵地"是近状语,离开谓语动词,到主语之前,就是陌生化手法。"从一则爱情的典故里"、"从姜白石的词里",通常在主语和谓语之间,提前到主语之前,也很常见。"从……",音节少,紧靠着动词,音节太长,适宜于移到主语前。

远状语的位置是在主语之前,句子的最前端。"长亭外,古道边,芳草碧连天。"三个语音句。一个语法句:"长亭外,古道边"是远状语。主语是"芳草"。谓语是"碧连天"。谓语中心词是形容词"碧","连天"是谓语中心词的补语。远状语是修饰主语和谓语的。可以二分:(长亭外,古道边)+(芳草+碧连天)。近状语是谓语的组成部分。远状语跟主语和谓语并驾齐驱。所以也三分为:(长亭外,古道边)+(芳草)+(碧连天)。即:远状语+主语+谓语。远状语的位置在主语之前。远状语可以移到全句最后:"芳草碧连天,长亭外,古道边。"但是,不能移到主语和谓语动词之间,"芳草长亭外古道边碧连天",别扭,难以上口。

近状语(特别是单音节的副词)需要紧紧跟着(黏着)动词。不可以"离家出走"。离家出走的近状语最好请他回家。例如:

---

① 废名:《论新诗及其他》,辽宁教育出版社1998年,第189页。

①大约她是青年守寡的孤孀。
（鲁迅《阿长与山海经》，1926年《莽原》第6期）
她大约是青年守寡的孤孀。　　　　（《鲁迅全集》第六卷）
②忽然他觉得头发晕眼睛发黑……　　（巴金《寒夜》甲版）
他忽然觉得头发晕眼睛发黑……　　　　　　　　（乙版）
③突然感情在她的身体内满溢起来……　（巴金《雷》，甲版）
某一种感情突然在她的身体内满溢起来
④（原句）他听人讲过，这里的妇人都—在夏天—赤着背。在屋外坐着……
（改句）他听人讲过，这里的妇人，在夏天，都赤着背，在屋外坐着。　　　　　　　　　　　　　　（老舍《骆驼祥子》）

鲁迅、巴金、老舍修改时都把外逃的近状语捉拿回家了。

贺敬之：

　　我要唱呵，
　　我要写，
　　在这欢庆的锣鼓声中，
　　在这祝捷的不眠之夜。　　　　　　（《中国的十月》）

如果改成：

　　我在这欢庆的锣鼓声中，
　　在这祝捷的不眠之夜，
　　要唱呵，
　　要写。

则别扭，拗口。

远状语经常是表示时空的短语，可以特长。秦牧：

当你坐在飞机上，看着我们无边无际的像覆盖上一张绿色地毯的大地的时候；当你坐在汽车上，倚着车窗看万里平畴的时候；或者，在农村里，看到一个老农捧着一把泥土，仔细端详，想鉴定它究竟适宜于种植什么谷物和蔬菜的时候；或者，当你自己随着大伙在田里插秧,黑油油的泥土吱吱地冒出脚缝的时候,/你曾否为土地涌现过许许多多的遐想?……想起在绵长的历史中,我们每一块土地上面曾经出现过的人物和事迹,他们的苦难、怨恨、希望、期待的心情?

(《土地》)

翻译作品中远状语多而长,如:

当《葛兹》引起骑士和强盗小说流行,《维特》引起事实上和文学上的自杀之风,《强盗》引起了《大盗阿柏林诺》那样的作品,而广大读者在独创和模仿之间毫无区别时,/伟大的作者便退出了竞技场。(勃兰兑斯著,刘半久译:《十九世纪文学主流》第二分册《德国的浪漫派》)

句子切分是:远状语+(主语+谓语)。远状语是主语和谓语的修饰语,即句子的修饰语。当然也可以三分:远状语+主语+谓语。因为远状语同主语和谓语之间比较疏远,可以作较大的停顿。

传统句子成分为:主语、谓语、宾语、定语、状语、补语。二分法兴起之后,备受攻击。其实,也有简单方便之处。

七 长句和短句

长句和短句,是一组相对的概念。

长句和短句的"长"和"短",指的是所包含的词语数量多少。长句和短句,其实都是对不长不短的句子(常规句)而言的。现代汉语中的句子比古代汉语的句子长。

长句和短句,同单句和复句不能混同。单句和复句是从句法结构上说的,只有一个主谓结构的是单句,有两个以上的主谓结构的是复句。张一弓:

在他流下了一大缸咸涩的汗水而使他成了全公社赫赫有名的"亩产千元"的"种烟状元",安哥拉长毛兔给他带来的一千多元进项又使他获得"养兔大王"的光荣称号之后;在他别出心裁地打破自西汉时代流传至今的"五脊六兽"、青砖到顶的传统设计,用钢筋水泥预制板盖起了使山民们叹为观止的三大间新式平顶屋之后;在迎亲"炮手"李赖孩儿骑到树杈上点燃了千头火鞭,迎来了系着大红彩绸的汽车,媒人王大脚兜头盖脸地朝新娘身上撒了满满一升五谷掺和着硬币的"喜钱"之后;在从"响器沟"高价请来的"唢呐王"第四代玄孙鼓起腮帮、涨红脸庞,吹奏着《抬花轿》的古老曲牌,同从嵩阳街租来的三洋牌收录机里传出的"毛毛雨,啊,毛毛雨"进行了声嘶力竭的拼搏之后;在公社秘书兼主婚人、新郎的本家叔李兴富吸着带嘴儿的喜烟,向满院子喝着喜酒、嚼着喜糖的喜客们发表了"巧种烟赛过摇钱树,光棍坡飞来金凤凰"的长篇贺词之后;在麦收娘为她的从小没爹的苦孩子的一个迟到的婚配,用衣襟、用袖口、用头巾、用干涩的手掌抹去无数次辛酸的眼泪之后,二十八岁的李麦收终于有个媳妇了。　　　　　（《流泪的红蜡烛》）

这个句子,虽然长,却是一个单句。句子其实很简单:主语是"二十八岁的李麦收",谓语是"终于有个媳妇了"。长就长在远状语上,远状语是六个"在……之后"的介词短语的并列。嵌入"在……之后"框架中的是复句。单句并不一定简单,复句不一定是非常复杂的。例如:"再笑不理你!"短虽短,却是个复句:你再笑,我就不理你了。

　　长句的复杂性,表现在语义内容和结构形式两个方面。长句,结构比较复杂,组织严密,容量较大,有气势,叙事具体,说理周详。

　　同外语相比,汉语中长句少。翻译作品中的句子普遍比较长。古代汉语中长句比现代汉语少。现代汉语中,书面语的长句比口头语中多。

　　汉语的长句长在:(1)远状语,(2)并列成分多,(3)修饰语多而复杂。上面张一弓《流泪的红蜡烛》中的那个长句,长在远状语上。吴承恩:

亢金龙、氐土蝠、房日兔、心月狐、尾火虎、箕水豹、斗木獬、牛金牛、女土貉、虚日鼠、危月燕、室火猪、壁水貐、奎木狼、娄金狗、胃土雉、昴日鸡、毕月乌、觜火猴、参水猿、井木犴、鬼金羊、柳土獐、星日马、张月鹿、翼火蛇、轸木蚓，领着金头揭谛、银头揭谛、六甲六丁等神、护教伽蓝，同八戒、沙僧，不领唐三藏，丢了白龙马，各执兵器，一拥而上。

(《西游记》第六十五回)

这个长句长就长在并列结构上。理论上说，并列结构的项目是没有限制的。地球上已经有八十亿人口了，那么可以列举这八十亿人的姓名来造一个单句。

修饰语多而复杂是长句的长的主要原因。有一篇讽刺小品，县委办公室主任主持全县防汛救灾动员大会上说：

洪峰即将到达我县境内，我们为此召开全县防汛救灾动员大会。下面让我们以掌声欢迎县委书记、行政机关岗位责任制第三季度考评委员会主任、整顿以工代干领导小组组长、五四三委员会主任、职称评定工作领导小组组长、文联名誉主席、落实政策领导小组组长、纠正和查处党员干部在招工转户口（农转非）中不正之风领导小组组长、县委党校名誉校长、保密委员会主任、综合治理社会治安领导小组组长、核实"三种人"领导小组组长、书法协会名誉会长、信访工作领导小组组长、端正党风领导小组组长、儿童少年协调委员会主任、计划生育宣传领导小组组长、防治地方病领导小组组长、妇女病普查委员会主任、打击刑事犯罪第四战役领导小组组长、招聘专职武装干部领导小组组长、农工商公司名誉经理、高考领导小组组长、电大招生委员会主任、维护妇女儿童合法权益活动领导小组组长、护林防火指挥部总指挥、安装电视接收塔（一百八十米高）总指挥兼安全生产领导小组组长、清理淫秽黄色录像录音带委员会负责人、防汛抗旱救灾总指挥赵钱孙同志讲话！

(《讽刺与幽默》1987年3月5日)

这个特长的句子长就长在宾语"赵钱孙同志"的修饰语上。长是长，却很简单，28个名词性短语的并列。穷尽量多地罗列头衔，是反讽式夸张。据媒体报道说，2019年戈德史密斯奖的得奖小说《鸭子，纽伯里波特》，全书是长达1000页的一个句子。这部小说把意识流叙事推到极点。

短句结构简单,语法关系明确,短小精悍,生动活泼,明白易懂,有力量。

长句和短句,各有长处。一篇讲话或文章,通常都需要长句和短句交错使用。

我们不但要知道长句和短句的特点,还要掌握长句化为短句、短句变为长句的方法。递归是句子复杂化的重要原因之一。哲学家赵汀阳说:"假如可以说'我碰巧知道那是真理',就不得不接着说:'我碰巧知道我碰巧知道那是真理',也就不得不说'我碰巧知道我碰巧我知道我碰巧知道……'这种没完没了的'碰巧知道'只不过是一笔没完没了的糊涂账,它只能证明我一直到现在还不知道,而且将来也不知道我是否知道。"(《思维迷宫》)"知道"的宾语分别是:"那是真理"、"我碰巧知道那是真理"、"我碰巧知道我碰巧知道那是真理"。

各种语言中,短句变长句的办法都是多种多样的。甚至小孩也会。如《杰克造房子》的儿歌:

>This is the farmer sowing the corn,
>
>that kept the cock that crowed in the morn,
>
>that waked the priest all shaven and shorn,
>
>that married the man all tattered and torn,
>
>that kissed the maiden all forlorn,
>
>that milked the cow with the crumpled horn,
>
>that tossed the dog,
>
>that worried the cat,
>
>that killed the rat ,
>
>that ate the malt,
>
>that lay in the house that Jack built.

这首儿歌长句,以 This is the house that Jack built(这是杰克造的房)开始,接下去加长为 This is the malt that lay in the house the Jack built(这是放在杰克造的房里的麦芽),然后不断地加长下去。内容是:农夫种棒子，棒子喂公鸡，公鸡早打鸣，吵醒老牧师，牧师刮胡子，娶一叫花子，花子亲小妞，小妞养母牛，母牛长犄角，犄角挑黄狗，黄狗追花猫，花猫吃土耗，土耗吃麦草，麦草堆阁楼，阁楼杰克造。①

八　整句和散句

单个的句子，无所谓整和散，许多句子组合在一起，就有了整和散的问题。一组句子有这样那样的相同相似之点，就叫作整句。整句是骈体文的灵魂。陶潜：

> 愿在衣而为领，承华首之余芳；悲罗襟之宵离，怨秋夜之未央。愿在裳而为带，束窈窕之纤身；嗟温凉之异气，或脱故而服新。愿在发而为泽，刷玄鬓于颓肩；悲佳人之屡沐，从白水以枯煎。愿在眉而为黛，随瞻视以闲扬；悲脂粉之尚鲜，或取毁于华妆。愿在莞而为席，安弱体于三秋；悲文茵之代御，方经年而见求。愿在丝而为履，附素足以周旋；悲行止之有节，空委弃于床前。愿在昼而为影，常依形而西东；悲高树之多荫，慨有时而不同。愿在夜而为烛，照玉容于两楹；悲扶桑之舒光，奄灭景而藏明。愿在竹而为扇，含凄飙于柔握；悲白露之晨零，顾襟袖以缅邈。愿在木而为桐，作膝上之鸣琴；悲乐极以哀来，终推我而辍音。　　（《闲情赋》）

整齐得太过分了，显得有些呆板。

一组句子，句式不同，长短不一，较少相同的词语，这就是散句。朱自清的《绿》："而瀑布也似乎分外的响了。那瀑布从上面冲下，仿佛已被扯成大小的几绺；不复是一幅整齐而平滑的布。岩上有许多棱角；瀑流经过时，作急剧的撞击，便飞花碎玉般乱溅着了。那溅着的水花，晶莹而多芒；远望去，像一朵朵小小的白梅，微雨似的纷纷落着。"这是散句，

---

① 维多利亚·弗罗姆金、罗伯特·罗德曼：《语言导论》，沈家煊等译，北京语言学院出版社 1994 年，第 196—197 页。

清新自然,轻松活泼。

　　散句,体现了语言的变化美。《世界大学生运动会全部结束》的新闻报道:"获得女子篮球比赛前八名的是苏联、美国、保加利亚、古巴、中国、加拿大、罗马尼亚和南斯拉夫队。获得男篮比赛一至八名的是美国、苏联、捷克斯洛伐克、加拿大、古巴、西班牙、巴西和保加利亚队。女子排球一至八名为苏联、古巴、保加利亚、捷克斯洛伐克、中国、美国、罗马尼亚和波兰队获得。保加利亚、捷克斯洛伐克、南朝鲜、苏联、古巴、罗马尼亚、南斯拉夫和美国队取得男排比赛的前八名。"(《语文学习》1979年第2期。中韩1992年建交前,中国称之为南朝鲜,编辑注)这个例子,本来是可以用很整齐的格式来表达的:

　　(1)获得女子篮球比赛前八名的是苏联、美国、保加利亚、古巴、中国、加拿大、罗马尼亚和南斯拉夫队。获得男子篮球比赛前八名的是美国、苏联、捷克斯洛伐克、加拿大、古巴、西班牙、巴西和保加利亚队。获得女子排球比赛前八名的是苏联、古巴、保加利亚、捷克斯洛伐克、中国、美国、罗马尼亚和波兰队。获得男子排球比赛前八名的是保加利亚、捷克斯洛伐克、南朝鲜、苏联、古巴、罗马尼亚、南斯拉夫和美国队。

　　(2)苏联、美国、保加利亚、古巴、中国、加拿大、罗马尼亚和南斯拉夫队获得女子篮球比赛前八名。美国、苏联、捷克斯洛伐克、加拿大、古巴、西班牙、巴西和保加利亚队获得男子篮球比赛前八名。苏联、古巴、保加利亚、捷克斯洛伐克、中国、美国、罗马尼亚和波兰队获得女子排球比赛前八名。保加利亚、捷克斯洛伐克、南朝鲜、苏联、古巴、罗马尼亚、南斯拉夫和美国队获得男子排球比赛前八名。

　　(3)苏联、美国、保加利亚、古巴、中国、加拿大、罗马尼亚和南斯拉夫队,美国、苏联、捷克斯洛伐克、加拿大、古巴、西班牙、巴西和保加利亚队,苏联、古巴、保加利亚、捷克斯洛伐克、中国、美国、罗马尼亚和波兰队,保加利亚、捷克斯洛伐克、南朝鲜、苏联、古巴、罗马尼亚、南斯拉夫和美国队,分别获得女子篮球比赛、男子篮球比赛、女子排球比赛、男子排球比赛的前八名。

（4）获得女子篮球比赛、男子篮球比赛、女子排球比赛、男子排球比赛的前八名的，分别是苏联、美国、保加利亚、古巴、中国、加拿大、罗马尼亚和南斯拉夫队，美国、苏联、捷克斯洛伐克、加拿大、古巴、西班牙、巴西和保加利亚队，苏联、古巴、保加利亚、捷克斯洛伐克、中国、美国、罗马尼亚和波兰队，保加利亚、捷克斯洛伐克、南朝鲜、苏联、古巴、罗马尼亚、南斯拉夫和美国队。

这四种，都显得单调呆板，不如原句。原句活泼自然，这是因为它一方面采用不同的词语，避免同一词语的重复出现。另一方面还适当变换句式，四个句子采用了三种不同的格式：

（1）获得女子篮球比赛前八名的是…… ≈ 获得男篮比赛一至八名的是……

（2）女子排球一至八名为……获得

（3）……取得男排比赛的前八名

句式的变化避免了单调乏味。

整句和散句，各有特色。整句体现整齐美，散句表现变化美。整齐和变化的统一，整句和散句的结合，才是美。

九　句际关系

句子不是孤立的，而是上下文的有机组成部分，每一个句子都应当同先行句、后续句搭配得上，必须同其他句子联系在一起，构成一个完整的语篇。鲁迅："大概是物以稀为贵罢。（1）北京的白菜运往浙江，便用红头绳系住菜根，倒挂在水果店头，尊为'胶菜'（2）；福建野生着的芦荟，一到北京就请进温室，且美其名曰'龙舌兰'。（3）我到仙台也颇受了这样的优待，不但学校不收学费，几个职员还为我的食宿操心。（4）"（《藤野先生》）第一层：（1）是命题，（2）和（3）并列关系，是对（1）的论证。第二层，（1）是前提，（4）是推导出的结论。因为"物以稀为贵"，所以"到仙台也颇受优待"。

句际关系是句式搭配问题。①《水浒传》:"却是新安县龚家村东的黄达,调治好了打伤的病(1),被他访知王庆踪迹实落处(2),昨晚到房州报知州尹(3)。"(第一百零四回)(2)是被动句,插在(1)和(3)两个主动句之中,别别扭扭的。去掉(2)的"被他"二字,三句同一个主语,就顺畅了。

句子是由词组合而成的,但句子的意义并不是一个个词的意义简单地相加。语篇是由句子构成的,但是语篇的意义也不是其中的一个个句子的意义简单地相加。语篇的意义是句义和句际关系的综合体。句际关系,莎士比亚就已经注意到了。莎士比亚:

国王:他反对读书的理由多么充足!

杜曼:他用巧妙的言辞阻善济恶!

朗格维:他让莠草蔓生,刈除了嘉谷!

俾隆:春天到了,小鹅孵出了蛋壳!

杜曼:这句话是怎样接上去的?

俾隆:各得其所,各如其分。

杜曼:一点意思都没有。

俾隆:聊以凑韵。　　　　　　　　　　　(《爱的徒劳》)

孤立地看,"春天到了,小鹅孵出了蛋壳!"并没有什么毛病。但是在这个上下文中,就是荒谬。

一个本来不通的句子,假如有了适当的上下文或必要的情景,也可能是合适的,甚至是很好的话语。启功选取王维的诗"长河落日圆",变化词序之后,"河长日落圆","圆日落长河","长河圆日落",这三个句子,"虽有艺术性高低之分,但语义上并无差别,句法上也无不通之处"。②但是,"长日落圆河"——太阳不是长的,河流怎么是圆的呢?"河圆日落长"——太阳落山同长短有什么关系呢?"河日落长圆"——河流怎

---

① 参看王希杰:《句际关系学》,《语文月刊》1984年第7期。
② 启功:《汉语现象论丛》,商务印书馆2018年,第37—38页。

么会降落呢?降落的动作同长和圆有什么联系呢?"河日长圆落"——河流不会降落,动词"落"也不能用"长"和"圆"来修饰!"圆河长日落"——用"圆"修饰"河",用"长"修饰"日",都是负面的偏离,很是荒谬。"河长日圆落"——这个句子,有两种理解:(1)河长+日圆落。(2)(河长+日圆)+落。两种解释,在物理世界上,在日常生活中,都是非常荒谬的。但是,启功说:"这几式就不能算通顺了。但假如给它们各配上一个上句,仍可'起死回生'。"例如:

"巨潭悬古瀑,长日落圆河。""长日"是"整天、镇日"的意思,"古"指"由来已久","潭"是圆的水,"瀑"是落下来的水。不但是常识完全能够接受得了,而且给人以新颖感。

"瓮牖窥斜照,河圆日落长。"从瓮牖中看出去,那河是圆的。"斜照"指长的落日。

"瀑边观夕照,河日落长圆。"选择了一个特定的视点,在瀑布旁边观看夕阳,此时,河流同太阳一同降落,河流是长长的,太阳依然是圆圆的。太阳的降落,是物理世界的事实,这是实;而河流的降落,是人的心理世界的联想现象,则是虚。虚实并提,是中国古典诗词中常用的艺术手法。

"夕照瀑边观,河日长圆落。"河流同太阳一同降落时,一个长——河流,一个圆——太阳。

"潭瀑不曾枯,圆河长日落。"永不枯干的潭水中出来的瀑布,是永远流淌着的,是整天(长日,即从早到晚)都在向下落的。

"西无远山遮,河长日圆落。"没有一座远山遮蔽着,那么看到的就不是衔山的半日。

十 纵式结构和横式结构

组词成句,组句成段,连段成章(即文章),有两种结构方式,即纵式结构和横式结构。

横式结构是并列关系,空间性的,非时间的;纵式结构是流水关系,时间性的。在空间展开的并列项目理论上是可以互换位置的;在时间中呈现着的流水似的现象,理论上是不可以更换次序的。横式结构经常表示或表现静态的联系。

横式结构往往有主次之分,多头并进时,一定需要突出主线。

修辞学研究区分横式结构和纵式结构。交际活动中往往是纵横交织、相互渗透的,纵式和横式总是交错在一起的。就词语或句子而言,既处在纵式关系中,也同时处在横式关系中。

纵式结构的下位成分之间是非并列的。纵式结构中的成分的次序是相对稳定的。例如:

①少壮不努力,老大徒伤悲。　　　　　　　(《长歌行》)
②会当凌绝顶,一览众山小。　　　　　　　(杜甫《望岳》)
③春种一粒粟,秋收万颗子。　　　　　　　(李坤《悯农》)
④松下问童子,言师采药去。　　　　　(贾岛《寻隐者不遇》)
⑤即从巴峡穿巫峡,便下襄阳向洛阳。

(杜甫《闻官军收河南河北》)
⑥半夜灯前十年事,一时和雨到心头。 (杜荀鹤《旅舍遇雨》)
⑦如今直上银河去,同到牵牛织女家。　(刘禹锡《浪淘沙》)
⑧少小离家老大回,乡音无改鬓毛衰。　(贺知章《回乡偶书》)
⑨山重水复疑无路,柳暗花明又一村。　(陆游《游山西村》)

不可随意变动。

纵式结构的特征就是一个句子接着一个句子、一个句群接着一个句群、一个段落接着一个段落,依据逻辑关系先后陆续出现,其次序是相对固定的,不可随便颠倒。次序颠倒了,意思就变了。"金猴奋起千钧棒,玉宇澄清万里埃。"孙悟空打死白骨精,天下太平。"玉宇澄清万里埃,金猴奋起千钧棒。"天下太平,孙悟空惹是生非。

纵式句群中,句子的先后顺序,往往以时间为依据。《木兰诗》:"旦辞爷娘去,暮宿黄河边。不闻爷娘唤女声,但闻黄河流水鸣溅溅。旦辞黄河去,暮至黑山头。不闻爷娘唤女声,但闻燕山胡骑鸣啾啾。"苏轼:"去年相送,余杭门外,飞雪似杨花。今年春尽,杨花似雪,犹不见还家。"(《少年游·润州作》)时间不能逆转,以时间安排的句子次序是不能颠倒的。

纵式结构往往以时间、因果、条件、程度等关系为依据,来安排词、短语、句子、句群、段落的先后。依据时间的先后来安排次序,是最常见也是最自然的结构模式。避免单调,可以加入倒叙、插叙、补叙等手法。

横式结构的特征是词语和句子、句群和段落,齐头并进,彼此独立,没有从属关系。如:

⑩梨花千树雪,杨叶万条烟。　　　　　　(李白《送别》)
⑪月随碧山转,水合青天流。(李白《月夜江行寄崔员外宗之》)
⑫日出寒山外,江流宿雾中。　　　　　　(杜甫《客亭》)
⑬细草微风岸,危樯独夜舟。　　　　　　(杜甫《旅夜书怀》)
⑭野旷天低树,江清月近人。　　　　　(孟浩然《宿建德江》)
⑮千峰孤烛外,片雨一更中。　(韩翃《华亭夜宴庾侍御宅》)
⑯涧水流年月,山云变古今。　　　　　　(崔曙《缑山庙》)
⑰芭蕉高自折,荷叶大先沉。　　　(李端《病后游青龙寺》)
⑱雨色春愁里,潮声晓梦中。　　(李频《送友人下第归越》)

横式结构的各个并列项目之间的次序,从理论上说,是可以任意颠倒,但事实上往往要受到语音、语义和习惯的种种制约。横式结构中的各个并列项目,音节方面需要对称与均衡。

小　　结

(1) 修辞与句子共舞。没有句子就没有交际。没有交际就没有修辞。没有修辞就没有修辞学。修辞学是句子运动学。

(2) 句子分语音句和语义句与语法句及语用句。病句也分为语音病句和语义病句与语法病句和语用病句。四种句子不是对等的。修辞学关注的是语音句和语义句与语法句同语用句之间的转化关系。

（3）语法句最重要的是主语和谓语的关系。相对于名词谓语和形容词谓语，最复杂的是动词谓语。从语义角度看，句子的基本格局是：主语+谓语+宾语。

（4）长句和短句、整句和散句之间的相互转换的能力，是句子修辞的基本功。

（5）话语是由许多句子组成的。句子和句子的组合就产生句际关系。句际关系主要是语义逻辑关系。

（6）纵式章法的组成单位的大次序是不可颠倒的。横式章法的组成单位之间是并列关系，理论上是可以颠倒的。

思考与练习

（1）造10个语义荒谬的句子。造10个合语法的句子。

（2）以"我"为题，写一短文。要求是一个单句。只能有一个主语和一个谓语。不是单句的，不及格。是单句的，及格。根据长度评分，字数越多的，分数越高。

（3）举例说明整句和散句的不同修辞特色。

（4）丰子恺说：

> 又有一种酒令，是掷骰子。三颗骰子，每颗都用白纸糊上六面，上面写字。第一只上面写人物，第二只上面写地方，第三只上面写动作。文句是：公子章台走马，老僧方丈参禅，少妇闺阁刺绣，屠沽市井挥拳，妓女花街卖俏，乞儿古墓酣眠。第一只骰子上写人物，即公子、老僧、少妇、屠沽、妓女、乞儿。第二只骰子上写地方，即章台、方丈、闺阁、市井、花街、古墓。第三只骰子上写动作，即走马、参禅、刺绣、挥拳、卖俏、酣眠。于是将骰子放在一只碗里，叫大家掷。凭掷出来的文句行酒令。
>
> 如果手气奇好，掷出来是原句，例如"公子章台走马"，那么满座喝彩，大家为他满饮一杯。但这是极难得的。有的虽非原句，而

情理差可，则酌情罚酒或免饮。例如"老僧古墓挥拳"，大约此老僧喜练武工；"公子闺阁酣眠"，大约这闺阁是他的妻子的房间；"乞儿市井酣眠"，也是寻常之事。但是骰子无知，有时乱说乱话："屠沽章台卖俏"，"老僧闺阁酣眠"，"乞儿方丈走马"，……那就满座大笑，讥议抨击，按例罚酒。众口嚣嚣，谈论纷纷，这正是侑酒的佳肴。原来饮酒最怕沉闷，有说有笑，酒便乘势入唇。（《酒令》）

这是一种造句游戏，带空间状语的主谓句的造句游戏。

我们来做造句游戏，造"主动宾句"游戏。一种牌是名词，一种牌是及物动词。每次每人抽一种动词牌，两张名词牌。可多人集体玩，也可自己一个人单独玩。

第九章　比喻

说"类似",意味着有"差异"。(海德格尔《人,诗意地安居》)

关键词：比喻　相似点　比喻词　明喻　暗喻　借喻

一　比喻

人是比喻的动物。人创造了比喻。人生活在比喻的海洋里。比喻是人类所有语言中都有的而且是最常用的一种修辞格。没有比喻的语言,是不存在的。

比喻是思维之花。比喻的生命线是事物之间的相似点。比喻把未知事物纳入已知事物的框架,是认识新事物的一种模式。

比喻是艺术之花。比喻是一枝魔杖。比喻世界是一个魔法的世界。在这里,女人,不是人,是花,是草,是水,是鸟,是谜,是月亮,是观音菩萨。

比喻,利用相似点,用一个事物来阐释、描绘另一事物。阐释、描绘的对象叫作"本体";发挥阐释、描绘功能的事物叫作"喻体"。本体和喻体之间具有相似点的前提是：本体和喻体不同质,但具有相似点。[①]比喻的深层结构：

$$S—Y—O$$

S 表示本体,O 表示喻体,Y 是相似点。本体和喻体与相似点是显性的,是在场者。比喻的不在场者是相异点,是潜性的。相似点同相异点是相对的,相互依存的。

[①] 王希杰:《比喻的深层结构与表层结构》,《修辞学研究》,语文出版社1987年。

比喻立足于心理联想,经常同形象思维相联系。其实,比喻是形象思维和逻辑思维所共同作用的结果。马克思和恩格斯善于运用比喻来阐释高深的道理。他们说:"如果在全部意识形态中人们和他们的关系就像相机中一样倒着的,那么这种现象也是从人们生活的历史过程中产生的,正如物象在视网膜上的倒影是直接从人们生活的物理过程中产生一样。"(《德意志意识形态》)人们常被颠倒意识与人的关系,而且习以为常。马克思恩格斯用相机的比喻简单明白地揭示出这种颠倒。比喻总是同艺术相互联系的。其实比喻也是科学的。"不是科学家的人总是认为科学是演绎出来的。但其实科学主要是通过比喻而来的。"①

本体是相对陌生的、抽象的、深奥的,喻体则是比较熟悉的、具体的、浅显的。比喻的表层结构是直接呈现出来的结构,听读者听到的或看到的结构。比喻的表层结构是具体的丰富的复杂多变的。比喻的生成是从其深层结构转化为表层结构的一个动态过程。

比喻的深层结构对说的语言是共同的,从深层结构向表层结构转化必须接受语言的、文化的、心理的等因素所制约,这是比喻表层结构的多样性与比喻的民族差异性的根源。

二 相似点

相似点是比喻的生命线。没有相似点就没有比喻,但是具有相似点的不一定就能够构成比喻。宇宙间,没有哪两个事物之间是没有相似之处。两个事物之间的相似点也不限于一个。有用同一个喻体的不同的方面来比喻同一本体的。无名氏《[正宫]塞鸿秋》:"爱他时似爱初生月,喜他时似喜看梅梢月,想他时道几首西江月,盼他时似盼辰钩月。当初意儿别,今日相抛撇,要相逢似水底捞明月。"本体的"他"同喻体的

---

① [美]米歇尔·沃尔德罗普:《复杂——诞生于秩序与混乱边缘的科学》,陈玲译,生活·读书·新知三联书店1997年,第468页。

月亮之间的相似点有两个。事实是绝不限于两个。本体和喻体之间的相似点本是多种多样的。甚至是无限的。

从相似点看出去,万物皆相似。从相似点出发,宇宙是无数个比喻所构成的一个巨大的复杂的超级比喻网络,一个由无法计量的比喻网所构成的错综复杂的比喻系统。

物理世界的相似点需要人的眼睛去发现。人的眼睛是文化的心理的。物理世界的相似点需要文化和心理的过滤和制约。只有得到文化和心理认可的相似点才可以构成比喻。相似点需要心去发现。《红楼梦》第三回:"黛玉一见,便吃一大惊,心中想道:'好生奇怪,倒像在那里见过的,何等眼熟!'""宝玉看罢,笑道:'这个妹妹我曾见过的。'"其实,人和一个陌生人的身体都跟我们熟悉的某个人有某种熟悉的地方,而且越看越是像,越是认为像就越是像。因此认错人的事情是常有的,许多人都亲身经历过的。相似点的普遍性是比喻关系的普遍性的基础。

莎士比亚《哈姆雷特》:

哈姆雷特　你看见那片像骆驼的云吗?
波洛涅斯　嗳哟,它真的像一头骆驼。
哈姆雷特　我想它还是像一头鼬鼠。
波洛涅斯　它拱起了背,正像是一头鼬鼠。
哈姆雷特　还是像一条鲸鱼吧?
波洛涅斯　很像一条鲸鱼。　　　　　　　　　　(朱生豪译)

丹麦王子哈姆雷特在愚弄波洛涅斯,谄媚的大臣波洛涅斯在迎合哈姆雷特,哈姆雷特和波洛涅斯都在利用相似点的灵活性不定性。相似点的灵活性不定性是心理联想的产物。

香港一家媒体刊登过一篇短文:

原来,你和我都可以成为一个诗人。

一名姓王的物业管理员上班族,是一名女文青,嗜好是写作。去年6月,灵感涌现,写下《教你如何写诗》的随笔:

第一,随意写一段话。

第二,在最后加上"像极了爱情"一句作结。

第三,诗作完成。

例句:"早上晴空万里,下午却下起了大雨,像极了爱情。""冷气师傅说这周不会来,下周也说不定,像极了爱情。"

最神奇的地方,是无论写什么事情,配在"像极了爱情"之前,好像都说得通,令人们联想辽阔无垠,不禁给自己一个答案:"嗯,又好像真的跟爱情差不多喔!"

短文最后说:"提起笔,随意写下生活日常二三事,你会惊讶,自己都可以成为文青。'赶着出门口,竟忘记戴口罩,像极了爱情。''午餐吃鱼柳包,晚上却没胃口,像极了爱情。''像三五知己叙旧,却又限聚令,像极了爱情。'"So easy!(太容易了!)"(《参考消息》2020年12月4日)

这是因为相似点的灵活性不定性是心理联想的产物,而联想是灵活多变的。相似点到处都有,俯拾即是。构造比喻是不费吹灰之力的事情,真的是"So easy!(太容易了!)"。这只是问题的一个方面。制作一个比喻,特别是好的比喻,并不这么简单。相似点是文化的心理的。物理世界的相似点需要经过文化和心理的过滤与认可。

相似点的选择与接受既是简单的,也是复杂的。谢肇淛(1567—1624)说:"《困学纪闻》云:'琼为赤玉,咏雪者不宜用之。'此言虽是,然终是宋人议论。古人以玉比雪,亦取其意兴耳。琼、琚、瑶、玖皆玉之美名,非颜色也,且亦比况之词,宁堪一一著相耶?"[①] 王应麟(1223—1296)认为,琼是红色的玉,比喻白色的雪,不适宜。谢氏认为,琼、琚、瑶、玖都是美玉,琼和雪的比喻不在颜色,是"冰清玉洁"的玉。

就物理世界而言,相似点是全人类的。法国诗人玄米德·古尔蒙《雪》:

西莱纳,雪和你的颈一样白,
西莱纳,雪和你的膝一样白。

---

① 谢肇淛:《五杂组》,上海书店出版社2001年,第15—16页。

西莱纳,你的手和雪一样冷,

西莱纳,你的心和雪一样冷。 （戴望舒译）

雪和人体器官的相似点"白"和"冷",是普世性的。

相似关系是人类赖以生存的基础。对相似点的渴望与追求深深地根植于人的心灵深处。人们不自觉地处处时时事事寻找相似点,拥有相似点意味着安全和愉悦。

三　明喻和暗喻

比喻词是比喻的标志。但是,比喻不一定都有比喻词。根据比喻词的有无,比喻分为:明喻和暗喻。明喻是有比喻词、有比喻标志的比喻。没有比喻词、无比喻标志的比喻是暗喻。

明喻,公开地打比方。苏轼《饮湖上初晴后雨二首》之二:"欲把西湖比西子,淡妆浓抹总相宜。"吕本中《踏莎行》:"雪似梅花,梅花似雪,似和不似都奇绝。"鲁迅《故乡》:"希望是本无所谓有,无所谓无的。这正如地上的路;其实地上本没有路,走的人多了,也便成了路。"

明喻的模式:本体—（比喻词—相似点）—喻体。例如:

①大漠沙如雪,燕山月似钩。　　　　　（李贺《马诗》）

②叶声落如雨,月色白似霜。　　　　　（白居易《秋夕》）

③如裁一条素,白日悬秋天。　　　　　（施肩吾《瀑布》）

④回乐峰前沙似雪,受降城外月如霜。

（李益《夜上受降城闻笛》）

⑤凉月如眉挂柳湾,月中山色镜中看。（戴叔伦《兰溪棹歌》）

⑥隔户垂杨弱袅袅,恰似十五女儿腰。　（杜甫《绝句漫兴》）

⑦日出江花红胜火,春来江水绿如蓝　（白居易《忆江南》）

⑧初月如弓未上弦,分明挂在碧霄边。　（缪氏子《赋新月》）

⑨卷地风来忽吹散,望湖楼下水如天。

（苏轼《六月二十七日望湖楼醉书五首》）

比喻词有"像"、"好像"、"如"、"如同"、"好比"、"似的"、"一样"、"一般"、"犹如"、"像……似的"、"像……一样"等。《尉缭子》："一人之兵，如狼如虎，如风如雨，如雷如霆，震震冥冥，天下皆惊。胜兵似水，夫水至柔弱者也，然所触丘陵必为之崩，无异也，性专而触诚也。""如"是比喻标志。李煜《虞美人》："问君能有几多愁，恰似一江春水向东流。""恰似"表明春水是愁的比喻。鲁迅《未有天才之前》："所以我想，在要求天才的产生之前，应该先要求可使天才生长的民众。——譬如想有乔木，想看好花，一定要有好土；没有土，便没有花木了；所以土实在较花木还重要。""譬如"表示是打比方。

暗喻是没有比喻词的比喻。《共产党宣言》："一个幽灵，共产主义的幽灵，在欧洲大陆徘徊。为了对这个幽灵进行神圣的围剿，旧欧洲的一切势力，教皇和沙皇、梅特涅和基佐、法国的激进派和德国的警察，都联合起来了。"①

暗喻不用比喻词。例如：

⑩泰山成砥砺，黄河为裳带。　　　　　　　（阮籍《咏怀》）

⑪寂寥天地暮，心与广川闲。　　　　　（王维《登河北城楼作》）

---

① 这个比喻，有"异物、怪物、巨影、幽灵、精灵"等译法。"欧洲诸国。有**异物**流行于其间。即共产主义是也。"（民鸣本。1908年）"有一个**怪物**，在欧洲徘徊着，这怪物就是共产主义。"（陈望道本。1920年）"一个**巨影**在欧罗巴踯躅着——共产主义底**巨影**。"（成仿吾、徐冰本。1938年）"一个**幽灵**在欧罗巴踯躅着——共产主义底**幽灵**。"（博古本。1943年）第一次用"幽灵"的译法。"一个**精灵**正在欧洲作祟——共产主义的**精灵**。"（陈瘦石本。1945年）"一个巨影在欧罗巴踯躅着——共产主义底**巨影**。"（乔冠华校，成仿吾、徐冰本。1947年）"一个**怪影**在欧洲<u>游荡</u>着——共产主义底**怪影**。"（莫斯科《共产党宣言》百周年纪念版唯真本。1949年）第一次译为"游荡"。"一个**幽灵**，共产主义的**幽灵**，在欧洲徘徊。"（中央编译局校订、人民出版社1964年《共产党宣言》单行本）脚注："这句话中的'幽灵'一词，德文是 Gespenst，该词有'幽灵'，'鬼怪'，'幻象'等含义；'徘徊'一词，德文是 umgehen，该词有'来回走动'，'出没'，'往来'（指鬼）等含义。"⑨一个**幽灵**，共产主义的**幽灵**，在欧洲<u>游荡</u>。(《马克思恩格斯选集》1995年第2版第1卷）umgehen 译为"游荡"。

⑫冷艳全欺雪,余香乍入衣。　　　　　　（丘为《左掖梨花》）
⑬南山千里峰,尽是相思情。　　　　　　（李约《城南访裴氏昆季》）
⑭澹澹长江水,悠悠远客情。　　　　　　（韦承庆《南行别弟》）
⑮古镇刀攒万片霜,寒江浪起千堆雪。　　（孟郊《有所思》）
⑯南园日暮起春风,吹散杨花雪满空。　　（徐铉《柳枝辞》）
⑰遥望洞庭山水翠,白银盘里一青螺。　　（刘禹锡《望洞庭》）
⑱岸上种莲岂得出?池中种檀岂得成?　　（韦应物《横塘行》）
⑲郁孤台下清江水,中间多少行人泪。

（辛弃疾《菩萨蛮·书江西造口壁》）

　　暗喻常用"是、做、为、变为、变成、等于、当作是"等词语来连接本体和喻体。这些词语不是比喻的标志词。"他是聋子（瞎子）!"这类句子首先是作为事实来解读的。出现解码短路,"山重水复疑无路"之时,受众被迫转向比喻。钱起:"欲知别后思今夕,汉水东流是寸心。"水是水,心是心,两码子事情。那就是比喻了。果然是比喻。解码为比喻,就"柳暗花明又一村"了。如标题:"高温烧! 江南变成'吐鲁番'　网友叹:咱和烤肉就差了点孜然"（《现代快报》2013年7月31日）,荒唐之言。脑筋急转弯,当作暗喻就通了。

　　孙犁《荷花淀》:"全淀的芦苇收割,垛起垛来,在白洋淀周围的广场上,就成了一条苇子的长城。"长城不是苇子垛成的,苇子垛不成长城。常识制约下,"成了一条苇子的长城"只能是一个暗喻。杨朔《茶花赋》:"这是梅花,有红梅、白梅、绿梅,还有朱砂梅,一树一树的,每一树梅花都是一树诗。"梅花,有红梅、白梅、绿梅,还有朱砂梅,不是诗,这是常识,常识导引读者作暗语解码。徐迟《生命之树常绿》:"每当春天来临,牧场、田边、山腰、湖畔;高山、草甸,到处盛开了美丽的杜鹃花,万紫千红,一直开到夏秋之间,只见大自然抖开了丝绸,甩开了锦缎,大幅大幅的铺在中国大地上。它们覆盖起一座一座山峰,使整座整座山峰穿上了剪裁合身的最时新的艳丽的衬衫和裙子。"谁见过大自然如此如此地呢? 痴人说梦吧? 不,语言艺术家的比喻而已。"生命之树常绿"是对歌德的"生命之树长青"的仿拟。

比喻词的缺席,淡化了比喻色彩,强调了真实性。与谢灵运齐名的颜延之和好友何尚之,相貌像猿猴,彼此相互嘲讽,外出游玩时,颜延之问路人:"我们两个人,哪个人像猴?"路人手指何尚之。颜延之得意扬扬,路人说:"他像猴,你可是真的猴子!"暗喻比明喻语义更重。

唐代诗人朱庆余《近试上张籍水部》:"洞房昨夜停红烛,待晓堂前拜舅姑。妆罢低声问夫婿,画眉深浅入时无?"初一看,是文不对题,看错对象。将爱情诗赠送给主考官,不得体。其实是暗喻:题目是本体,诗歌是喻体。这是一个比喻双关,把主考官比喻为舅姑,而自己则以新嫁娘自居。

暗喻增加了解码难度。增加解码难度也是交际的需要,古希腊神话中,俄狄浦斯遇到狮身人面兽斯芬克斯。斯芬克斯向俄狄浦斯说了一个谜语:"什么动物早上四条腿,中午两条腿,晚上三条腿?"回答不出来,就得死。聪明的俄狄浦斯回答正确,谜底是人。于是斯芬克斯立刻死亡。斯芬克斯的谜语中的"腿"不是真正的腿,是暗喻。四条腿中的两条是手,三条腿中的一条是拐杖。

增加解码难度可以增强艺术魅力,但是也带来了误解的可能。

四 借喻和代语

借喻不用比喻词,其实就是暗喻,区别于其他暗喻的是借喻直接用喻体指代本体。鲁迅《长城》:"我总觉得周围有长城围绕。这长城的构成材料,是旧有的古砖和补添的新砖。两种东西联为一气造成了城壁,将人们包围。"老舍《龙须沟》:"这个鬼地方,一阴天,我心里就堵上个大疙瘩!""长城"、"大疙瘩"都是喻体。"长城"比喻某种障碍物,"大疙瘩"比喻的是一种不痛快的心情。借喻同借代的共同点是"代",区别的是借喻借助于相似点,借代的立足点是相关点。

借喻的特征是本体不出现,直接用喻体代替本体。例如:

①更喜好风来,数片翻晴雪。　　　　　　　　(钱起《戏鸥》)
②晓妆新,高绾起乌云。　　　　　　(杨果《[仙吕]赏花时》)
③微风忽起吹莲叶,青玉盘中泻水银。

(施肩吾《夏雨后题青荷兰若》)

④骤雨过,珍珠乱撒,打遍新荷。　　(元好问《骤雨打新荷》)

例①,"雪"指鸥的白羽毛。例②,"乌云"是黑发的喻体。例③,"青玉盘"、"水银"是莲叶、雨点的喻体。例④,"珍珠"是雨点的喻体。

借喻运用于人与物,就成了人与物的异称和外号。如《水浒传》中,霹雳火秦明、两头蛇解珍、双尾蝎解宝、混江龙李俊、出洞蛟童威、翻江蜃童猛、青眼虎李云、母夜叉孙二娘、母大虫顾大嫂等,这些外号是靠相似关系构造出来的。

异称和外号并不都是借喻。借代也是构造异称和外号时经常运用的手法。《水浒传》里,梁山好汉中的赤发鬼刘唐、青面兽杨志、花和尚鲁智深、九纹龙史进、豹子头林冲等,是借代性的。刘唐自己说:"因这鬓边有这搭朱砂记,人都唤小人做赤发鬼。"依据形体特征的外号有:豹子头林冲、花和尚鲁智深与九纹龙史进等。鲁智深因为脊背上刺了花纹。史进外号九纹龙是因为他"刺着一身青龙"。林冲因为"生的豹头环眼",所以外号"豹子头"。朱仝长着漂亮的胡须,就叫"美髯公"。大刀、双鞭、双枪、金枪分别是关胜、呼延灼、董平、徐宁特有的武器。扇子、叫子是宋清、乐和的特有的工具。一枝花是蔡庆的标志,不是蔡庆像一枝花,而是他喜欢在头上插一枝花。"没羽箭"是作为武器的石子的比喻。"没羽箭"的石子是张清的独特武器,用来称呼张青,是借代。这些都是借代性代语。

借喻和借代的共同点是用乙物直接代替甲物,区别在于相似点和相关点的对立。

五 倒喻和互喻与反喻和较喻

(一) 倒喻

倒喻是本体和喻体的逆反的比喻。对"本体→(比喻词)→喻体"的颠覆:"喻体→(比喻词)→本体"。例如:

①欲问江深浅,应如远别情。

(刘禹锡《鄂渚留别李二十六表臣大夫》)

②欲知别后思今夕,汉水东流是寸心。

(钱起《秋夜送赵洌归襄阳》)

③旧游一别无因见,嫩叶如眉处处新。　　(徐铉《柳枝辞》)

④当你走近,请你细听/那颤抖的叶是我等待的热情/而当你终于无视地走过/在你身后落了一地的/朋友啊,那不是花瓣/是我凋零的心　　(席慕蓉《一棵开花的树》)

例①、②,本体是别情,喻体是江水。例③,本体是旧游的眉毛,喻体是柳叶。例④"颤抖的叶是我等待的热情",本体和喻体直接换位是倒喻。而"那不是花瓣/是我凋零的心"是反喻。倒喻是对常规比喻的反动与颠覆,令人耳目一新。

喻体占据中心词的位置,本体反倒成了修饰语,形成"本体—的—喻体"的"定中"式倒喻。例如:

⑤互相交流一下,

心灵深处情感的温泉!　　(郭小川《赠友人》)

⑥在人类生活的矿层里,有些东西也会结成光芒四射的宝石。

(杨朔《宝石》)

⑦犁尖划开水中冷月,黎明的脚步轻轻,轻轻。

(宗鄂《瑶寨黎明》)

喻体"温泉、矿层、脚步"成了中心词。本体作为喻体的修饰语,突出喻体,新奇别致,极其简洁。

宫廷乐师黄幡绰侍候唐玄宗三十年,唐玄宗一日不见他就不高兴。唐玄宗喜欢嘲笑刘文树,络腮胡的刘文树最忌讳猿猴的比喻。刘文树就贿赂黄幡绰,黄幡绰答应了刘文树。黄幡绰就当众说:"可怜好文树,髭须共颊颐一处。文树面孔不似猕狖,猕狖面孔酷似文树。"(宋人罗烨《嘲戏绮语》)事前已知道刘文树贿赂了黄幡绰的唐玄宗哈哈大笑。"猕狖面孔酷似文树"是倒喻,"文树面孔不似猴"是反喻。黄幡绰信守了承诺,没有把刘文树比喻为猿猴。但是,倒喻也是比喻,本体和喻体颠倒位置没有改变相似关系。反喻也是比喻,明里说"不似",骨子里就是"似"。

(二)互喻

互喻,本体和喻体轮流坐庄,相互映衬。例如:

⑧昔去雪如花,今来花如雪。　　　　　　　　(范云《别诗》)

⑨为看今夜天如水,忆得当年水似天。

(雍陶《望月怀江上旧游》)

⑩雪处疑花满,花边似雪回。　　　　　　　(卢照邻《梅花落》)

⑪去岁荆南梅似雪,今年蓟北雪如梅。(张说《幽州新岁作》)

⑫去年相送,余杭门外,飞雪似杨花。今年春尽,杨花似雪,犹不见还家。　　　　　　　　　　　　　　(苏轼《少年游》)

例⑧,"花"和"雪"互为本体喻体。例⑨,"天"和"水"轮流作本体与喻体。例⑩,"雪"和"花"互换身份。例⑪,"梅"和"雪",相互比喻。例⑫,"杨花"和"飞雪"换位之后,表示不同季节:"飞雪似杨花",冬天,去年十一月。"杨花似雪",春天,今年,熙宁七年(1074年)四月。

古印度梵语诗学家婆摩诃《诗庄严论》定义"互喻":"喻体和本体互相交换"。举例:"芳香,悦目,饮酒之后兴奋泛红,/你的脸像莲花,莲花像你的脸。"① 互喻是许多语言中都有的一种比喻。

(三) 反喻

偈是佛教徒的唱词。神秀作偈：

> 身是菩提树，心如明镜台。
> 时时勤拂拭，莫使有尘埃。

惠能又曰：

> 菩提本无树，明镜亦非台。
> 佛性常清净，何处有尘埃？

惠能偈曰：

> 心是菩提树，身为明镜台。
> 明镜本清净，何处染尘埃。②

神秀的是明喻。惠能的是反喻。惠能第二个偈是暗喻。

反喻是否定本体或喻体的比喻。《诗经·邶风·柏舟》："我心匪鉴，不可以茹。"我的心不是铜镜，不能把脸照清楚。"我心匪石，不可转也。"我的心不是石头，不能由人随意转。"我心匪席，不可卷也。"我的心不是席子，不能随意卷起又展开。这是对喻体的否定与颠覆。

倒喻用相异点否定了相似点，例如：

⑬长恨人心不如水，等闲平地起波澜。 （刘禹锡《竹枝词》）

⑭一池萍碎。春色三分，二分尘土，一分流水。细看来，不是杨花，点点是离人泪。 （苏轼《水龙吟 次韵章质夫杨花词》）

⑮秋并不是名花，也并不是美酒，那一种半开、半醉的状态，在领略秋的过程上，是不合适的。 （郁达夫《故都的秋天》）

⑯谁的身子也不是铁打的，几天以后，他就病倒了。

（峻青《老水牛爷爷》）

---

① 黄宝生：《印度古典诗学》，北京大学出版社1993年，第278页。
② 慧能：《坛经》，中华书局1983年，第111—112页。

⑰我的耳朵又不是棉花做的,光听他们的?

（周立波《山乡巨变》）

反喻却从反面来说明本体,采用"本体—不像（不是）—喻体"的格式。强调的是本体和喻体的相异之处。

我们来举个反喻的例子。

  太阳和灯笼
  早上,太阳升起在紫金山上,
  不,那不是太阳!
  那是大红灯笼高高挂,
  小灯笼心怀世界志在四方。

  晚上,书房里大红灯笼挂墙上。
  不,那不是大红灯笼!
  那是太阳下班后来到我们家,
  太阳说:"你家安静是睡觉的好地方。"

是反喻,也是互喻。

（四）较喻

较喻是本体和喻体相互比较的比喻。李白《赠汪伦》:"桃花潭水深千尺,不及汪伦送我情。"再如《金陵酒肆留别》:"请君试问东流水,别意与之谁短长。"

较喻是非逻辑的,是不可比较的事物之间的比较,例如:

⑱新买五尺刀,悬著中梁柱。一日三摩挲,剧于十五女。

（乐府歌辞《琅琊王歌辞》）

⑲柳色烟相似,梨花雪不如。（令狐楚《宫中乐》）
⑳猿声寒过水,树色暮连空。（李端《巫山高》）
㉑梅须逊雪三分白,雪却输梅一段香。（卢梅坡《雪梅》）
㉒日出江花红胜火,春来江水绿如蓝。（白居易《忆江南》）

㉓相思一夜情多少,地角天涯不是长。（张仲素《燕子楼诗》）

㉔莫道不销魂,帘卷西风,人比黄花瘦。（李清照《醉花阴》）

水深和情深本是不可比较的。猿声的寒和水的寒也是不可比较的。人和黄花的胖瘦不可比较。不可比较的比较,无理而妙,尤具艺术魅力。再如杨朔《茶花赋》："白玉兰花略微有点儿残,娇黄的迎春却正当时,那一片春色啊,比起滇池的水来还要深多少倍。"

六　疑喻和迂喻与曲喻

（一）疑喻

疑喻是疑问式比喻。李白《望庐山瀑布》："飞流直下三千尺,疑是银河落九天。"用"疑"字,缓和语气,是委婉的比喻。

王安石诗云："墙角数枝梅。凌寒独自开。遥知不是雪,为有暗香来。""遥知不是雪"的前提是对"梅花似雪"的否定。需要加以否定,显然是先前已经当作雪了。日本古代和歌："雾迷春日郊,酷似雪花飘。众人皆错觉,原是落梅涛。"（筑前目田氏真上,见《万叶集》）筑前目田氏真上生活在王安石之前,当然不知道王安石。博学的王安石也绝对不知道筑前目田氏真上与这首和歌。"众人皆错觉",认为"酷似雪花飘"。大家都把梅花当作雪了,唯有筑前目田氏真上独醒,"原是落梅涛"。王安石说的也是他自己的感觉。

（二）迂喻

迂喻是迂回式的比喻。所谓迂回,或否定本体,或否定喻体。例如：

①半空一片云,/遮住邙山身。/猛听咩咩叫,/原是羊一群。

（河南民歌《白云》）

②站在高山上向西看,/一条白带绕丛山。/不是带,原是新开公路上岭来。

（青海民歌《站在高山上》）

例①，先设喻：一片云，再加以否定：是羊一群。否定归否定，比喻却已经深入人心：羊一群像一片云。例②，先说一条白带，立马否定，是新开公路。其实正是比喻：新开公路像一条白带。

（三）曲喻

曲喻是绕了个弯子的比喻。例如：

③莺啼如有泪，为湿最高花。　　　　　　（李商隐《天涯》）
④促织声尖尖似针，更深刺著旅人心。　　　（贾岛《客思》）
⑤已同白驹去，复类红花热。
　　　　　　　（庾肩吾《八关斋夜赋四城门更作四首·第一赋韵》）
⑥记得绿罗裙，处处怜芳草。　　　（牛希济《生查子》）

例子③，"莺啼"的"啼"是歌唱，谐音联想为"啼哭"的"啼"，才哭湿了最高处的花。例④，促织声尖是声音，耳朵听到的。针尖的尖是形体，眼睛看到的。但是，在刺痛旅人心上，是相同的。例⑤，由红花联想到"火"，再把"火"的"热"反射到红花上。例⑥，罗裙和芳草的相似点是"绿"。绿罗裙是所爱所思念的人的服饰，借代为所爱的人。"怜芳草"→怜所到之处的芳草→怜记忆中的绿罗裙→怜诗人之所爱。

再如柳青《创业史》："他不说的话，你把手伸进他的喉咙里，也掏不出一句话来。"先把话比喻成一件放在喉咙里的具体的东西，再比喻可以用手去掏。虽然绕弯子了，但是通俗明白，大众化。李英儒《战斗在滹沱河上》："两个碌碡也压不出他一个屁来，问他干吗？"先把话比喻成一个屁，然后说用碌碡也压不出屁来。

七　博喻和连锁喻

博喻是三个以上的比喻的组合式样比喻。苏轼《百步洪》："有如兔走鹰隼落，骏马下注千丈坡。断弦离柱箭脱手，飞电过隙珠翻荷。"是七个相同的本体（水波冲泻），七个喻体：（1）兔子飞奔，（2）鹰隼从高空俯冲而下,(3)骏马从百步洪上向下奔跑,(4)突然断了的琴弦离柱飞出去,(5)射出去的箭飞驰而去,(6)闪电从空隙中一闪而过,(7)荷叶翻滚,荷叶上的水珠顿时掉落。就是七个比喻:(1)水波冲泻像兔子飞奔,(2)水波冲泻像鹰隼从高空俯冲而下,(3)水波冲泻像骏马从百步洪上向下奔跑,等等。

朱自清《春》:"雨是最寻常的,一下就是三两天。可别恼。看,像牛毛,像花针,像细丝,密密地斜织着,人家屋顶上全笼着一层薄烟。"本体雨,三个喻体(牛毛、花针、细丝)。吴伯箫《趁年青的时候》:"青少年,是蕾叶怒放的花枝,是跳跃山涧的乳虎,活力充沛,热情奔放,正像万里航程,扬帆待发,所向无前。"同一个本体(青少年)用了三个喻体(花枝和乳虎与万里航程)。博喻是语言的丰富美的表现之一。

博喻也叫"莎士比亚喻"。莎士比亚《维洛那二绅士》:"把手臂交叉在胸前,像一个满腹牢骚的人那种神气;听见了情歌您会出神,就像一头知更鸟似的;喜欢一个人独自走路,好像一个害着瘟疫的人;老是唉声叹气,好像一个忘记了字母的小学生;动不动流起眼泪来,好像一个死了妈妈的小姑娘;见饭吃不下去,好像一个节食的人;东张张西望望,好像担心着什么强盗;说起话来带着三分哭音,好像一个万圣节的叫花子。从前您笑起来声震四座,好像一头公鸡报晓;走起路来挺胸凸肚,好像一头狮子;吃起东西来像狼吞虎咽。"对一个人,一口气用了十一个比喻。

博喻的各个喻体之间,同一个喻体的各个方面之间,是横式关系、并列关系。如这一段广告词:"朋友是生命的丛林,是心灵歇脚的驿站,是收藏心事的寓所,是储蓄感情的行囊,不管人生,路上几多风雨,伴你一路晴空!愿你的天空更蓝、人生更美!"

连锁喻指的是纵式的、层层深入的、连环式的比喻。翦伯赞《内蒙访古》:"假如整个内蒙是游牧民族的历史舞台,那么这个草原就是这个历史舞台的后台。很多的游牧民族都是在呼伦贝尔草原打扮好了,或者说在这个草原里装备好了,然后才走出马门。"这些比喻是连环的,后一个是以前一个作为存在的条件的:舞台→后台→打扮+装备→马门,最终进入前台。

八　比喻的审美功能和认识功能

比喻具有审美功能和认识功能。审美功能是属于形象思维的。认识功能是属于逻辑思维的。文艺语体重视的是比喻的审美功能,追求比喻的新奇性。学术科技语体重视的是比喻的认识功能,追求比喻的易知性。比喻的新奇性和易知性是矛盾的,反比例的。运用比喻需要在新奇性和易知性之间保持动态的平衡。

比喻是思维方式,是认知手段。埃德蒙·伯克(Edmund Burk)在《关于崇高美和秀丽美概念起源的哲学探讨》中说:"人的精神在追溯相似性方面自然比寻找差异快得多,并带来更大的满足;因为通过寻找相似性,我们制造新的形象,我们联合,我们创造,我们扩大了库存;……因此人们天生就轻信不怀疑。正是基于这一原则,最无知和野蛮的民族才往往擅长于使用相似性、比较、隐喻和寓言,而不擅长于区别和归纳思想。"① 把擅长相似性、把比喻跟"最无知和野蛮的民族"相联系,加上"不擅长于区别和归纳思想"的帽子,很不妥当的。事实是,思想家科学家同样擅长于运用相似性,长于比喻。

惠子早就强调了比喻的认识功能:"夫说者固以其所知,谕其所不知,而使人知之。"(《说苑·善说》)索绪尔说:

> 至于内部语言学,情况却完全不同:它不容许随意安排:语言是一个系统,它只知道自己固有的秩序。把它跟国际象棋相比,将更可以使人感觉到这一点。在这里,要区别什么是外部的,什么是内部的,是比较容易的:国际象棋由波斯传到欧洲,这是外部的事实,反之,一切与系统和规则有关的都是内部的。例如我把木头的棋子换成

---

① [美]W. J. T. 米歇尔:《图像学》,陈永国译,北京大学出版社2012年,第157页。

象牙的棋子,这种改变对于系统是无关紧要的;但是假如我减少了棋子的数目,那么,这种改变就会深深影响到"棋法"。(绪论第五章)

最后,本节涉及的概念都跟我们别处称为价值的概念没有根本差别。再拿下棋来比较,就可以使我们明白这一点。比方一枚卒子,本身是不是下棋的要素呢?当然不是。因为只凭它的纯物质性,离开了它在棋盘上的位置和其他下棋的条件,它对下棋的人来说是毫无意义的。只有当它披上自己的价值,并与这价值结为一体,才成为现实的和具体的要素。假如在下棋的时候,这个棋子弄坏了或者丢失了,我们可不可以用另外一个等价的来代替它呢?当然可以。不但可以换上另外一枚卒子,甚至可以换上一个外形完全不同的棋子。只要我们授以同样的价值,照样可以宣布它是同一个东西。由此可见,在像语言这样的符号系统中,各个要素是按照一定规则互相保持平衡,同一性的概念常与价值概念融合在一起,反过来也是一样。

(《普通语言学教程》第二编第三章)

象棋的比喻是精彩的,是索绪尔学说的标志,是索绪尔的名片。记住它,领悟它,就是把握了索绪尔学说的精华。

九 比喻的色彩差

比喻的运用应当注意比喻的色彩。即本体和喻体的色彩差。例如:

①她爱你如一只饿了三天的狗咬着它最喜爱的骨头,她恨起你来也会像只恶狗狺狺地,不,多不声不响地狠狠的吃了你的。

(曹禺《雷雨》)

②革命青年一结婚,便比老鼠还老实……　　(老舍《离婚》)

③从走廊的那一头,走出白求恩和奥布莱安。记者们像捕获野兽似地扑上前去,七嘴八舌问长问短,照相机的闪光闪烁着。

(《人民英雄》)

④猴子爱猢狲,穷人爱穷人,咱与大富心连心。　(《赤叶河》)

例①和②,删去了比喻。因为先前忽视了狗和老鼠的感情色彩,是贬义的。例③和④忘记了本体和喻体之间的相异点,而且这相异点是对立的,不可相容的。但也有人有突破。郑板桥为自己刻过一枚图章——徐青藤门下走狗。齐白石则自称"三家"走狗,并说:"青藤雪个远凡胎,老缶衰年别有才,我欲九泉为走狗,三家门下转轮来。""青藤"是徐渭,"雪个"是朱耷,"老缶"是吴昌硕。这是对常规的突破。

比喻的色彩差有:时代色彩差和民族色彩差。时代色彩差,如"日月如梭"、"光阴似箭",又如"卧如弓,坐如钟,站如松,行如风"。今天,梭、箭、弓、钟(古代的钟)都已少见了,随着这些事物的消失,这些比喻也逐渐失去了生命力。《诗经·卫风·硕人》中有"领如蝤蛴"之句。领,就是颈。蝤蛴,音因齐,就是天牛的幼虫。在《诗经》产生的年代,说一个年轻漂亮的姑娘的脖子像天牛的幼虫一样白,这是赞美。今天可是不大能接受的。《诗经·卫风·有狐》:

有狐绥绥,	小狐狸呀缓缓地走,
在彼淇梁。	走在淇水的小桥上。
心之忧矣,	我的心呀好忧伤,
之子无裳。	他呀他呀没有衣裳。

先秦时代,女子把自己心爱的人比喻成小狐狸。后代,女子最嫌恶的就是狐狸(狐狸精、骚狐狸)。但是,欧美世界,小狐狸是年轻可爱的女性的常用喻体。中国和欧美,狐狸和女子,中国和欧美存在着比喻色彩差,是民族色彩差。

民族色彩差,指不同民族之间,比喻色彩上的差别。夏丏尊翻译的意大利亚米契斯的《六千里寻母记》:"他悲哀得很,心乱得像旋风一样,各种忧虑同时涌上心头。""心乱得像旋风一样",汉语说"心乱如麻"。英国诗人布莱克(William Blake)的(《苍蝇》):"如果思想是生命,/呼吸和力量,/思想的缺乏,/便等于死亡。/那么我就是/一只快活的苍蝇,/无论是生,/无论是死。"中国人很难接受,怪怪的,有点儿恶心。英国人常用的比喻:"像猴子一样忧郁","手臂像鲱鱼一样的柔软""饥饿如马""愉快如蟋蟀""顽固如驴""像思想一样快""像ABC一样简单""像教堂里的老鼠一样贫穷",等等,中国人一头雾水,莫名其妙。中国人常说"丧家犬"、"落汤鸡"、"热锅上的蚂蚁",西方人茫茫然目瞪口呆。

但是,必须强调比喻的民族共性是重要的,共性远远大于差异性。匈牙利诗人裴多菲的《你爱的是春天》:

> 你爱的是春天,
> 我爱的是秋季。
> 秋季正和我相似,
> 春天却像你。
>
> 你的红红的脸,
> 是春天的玫瑰,
> 我的疲倦的眼光,
> 秋天太阳的光辉。
>
> 假如我向前一步,
> 再跨一步向前,
> 那时,我就站到了
> 冬天寒冷的门边。
>
> 可是,我假如退后一步,
> 你又跳一步向前,
> 啊,我们就一同住在
> 美丽的、热烈的夏天。
>
> (孙用译)

转换成汉语,立马"不翼而飞",脍炙人口。而且翻译成任何语言,都没有特别困难之处。

运用比喻应当注意到语境和风格的协调。郭风《水兵》:"他们(水兵)的制服像海水那样的深蓝……"用海水比喻制服,因为这是水兵的制服。赵燕翼《三头牦牛的下落》:"你瞧他不像个小山羊一般欢快的少年吗?"玛拉沁夫《花的草原上》:"当他一看到这三头牛的可怜模样,听着这哀哀的啼叫声,老人的心,就像一疙瘩酥油掉在热火上,自然而然就化了。"用山羊比喻少年,因为是蒙古族少年。用酥油来打比喻,因为描写的对象是藏族老牧民。

比喻不可以较真当真坐实。钱锺书说:"皆当领会其'情感价值'(Gefühlswert),勿宜执着其'观赏价值'(Anschauungswert)。"①1992年,舒安娜女士说:"有一段时间,我如同一个精神病患者似的来往于大街小巷,穿梭在舞厅剧场,寻觅着妙龄女郎和英俊小生的身影,煞有介事地却又装作漫不经心的样子,在他(她)们的脸部扫描,看看究竟有多少姑娘是'樱桃小口,柳叶杏眉',又有几个男子是'浓眉大眼'或'两道剑眉,目光炯炯',却每每大失所望,怏怏而归。"(《语文月刊》1992年第2期)较真的舒安娜,执着于观赏价值,忽视了感情价值。古典小说中描写人物的比喻,如关羽,都不可执着于观赏价值。

十　以花喻人

英国唯美主义诗人王尔德说过:第一个用花来比喻女人的是天才;第二个用花来比喻女人的是庸才;而第三个用花来比喻女人的是蠢才。这话被许多人一再引用着。比喻确实贵在创新,但这话过头了。用花来比喻女人,过去用,现在用,将来还用。不在于是第 N 个,关键是此时此景此情是否贴切。花有千百万种,女人有千百万种,同一种花有千变万化,同一个女人也有千姿百态,用花来比喻女人也是千变万化、复杂多样、多姿多彩的,不断翻新。因为王尔德这么说了,怕被斥责为蠢人、庸人,因此不敢再用花来比喻女人,那是自己没本事,怪不了王尔德的。

---

① 钱锺书:《管锥编》第一册,中华书局 1979 年,第 106 页。

曹雪芹在《红楼梦》第六十三回"寿怡红群芳开夜宴",写道:

宝钗便笑道:"我先抓,不知抓出个什么来!"说着将筒摇了一摇,伸手掣出一签,大家一看,只见签上画着一枝牡丹,题着"艳冠群芳"四字。下面又有镌的小字,一句唐诗,道是:

任是无情也动人。

……众人都笑说:"巧得很!你也原配牡丹花。"

而林黛玉小姐呢——

黛玉默默的想道:"不知还有什么好的被我掣着方好。"一面伸手取了一根,只见上面画着一枝芙蓉花,题着"风露清愁"四字,那面一句旧诗,道是:

莫怨东风当自嗟。

注云:"自饮一杯,牡丹陪饮一杯。"

众人笑说:"这个好极!除了他,别人不配做芙蓉!"

其他人呢:

探春:杏花——日边红杏倚云栽

李纨:老梅——竹篱茅舍自甘心

湘云:海棠——只恐夜深花睡去

袭人:桃花——桃红又见一年春

麝月:荼蘼花——开到荼蘼花事了

香菱:并蒂花——连理枝头花正开

用花来比喻女人的,曹雪芹当然并不是第十个,甚至也不是第一百个,然而谁能说曹雪芹是庸才、蠢才!喻体的创新可不是比喻创新的唯一内容。

有一部电视剧叫《女人不是月亮》,一个否定式比喻,它的肯定是:"女人是月亮!"诗人朱湘在1926年1月写的长诗《王娇》中写着:"秋天高了,你也跟着长高,/你的双乳隆起在胸上,/你像入秋更明的月亮,/但已无春天雾里的娇娆。"贾平凹的《天狗》中的天狗是男主人公的名字:"他(天狗)死眼儿看着月亮。月亮还是满满圆圆。月亮是天上的玉盘,是夜的眼,是一张丰盈多情的女人的脸。天狗突然想起了他心中的那个菩萨。这个菩萨便是他的师娘,他的心上人。他对师娘唱道:天上的月儿一面锣哟,/锣里坐了个女嫦娥,/天狗不是瞎家伙哟,/井里他把月亮喊着,/井有多深你问我哟。""女嫦娥"?!难道还有"男嫦娥"吗?这个"女"字已经不"女"化啦,调节音节的衬词而已。把女人比喻为月亮是符合中华文化的深层结构:

乾—阳—日—天—男
坤—阴—月—地—女

"女人是月亮"是"男人是太阳"的对应格式。那么,"女人不是太阳,男人不是月亮"。因此,《唐明皇不是"月亮"》(《中国电视报》1993年5月11日),因为:"唐明皇当然算得上是个'有胡子的风流小生',但他绝不是只会'爱呀'、'恨呀'的无为之君,他更不是拜倒在杨贵妃光芒圈里的不能发光的'月亮'。"

冷子兴评论贾宝玉:"说起孩子话来也奇。他说:'女儿是水做的骨肉,男人是泥做的骨肉;我见了女儿便清爽,见了男子便觉浊臭逼人。'你道好笑不好笑?将来色鬼无疑了!"(《红楼梦》第二回)春燕丫头又引用了贾宝玉的另一个比喻:"怨不得宝玉说:'女孩儿未出嫁是颗无价宝珠;出了嫁,不知怎么就变出许多不好的毛病儿来;再老了,更不是珠子,竟是鱼眼睛了!分明一个人,怎么变出三样来?'"(第五十九回)贾宝玉用水来比喻女人,是传统,又是反传统。《荀子·宥坐》:"孔子观于东流之水,子贡问于孔子曰:'君子之所以见大水必观焉者,是何?'孔子曰:'夫水,遍与诸生而无为也,似德;其流也埤下,裾拘必循其理,似义;其洸洸乎不淈尽,似道;若有决行之,其应佚若声响,其赴百仞之谷不惧,似勇;主量必平,似法;盈不求概,似正;淖约微达,似察;以出以入,以就鲜洁,似善化;其万折也必东,似志。是故君子见大水必观焉。'"儒家学说,水是用来比喻君子的,君子是男人,女子是同小人并列的。贾宝玉把用于君子的意象比喻女人,同时斥责男人是泥巴,是反传统,骇人听闻。智者乐水!这有如歌德《浮士德》结尾处:"永恒之女性领导我们走!"酒是水做的,女人也跟酒相比。高濂《玉簪记》:"(外背云)王安,这观主半老佳人,琼姿玉立,好一似雨过樱桃,隔年老酒,意味自佳。"(第六出)王蒙《相见时难》:"依我的看法,女人就好比二锅头酒,愈烈愈香,愈呛嗓子愈可口。"中国妇女最不能接受的是"女人是祸水"的比喻。

小　　结

（1）比喻:相似点的魔法。没有相似点,就没有比喻。但是有相似点,不一定就能构成比喻。相似点是比喻的必要条件,不是充分条件。世上没有毫无相似点的事物。本以为毫无相似点的,到头来,还是有相似点。
（2）比喻词是比喻的标志,是本体和喻体的中介人。有比喻词的,是明喻。暗喻不用比喻词。
（3）比喻是认知的方式。一个比喻就是一个小世界。
（4）比喻的新奇性同易知性之间是反比例关系。应当在新奇度和易知性之间保持动态的平衡。

思考与练习

（1）请举例论述比喻的民族差异。
（2）请将一个比喻用多种多样的表层形式说出来。
（3）请给同一个本体,找到不同的新的喻体,他人从没运用过的喻体。
（4）请举例在相同的本体和喻体之间发现新的相似点。
（5）请画一个八角形,每一个角上,写上一个词。在所有的两个点之间画上一条线,看看能够得到多少个合格的比喻。

第十章　联系

东方神秘主义的主要流派从而与靴袢哲学的观点一致,都认为宇宙是一个相互联系的整体,其中没有任何部分比其他部分更为根本。因此,任何一个部分的性质都取决于所有其他部分的性质。(卡普拉:《物理学之"道":近代物理学与东方神秘主义》)

关键词:比拟　借代　婉曲　反语　拈连　移就　转类　仿拟　引用

一　语言的联系美

李白《访戴天山道士不遇》:"犬吠水声中,桃花带雨浓。"犬对着水中的声音叫唤,新奇。雨后的桃花蘸着水而丰润,养眼。王勃《滕王阁序》:"落霞与孤鹜齐飞,秋水共长天一色。"妙在"落霞"和"孤鹜"、"秋水"和"长天"的并列,别致出奇。

具有相连关系的人物,如:

　　　　　　刘备
　　诸葛亮　　△　　关羽、张飞、赵云

就组成一个集团。

相连关系的事物经常同时在场。如:"吹拉弹唱、喜怒哀乐、吃喝玩乐","春兰秋菊、梅兰竹菊、清风明月、风花雪月、花前月下、月白风清、莺歌燕舞、笔墨纸砚、杨花柳絮、春江花月夜、柴米油盐酱醋茶","小葱拌豆腐、青菜鸡蛋汤、香椿炒鸡蛋、煎饼裹大葱、豆浆油条、烧饼夹油条、毛栗子烧鸡、土豆牛肉"。美在独特的联系中。孟浩然《南归阻雪》:"孤烟村际起,归雁天边去。"皇甫冉《馆陶李丞旧居》:"门前坠叶浮秋水,篱外寒皋带夕阳。"朱长文《望中有怀》:"龙向洞中衔雨出,鸟从花里带香飞。"韦承庆《南行别弟》:"落花相与恨,到地一无声。"落花,实实在在的物,看得见摸得着;"恨"在心头,看不见摸不着,无影无形。花可坠落,心头的恨如何坠落?何来无声之说?奇思妙想。

具有相离关系的不能同时在场。李商隐《杂纂》:

杀风景

花间喝道	看花泪下	苔上铺席	斫却垂杨
花下晒裈	游春重载	石笋系马	月下把火
妓筵说俗事	果园种菜	背山起楼	花架下养鸡鸭

具有相离关系的事物的结合,丑,不得体。中医生讲忌口,具有相离关系的食物跟药物不可同时服食。

20世纪80年代初,一个在美术大厦工作的学生说,工作是每个月只需要写几张"清泉石上流",供外宾的,主要是日本客人,赚外汇。"清泉石上流"取自王维的诗"明月松间照,清泉石上流。"(《山居秋暝》)美在事物之间的别具一格的联系上。王维对事物之间的联系特别敏感。例如:

① 青苔石上净,细草松下软。　　　(《戏赠张五弟𬤇三首》)
② 渡头余落日,墟里上孤烟。　　　(《辋川闲居赠裴秀才迪》)
③ 泉声咽危石,日色冷青松。　　　(《过香积寺》)
④ 飕飕松上雨,潺潺石中流。
(《自大散以往深林密竹蹬道盘曲四五十里至黄牛岭见黄花川》)
⑤ 檐带城乌去,江连暮雨愁。　　　(《送贺遂员外外甥》)
⑥ 声喧乱石中,色静深松里。　　　(《青溪》)
⑦ 天寒远山净,日暮长河急。　　　(《齐州送祖三》)
⑧ 高柳早莺啼,长廊春雨响。　　　(《谒璿上人》)
⑨ 日落江湖白,潮来天地青。　　　(《送邢桂州》)
⑩ 柳色春山映,梨花夕鸟藏。　　　(《春日上方即事》)

王维诗歌中事物之间的独特的联系,是他的诗歌意境美的特点。王维把握事物之间的联系的独特视角,构成了他的诗歌的独特风格。

二 比拟

比拟就是把甲物当作乙物。泰山有五大夫松与五大夫公园。《汉官仪》:"秦始皇上封太山,逢疾风暴雨,赖得松树,因复其下,封为五大夫。"《史记·秦始皇本纪》:"(始皇)下,风雨暴至,休于树下,因封其树为五大夫。"清乾隆皇帝题诗:"何人补署大夫名,五老须眉宛笑迎。"松是植物,受封为大夫,是当作人了。这就是比拟。

法国媒体撰稿人让-马克维托里《条条大路通人民币》:"有一天,小人民币终会长大。人民币的伙伴们,特别是距离最近的老日元、胖韩元和小越南盾都认为这一天来得越快越好。然而,小人民币的父母却拒绝让孩子长大,到院子里和伙伴们一块玩耍。他们宁愿让他一直躲在大哥哥美元的背后,尽管后者已经开始对人民币发出威胁。当然,小人民币并不孤单。因为他尽管还小,但已经吸取了那么多的资源,以至于全世界都为之动摇。如果这个故事只是发生在一所乡村小学里,那倒也无关紧要。但它上演的地点是国际金融舞台,与之共舞的是数千亿美元,世界的经济增长也与之休戚相关。正因为如此,小人民币的命运才和我们所有人有了关系。"(《参考消息》2005 年 4 月 14 日)这篇短文创作方法是比拟。

比拟不同于比喻。比喻的基础是相似关系,关键在"喻",用甲物来喻乙物,"喻"者使之明白。比拟不在乎相似不相似的。比拟也不同于借代。借代的基础是相关关系,关键在"代",以甲物喻乙物。比拟也不强调相关关系。比拟的关键是"当作",赋予甲物以乙物的言语行为的能力。比喻的相似点、借代的相关点,具有客观性,比拟的"当作"是主观的。"说你是你就是,说你不是你就不是。"不在乎、不理睬两物之间相关不相关、相似不相似的关系。比拟是主观的。杜甫《发潭州》:"岸花飞送客,樯燕语留人。"杜甫主观地把植物和动物都当成人了。秦观《春日》:"有情芍药含春泪,无力蔷薇卧晓枝。"秦观主观地把花当作人——多情善感娇柔伤春的女子。

定义"比拟是把甲物当作乙物"之时,"物"是广义的,人也是物,虽然是万物之灵。把比拟分为拟人和拟物两大类的时候,"物"就不包括"人",万物之灵的人已经走出"物"的范畴,跟"物"相互对立。

比拟分为:拟人和拟物。拟物分:(1)把人当作物。(2)把甲物当作乙物。拟人是把物当作人。另外,往往忽视了"把甲人当作乙人"也是拟人。应当承认,把甲人当作乙人也是拟人。

拟人是把万事万物当作人。拟人是人的本性。人喜欢把自己的感情和意图投射到万事万物上。原始人的图腾崇拜就是拟人,万物有灵论也是拟人。拟人依然根植在现代人的心灵之中。拟人把生物或无生物的当作人,给它们以人的思想感情,具有人的声情笑貌。李商隐《无题》:"春蚕到死丝方尽,蜡炬成灰泪始干。"把蜡炬当作有情有义的人了。

拟人是一种心态,一种生活方式。"梅妻鹤子",林逋的拟人生活。诗仙李白移情于万物:

①举杯邀明月,对影成三人。　　　　　　　　(《月下独酌》)
②绿水解人意,为余西北流。　　　　　　　　(《宿白鹭洲寄杨江宁》)
③相看两不厌,只有敬亭山。　　　　　　　　(《独坐敬亭山》)
④春草如有情,山中尚含绿。　　　　　　　　(《金门答苏秀才》)
⑤仍怜故乡水,万里送行舟。　　　　　　　　(《渡荆门送别》)
⑥青天有月来几时?我今停杯一问之。　　　　(《把酒问月》)

辛弃疾更胜一筹:

⑦昨夜松边醉倒,问松:"我醉何如?"只疑松动要来扶,以手推松曰:"去!"　　　　　　　　　　　　　　　　　　　　(《西江月》)
⑧杯!汝来前。老子今朝,点检形骸。……汝说:"刘伶,古今达者,醉后何妨死便埋。"……与汝成言:"勿留亟退,吾力犹能肆汝杯。"杯再拜,道:"麾之即去,招亦须来。"　　(《沁园春》)

物已经人化,人情味十足。

拟物,就是当作为物。认识世界的时候,要求把不同事物区别开来,不可混为一谈。区分开甲物和乙物之后,交际活动中,可以把甲物当作乙物。孔捷生《绿色的蜜月》:"我把青春栽种在这里,尽管时值严冬,却终于蔚然成林。"用"栽种"一词,就是把青春当作植物了。

拟物也可以是把人当作物,如标题"每个孩子都是独一无二的风景",(《现代快报》2012年11月1日)孩子是人,风景是物。把孩子当作物,就是拟物。"你又翘尾巴!你的尾巴翘上天啦!""应当夹起尾巴做人。"把人当作有尾巴的小狗,这是拟物。

拟物还可以是把甲物当作乙物。柔石《为奴隶的母亲》:"春天底(注:今用的)口子咬住了冬天底尾巴,而夏天底脚又常是紧随着在春天底身后;""春天底口子"和"冬天底尾巴"及"咬住了",表明是把春天和冬天当作狗了。把春夏秋冬当作狗,也是拟物。

"拟言"是为无生命的物体、为动物设计台词,也可以为他人设计台词。如《现代快报》(2011年1月7日):"2012年,有颗'危险'小行星亲近地球",又代言说:"放心,我只是从你身边绕过。""拟言"是拟人的特殊品种。

比拟是诗人和儿童的知友,是诗歌和童话的创作方法。

三 借代

借代是借助事物之间的相关关系,借用他物的名称。[1]鲁迅《社戏》:"这时候,小朋友们便不再原谅我会读'秩秩斯干',却全都嘲笑起来了。""秩秩斯干"是《诗经》中的一句,《小雅·斯干》的第一句。"秩秩斯干"同《诗经》是部分和整体的关系,部分和整体之间是相关关系。用"秩秩斯干"代替《诗经》,是借代修辞格。"秩秩斯干"是代体,"《诗

---

[1] 参看王希杰:《借代的定义和范围及本质》,《毕节师范高等专科学校学报》2004年第2期;《借代修辞格辨识》,《毕节师范高等专科学校学报》2005年第4期;《借代换位》,《修辞学习》1989年第5期。

经》"是本体。

　　借代是交际的需要,不要说许许多多的事物还没有名称,即使是有名称,说话者也不一定就知道,就是知道的,可能此时想不起来了。又或者知道的,但是不喜欢、不愿意说出这个名字,就需要借用具有相关关系的事物的名字。杜牧的诗中说:"清明时节雨纷纷,路上行人欲断魂。借问酒家何处有,牧童遥指杏花村。"牧童遥指:"喏,那边,那个杏花盛开的村庄。"清明时节,杏花盛开,是显著的标志,特好辨认。如果"杏花村"是专有名词。对方将继续问道:"杏花村在哪里?"

　　借代不同于比喻:比喻的本体同喻体之间是相似关系,借代的本体同代体之间的关系是相关关系。比喻的本体和喻体同时出现;借代只出现代体,本体不出现。借喻同于比喻,立足于相似点,重在喻;就代替而言,同于借代。区别于借代的是借喻的非相关关系。

　　相关关系,是客观世界中所固有的,也是人类的一种认识。修辞学中的相关关系是指特定文化中被认可的相关关系。中华传统文化中,阴阳五行观念是认识世界的一个普遍模式,万事万物都纳入了这一模式中。在阴阳五行模式之下,产生了许多特有的借代。例如:玄武门——北门,因为北方同黑色、同水相对应。金秋门——西门,因为西方同金、同秋相对应。朱雀门——南门,因为南方同朱(红色)、同雀相对应。云龙门——东门,因为东方同龙相对应,而"云从龙"。

　　借代具有形象性或婉曲色彩,有协调韵律的功用。白居易《长恨歌》:"汉皇重色思倾国,御宇多年求不得。"用"汉皇"代唐玄宗,为的是要委婉一些。刘禹锡《竹枝词》:"银钏金钗来负水,长刀短笠去烧畲。""银钏金钗",妇女的装饰品,代妇女。"长刀",劳动工具,"短笠",男人的帽子。"长刀短笠"代男人。辛弃疾《南乡子》:"年少万兜鍪,坐断东南战未休。""兜鍪"是特征、标志,指代战士,具体而形象。

　　相关关系是多种多样的,常见的有特征、标志、产地、制作者、部分和整体等。传统文化中,借代是构成高雅风格的常用手法。为追求高雅而滥用借代是古代部分诗文中的一种毛病。现代文化中,随着反传统反文化倾向的出现,借代有了粗俗化的倾向。借代的过分高雅化和极度粗俗化,都是不可取的。

借代是生存的技巧。人不可能需要什么就有什么。在所需要的事物缺席的时刻,善于运用具有相关关系的其他事物来代替,这是生存所必需的,也是创新的开始。许许多多的发明创造正是借代的产物。

四　禁忌与婉曲

(一)禁忌

禁忌,是因为神圣、恐惧、不洁等原因,警戒禁止接触某个事物、说出某个词语、提及某个观念、做出某种行为,而用另外一些词语来代替它。如美洲有些印第安人不愿让陌生人知道自己的名字,客菲尔斯坦部落的妇女甚至连丈夫的亲属的名字中所包含的音节也不能说,而代之自己临时想出来的特殊声音。

封建礼法是产生禁忌语的一个重要的原因,这就是所谓的"避讳"。在我国古代社会里,帝王的名字,不准人们说或写,而必须代之以别的词或字。这种现象起于周朝,流行于秦汉,盛行于隋唐,宋代尤其严重、严格。秦始皇姓嬴名政,讳"正"字,遇到"正"字都改为"端"字,所以"正月"叫作"端月",琅琊台石刻说"端平法度"、"端直敦忠",而不说"正平法度"、"正直敦忠"。西汉吕后名"雉",便把雉改称"野鸡"。汉明帝名庄,讳"庄"字,东汉人便把旧书中的"庄子"改为"严子",把庄周改称"严周",把楚庄王改称"楚严王"。唐太宗名叫李世民,讳"世"字,就用"代"字代替"世"字,如王维的诗句"汉家李将军,三代将门子"(《李陵咏》),依照唐以前的用法,就应该是"三世将门子"。避讳也不限于帝王,也有讳自己的长辈的,这叫作"家讳"。东晋荆州刺史王忱服食五石散之后,拜会太子洗马桓玄。桓玄设酒招待。服食五石散之后,忌食冷东西。王忱一直吩咐,"令温酒来。"桓玄先是无反应,后"乃流涕呜咽"。桓玄的父亲是桓温,所以桓玄忌讳"温"字。听到"温",想到父亲,孝子就"流涕呜咽"了。《红楼梦》中的林黛玉,读书时,遇到"敏"字读作"密"字,写字时,遇到"敏"字就减少一两笔。因为林黛玉的母亲叫贾敏。

宗教迷信,对于神灵和凶猛的动物的敬畏心理,也是产生禁忌语的重要原因。如法国的天主教徒不敢直呼上帝的名字,在读到"上帝"这个词时,就把原来的语音加以改变。我国北方人称蛇为"长虫",东北人称熊为"黑瞎子"。欧洲许多民族也都忌讳蛇和熊这两种动物,往往改换名称。我国北方人,特别是北京人,忌讳"蛋"。"坏蛋"、"傻蛋"、"笨蛋"都是骂人话。所以鸡蛋叫"鸡子儿",鸭蛋叫"鸭子儿",茶蛋叫"茶鸡子儿",皮蛋叫"松花",炒蛋叫"摊黄花",沸汤煮蛋叫"卧果儿",熘蛋叫"熘黄花",蛋花汤叫"木樨汤",蛋炒饭叫"木樨饭",蛋糕叫"槽糕"。

禁忌语有时代、地区、职业、性别、年龄等的区别。船民忌讳"陈",而说"耳东",因为"陈"和"沉"同音。传统川剧《秋江》:

  艄翁:姑姑你贵姓?

  陈妙常:我姓陈。

  艄翁:咳!咳!说不得呀!

  陈妙常:当真姓陈哪!

  艄翁:哎!我们青龙背上就忌讳这个字。

  陈妙常:噢!(领会了他的意思)你喊我们这个姓啥子咧?

  艄翁:我们喊"老炎"。

  陈妙常:哎呀!多不好听嘛!

  艄翁:管他好听不好听,只要避开这个字眼就对了啥!姑姑你是"耳东"?是"禾口"?

  陈妙常:我是"耳东"。

艄翁给陈妙常讲授的是禁忌常识。遇到禁忌物,就闭口不提,不得已必须说时便需要寻代替说法。代替的表达法,有减少刺激的功能,"陈""程"与"沉"同音,是船家的忌讳,就得代之以"耳东"(陈)与"禾口"(程)。

又如在商店里不能说"关门"、"舌头"、"耗子"等词;坐在船上不能说"帆船"、"翻身"等与"翻船"的"翻"同音的字眼。新加坡的书城叫作"百胜楼",因为"书"和"输"同音,"输"的对立面是"赢","赢"就是"胜"。忌讳老虎,就叫作"大虫"。害怕蛇,就叫作"长虫"。

个人也有禁忌。阿Q头上有个癞疮疤,于是,"他讳说'癞'以及一切近于'赖'的音,后来推而广之,'光'也讳,'亮'也讳,再后来,连'灯''烛'都讳了"。(《鲁迅《阿Q正传》》)

(二)婉曲

婉曲是一种传统的修辞格,是各种语言中都有的一种修辞格。例如:"秦王不肯击缶。相如曰:'五步之内,相如请得以颈血溅大王矣!'"(《史记·廉颇蔺相如列传》)蔺相如的话说得挺漂亮,其实是威胁:如果你不击缶,在这么近的距离内,你的卫士是无法保护你的,我就同你拼个你死我活,让你我两人的血一同喷溅出来吧。

婉曲是减少和降低与避免刺激性的表达策略。对具有刺激性的或不雅的事物,对敏感的话题,对对方不愿意提及的事情,不采用直接表达方式,运用含蓄的、含糊的,或者迂回的方式和说法,闪烁其词,拐弯抹角,迂回曲折,用与本义相关或相类的话来代替。既顾全对方面子,也显示自己的教养。《旧唐书·房玄龄传》记载:"二十一年,太宗幸翠微宫,授司农卿李纬为民部尚书。(房)玄龄时在京城留守,会有自京师来者,太宗问曰:'玄龄闻李纬拜尚书如何?'对曰:'玄龄但云李纬好髭须,更无他语。'太宗遽改授纬洛州刺史。其为当时准的如此。"房玄龄没有直接说李纬不适宜担任民部尚书,没有明白地指出李纬缺乏才干,用夸奖他髭须美好来委婉地否定了其能力。唐太宗听话听音,而且善于、勇于听取大臣的意见,兼听则明,难得。

鲁迅:"他的母亲端过一碟乌黑的圆东西,轻轻说:'吃下去罢,——病便好了。'"(《药》)说"乌黑的圆东西",不说"人血馒头",为的是顺应、契合人物(他母亲)的心理世界。再如:

一到夏天,睡觉时她又伸开两脚两手,在床中间摆成一个"大"字,挤得我没有余地翻身,久睡在一角的席子上,又已经烤得那么热。推她呢,不动;叫她呢,也不闻。

　　"长妈妈,生得那么胖,一定很怕热罢?晚上的睡相,怕不见得很好罢?……"

　　母亲听到我多回诉苦之后,曾经这样地问她。我也知道这意思是要她多给我一些空席。　　　　　　　(鲁迅《阿长与〈山海经〉》)

鲁迅母亲的话,用的是婉曲的方法。鲁迅接着写道:"她(指阿长)教给我的道理还很多,例如说人死了,不该说死掉,必须说'老掉了';……"阿长教鲁迅的就是婉曲的修辞方式。

　　同双关、反语类似,婉曲也有表里两层意思:字面意义和骨子里的意思。两者也是不一致的,重点也在骨子里的那层意思。同反语不同的是,它的两层意思之间并没有对立关系。同双关的区别在于,它的表里两层意思中,一层具有刺激性,另一层比较平和而文雅。张抗抗:"我原来在农场的时候,有一个青年指导员给我写信,表示了那个意思。"(《夏》)"那个意思",其实就是指:谈朋友、谈对象、谈恋爱、建立恋爱关系。把恋爱问题、婚姻问题,叫作"个人问题",把男女关系问题叫作"作风问题"等,都是婉曲。

　　婉曲的出发点是减少刺激性,避免对立情绪,坚持礼貌原则,体现自我的风度和教养,所采用的具体手法是多种多样的。

　　对死亡的恐惧和忌讳是全人类的普遍心理现象。因此各种语言中都有许多关于死亡的婉曲语。汉语中"死亡"的婉曲语特别丰富,例如北京话中的"过去了、回去了、蹬腿了、吹台了、完蛋了、撂挑子了、翻白眼了、没熬过来、骆驼上画了、伸腿瞪眼儿了、听蛐蛐儿叫唤去了、听拉拉蛄叫唤去了"等。

　　婉曲有维护社会等级制度的功能。在等级森严、繁文缛节的社会里,说话写文章时都要求婉言曲达。贾谊写道:"古者大臣有坐不廉而废者,不谓'不廉',曰'簠簋不饰';坐污秽淫乱男女无别者,不曰'污秽',

曰'帷薄不修';坐罢软不胜任者,不谓'罢软',曰'下官不职'。"(《治安策》)大臣犯了贪污罪,说是"放祭品的篮子没有遮盖好";犯了淫荡乱搞男女关系罪,说是"障隔内外的帐幕不加整饬";软弱无能不胜任职守是"下属官员不称职"。

婉曲是文明的标志。一篇小说中,两个乡村妇女这样对话:"七婶绕弯子问:'哎,你来身上是哪一日?'大嫂翻翻嘴唇,倾下头答:'初三初四,月芽挑刺。''这个月又来过了?''来过了。'七婶指头戳戳大嫂两腿中央:'你和宝山"不"吗?'大嫂红了脸,夹紧大腿:'不"不"。'七婶指头往上移,指指小肚子:'你们不"不",那咋还不哩?'大嫂扭扭身子,缩缩肚子:'谁知道哩,不,不,它就不嘛。'"婉曲的修辞手法表现出两个乡村妇女的教养。

婉曲,有淡化语意的作用,也是人际关系的润滑油,可以减少话语的刺激性,调整相互关系,增进感情。例如,你专门去看一个人,却对他说:"我是顺便来看你的。"真心诚意地送人一件非常珍贵的礼品,却说:"这不值什么钱的,你可别当回事儿。""这东西我不喜欢,对我也没用,扔到垃圾箱去吧,又可惜了。你不在乎的话,就留着吧。"中国人请客吃饭时说:"没准备,没有菜,菜不好,您就随便凑合着吃点吧。"

婉曲有民族差异。不同民族重视程度不同,婉曲的事物不同。美国理查德·尼斯贝特说:"西方人——特别是美国人会发现亚洲人倾向于用委婉、巧妙的方式来表达自己的观点,而西方人实际上是蒙在鼓里。亚洲人发现西方人——特别是美国人——态度傲慢甚至有些粗鲁。"[①]

五 反语

反语,就是故意说反话,反话正说,正话反说,真话假说,假话真说。

---

① [美]理查德·尼斯贝特:《思维王国》,李秀霞译,中信出版社2010年,第54页。

反语有表里两层意思,这是反语与双关相同的地方。反语区别于双关语的是,两层意思正好是相反的。

　　反语分明反和暗反。明反是就要人家知道是反语,让人家不要当作真话。《左传》:"公(晋襄公)使阳处父追之。及诸河,则(孟明视等)在舟中矣。释左骖,以公命赠孟明。孟明稽首曰:'君之惠,不以累臣衅鼓,使归就戮于秦。寡君之以为戮,死且不朽。若从惠而免之,三年将拜君赐。'"秦国将军孟明视的这番话是典型的反语。所谓"拜君赐",不是报恩,而是报仇雪恨。表面上礼貌客气谦恭感恩,骨子里是杀气腾腾。虽然客客气气,但是真实含义明明白白。这就是明反。

　　暗反要受众不当作是反语,当作事实接受。《战国策》:"魏王遗楚王美人,楚王说之。夫人郑袖知王之说新人也,甚爱新人,衣服玩好,择其所喜而为之;宫室卧具,择其所善而为之,爱之甚于王。"郑袖对新人说:"王爱子美矣!虽然,恶子之鼻。子为见王,则必掩子鼻。"新人信以为真,于是"新人见王,因掩其鼻"。楚王很奇怪,问郑袖:"夫新人见寡人,则掩其鼻,何也?"郑袖说:"其似恶闻君王之臭也。"楚王大怒,下令割掉新人的鼻子。郑袖运用的是暗反,要魏国美女和楚王当作真话来接受。魏国美女和楚王把郑袖的暗反修辞格当作常规表达(真话),郑袖的暗反达到了预期的目的,魏国美女和楚王都上当了。可见,暗反具有误导性与欺骗性。如果说,明反是双赢的,暗反可以是零和的。

　　暗反具有策略性误导性欺骗性。2003年2月,为了发动伊拉克战争,美国国务卿鲍威尔在联合国大会上,手拿装着白色粉末的瓶子,宣称是伊拉克拥有大规模杀伤性武器的证据。信誓旦旦,要求普天下的人都相信这是千真万确的事实。欺骗了全世界的人,悍然发动对伊拉克的战争。鲍威尔运用的是反语修辞格。鲍威尔式反语是暗反。暗反的特点是要求接受者不当作反语,而当作事实。暗反当然是"反",而且是很重要的很常见的一种"反"。暗反是伪装的隐蔽的反语,力求接受者当作事实来解读,暗反往往说得比真话还要真,尽量避免与消除可能出现的暴露其反语性的因素。后来,鲍威尔承认这是他人生中的污点。顺理成章,鲍威尔的污点是反语修辞格的污点。不,责任不在反语修辞格,必须负责的是鲍威尔,仅仅是鲍威尔的污点,不应当归罪于反语修辞格。但是,可以把暗反叫作"鲍威尔反语"。

施耐庵《水浒传》第十五回"吴用智取生辰纲":"众军健听了这话,凑了五贯足钱,来买酒吃。那卖酒的汉子:'不卖了!不卖了!这酒里有蒙汗药在里头!'众军陪着笑,说道:'大哥,直(值)得便还言语?'那汉道:'不卖了!休缠!'这贩枣子的客人劝道:'你这个鸟汉子!他也说得差了,你也忒认真,连累我们也吃你说了几声。须不关他众人之事,胡乱卖与他众人吃些。'那汉道:'没事讨别人疑心做甚么?'"白胜的任务就是要把有蒙汗药的酒卖给杨志的军健们喝。可是他却偏偏不肯卖酒给他们,他的行为动作跟他的本意是正好相反的。只有杨志他们相信酒里没有蒙汗药,他们才会买酒喝。白胜本当尽力证明自己的酒里没有蒙汗药才是。但是,白胜却反其道而行之,反而硬是说自己的酒里有蒙汗药,运用反语来反证,为的是使得对方相信酒里没有蒙汗药,因为常规情况是,酒里有蒙汗药的要千方百计表明自己的酒里没有蒙汗药。那么反反复复说自己酒里有蒙汗药的,酒里则必然没有蒙汗药。

鲁迅:"里巷间有一个笑话:某甲将银子三十两埋在地里面,怕人知道,就在上面竖一块木板,写道'此地无银三十两'。隔壁的阿二因此却将这掘去了,也怕人发觉,就在木板的那一面添上一句道,'隔壁阿二勿曾偷。'"(《推背图》)某甲和隔壁阿二写的都是反语,是暗反,要人家把他们的话当真。暗反具有误导性。不过某甲和隔壁阿二的暗反不高明,失算了。

反语是讽刺和嘲弄的手段。盛成:"联军到处杀人,不问死不死,好像杀死了一个中国人,并不是杀了一个人一样。杀死一个中国人,好拿他的辫子来作耍。砍死一个中国妇女,好拿她的小脚,解开来闻闻。文明人杀人,好像有目的,也好像是玩耍。哦!杀人的文明。北京的井里,都是女尸,沟水全是血。复仇复仇,杀一个,杀七个。联军咧,要七十七个,这是《圣约全书》的复仇法。奸淫抢劫,更是神圣庄严不可不行的。……

谢谢洋鬼子大人,……"(《我的母亲》)"文明、神圣庄严、谢谢"等,都是美好的字眼,作者的真正的含义恰恰相反,是:野蛮、残忍、凶暴、卑鄙、无耻、可恨、可憎。讽刺反语是战斗的投枪匕首。

反语是禅宗的语言特色。禅宗的反语不同于通常的反语,不是说话人的话语具有相反的两种意义。是学人同禅师的话语的意义相反。就是学人从正面提出问题时,禅师就故意从反面作答。例如:

①问:"如何是清净法身?"师曰:"屎里蛆儿,头出头没。"

(《五灯会元》)

②问:"古镜未磨时如何?"师曰:"照破天地。"曰:"磨后如何?"师曰:"黑似漆。" (《景德传灯录》)

③僧问:"风恬浪静时如何?"师曰:"吹倒南墙。"

(《五灯会元》)

④问:"如何是大善知识?"师曰:"杀人不眨眼。"

(《五灯会元》)

禅师的答语同学人的问语之间,两种相反的意义尖锐对立。说是反语,是就禅师的立场上说的,是禅师故意说反话。禅师的反语的相反的一面是对方(学人)的问话。禅师的反语是教学方法,从反面作答,故意造成一种荒谬感,目的是逼迫学人从更高层次上思考。按照常规无法解码,行至"山穷水尽处","山重水复疑无路"时,更换思维,豁然开朗,"柳暗花明又一村"。

因为有反语,有言行不一,孔夫子说:"始吾于人也,听其言而信其行;今吾于人也,听其言而观其行。"(《论语·公冶长》)

六 拈连

拈连是甲乙两件事情并提或连续出现时,把适用于甲事物的词语,顺手牵羊地用于乙事物。常规情况下,风马牛不相及,不可以的。鲁迅:"绕到 L 君的寓所前,便打门,打出了一个小使来。"(《马上日记》)"打门",敲击的是门,不是人——"小使"。"打出一个小使来",是上文"打门"的波及效应。俗话说,"远亲不如近邻",拈连是"邻里效应",所以必须依赖于特定的上下文。《现代快报》上的标题"聋哑父母糊纸盒,糊出女儿大学梦"(2011年7月14日),糊的是纸盒子,不是梦。糊纸盒子的收入圆了大学梦。"包子店老板16年捏出两套房"(2012年5月21日),捏的是包子,不是房子,房子不是捏出来的。捏包子的收入购买了房子。大学梦紧跟着糊纸盒子,买房子跟在捏包子之后,就顺势说"糊出女儿大学梦""捏出两套房"。

拈连中的两件事物,往往甲比较具体,乙比较抽象。运用拈连手法,便赋予了抽象事物以具体形象,增加了语言的艺术美。闻一多《红烛》:

红烛啊!

既制了,便烧着!

烧罢! 烧罢!

烧破世人的梦,

烧沸世人的血——

也救出他们的灵魂,

也捣破他们的监狱!

动词"烧"可以同"红烛"组合,但不能同"梦"和"血"相结合。如果诗歌的题目不是《红烛》,而是《暴风雨》,开头是:"暴风雨啊! 既然来临了,便呼啸着! 呼啸罢! 呼啸罢!"接着写道:"烧破世人的梦,烧沸世人的血——",那就是十分荒谬的了! 但这两句诗,紧接在"便烧着! 烧罢! 烧罢!"之后,便获得了特殊的形象,显得很生动,这就是艺术的语言。这艺术的魅力也来自于对常规的突破,常规情况下,梦只能被惊醒,血液也不能燃烧。

拈连赋予同一个词两种不同的用法。用于甲,是本义;用于乙,是比喻义、引申义。例如:

①从小就会推车,可那时是赤臂滚丁板,推的腰弓背弯,推不完的冤深仇重,推不完的苦难;如今推的是啥? 推的是胜利,推的是希

望,越推腰背越直,越推心越甜。　　　　（王颖《车轮滚滚》）

②天寒热泪冻成冰。

　冻不住心头的爱和憎。　　　　　　　（阮章竞《送别》）

③我只好静静地,

　静静地坐在这里,

　用针线——

　牵引出我心底的思念。　　　　　　（柯岩《请允许……》）

拈连可以看成是比拟中的一种特殊格式,本质上就是把乙物当作甲来看待。不同的是,比拟没有拈连这样明确的形式标志,对上下文的依赖也没有拈连那样强。

七　移就

移就,是把适用于甲事物的词直接运用于乙事物。

①颠狂柳絮随风舞,轻薄桃花逐水流。　　　（杜甫《漫兴》）

②寂寞富春水,英气方在斯。（柳宗元《哭连州凌员外司马》）

③怒发冲冠,凭栏处,潇潇雨歇。　　　　　（岳飞《满江红》）

④明日重寻石头路,醉鞍谁与共联翩。

（陆游《过采石有感》）

例①,"颠狂"和"轻薄"都是属于人的,杜甫用于柳絮和桃花。例②,"寂寞"的本是人,却移用于富春水了。例③,"怒"的是人,却移用于头发了。例④,"醉"的当然是人,却移用于马鞍了。

移就不同于拈连,不需要两件事相提并论或同时出现。鲁迅:"我也没有研究过小乘佛教的经典,但据耳食之谈,则在印度的佛经里,焰摩天是有的,牛首阿旁也是有的,都在地狱里做主任。"(《无常》)地狱中没有"主任"。"但是,孔夫子在本国的不遇,也并不是始于二十世纪的。孟子批评他为'圣之时者也',倘翻成现代语,除了'摩登圣人'实在也没有别的法。为他自己计,这固然是没有危险的尊号,但也不是十分值得欢迎的头衔。不过在实际上,却也许并不这样子。孔夫子的做定了'摩登圣人'是死了以后的事,活着的时候却是颇吃苦头的。"(《在现代中国的孔夫子》)"摩登"是现代汉语的词,英语 modern 的音译,即时髦,形容人的装束衣着或其他事物入时。"主任"用于"地狱"、"摩登"加到"圣人"头上,幽默风趣。

移就,可以看成是"词语换位":大词小用,小词大用,古词今用,今词古用,褒词贬用,贬词褒用,洋词中用,土词洋用。有的还把政治术语用于日常生活,把庄重色彩的词语用于鸡毛蒜皮的琐事上。老舍:"据我后来调查,姑母的说法(指说'我的母亲是因生我而昏迷过去的')颇为正确,因为自从她中年居孀以后,就搬到我家来住,不可能不掌握些第一手的消息与资料。"(《正红旗下》)康濯:"作娘的,又难免要把自己当作处理女儿婚姻问题上的'负责干部'了。"(《春种秋收》)周立波:"平素日子里,碰到联组或互助组的什么会,他总是派遣他的二崽子学文做他的全权代表。"(《山乡巨变》)形式上的矛盾便造成了幽默风趣的情调。

八 转类

王安石:"京口瓜洲一水间,钟山只隔数重山。春风又绿江南岸,明月何时照我还。"(《泊船瓜洲》)据说最初是"到",后改为"过",再改为"入",再改为"满"等,最后才"绿"。"到、过、入"是动词。"满"和"绿"是形容词。形容词不能带宾语,带上宾语"江南岸"的形容词的"绿"已经转化为动词。动词化的"绿"表示"非绿→绿"的转化过程与结果。李白:"东风已绿瀛洲草。"(《侍从宜春苑奉诏赋龙池柳色初青听新莺百啭歌》)李贺:"凄凄四月阑,千里一时绿。"(《长歌续短歌》)丘为:"东风何时至?已绿湖上山。"(《题农夫庐舍》)把形容词的"绿"当作动词用,这叫作"转类"。

转类①，又叫转品、词类活用，就是把甲类词当作乙类词来运用，临时性地有条件地改变词性。胡小石阐释杜甫的"峥嵘赤云西"："'西'在此不仅是方位字，当读为动词。如山之大云向西而移，知其时为东风。"②方位词的"西"是静态的，作动词的"西"是动态，云向西运动，当是东风。这是"西"动词化之后的联想义。杜荀鹤："说空空说得，空得到空么？"（《题著禅师》）十个字中有四个"空"字。有点绕口。钱锺书说：

第一"空"，名词。第二"空"，副词，谩也，浪也。第三"空"，动词，破也，除也。第四"空"，又名词；若曰："任汝空谈'空'，汝能空'空'否？"语虽拈弄，意在提撕也。③

"说空"，动词+名词，动宾短语。说论空，空是谈论的对象。"空说"，副词+动词，状中短语，"空"是副词，动词"说"的修饰语。"空得到空"，动宾短语，名词"空"动词化之后的意义是清空、扫除。清除扫除到真的空（空无一物）。这在形态丰富的俄语中是不可想象的。

汉语无形态，而且是单音节为基础的语言，因此转类比较容易。鲁迅："我到此快要一个月了，懒在一所三层楼上，对于各处都不大写信。"（《厦门通信》）"懒"本是一个形容词，这里临时当作动词来用。

词性误用是一种语法错误。曹禺《日出》中的顾八奶奶说："（很自负地）所以我顶悲剧，顶热烈，顶没有法子办。""顶悲剧"是一个语法错误。副词"顶"不能修饰"悲剧"名词。名词不能接受副词的修饰。"顶悲剧"这个语法错误，出自是没有文化教养的顾八奶奶之口，是人物语言的个性化，是塑造人物形象的手段。这是语法错误的语用艺术化。

运动是事物的属性。名词转类为动词，是事物潜在的运动能力的显现化。老舍："他要是和所长有一腿的话，我不是收拾他，就得狗着他点，

---

① 参看王希杰：《转类的再认识》，《平顶山学院学报》2007年第3期。
② 胡小石：《胡小石论文集》，上海古籍出版社1982年，第130页。
③ 钱锺书：《管锥编》第二册，中华书局1986年，第449页。

先狗着他一下试试。""在他心的深处,他似乎很怕变成张大哥第二,——'科员'了一辈子,自己受了冤屈也不敢豪横。"(《离婚》)名词不带"了着过"。"狗着"的"狗"转化为动词了,是学狗装狗像狗的意思。"科员了"就是"做科员了"。

事物都有性质特征状态。名词常转类为形容词,就是把名词所标志的事物的性质特征状态激发出来了。名词接受副词的修饰,"很军阀、非常军阀",修饰的是激发出的是军阀的特点"霸道、专横、残忍"。铁凝:"这一年的春天特别玫瑰。"(《玫瑰门》)池莉:"其实我平时没这么绅士。"(《绿水长流》)陈绍磻:"一只低飞的海鸟便很尼采地凄立在观音竹高呼。"(《观音竹的岁月》)丁楠:"立刻有一种很母亲的感觉笼罩了全身。"(《小镇》)名词"玫瑰、绅士、尼采"的潜在的性质特征状态义激活了,显性化了。

形容词转类为形容词,是古诗词常用的艺术化手法,例如:
①泉声咽危石,日色冷青松。 (王维《过香积寺》)
②离别江南北,汀洲叶再黄。 (刘长卿《酬皇甫侍御见寄》)
③山光悦鸟性,潭影空人心。 (常建《题破山寺后禅院》)
④十年戎马暗南国,异域宾客老孤城。 (杜甫《愁》)
⑤流光容易把人抛,红了樱桃,绿了芭蕉。

(蒋捷《一剪梅·舟过吴江》)

转类,一是经济,二是新奇。表层的不合理给人惊诧感,再用深层的合理性给人以意料之外情理之中的感觉。

转类同兼类应当区别开来。兼类是属于语言系统的,是集体的稳定的,不以个人意志为转移的,不取决于上下文和交际情景。兼类是一种语法现象。兼类指同一个词本来就兼有两类词的语法特征,它不是上下文中的临时现象。例如:

纯洁:(A)形容词(一个纯洁而可爱的好孩子)。
(B)动词(最重要的是纯洁我们的队伍)。
健全:(A)形容词(我们的组织很健全)。

　　　　（B）动词（需要进一步健全我们的组织）。
　　挺：（A）动词（抬起头，挺起胸，大踏步向前进）。
　　　　（B）副词（态度是挺重要的因素）。

转类是词的修辞用法，是一种修辞手段，属于言语活动，是个人的、临时的，需要依赖一定的上下文和交际情景。骆晓："为什么不可以'小说'一下？为什么不可以'五重奏'一回？"（《结局》）邓一光："她们这种青春得一塌糊涂的女孩子，城市得一塌糊涂的女孩子，不能……。"（怀念一个没有去过的地方）"小说"、"青春"、"城市"、"五重奏"等名词，转类为动词。修辞上的转类，是言语的，不改变语言中的词类系统。

汉语的词类没有形态标志，转类特容易特方便。如："孩子是否'孩子'下去？"（《现代快报》2015年1月28日），"法国农业'不法国'"（《环球时报》2018年6月7日），"其实应该问这样一个问题：你够"上海"吗？"（《参考消息》2006年3月31日），"南京街头一大酷　男士女士穿短裤"（《现代快报》2001年8月3日），等等。"酷"英语cool的音译，形容词，人的外表英俊潇洒，表情冷峻坚毅，有个性。"一大酷"中的"酷"转类为名词。

形态丰富发达的俄语转类比汉语要困难得多。形态不像俄语那么丰富的英语，转类要比俄语容易得多。蒲柏（Alexander Pope）《两三：戴绿帽秘诀》：

　　两三次造访，两三次鞠躬，
　　两三次礼貌往来，两三次发誓，
　　两三次亲吻，两三次叹气，
　　两三次天啊——还有真要我的命——
　　两三次紧抱，两三个陶姓人士，
　　再加上两三千磅在它们的家搞掉，
　　铁定能叫两三对配偶丈夫戴绿帽。

陈黎、张芬龄说："第四行（'两三次天啊——还有真要我的命——'）是全诗最有趣的一行：诗人将动词词组'let me die'当名词使用，并将'Jesus'写出复数型,'Two or three Jesus's'乍看下乃成'两三个耶稣',虽然蒲柏指的是男女逐渐熟稔后,聊天中不时迸出的'天啊'(Oh, Jesus!)、'真要我的命'(Oh, let me die!)一类故作轻佻、夸张的用语。将'耶稣'与一系列戴绿帽步骤并列,实在有趣。"①

九 仿拟

仿拟,就是模仿、套用现有的格式,旧瓶装新酒。魏巍:"第二天早起,她们的头发上都结了霜,男同志们笑她们说:'嘿,你们演《白毛女》都不用化装了!'她们也笑男同志:'还说哩,你看,你们不是"白毛男"吗?'"(《年轻人,让你的青春更美丽吧》)"白毛男"是对"白毛女"的仿拟。侯宝林:"乙:你不会跳舞?甲:我会跳六。"(《给您道喜》)"跳舞"的"舞"谐音为一二三四五的"五",再"跳五""跳"到"跳六","跳六"是"跳舞"的谐音仿拟。《新华日报》:"桂林厕所甲天下"(2001年11月26日)是对"桂林山水甲天下"的仿拟。

仿拟的对象有:词语、句子、篇章、格调、语气等。鲁迅:"无论你所做的事是文化还是武化。"(《〈这回是第三次〉案语》)"武化"是"文化"的仿拟。"后来这终于从浅闺传进深闺里去了。"(《阿Q正传》)"浅闺"是"深闺"的仿拟,是仿词。

鲁迅《崇实》:

> 费话不如少说,只剥崔颢《黄鹤楼》诗以吊之,曰——
> 阔人已骑文化去,此地空余文化城。
> 文化一去不复返,古城千载冷清清。
> 专车队队前门站,晦气重重大学生。
> 日薄榆关何处抗,烟花场上没人惊。

---

① [爱尔兰]叶芝等著:《有一天,我把她的名字写在沙滩上》,陈黎、张芬龄译,北京联合出版公司2018年,第68页。

鲁迅明言"剥崔颢《黄鹤楼》","剥"是仿拟的自谦说法。崔颢《黄鹤楼》：

> 昔人已乘黄鹤去,此地空余黄鹤楼。
> 黄鹤一去不复返,白云千载空悠悠。
> 晴川历历汉阳树,芳草萋萋鹦鹉洲。
> 日暮乡关何处是？烟波江上使人愁。

仿拟的是格调的。跟原诗对比,显得风趣幽默。

仿拟不一定就不如原作。王勃《滕王阁序》中"落霞与孤鹜齐飞,秋水共长天一色"是对庾信《马射赋》"落花与芝盖齐飞,杨柳共春旗一色"的仿拟,真"青出于蓝而胜于蓝"。林逋的"疏影横斜水清浅,暗香浮动月黄昏"(《梅花》)仿拟的是江为的"竹影横斜水清浅,桂香浮动月黄昏",也胜过原作,成"千古绝调"。林逋仅仅改动两个字："竹"和"桂","竹影"改为"疏影","桂香"换作"暗香"。

辛弃疾《贺新郎》"不恨古人吾不见,恨古人不见吾狂耳！"是对张融言谈的成功仿拟。"(张融)常叹云：'不恨我不见古人,所恨古人又不见我。'"(《南史·张融传》)"(张)融善草书,常自美其能。帝曰：'卿书殊有骨力,但恨无二王法。'答曰：'非恨臣无二王法,亦恨二王无臣法。'"

白茶："让洗澡水来得更猛烈些吧！每只猫都要学会洗澡,这是大势所趋。进步,还是倒退。这是个问题。"(《就喜欢你看不惯我又干不掉我的样子》)这是对高尔基散文诗《海燕》："这是勇敢的海燕,在闪电中间,在怒吼的大海上高傲地飞翔。这是胜利的预言家在叫喊：——让暴风雨来得/更猛烈些吧！"与莎士比亚："哈姆雷特 生存还是毁灭,这是一个值得思考的问题。"(《哈姆雷特》)的搞笑仿拟。原文是悲壮的正剧,仿拟则是喜剧闹剧诙谐剧。

白居易："安得万里裘,盖裹周四垠。稳暖皆如我,天下无寒人。"(《新制布裘》)"争得大裘长万丈,与君都盖洛阳城。"(《新制绫袄成感而有咏》)这是对杜甫"安得广厦千万间,大庇天下寒士俱欢颜"(《茅屋为秋风所破歌》)的不成功的仿拟。天下人(男女老少)穿上同一件万里长的皮大衣,太搞笑啦。一件万丈长的皮大衣盖在洛阳城上,洛阳城里的人就快活了吗?

作为一种固定格式,仿拟是死的,运用仿拟的是人。《五杂组》记载:"刘贡父晚年得恶疾,须眉堕落,鼻梁崩坏,苦不可言。一日,与东坡会饮,各引古人一,聊相戏,坡遽朗吟曰:'大风起兮眉飞扬,安得壮士兮守鼻梁。'坐客皆笑。贡父感怆而已。"①苏东坡是对汉高祖刘邦的《大风歌》的仿拟。当年汉高祖衣锦还乡,对家乡父老唱道:"大风起兮云飞扬,威加海内兮归故乡,安得猛士兮守四方。"苏东坡的仿拟是博得在场人的大笑,似乎效果很不错,但是,在大庭广众中,伤害了朋友刘贡父。仿拟不得体、不文明的是苏东坡这个大文豪,不是仿拟修辞格。

仿拟的必要条件是合适的原式。原式应当是著名的。"A king can do no wrong."这是西方人所熟悉的,可以作为仿拟的原式。用(1)总统(president),(2)独裁者(dictator),(3)老板(boss)来替换"A king":

(1) A president can do no wrong.

(2) A dictator can do no wrong.

(3) A boss can do no wrong.

用于跟西方人交际,是适宜的。

人是模仿的动物。仿拟是最佳学习方式之一,是创造的起点。

十 引用

《庄子·寓言》:"寓言十九,重言十七,卮言日出,和以天倪。"庄子总结自己的创作(修辞)活动所说的"寓言",是运用他人的对话来表

---

① 谢肇淛:《五杂组》,上海书店出版社 2009 年,第 325 页。

达自己的观念,增强说服力。其中是真真假假相杂,假的(编造的,创作的)是现在所定义的寓言,真的则是我们所说的引用修辞格。"重言"指引用以前的名人的言论,大体上就是现代修辞学中的引用格。

引用,是在自己的话语中插入现成话语或故事等。鲁迅《读书杂谈》:"凡中国的批评文字,我总是越看越胡涂(今作'糊涂'),如果当真,就要无路可走。印度人是早知道的,有一个很普通的比喻。他们说:一个老翁和一个孩子用一匹驴子驮着货物去出卖,货卖去了,孩子骑驴回来,老翁跟着走。但路人责备他了,说是不晓事,叫老年人徒步。他们便换了一个地位,而旁人又说老人忍心;老人忙将孩子抱到鞍鞯上,后来看见的人却说他们残酷;于是都下来,走了不久,可又有人笑他们了,说他们是呆子,空着现成的驴子却不骑。于是老人对孩子叹息道,我们只剩下一个办法了,是我们两人抬着驴子走。无论读,无论做,倘若旁征博访,结果是往往会弄到抬驴子走的。"这个古印度的故事提高了说服力度。

引用,可以分为:明引和暗引与正引和反引。

明引,就是公开声明是引用,例如毛泽东《在延安文艺座谈会上的讲话》:"鲁迅的两句诗,'横眉冷对千夫指,俯首甘为孺子牛',应该成为我们的座右铭。"引用鲁迅的两句诗,作者做了明白的交代。

暗引,就是悄悄地引用,不做公开的说明。王安石《桂枝香·金陵怀古》):"叹门外楼头,悲恨相续。千古凭高,对此谩嗟荣辱。六朝旧事随流水,但寒烟芳草凝绿。至今商女,时时犹唱,《后庭》遗曲。""门外楼头",暗用杜牧《台城曲》:"门外韩擒虎,楼头张丽华。""……商女,时时犹唱,《后庭》遗曲",暗用杜牧《泊秦淮》:"商女不知亡国恨,隔江犹唱后庭花。"暗引,不交代出处,往往对原文又进行了适当的加工变化,把引文同自己的言语融为一体。

法国加缪(Albert Camus)说:"这块巨石上的每一颗粒,这黑黝黝的高山上的每一颗矿砂唯有对西西弗才形成一个世界。"(《西西弗的神话》)① 加缪是暗引了英国诗人布莱克 (Willam Blake) 的小诗：

> 从一粒沙看世界，
>
> 从一朵花看天堂，
>
> 把永恒纳进一个时辰，
>
> 把无限握在自己手心。

而且是反引。布莱克说"从一粒沙看世界"，但是不是所有的人都能"从一粒沙看世界"，只有能从一粒沙子里见世界的人，才能"从一粒沙看世界"。加缪说得对：从一粒沙看世界在西西弗之外的人来说，"这黑黝黝的高山上的每一颗矿砂"仅仅只是"一粒矿砂"，"黑黝黝的"。

正引，不改变引用语的意义，鲁迅："'蝼蚁尚知贪生'，中国百姓向来自称'蚁民'，我为暂时保全自己的生命计，时常留心着比较安全的处所，除英雄豪杰之外，想必不至于讥笑我的罢。"(《中国人的生命圈》)周瘦鹃："我想三五明月之夜，疏影横斜，暗香浮动，梅花映月，月笼梅花，漫山遍野，都是晶莹朗澈，真所谓玉山照夜哩。"(《苏州游踪·探梅香雪海》)"疏影横斜，暗香浮动"，引用宋人林逋《梅花》："疏影横斜水清浅，暗香浮动月黄昏。"引文的意思同作者本人的意思是一致的。

反引，是反其道而行之的引用。金农："万缕千丝便好，剪刀谁说胜春风。"(《柳》)暗用唐贺知章《咏柳》："碧玉妆成一树高，万条垂下绿丝绦。不知细叶谁裁出，二月春风似剪刀。""剪刀谁说胜春风"，常规词序是"谁说剪刀胜春风"，此"谁"指贺知章，金农同贺知章的意思正好相反。

苏轼："谁道人生无再少？门前流水尚能西！休将白发唱黄鸡。"(《浣溪沙》)词前有小序："游蕲水清泉寺，寺临兰溪，溪水西流。""溪水西流"，这有什么呢？塞纳河、卢瓦尔河、多尔多涅河、加龙河、莱茵河，都是向西流的。但中国的主要河流都是从西向东流的，黄河、长江、淮河，

---

① ［法］阿尔贝·加缪：《西西弗的神话》，杜小真译，生活·读书·新知三联书店 1987 年，第 161 页。

诗人从河水的流向联想到人生的历程,由空间到时间。"谁道"的"谁"指白居易,白居易的诗:

> 罢胡琴,掩秦瑟,玲珑再拜歌初毕。
> 谁道使君不解歌?听唱黄鸡与白日。
> 黄鸡催晓丑时鸣,白日催年酉前没。
> 腰间红绶系未稳,镜里朱颜看已失。
> 玲珑玲珑奈老何,使君歌了汝更歌。 (《醉歌示妓人商玲珑》)

这诗是白居易为歌妓商玲珑所创作。"黄鸡"是这首诗的关键词。苏轼暗引白居易,但是反其道而行之。苏轼抛弃了原诗中的消极思想,不因"黄鸡催晓"、"白日催年"而心意沮丧,由"流水尚能西",激发人生能"再少"的积极乐观的思想。

变引,是对所引用的话语,做出一些变通,对所引用的话语有所选择,有所节缩。"经过钴 80 的辐射,几千株'金陵春色'有一株开出绿色的花　映日荷花别样绿,"(《现代快报》2012 年 7 月 6 日)"别样红"改成"别样绿"。

引用,是一种传统的修辞手法,是古代文人所爱用的一种修辞方法。根据引用语的内容,也可以把古代的引用,分为"引经"与"稽古"两大类。引经,就是引用权威性的或有说服力的话来证明自己的观点。稽古,就是引用前人的事迹或历史故事来证明自己的观点。

引用修辞格符合经济节约的原则,收获权威主义和名人效应的利益。许多名人名言,其实是伪劣产品,是为了增强说服的力度而编造出来的。一些古书中引用的黄帝、孔子的言论,不少是后人伪造的。爱因斯坦的名言不少是假的,爱因斯坦根本没有说过的。现实生活中,经常听到的是:"不是我说你的,某人说你:……"其实都是说话人自己想说,为了更有说服力,为了推卸责任,就进行编造。有时用"据说、听说、有人说"之类的标签。这可以叫作"伪引"。出于恶意的,就是造谣诈骗。

集句是引用的极端形式。集句是写作(创作)方式。集句是摘取前人作品中的诗句,重新组合,构建新作品。沈括说:"古人诗有'风定花犹落'之句,以谓无人能对。王荆公以对'鸟鸣山更幽'。'鸟鸣山更幽'本宋王籍诗。元对'蝉噪林逾静,鸟鸣山更幽',上下句只是一意;'风定花犹落,鸟鸣山更幽',则上句乃静中有动,下句动中有静。"(《梦溪笔谈·艺文》)沈括赞美王安石的集句亲切胜过王籍原诗。王安石被公认为是集句最好的。

摘录前人诗文中现成的句子,重新组合而成新的诗歌,其实并不比自己创作容易,甚至难度更大。因为必须在特定的范围之内进行选择。非常熟悉前人的诗词是必要的条件。熟悉前人的诗词也是欣赏集句的必要条件。

引用大众化,集句小众化。集句可以是个人行为,也可以是集体活动。清人黄之隽《香屑集》全书各体诗九百多首,都是集句,连《自序》都是集句。其中的《采莲棹歌》:

一行白鹭上青天,	(杜甫《绝句》)
一只鸳鸯下渡船。	(司空图《华下》)
轻舟过去真如画,	(陆龟蒙《北渡》)
越艳荆姝惯采莲。	(徐玄之《采莲》)

荷叶如钱水面平,	(元稹《过襄阳楼呈上府主严司空》)
荷花莲子傍江生。	(王适《江上有怀》)
唱尽新词看不见,	(刘禹锡《踏歌行》)
水边花里有人声。	(顾况《安仁港口望仙人城》)

集句互动是流行于才子佳人圈里的高雅风雅生活情趣。古代小说戏剧中经常有集句创作的描写,《牡丹亭》:"(旦)秀才,等你不来,俺集下了唐诗一首。(生)洗耳。(旦念介)'拟托良媒亦自伤,月寒山色两苍苍。不知谁唱春归曲?又向人间魅阮郎。'"(第三十三出)杜丽娘集唐人诗句成一首诗,向柳梦梅表白自己的心迹。集句是一种特殊的创作方式,一种特殊的文体,中国文化的一道风景线。

集体性集句,如果改换为各人自己的创作,就叫作"联句"。

托言，是请托他人代言，借用他人之口说出自己的话。

谢灵运喜欢说是道非，嘲讽贬损人。叔父谢混发现，只有侄儿谢瞻能说服谢灵运。谢混组织一次家族游乐活动，谢晦、谢曜、谢瞻和谢弘微、谢灵运等都参加。谢混安排谢瞻和谢灵运同乘一辆车。谢灵运一上车，就开口诋毁他人。谢瞻轻声慢语地对谢灵运说："你父亲虽然早就去世了，但是直到现在，人们对你父亲还在议论纷纷。"（《宋书·谢瞻传》）谢灵运听了，沉默不语。从此以后，谢灵运就不再随意贬斥他人。谢混自己不出场，让谢瞻来劝诫，"托言"法。之所以要托人代言，是因为由那人说，才有效果。谢混是这一修辞活动的策划人组织者，谢瞻是这个成功的修辞活动的执行者实施人。

既有"托言"，也有"借人"。有一个人卖马无人问津，请伯乐到马旁看一眼。伯乐去转悠了一会儿，看了一眼。原先卖不出去的马，身价百倍，人们抢着买。卖马者借重伯乐名声与信誉，这种营销术，叫作"借人法"。所谓"形象大使""产品代言人"就是借人修辞术。

汉高祖刘邦想更换太子刘盈，吕后用张良之计。一次宴会上，商山四皓（东园公、绮里季、甪里先生、夏黄公）侍奉在太子刘盈身边。刘邦大惊，因此放弃更换太子的想法。事后，刘邦让戚夫人舞蹈，自己即兴作歌："鸿鹄高飞，一举千里。羽翮已就，横绝四海。横绝四海，又可奈何！虽有矰缴，尚安所施！"吕后借用四位老人的声望，打消了刘邦更换太子的念头。这就是借人修辞术。

小　　结

（1）比拟：主观地当作是。当作是就是。拟人：把物当作人。拟物：把人当作物。甲物当乙物，也是拟物。把甲人当乙人，也是拟人。稻草人、机器人都是拟人。不把人当人，有两种，当作另一种人，是拟人；当作物件、工具、商品，是拟物。

（2）借代：借用具有相关关系的事物来代替本体。请相关事物出场，自已退居二线。
（3）禁忌：禁止接触某个事物或说出某个词语。婉曲：不直接表达，用与本义或相类的话来代替。
（4）反语：故意说反话。反话正说，正话反说，真话假说，假话真说。
（5）拈连：顺手牵羊。跟着邻居走。移就：张冠李戴。
（6）转类：美丽的语法错误。词性的"借代"。
（7）仿拟：不完全的"依样画葫芦"，别样的"山寨"。
（8）引用：借用他人的话来增加话语的说服力。

思考与练习

（1）举例说明比拟的多样性。
（2）举例说明借代的多样性。
（3）就转类说说语法和修辞的联系和区别。举例说明修辞学中转类现象和语法学上的兼类词的区别。举例说明转类同词性误用之间的区别。
（4）举例说明仿拟同创新之间的关系。

第十一章 均衡

　　对平衡所进行的最为普通的解释是：艺术家之所以追求平衡，乃是因为平衡本身是人所需要的东西。那么，人究竟为什么需要平衡呢？回答是："因为它能使人称心和愉快。"这是快乐说对平衡所作的解释。按照快乐说，人类的动机就是追求快乐和避免那些令人不快的感觉。（鲁道夫·阿恩海姆《艺术与视知觉》）

　　关键词：对偶　对照　排比　反复　顶针　互文　列举分承

一　语言的均衡美

　　对称均衡是宇宙间的基本法则。
　　汉语是双音节为主的语言。双有稳重感。"成双成对、事事如意、六六大顺"，汉语成语是四个音节的。三音节词常常成双出场，"雄赳赳，气昂昂，跨过鸭绿江。"汉语尤其重视语言均衡美。例如：
　　①天际识归舟，云中辨江树。（谢朓《之宣城出新林浦向板桥》）
　　②青山横北郭，白水绕东城。　　　　（李白《送友人》）
　　③野旷天低树，江清月近人。　　　（孟浩然《宿建德江》）
　　④山色和云暮，湖光共月秋。（许浑《酬报先上人登楼见寄》）
　　⑤潭清疑水浅，荷动知鱼散。　　　　（储光羲《钓鱼湾》）
　　⑥晚市人烟合，归帆带夕阳。　　　　（殷尧藩《酬雍秀才》）
　　⑦虹随余雨散，鸦带夕阳归。　　　　　（储嗣宗《秋墅》）
　　⑧渺渺戍烟孤，茫茫塞草枯。　　　　（刘长卿《平蕃曲》）
　　⑨杨柳黄金穗，梧桐碧玉枝。　　　　（令狐楚《远别离》）

均衡给人以完全丰满的美感。

对偶是汉语语言的均衡美的最高体现的。对偶精神贯穿在汉语修辞的全部之中。宋清如的《夜半钟声》：

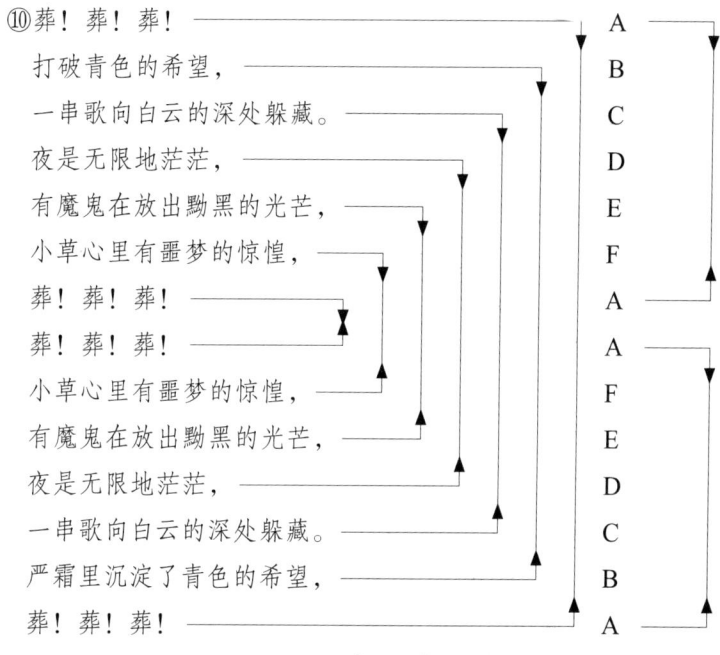

⑩葬！葬！葬！　　　　　　　　　　A
　　打破青色的希望，　　　　　　　B
　　一串歌向白云的深处躲藏。　　　C
　　夜是无限地茫茫，　　　　　　　D
　　有魔鬼在放出黝黑的光芒，　　　E
　　小草心里有噩梦的惊惶，　　　　F
　　葬！葬！葬！　　　　　　　　　A

　　葬！葬！葬！　　　　　　　　　A
　　小草心里有噩梦的惊惶，　　　　F
　　有魔鬼在放出黝黑的光芒，　　　E
　　夜是无限地茫茫，　　　　　　　D
　　一串歌向白云的深处躲藏。　　　C
　　严霜里沉淀了青色的希望，　　　B
　　葬！葬！葬！　　　　　　　　　A

(《现代》1933年第三卷第一期)

这首精心设计的诗歌所追求的就是语言均衡对称美。

均衡的缺失，是言语表达中的噪声。例如："一进仪凤门，除了一排低矮的平房，四周杂草<u>丛生</u>外，便可以看见学堂里矗着那根足有二十丈高的桅杆，和一个不知有多高的烟囱。"(《鲁迅——中国文化革命的主将》)"一排低矮的平房"和"四周杂草<u>丛生</u>"并列，字数不相等，结构不一样，不和谐，不如"一排低矮的平房，四周<u>丛生</u>的杂草"来得顺畅。

二　对偶和对联

（一）对偶

对偶是最中国的修辞格。对偶是宇宙的对称规律的体现。对偶是最中国的思维方式。宇宙间万事万物都是成双成对的，如"阴／阳、乾／坤、君／臣、夫／妻、父／子、祸／福、贵／贱、生／死、有／无、天／地、得／失、形／神、体／用、雌／雄、虚／实、贤／愚、美／丑、黑／白、忠／奸、新／旧"等。

对偶，是用语法结构基本相同或者近似、音节数目完全相等的一对句子，来表达一个相对立或者相对称的意思。解缙：

　　墙上芦苇，头重脚轻根底浅。
　　山间竹笋，嘴尖皮厚腹中空。

上下两联都是主谓句。上下对应的词语，词性完全相同："墙上"——"山间"，方位名词，做定语；"芦苇"——"竹笋"，名词，做主语；"头重""脚轻""根底浅"——"嘴尖""皮厚""腹中空"，两组三个并列的主谓词组，做谓语。上下两联各十一个音节。

对偶要求讲究平仄协调。杜甫：

　　支离东北风尘际，漂泊西南天地间。
　　三峡楼台淹日月，五溪衣服共云山。　　　　　　（《咏怀古迹》）

平仄是：

　　平平仄仄平平仄　仄仄平平仄仄平
　　仄仄平平平仄仄　平平仄仄仄平平

"支离"——"漂泊"，都是联绵词；不仅"风尘"——"天地"相对，而且"风"——"尘"，"天"——"地"也相对；"三峡"——"五溪"不仅都是地名，而且都是以数字开头的。同时，上下两联中无一字是重复的。这是严式对偶。而宽式对偶，不强求平仄协调，也允许有重复。

对偶建立在汉语汉字的基础之上,最能够体现汉语汉字的特色,是汉语特有的修辞格之一。

对偶是中国人的最爱。对偶可以说是汉语中的围棋,规则很简单,但是变化无穷。汉语是单音节的,音节分明;汉字是方块形的,空间相当,这是对偶的语言文字基础。说汉语的人均衡思维与对均衡美的追求是对偶发达的心理基础。

启功剖析刘禹锡《陋室铭》说:

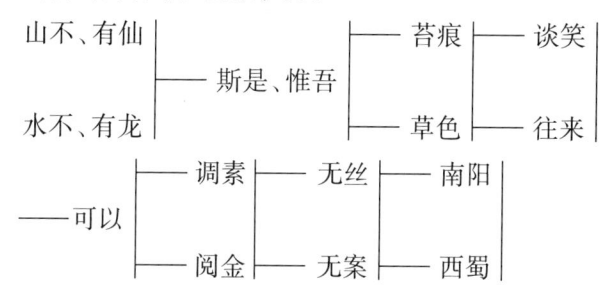

山不、有仙 ─┐
           ├─ 斯是、惟吾   ┌─ 苔痕 ─── 谈笑
水不、有龙 ─┘   └─ 草色 ─── 往来

         ┌─ 调素 ─── 无丝 ─── 南阳
── 可以 ┤   └─ 西蜀
         └─ 阅金 ─── 无案 ───

他进一步抽象出一个模式:

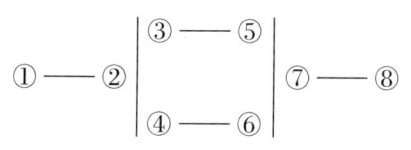

① ── ② │ ③ ── ⑤ │ ⑦ ── ⑧
         │ ④ ── ⑥ │

对偶是《陋室铭》的结构模式的基础。

对偶,协调匀称,整齐美观,节奏鲜明,铿锵有力,便于记诵;从内容上看,凝练、集中、缜密,正对可以相互补充,相得益彰,反对可以相互映衬,鲜明对照,有利于揭示事物的辩证关系。

对偶分正对、反对和串对。

正对,上下两联运用对称的即类似的事物,相互补充,相互映衬。例如:

①心逐南云逝,形随北雁来。

（江总《于长安归还扬州九月九日行薇山亭赋韵》）

②绿树村边合,青山郭外斜。　　（孟浩然《过故人庄》）

③苔痕上阶绿,草色入帘青。　　（刘禹锡《陋室铭》）

④两个黄鹂鸣翠柳,一行白鹭上青天。

窗含西岭千秋雪，门泊东吴万里船。　　（杜甫《绝句》）

⑤日出江花红胜火，春来江水绿如蓝。　（白居易《忆江南》）

上下两联相互辉映，相辅相成。

反对，上下两联运用相反的即相对的事物。《孙子兵法·形篇》："守则不足，攻则有余。善守者藏于九地之下，善攻者动于九天之上。"攻和守是相互对立的。《商君书·更法》："愚者暗于成事，知者见于未萌。"智和愚是对立的。

反对强化了对比度，例如：

⑥朱门酒肉臭，路有冻死骨。（杜甫《自京赴奉先咏怀五百字》）

⑦横眉冷对千夫指，俯首甘为孺子牛。　　（鲁迅《自嘲》）

⑧百川赴海返潮易，一叶报秋归树难。　（鲍溶《始见二毛》）

鲜明对照，提升了感染力度。

正对和反对，上下两联之间的语义关系是并列的，通常叫"平对"。

串对，又叫"流水对"，上下两联之间是顺承关系。如：

⑨春种一粒粟，秋收万颗子。　　　　　　（李绅《悯农》）

⑩野火烧不尽，春风吹又生。　（白居易《赋得古原草送别》）

⑪即从巴峡穿巫峡，便下襄阳向洛阳。

（杜甫《闻官军收河南河北》）

⑫山重水复疑无路，柳暗花明又一村。　（陆游《游山西村》）

串对是动态的，在时间、地点的流动中实现的。先春耕，后秋收。没春种，哪来的秋收？所以串对的上联和下联次序不能颠倒。上下两联词序颠倒，或不通，或语义荒谬。正对和反对，上下两联的次序不那么重要，理论上说是可以颠倒的。

对偶是成双成对的，也有三个项目的，如："枯藤老树昏鸦，小桥流水人家，古道西风瘦马。夕阳西下，断肠人在天涯。"（马致远《天净沙·秋思》）"山花红雨鹧鸪啼，院柳苍云燕子飞，池萍绿水鸳鸯睡。"（张可久《水仙子·春思》）"爱秋来那些：和露摘黄花，带霜烹紫蟹，煮酒烧红叶。"（张可久《双调·秋思》）"铺眉苫眼早三公，裸袖揎拳享万钟，胡言乱语成时用。""五眼鸡岐山鸣凤,两头蛇南阳卧龙,三脚猫渭水飞熊。"(张鸣善《水仙子·讥时》)可叫作"鼎足对"。鼎足对可以看成是对偶的扩大,对偶的变体。鼎足对也可看作是最工整的排比。

(二)对联

对联,也叫"楹联",是运用对偶创作的一种特殊的文体。对联通常只有上下两联,字数不多,但却是一个完整的作品,有着极高的艺术价值。例如:

⑬风声,雨声,读书声,声声入耳。

家事,国事,天下事,事事关心。　　　　　(明·顾宪成撰)

⑭能攻心则反侧自消,从古知兵非好战。

不审势即宽严皆误,后来治蜀要深思。

(清·赵藩题成都武侯祠)

⑮大肚能容,容天下难容之事。

开口便笑,笑世间可笑之人。　　　　　(北京潭柘寺弥勒佛)

最短的对联,据说是李白题岳阳楼的对联:"水天一色,风月无边。"最长的对联之一是当推清人孙髯翁题昆明大观楼的长联,共180字:

⑯五百里滇池,奔来眼底。披襟岸帻,喜茫茫空阔无边。看东骧神骏,西翥灵仪,北走蜿蜒,南翔缟素。高人韵士,何妨选胜登临。趁蟹屿螺洲,梳裹就风鬟雾鬓;更蘋天苇地,点缀些翠羽丹霞。莫辜负:四围香稻,万顷晴沙,九夏芙蓉,三春杨柳。

数千年往事,注到心头。把酒凌虚,叹滚滚英雄谁在?想汉习楼船,唐标铁柱,宋挥玉斧,元跨革囊。伟烈丰功,费尽移山心力。尽珠帘画栋,卷不及暮雨朝云。便断碣残碑,都付与苍烟落照。只赢得:几杵疏钟,半江渔火,两行秋雁,一枕清霜。

对联伴随着中国人的一生。中国人生活在对联的世界中。生老病死,一年四季,二十四节气,逢年过节,三百六十行,都与对联共舞。

名胜古迹处、风景旅游地,对联是文化韵味与内涵的指数。

对联是中国的独特的文化符号。凡有华人的地方,就必有对联。对联随着华人的足迹走向世界。

对偶运用中常见的毛病是"合掌"。所谓合掌,指的是上下两联语意重复。如:"宣尼悲获麟,西狩涕孔丘。"(刘琨《重赠卢谌》)这里,"宣尼"和"孔丘"是同一个人,"悲"和"涕"同义,"获麟"和"西狩"指的是同一件事。

《扪掌录》:"李廷彦曾献百韵诗于一上官,其间有句云:'舍弟江南没,家兄塞北亡。'上官恻然悯之,曰:'不意君家凶祸重并如此。'廷彦遽起自解曰:'实无此事,但图对属亲切耳。'上官笑而纳之。"为了对偶,无中生有,胡说八道,开涮自家兄弟。为什么会如此?

对偶是传统语文教学的内容之一。蒙学读物中,李渔的《笠翁对韵》、车万育的《声律启蒙》都是对偶课本,学童是要背诵的:"天对地,风对雨,大陆对长空。山花对海树,赤日对苍穹。雷隐隐,雾蒙蒙,日下对天中。风高秋月白,雨霁晚霞红。"(李渔《笠翁对韵》)"云对雨,雪对风,晚照对晴空。来鸿对去燕。宿鸟对鸣虫。三尺剑,六钧弓,岭北对江东。人间清暑地,天上广寒宫。两岸晓烟杨柳绿,一园春雨杏花红。"(车万育《声律启蒙》)李廷彦的"但图对属亲切耳"就照抄启蒙读物。

对偶是传统建筑的方式,如下图所示的中国古典建筑:

三 对照

对照,是把两个对立的事物加以比较。对照要求在一定的语义范围之内进行,这两个事物具有共同的语义范围,叫作"对照域"。卢照邻《长安古意》:"昔时金阶白玉堂,即今唯见青松在。"对照域是时间:"今"和"昔"。

对照物需要属于同一个语义域。《晏子春秋》:"仲尼闻之曰:'星之昭昭,不若月之曀曀;小事之成,不若大事之废;君子之非,贤于小人之是。'"星星和月亮与光明和阴晦,大事和小事与成和废、君子和小人与是和非,分别属于两个不同的对比域。星星的光明,不如月亮的阴晦。小事做成了不如大事没做成。君子的缺点胜过小人的优点。鲁迅:"有缺点的战士终竟是战士,完美的苍蝇也终竟不过是苍蝇。"(《战士和苍蝇》)人和苍蝇不在同一个对照域中。"缺点"和"完美"(优点)是人的品格,属于同一个对比域,可以对比。其实,这里的"苍蝇"是一种人的借喻,那么也就是属于同一个对比域的。不在同一个对照域中的事物,没有可比性,不能对照。

对照使同一对照域的两极的对比关系更加集中、更加鲜明。《孟子·公孙丑下》:"得道者多助,失道者寡助。寡助之至,亲戚畔之;多助之至,天下顺之。以天下之所顺,攻亲戚之所畔,故君子有不战,战必胜矣。"对比使这段话成为中华文化的元素。

对偶重在形式,对照重在内容。因此内容上具有对比关系的对偶,也就是对照。形式上符合对偶要求的对照,也就是对偶。李绅:"春种一粒粟,秋收万颗子。四海无闲田,农夫犹饿死。"(《悯农(其一)》)"春种"和"秋收"与"一粒粟"和"万颗子"是对比。"无闲田"(丰收)和"饿死"是更大的对比。潜在的对比项是:农夫和不劳而食者。"春种一粒粟,秋收万颗子"是对照,也是对偶(串对)。欧阳修《生查子》:"去年元夜时,花市灯如昼。月到柳梢头,人约黄昏后。　今年元夜时,月与灯依旧。不见去年人,泪湿春衫袖。"是对照,不是对偶。

对照的两种事物之间是对立关系。儒家学说中的君子和小人是对立的。《论语》:"君子喻于义,小人喻于利。"(《里仁》)"君子坦荡荡,小人长戚戚。"(《述而》)"君子周而不比,小人比而不周。"(《为政》)"君子和而不同,小人同而不和。"(《子路》)"君子泰而不骄,小人骄而不泰。"(《子路》)"君子上达,小人下达。"(《宪问》)"君子求诸己,小人求诸人。"(《卫灵公》)"君子怀德,小人怀土;君子怀刑,小人怀惠。"(《里仁》)"有德者必有言,有言者不必有德;仁者必有勇,勇者不必有仁。"(《宪问》)"古之学者为己,今之学者为人。"(《宪问》)

俗话说,"不比不知道,一比吓一跳"。对照是说服人感动人的一种有力手段。《苏秦以连横说秦》:"说秦王书十上,而说不行,黑貂之裘弊,黄金百斤尽,资用乏绝,去秦而归。赢縢履蹻,负书担橐,形容枯槁,面目黧黑,状有愧色。归至家,妻不下纴,嫂不为炊,父母不与言。"苏秦说赵王成功之后:"将说楚王,路过洛阳。父母闻之,清宫除道,张乐设饮,郊迎三十里;妻侧目而视,倾耳而听;嫂蛇行匍伏,四拜自跪而谢。"苏秦的父母妻子嫂子,在苏秦失败和成功的不同时点,是完全不同的两副嘴脸。苏秦因此感慨说:"嗟乎!贫穷则父母不子,富贵则亲戚畏惧,人生世上,势位富厚,盖可以忽乎哉!"

对照看似简单而平常,却富于艺术魅力。曹禺的《日出》中有个人物叫王福升,他正接一个电话:

王福升:喂,你哪儿?你哪儿?你管我哪儿?……我问你哪儿?你要哪儿?你管我哪儿?……你哪儿!你说你哪儿!……怎么,你出口伤人……你怎么骂人混蛋?……啊,我王八蛋!你混蛋!你才是……什么?你姓金?啊,……哪,……您老人家是金八爷!……是……是……是……我就是五十二号!……您别急;我实在有眼无珠,看不见,不知道是您老人家。……(赔着笑)您骂吧!×我妈吧!(当然耳机里面没有客气,福升听一句,点一次头,仿佛很光荣地听着对面刺耳的诟骂)是……是……您骂的对!您没错!骂的对!

王福升是上海某旅馆里的一个"茶房",现在叫"服务员",港澳台地区叫"服务生",洋化的叫法是"boy"。开始时,王福升自以为是天下第一人——"老子",南霸天,自以为是,张牙舞爪,蛮不讲理。后来,把自己当作天下第一大奴才,甚至"赔着笑"地请求对方——刚刚被自己骂为"混蛋"的家伙!——来"您骂吧!×我妈吧!"下流之极,无耻之极!这种强烈的对照,表现了金八的势力,揭示了王福升的灵魂。

对照是文学描写手段。著名的古典小说中,刘备和与曹操、诸葛亮和周瑜、诸葛亮和司马懿、孙悟空与猪八戒、林黛玉和薛宝钗,都在对照中显示出他们各自鲜明的个性。

最具艺术趣味的是实和虚的对照。《北史》:"帝叹曰:'卿身乃短,虑何长也。'"(《陆俟传》)"灵太后谓曰:'卿年稍老矣。'(孙)绍曰:'臣年虽老,臣卿乃少。'"(《孙绍传》)虚和实的对照,往往隐含着一个比喻。例如:"倘有些风吹草动,武二眼里认得是嫂嫂,拳头却不认得是嫂嫂。"(施耐庵《水浒传》第二十四回)"拳头"和人不在同一个对照域,没有认得不认得的话。"惜春冷笑道:'我虽年轻,这话却不年轻。'"(曹雪芹《红楼梦》第七十四回)"话"不属于"年轻"这个对照域,无所谓年轻不年轻的。将不同对照域的事物加以对照,本是语病。通过比喻,语病转化了,不但合法,而且艺术了,风趣幽默。

庾龢字道季,说:"廉颇、蔺相如虽千载上死人,凛凛恒如有生气。曹蜍、李志虽见在,厌厌如九泉下人。"(《世说新语·品藻》)庾龢推重赞美廉颇、蔺相如,或叱咤疆场,或一言安邦,虽死犹生;鄙视贬斥否定曹蜍、李志,萎靡不振,才智无闻,功绩俱灭,行尸走肉。庾道季运用的是异域对照修辞格。臧克家也许受到了庾道季的启示,创作了《有的人》:

> 有的人活着
> 他已经死了;
> 有的人死了
> 他还活着。

有的人
骑在人民头上："呵，我多伟大！"
有的人
俯下身子给人民当牛马。

有的人
把名字刻入石头，想"不朽"；
有的人
情愿作野草，等着地下的火烧。

有的人
他活着别人就不能活；
有的人
他活着为了多数人更好地活。

骑在人民头上的
人民把他摔垮；
给人民作牛马的
人民永远记住他！

把名字刻入石头的
名字比尸首烂得更早；
只要春风吹到的地方
到处是青青的野草。

他活着别人就不能活的人，
他的下场可以看到；
他活着为了多数人更好地活着的人，

群众把他抬举得很高,很高。

作者运用艺术形象来强化了两种人的对比,深深地打动了读者,引起了强烈的共鸣,留下了深刻的印象。庾道季运用的是异域对照,标志是事业功绩。臧克家上升为:为人民,还是为自己？臧克家把异域对照修辞格扩大为异域对照创作法。

对照是图像修辞常用的手法。法国克莱尔·加拉隆的《黑猫和白猫》(右图),黑色背景中的白猫和白色背景中的黑猫,对比与变化,简单而有趣。

四 排比

排比,是三个及以上结构相同或相似、意义相关、语气一致的词组或句子的排列组合。排比可以视为对偶的扩大和解放。对偶是成对的,排比是成串的。对偶一般只能有两个项目,排比必须是三个以上的项目。所谓"解放"指的是排比走出了对偶的严格的形式规定,从形式束缚之中解放出来。

排比的各个项目之间的关系,有的是并列的,有的是承接的,有的是递进的。

并列排比的项目之间的关系是平等的联合的关系。例如:"将不仁,则三军不亲;将不勇,则三军不锐;将不智,则三军大疑;将不明,则三军大倾;将不精微,则三军失其机;将不常戒,则三军失其备;将不强力,则三军失其职。"(《六韬》)七个"将不……则三军……"的排比,各项目之间的关系都是相对自由的,可以变动的。小品《笑叹赞》:"笑一回,小聪明的大傻瓜袁绍。叹一回,大聪明的大傻瓜田丰。赞一个,犯过傻的聪明人秦穆公。"是并列排比,三个项目是可以颠倒的。

承接排比的项目之间的关系有逻辑上的先后之分,不可以随意变动。例如:"知止而后有定,定而后能静,静而后能安,安而后能虑,虑而后能得。物有本末，事有终始，知所先后，则近道矣。古之欲明明德于天下者，先治其国；欲治其国者，先齐其家；欲齐其家者，先修其身；欲修其身者，先正其心；欲正其心者，先诚其意；欲诚其意者，先致其知，致知在格物。"(《大学》)这些排比项目是不能变动次序的。

　　递进排比的项目之间有阶梯式关系。例如："一年之计，莫如树谷；十年之计，莫如树木；终身之计，莫如树人。"(《管子·权修》引古谚语)"一年——十年——终身"，"树谷——树木——树人"，是递进。冰心《繁星》：

　　　　嫩绿的芽儿，

　　　　和青年说：

　　　　"发展你自己！"

　　　　淡白的花儿，

　　　　和青年说：

　　　　"贡献你自己！"

　　　　深红的果儿，

　　　　和青年说：

　　　　"牺牲你自己！"

"芽儿——花儿——果儿"，"发展你自己——贡献你自己——牺牲你自己"，层层递进。递进排比的项目不可以颠倒。

　　排比在不同语体中的修辞作用也不同。在政论语体中，排比的运用可以使文章条理清晰，显得气势磅礴。例如："这以后中国式的'堂·吉诃德'的出现，是'青年援马团'。不是兵，他们偏要上战场；政府要诉诸国联，他们偏要自己动手；政府不准去，他们偏要去；中国现在总算有了一点铁路了，他们偏要一步一步的走过去；北方是冷的，他们偏只穿件夹袄；打仗的时候，兵器是顶要紧的，他们偏只着重精神。这一切等等，确是十分'堂·吉诃德'的了。"(鲁迅《中华民国的新"堂·吉诃德"们》)六组复句并列排比，"壮文势，广文义"。在文艺语体中，特别是在诗歌中，排比的运用可以使语言畅达明快，富于节奏感，适宜于强烈感情的抒发。

排比还是结构篇章的手段。例如：

假如你是一只小鸡蛋，
我就变作一只飞鹰，
一下子就把你擒牢。

假如你是一池清水，
我就变作一条鲤鱼，
一跃就投进你的怀里。

假如你是一匹骏马，
我就变作一个勇士，
一下就把你跨在胯下。（苗族民歌《情妹呀，假如你是……》）

排比是这首诗的结构方式。

反复同排比有相通之处。间隔反复的各个单位如果语法结构相同或相似、意义相关、语气一致，或者如果排比的各个单位具有相同的词语，则既是反复，也是排比。例如："这里，不再有虎啸，也不再有狼嚎；这里，不再是炊烟稀疏，也不再是山田瘠薄，现在，漫山遍谷盛开的油菜花和迎风鼓浪的麦苗，像黄金铺地，像碧海连天；这里，不再有纤夫在巉岩乱石头间拧断筋骨，现在，远航的轮船乘风破浪，汽笛声此呼彼应；这里，不再有密林中的孤烟，悬崖上的木屋，高峡间的石田，现在，红砖红瓦的建筑群，在入夜的灯海里，像千匹红绫，在朝日的东升中，像万道霞光。"（碧野《高山深峡出画图》）称之为"排比式反复"或"反复式排比"都可以。

反复同排比的区别在于：反复的各项并不要求语法结构上的相同或相似，排比则必须有语法结构上的相同或相似。排比一定要有三个以上的项目，而反复可以只由两个项目构成。反复一定要有相同的词语，排比则不一定非要有相同的词语不可。

排比是建筑方式。例如下图所示的卢沟桥：

五　递进

丰子恺道："使人生圆滑进行的微妙的要素，莫如'渐'；造物主骗人的手段，也莫如'渐'。在不知不觉之中，天真烂漫的孩子'渐渐'变成野心勃勃的青年；慷慨豪侠的青年'渐渐'变成冷酷的成人；血气旺盛的成人'渐渐'变成顽固的老头子。因为其变更是渐进的，一年一年地、一月一月地、一日一日地、一时一时地、一分一分地、一秒一秒地渐进，犹如从斜度极缓的长远的山坡上走下来，使人不察其递降的痕迹，不见其各阶段的境界，而似乎觉得常在同样的地位，恒久不变，又无时不有生的意趣与价值，于是人生就被确定肯定，而圆滑进行了。假使人生的进行不像山陂而像风琴的键板，由 do 忽然移到 re，即如昨夜的孩子今朝忽然变成青年；或者像旋律的'接离进行'地由 do 忽然跳到 mi，即如朝为青年而夕暮忽成老人，人一定要惊讶、感慨、悲伤，或痛感人生的无常，而不乐为人了。故可知人生是由'渐'维持的。"(《渐》)这就是递进。

递进，又叫"层递"，就是采用阶梯式关系来排列句子，表达客观事物之间逐步发展的关系。常常是由浅入深，从小到大，从轻到重，从低到高，层层深入，渐次加码。例如《孙子·谋攻》："孙子曰：凡用兵之法，全国为上，破国次之；全军为上，破军次之；全旅为上，破旅次之；全卒为上，破卒次之；全伍为上，破伍次之。"这是层层深入、渐次加码的。孔子说："吾十有五而志于学，三十而立，四十而不惑，五十而知天命，六十而耳顺,七十而从心所欲不逾矩。"(《论语·为政》)人生就是一个积极进取的递进的过程。

递进和排比的区别在于,递进的各个项目之间的关系一定是纵式的阶梯式的;排比的各个项目之间大都是横式的并列的,如是纵式的阶梯式的,则为承接排比。排比要求句法结构的相同或相似,递进可以只要求语义上的递进关系。雨果说:"世界上最广阔的是海洋,比海洋更广阔的是天空,比天空更广阔的是人的心灵。"

空间的递进,如《木兰辞》:"旦辞爷娘去,暮宿黄河边。不闻爷娘唤女声,但闻黄河流水鸣溅溅。旦辞黄河去,暮至黑山头,不闻爷娘唤女声,但闻燕山胡骑鸣啾啾。"从木兰的家,到黄河边,再到黑山头,这在空间上是越来越远了。从形式上说,本当是:"旦辞爷娘去,暮宿黄河边。不闻爷娘唤女声,但闻黄河流水鸣溅溅。旦辞黄河去,暮至黑山头,不闻黄河流水鸣溅溅,但闻燕山胡骑鸣啾啾。"却用"爷娘唤女声"来代替"黄河流水鸣溅溅",这是木兰的感情因素在起作用,对女儿来说,"爷娘唤女声"比"黄河流水鸣溅溅",更为重要。

数量的递进,如《墨子·非攻上》:"杀一人,谓之不义,必有一死罪矣。若以此说往,杀十人,十重不义,必有十死罪矣;杀百人,百重不义,必有百死罪矣。""一、十、百"就是数量上的阶梯式增多。宋玉《对楚王问》说,有人在楚国首都郢唱歌,先唱《下里》和《巴人》,跟着唱的有几千人。后唱《阳阿》和《薤露》,跟着唱的有几百人。再后唱《阳春》和《白雪》,跟着唱的有几十个人。最后演奏商调羽调,配合流徵,跟着唱的只有几个人。宋玉用四个项目阶梯式的升降,礼俗粗野的歌曲,和的人最多,随着高雅程度的增加,跟着唱的人就逐渐减少,最高雅的,跟着唱的最少。这是数量上的阶梯式减少。

程度或范围的递进,分为从大到小的或从小到大的。从大到小的,如《墨子·非攻》:

> 今有一人,入人园圃,窃其桃李。众闻,则非之。上为政者得则罚之。此何也?以亏人自利也。

至攘人犬豕鸡豚者,其不义又甚入人园圃窃桃李。是何故也?以亏人愈多。其不仁兹甚,罪益厚。

至入人栏厩取人马牛者,其不仁义又甚攘人犬豕鸡豚。此何故也?以其亏人愈多。苟亏人愈多,其不仁兹甚,罪益厚。

至杀不辜人也,扡其衣裘,取戈剑者,其不义又甚入人栏厩取人马牛。此何故也?以其亏人愈多。苟亏人愈多,其不仁兹甚矣,罪益厚。

当此,天下之君子皆知而非之,谓之不义。今至大为攻国,则弗知非,从而誉之,谓之义。此可谓知义与不义之别乎?

从"窃其桃李",到"攘人犬豕鸡豚",再到"取人马牛",再到"杀不辜人",最后到"攻国",从小到大,阶梯式地逐步推广,最后的结论具有不可反驳的说服力。

建筑上,宝塔是递进的,如左图,一层比一层小,逐步递减。

六 顶针

顶针,也作顶真,又叫蝉联,就是邻近的句子首尾蝉联,上递下接,用前一句的结尾作下一句的开头。《大学》:"古之欲明明德于天下者,先治其国;欲治其国者,先齐其家;欲齐其家者,先修其身;欲修其身者,先正其心;欲正其心者,先诚其意;欲诚其意者,先致其知;致知在格物。物格而后知至,知至而后意诚,意诚而后心正,心正而后身修,身修而后家齐,家齐而后国治,国治而后天下平。"

顶针是客观事物之间关联性的反映,曹雪芹《红楼梦》:"当日地陷东南,这东南有个姑苏城,城中阊门,最是红尘中一二等富贵风流之地。这阊门外有个十里街,街内有个仁清巷,巷内有个古庙,因地方狭窄,人皆呼作'葫芦庙'。庙旁住着一家乡宦,姓甄名费,字士隐。"(第一回)

表现的是连锁、承接、因果、递进等关系。宋玉《登徒子好色赋》:"天下之佳人,莫若楚国;楚国之丽者,莫若臣里;臣里之美者,莫若臣东家之子。"白居易的《池上篇序》加以仿拟:"都城风土水木之胜,在东南偏;东南之胜,在履道里;里之胜,在西北隅;西闬北垣第一第,即白氏叟乐天退老之地。"这可以叫作递进式顶针或顶针式递进。

顶针多是单线的,例如:

　　草莓有一棵菩提树
　　菩提树有一段被汽车扔下的路
　　路边有一个小酒店
　　小酒店有一张蓝餐巾
　　蓝餐巾写着很多草莓
　　我和你同采一颗草莓　　　　　　　　（傅天琳《红草莓》）

但也可以是复线的。吴承恩《西游记》:

　　淅淅潇潇(a)飘飘荡荡(b)。淅淅潇潇飞落叶(a2),飘飘荡荡卷浮云(b2)。　　　　　　　　　　　　　　（第三十七回）
　　烟波荡荡(a),巨浪悠悠(b)。烟波荡荡接天河(a2),巨浪悠悠通地脉(b2)。潮来汹涌(c),水浸湾环(d)。潮来汹涌,犹如霹雳吼三春(c2);水浸湾环,却似狂风吹九夏(d2)。（第二十八回）

这是顶针同列举分承的结合,可叫作"双蝉式顶针"。

顶针的复杂化,如林语堂《生活的艺术》:

　　门内有径(a),径(a2)欲曲;径(a3)转有屏(b),屏(b2)欲小;屏(b3)进有阶(c),阶(c2)欲平;阶(c3)畔有花(d),花(d2)欲鲜;花(d3)外有墙(e),墙(e2)欲低;墙(e3)内有松(f),松(f2)欲古;松(f3)底有石(g),石(g2)欲怪;石(g3)面有亭(h),亭(h2)欲朴;亭(h3)后有竹(i),竹(i2)欲疏;竹(i3)尽有室(j),室(j2)欲幽;室(j3)旁有路(k),路(k2)欲分;路(k3)合有桥(l),桥(l2)欲危;桥(l3)边有树(m),树(m2)欲高;树(m3)阴有草(n),草(n2)欲青;草(n3)上有渠

(o),渠(o2)欲细;渠(o3)引有泉(p),泉(p2)欲瀑;泉(p3)去有山(q),山(q2)欲深;山(q3)下有屋(r),屋(r2)欲方;屋(r3)角有圃(s),圃(s2)欲宽;圃(s3)中有鹤(t),鹤(t2)欲舞;鹤(t3)报有客(u),客(u2)不俗;客(u3)至有酒(v),酒(v2)欲不却;酒(v3)行有醉(w),醉(w2)欲不归。

复杂多变,但变中保持着不变。

顶针是句子和篇章的衔接手段,使话语更有整体感,结构严密,语气连绵,音律流畅。顶针是长篇小说的结构手法,《水浒传》《三国演义》《西游记》《儒林外史》《一千零一夜》等,靠顶针手法才组成一个整体。

顶针还是语言文字游戏的手段,如成语接龙、诗词接龙等。

七 回环

回环是两个词组或句子的正序和倒序的组合。后一句重复前一句的结尾部分,作为开头部分,再逐步回过到前一句开头部分。例如苏轼的《菩萨蛮》:"翠鬟斜幔云垂耳,耳垂云幔斜鬟翠。春晚睡昏昏,昏昏睡晚春。　　细花梨雪坠,坠雪梨花细。颦浅念谁人,人谁念浅颦?"

回环建立在汉语特点的基础上:汉语没有形态,每个音节都有意义,词序是最重要的语法手段。陆九渊说:"宇宙便是吾心,吾心即是宇宙。"谚语有:"人防虎,虎防人。""人欺病,病欺人。""开水不响,响水不开。""疑人不用,用人不疑。""真的假不了,假的真不了。""来者不善,善者不来。""革命不怕死,怕死不革命。""好事不瞒人,瞒人没好事。""成人不自在,自在不成人。""人误地一时,地误人一年。"

前举苏轼的《菩萨蛮》是严式回环。而宽式回环,不那么严格,可以有些变通。例如:

①远远的街灯明了,
　　好像是闪着无数的明星。
　　天上的明星现了,

好像是点着无数的街灯。　　　　　（郭沫若《天上的街市》）
②摔碎了泥人再重和，
　再捏一个你来再捏一个我：
　哥哥身上有妹妹，
　妹妹身上有哥哥。　　　　　　　（李季《王贵和李香香》）

　　正序句和反序句之间的关系是对称的，同样合理的。正序和反序的对照，加强了语气，强调了普遍、绝对的意思。

　　变式回环，是正序句和反序句不对称的回环。茅盾："他不喜欢汉口的热闹，而汉口的热闹也从来不干涉他。"（《烟云》）杜国正："后来溴是被青年化学家巴拉德于一八二六年发现的。为此，李比喜感愧万分地说：'不是巴拉德发现了溴，而是溴发现了巴拉德。'"（《在科学的入口处》）"汉口的热闹也从来不干涉他"，"溴发现了巴拉德"，不合情理；但是正反对照，揭示被常识所遮蔽了的道理，无理而妙，风趣幽默。说是"变式回环"，是因为反序句是超常的变式的。换序是一种局部的对照式回环。

③小人有恶中之善，君子有善中之恶。　　（庄元臣《叔苴子》）
④我要赞美我祖国底花！
　我要赞美我如花底祖国！　　　　　　　（闻一多《忆菊》）
这可以看成是回环的一种变式。

　　回环可以制造特殊的话语含义。茹志鹃："谭婶婶学了一个月回来，挟了两个卫生包，身上饭单一扎，她就是产院，产院就是她，到处给人接生，到处宣传卫生科学，和旧的接生婆展开了斗争。"（《静静的产院》）"她就是产院，产院就是她"强调的是全心全意投入产院的工作，把一切都献给产院。

八　互文

　　互文，指的是两个短语或句子中，语义必须互相补充、互相拼合。

贾公彦《仪礼疏》中说:"凡言互文者,是二物各举一边而省文,故曰互文。"汉乐府:"战城南,死郭北,野死不葬乌可食。"(《战城南》)字面意义不合理:在城南作战,怎么死到城北去了? 其实是:

　　　　战城南+(死城南)+(战城北)+死郭北

进一步说,是:战城南死城南+战城北死郭北+战城西死城西+战城东死城东。

　　互文是对称的语义单位之间相互交换信息。《古诗十九首》:"迢迢牵牛星,皎皎河汉女。"显性关系是:(迢迢+牵牛星)+(皎皎+河汉女)。潜性的意义是:(迢迢+河汉女)+(皎皎+牵牛星)。杜牧《泊秦淮》:"烟笼寒水月笼沙,夜泊秦淮近酒家。"显性关系是:(烟笼+寒水)+(月笼+沙)。潜性的意义是:(烟笼+沙)+(月笼+寒水)。话语的意义是显性关系和潜性关系的总和。只取表层的显性的关系,意义不完整,也不合情理:牵牛星和织女星是同样遥远而明亮的,不可能是一个遥远一个近,一个明亮一个暗淡的。烟和月是同时笼罩着寒水和岸边的沙子的,不可能是烟只笼罩着寒水,月只笼罩着岸边的沙子。正确的解读,接受者应当补出潜性意义,即"显性意义+潜性意义"。

　　互文用最少的词语表达最丰富的内容。杜甫《客至》:"花径不曾缘客扫,蓬门今始为君开。"如果说成:"花径不曾缘客扫,蓬门不曾缘客开,花径今始为君扫,蓬门今始为君开。"显然太啰唆了。其实,"花径""蓬门"也只是代表性事物而已,还有的内容是不言而喻的。

　　互文避免单调,赋予话语以变化的美。沈佺期《杂诗》:"少妇今春意,良人昨夜情。"如果写作:"少妇、良人今春意,少妇、良人昨夜情。"就淡而无味了。互文把两个不同的句子联结为一个整体,把单独的意象组合成一个复合意象。《古诗十九首》:"青青河畔草,郁郁园中柳。"互文可调节音节的数量。采用互文格式,既保持了意义的完整,又符合诗歌格式的要求。

　　互文有句内互文、对句互文和多句互文。

　　句内互文指一个句子内部的互文。如王昌龄《出塞》:"秦时明月汉时关,万里长征人未还。"陆龟蒙《怀宛陵旧游》:"陵阳佳地昔年游,谢朓青山李白楼。"

对句互文指的是表现为对偶句式的互文。《孔雀东南飞》:"枝枝相覆盖,叶叶相交通。"《木兰辞》:"当窗理云鬓,对镜帖花黄。"杜甫《恨别》:"思家步月清宵立,忆弟看云白日眠。"岑参《白雪歌送武判官归京》:"将军角弓不得控,都护铁衣冷难着。"

多句互文指的是三个以上的句子之间的互文现象。杜牧《阿房宫赋》:"燕赵之收藏,韩魏之经营,齐楚之精英,几世几年,剽掠其人,倚叠如山。"这里三个语音句之间相互交换了语义:"燕赵+韩魏+齐楚"与"收藏+经营+精英"。

"雄兔脚扑朔,雌兔眼迷离"是互文吗?如果是互文:雄兔脚扑朔+眼迷离,雌兔眼迷离+脚扑朔。那么,雄兔和雌兔毫无区别,一模一样。结论就是谁也不能分辨出它们的性别区别。同这个特定的上下文的意义不相符合。

"雄兔脚扑朔,雌兔眼迷离"是在木兰穿着女装,恢复女儿身,充分显示出男女差别之后的话,是木兰在同伴们惊讶于木兰是女性不是男人时对同伴们的反诘。意思是:本来是有区别的,但是,有无法区别的时候。男人和女人,区别是很明显的,这正如雄兔和雌兔本是不同的,很容易区别的。但是,在战场上,你们(同伴们)哪里能够辨别出、想象到我是男是女呢?这正如雄兔和雌兔,本是有区别的,很好分辨,但是一旦飞奔起来,哪里能够辨别它是雌是雄呢?静态的区别,进入运动状态,就消失了,差别中和了,就无法区别了。

互文,往往被误认为是古代诗文中一种特殊的修辞方式,其实它就在我们的日常生活里。例如:"天天大吃大喝,今天大鱼,明天大肉。""水果就是他的命,上午是苹果,晚上葡萄……""看到张三发了财,他眼红;听说李四家升了官,他气不顺。""王家丢了一只鸡,他高兴得合不拢嘴;李家失了火,他兴奋得笑弯了腰;张家的小孩没考上大学,他激动得三天没睡觉。"

九　列举分承

列举分承①是两组或两组以上的并列项目前后照应彼此衔接。例如周恩来《伟大的十年》："在一九五八年，我国的钢、煤、发电量和棉纱已经分别跃居世界的第七位、第三位、第十四位和第二位。"这里前后有两组并列项目：（1）钢、煤、发电量和棉纱；（2）第七位、第三位、第十四位和第二位。先一一列举这些项目，然后再分别接着上面各个项目加以论述。后面的并列项目是对前面的并列项目做阐述。两组并列项目之间相互对应：钢——第七位、煤——第三位、发电量——第十四位、棉纱——第二位。列举分承是横式结构和纵式结构相结合的一种表达方式。周恩来《政府工作报告》中说："工业总产值一九七四年预计比一九六四年增长一点九倍。主要产品的产量都有大幅度增长。钢增长一点二倍，原煤增长百分之九十一，石油增长六点五倍，发电量增长两倍，化肥增长三点三倍，拖拉机增长五点二倍，棉纱增长百分之八十五，化学纤维增长三点三倍。"运用一连串的短句分别叙述，长处在于清楚、明白、易懂。前例是列举分承，简洁、严整、容量大。假如不用列举分承，改成："在一九五八年，我国的钢已经跃居世界的第七位，煤已经跃居世界的第三位，发电量已经跃居世界的第十四位，棉纱已经跃居世界的第二位了。"就显得啰唆。

列举分承也可以是多层次的。运用列举分承，要注意各个项目的次序应当一一对应，不能错乱，避免引起误解。

列举分承，以两个项目居多。口语中，列举的项目尤其不宜太多，否则容易引起误解。列举分承中最常见的是双提分承，尤其是诗歌中，如刘禹锡《竹枝词》："山桃红花满上头，蜀江春水拍山流。花红易衰似郎意，水流无限似侬愁。"

---

① 王希杰：《列举和分承》，《中国语文》1960 年第 1 期。

书面语中列举的项目可以多些。例如："1981年世界冰球（c组）锦标赛今天进入第二天，八支冰球劲旅又进行了四场比赛。法国队、中国队、丹麦队和奥地利队，分别战胜了英国队、保加利亚队、朝鲜队和匈牙利队。"公文、学术论文、政论文中可以多一些，而诗歌中不宜太多。

列举而不分承，只论述其中的一个项目，就是"列举单承"式。这是对均衡的偏离，是一种烘托手段。先列举多种项目，但单谈论其中之一，其他项目只是一种陪衬，这是侧重原则的表现。例如："写文章有大题大作、大题小作、小题大作、小题小作等多种方式。这里我们只谈小题小作……"列举单承是说话写文章时常用的方法。这也是一种强调格式，在众多的项目中突出其中一个。

诗歌中的列举单承是音节制约的结果，例如：

①渴不饮盗泉水，热不息恶木阴。

恶木岂无枝？志士多苦心。　　　　　（陆机《猛虎行》）

②天若不爱酒，酒星不在天。

地若不爱酒，地应无酒泉。

天地既爱酒，爱酒不愧天。　　　　　（李白《月下独酌》）

陆机《猛虎行》："渴不饮盗泉水，热不息恶木阴。恶木岂无枝，志士多苦心。"理应是："渴不饮盗泉水，热不息恶木阴。盗泉岂无水，恶木岂无枝，——志士多苦心。"不是诗人忘记了"盗泉"，而是诗歌中音律（语音句）限制了作者。为了形式的整齐美观，诗放弃了"盗泉"，只说"恶木"。留给读者去补充，相信读者会补上"盗泉"的。李白诗中"天地既爱酒，爱酒不愧天"，列举"天地"，单承"天"，没提"地"，也是诗歌节奏制约的结果。

列举分承，使文章的各个部分彼此衔接，形成一个整体。例如："凡为天下国家有九经，曰：修身也、尊贤也、亲亲也、敬大臣也、体群臣也、子庶民也、来百工也、柔远人也、怀诸侯也。修身则道立，尊贤则不惑，亲亲则诸父昆弟不怨，敬大臣则不眩，体群臣则士之报礼重，子庶民则百姓劝，来百工则财用足，柔远人则四方归之，怀诸侯则天下畏之。齐明盛服,非礼不动,所以修身也;去谗远色,贱货而贵德,所以劝贤也;尊其位,重其禄,同其好恶,所以劝亲亲也;官盛任使,所以劝大臣也;忠信重禄,所以劝士也;时使薄敛,所以劝百姓也;日省月试,既禀称事,所以劝百工也;送往迎来,嘉善而矜不能,所以柔远人也;继绝世,举废国,治乱持危,朝聘以时,厚往而薄来,所以怀诸侯也。"(《中庸》)先秦哲学家韩非经常采用列举分承式作为结构整篇文章的手段。《七术》、《六微》都是三个层次构成的,前者每个层次有七个项目,后者有六个项目,条理分明,思路严谨。

列举分承需要同交错列举区分开来。"韩愈、柳宗元、刘禹锡都是唐代大诗人、散文家、哲学家。"这是交错式列举,如果分别叙述,则是:"韩愈是唐代大诗人。柳宗元是唐代大诗人。刘禹锡是唐代大诗人。韩愈是唐代散文家。柳宗元是唐代散文家。刘禹锡是唐代散文家。韩愈是唐代哲学家。柳宗元是唐代哲学家。刘禹锡是唐代哲学家。"可以图解如下:

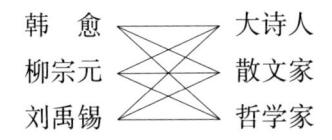

韩　愈　　　　大诗人
柳宗元　　╳　　散文家
刘禹锡　　　　哲学家

要注意一种不严格的列举分承式或不完整的交错列举式。例如:"这里的每一块砖,每一寸土,桌子的每一个角,椅子的每一条腿,鲁迅都踏过,摸过,碰过。"(季羡林《访鲁迅故居》)这不是列举分承,"砖、土、角、腿"四个名词同"踏、摸、碰"三个动词之间,没有分承关系,但也不是列举交错式关系。它的要求是四个名词中的每一个,至少得同三个动词中的一个发生关系,不能有一样同后面的动作没关系,三个动词中的每一个至少也要同其中的一个名词发生关系。更精确的关系,句子本身没有提供相应的信息。

这种格式是常见的,再如:"某教授,先后在 A 学院、B 大学、C 女子大学、D 研究所、E 科学院、F 公司等单位担任过助教、讲师、副教授、教授、系主任、副院长、院长、副校长、校长、研究员、博士生导师、图书馆馆长等。"表达者本来就没有准备提供更精确的信息,所以读者也不需要、不应当从这个句子本身去寻找精确的信息。当然这样一来,就可能产生歧义和误解。但是责任不在表达者,而是听读者的一种过度阐释行为。

十 均衡的局限与超越

世界上没有绝对完美的东西,任何事物都有一定的局限。内容和形式是一对矛盾。均衡是形式美的表现,是表现对称关系的最佳方式。但是内容的均衡同形式的均衡并不是一一对称的。均衡指的是语言形式,它要受到物理世界、文化世界和心理世界的制约。这四个世界之间的均衡不是一一对称的。

古代诗文中常见的"割裂"现象,就是形式均衡同内容不均衡的矛盾的产物。例如:"管束缚兮桎梏,百贸易兮傅卖。"(王逸《九思》)"读尽缥缃万卷书,可怜贫杀马相如。"(关汉卿《感天动地窦娥冤》)"长年愿奉西王宴,近侍惭无东朔才。"(赵彦昭《侍宴桃花园》)"管"指管仲,"百"指百里奚。"百里"是一个复姓,这里为了句子的整齐而简化作"百","司马相如"复姓"司马",为了均衡而压缩成"马"。把复姓"东方"说成"东",也是在迁就均衡的要求。

应当承认,形式上的均衡要求对内容来说,是一种束缚。"五四新文化运动"时,胡适提出打倒对偶的口号。还有人说旧体诗词的格律束缚人们的思想。但是不能因为形式的均衡对内容的表达有束缚性,就因此否定了形式均衡美的要求。对偶打不倒,就证明了胡适此说的片面性。芭蕾舞只准用脚尖落地,这是束缚,但也是一种艺术。均衡美是戴着镣铐的舞蹈,需要既能把握规则、又有冲破的胆识及超脱超越规则的技巧。

均衡美的典范是骈体文。但是正因为过分追求均衡而走向走到了反面。"五四新文化运动"时,胡适在《文学改良刍议》中提出"七曰不讲对仗":"今日而言文学改良,当先立乎其大者,不当枉废有用之精力于微细纤巧之末。此吾所以有废骈废律之说也。即不能废此两者,亦但当视为文学末技而已,非讲求之急务也。"

均衡需要适当的反均衡,在均衡与不均衡之间保持动态的平衡。就是说,均衡需要同变化相互制约。宇宙间的一切事物其实都处在均衡与非均衡之间,处于有序与无序之中。

服饰讲究对偶对称,也需要打破对偶与均衡。

小　结

(1) 对偶:语音和语义与语法方面都有严格要求的修辞格。由上下两联组成。对联是以对偶为基础的文体。对联是中国的文化符号。
(2) 对照:独立事物的比较。区别于对偶的是,对照偏重于内容,形式上不特别计较。
(3) 排比:三个及以上结构相同或相近的短语或句子的排列组合。反复:相同词语、句子的反复运用。
(4) 递进:采用阶梯式关系来排列句子。
(5) 顶针:上下句首尾相连。
(6) 回环:两个词组或句子的正序和倒序的组合。
(7) 互文:两个语言单位中语义相互交流互补。
(8) 列举分承:纵式和横式的交错的综合形式。

思考与练习

(1) 观察语言世界中的对称和不对称现象。思考和寻找语言世界中不对称现象产生的原因。
(2) 思考对偶在其他领域的多种多样的表现形式。
(3) 从回环思考汉语中词序的重要性和特殊作用,以及汉语的特点。从骈文看对偶的美学效应及其局限性。
(4) 举例说明顶针在话语衔接和篇章结构方面的功能。举例说明语言文字游戏中的顶针手法。
(5) 举例说明语言表达中的均衡和反均衡之间的辩证关系。
(6) 请解读下图：

第十二章 侧重

矛盾着的两个方面中,必有一个方面是主要的,他方面是次要的。其主要的方面,即所谓矛盾起作用的方面。事物的性质,主要也是由取得支配地位的矛盾的主要方面所规定的。(毛泽东《矛盾论》)

关键词:反复　夸张　同语　撇语　抑扬　问语　类聚语　名词语

一　语言的侧重美

宇宙是既均衡对称又不均衡非对称的。左右两只手对称,但是,又不对称。人们大都是右手优势者,少数是"左撇子"。

侧重是对均衡对称的突破,主体的加强与突出。侧重,就是主宾有别,重点突出,不面面俱到,不搞一律平等,不吃大锅饭,不排排队吃果果。为了突出主体,淡化弱化其他。

侧重是美学的一个基本原则,也是语言美的一个重要原则。说话写文章,主次不分,面面俱到,平均使用力量,不是好办法。主旨明确,重点突出,详略得当,效果才好。侧重是用词、造句、谋篇布局等方面都必须遵守的一个原则。

同义词语连用,有突出重点的作用。《庄子·天下》:"以谬悠之说,荒唐之言,无端崖之辞,时恣纵而不傥,不以觭见之也。""谬悠之说,荒唐之言,无端崖之辞"是同义的。贾谊的《过秦论》:"秦孝公据崤函之固,拥雍州之地,君臣固守,以窥周室;有席卷天下、包举宇内、囊括四海之意,并吞八荒之心。""席卷天下"、"包举宇内"、"囊括四海"和"并吞八荒","心"和"意",也是同义的。

排比、反复和递进等修辞格是增强语势的有效手段。宋玉《对楚王问》："客有歌于郢中者，其始曰《下里》《巴人》，国中属而和者数千人；其为《阳阿》《薤露》，国中属而和者数百人；其为《阳春》《白雪》，国中属而和者不过数十人；引商刻羽，杂以流徵，国中属而和者不过数人而已。是其曲弥高，其和弥寡。"运用排比和递进修辞格增强气势。

二 夸张

夸张是故意言过其实，或扩大，或缩小，或荒谬化。① 李白《秋浦歌》中的"白发三千丈，缘愁似个长"，白发绝不会有三千丈长，诗人言过其实，渲染主观感受，表达强烈的感情，强调愁的深沉。爱好夸张的心理倾向是一种普遍存在的社会现象。从古到今，人们都喜欢夸张。中国小孩子从小就会夸张，"拉钩上吊"谁不会？谁不是一次一次一本正经地信誓旦旦地言说着？

夸张分明夸和暗夸。

明夸要求受众当作夸张修辞格来解读，为的是突出、强化、深化主体。汉代王充在《论衡·艺增篇》中说："世俗所患，患言事增其实，著文垂辞，辞出溢其真，称美过其善，进恶没其罪。何则？俗人好奇，不奇，言不用也。故誉人不增其美，则闻者不快其意；毁人不益其恶，则听者不惬于心。"王充论述的是明夸。刘勰说，"辞虽已甚，其义无害"（《文心雕龙·夸饰》），指的也是明夸。明夸不可让人误以为是真。我们的《虎妈》："虎妈一声吼，萌娃抖三抖。老爸慌了神，半空走一走。"不会有人当作事实来解读的。前两句是对"石油工人一声吼，地球也要抖三抖"的仿拟。

暗夸要求受众不当作修辞格，而当作事实来接受。赤壁之战前，

---

① 参看王希杰：《夸张论略：明夸和暗夸与谬夸及其他》，《南京晓庄学院学报》2021年第1期。

曹操给孙权的书信中说："今治水军八十万众，方与将军会猎于吴。"孙权把曹操的书信给大臣们，众大臣"莫不响震失色"。(《资治通鉴》第六十五卷)这是暗夸。曹操不是要吴国君臣把他的话当作夸张修辞格，就是要吴国君臣相信他拥有八十万大军，兵强马壮。吴国众大臣"莫不响震失色"，信以为真，曹操的暗夸成功了。只有周瑜和诸葛亮看穿了曹操暗夸，认定曹操只有几万人马。暗夸具有误导性。

夸张可以通过比喻、比拟等修辞格来实现。例如："屁股大的地方"和"巴掌大的地方"，"比针尖还要小的心"，"老鼠一样的胆子"，等等。又如："夺泥燕口，削铁针头，刮金佛面细搜求：无中觅有。鹌鹑嗉里寻豌豆，鹭鸶腿上劈精肉，蚊子腹内刳脂油。亏老先生下手！"(无名氏《[正宫]醉太平·讥贪小利者》)

夸张也可以分为：扩大夸、缩小夸与荒谬夸。

扩大夸是尽量向大处扩展。《战国策》中描写齐国的强盛和人口的众多："临淄之涂，车毂击，人肩摩，连衽成帷，举袂成幕，挥汗成雨。"白居易在《长恨歌》中说："回眸一笑百媚生，六宫粉黛无颜色。"扩大夸的喻体经常是"天、地、大海"（大）、"天涯海角"（远）、"海枯石烂"（长久）等。

缩小夸是尽量往小处说。例如："一片树叶掉下来也怕打破头"，"灰尘掉下来都怕把自己砸死"，等等。再如："遥望齐州九点烟，一泓海水杯中泻。"(李贺《梦天》)"五岭逶迤腾细浪，乌蒙磅礴走泥丸。"(毛泽东《七律·长征》)"齐州"指中国，古代中国分为九州，这里说小得像九点烟，是从天上向下看的，"泓"形容水的深广，这里指一片汪洋大海，说大海像从杯子里倒出来的一点水。把五岭缩小为细浪，乌蒙山说成是泥丸，表现了诗人及红军战士的革命乐观主义精神。缩小夸的常用喻体是芝麻、绿豆、鸡毛、蒜皮、巴掌、屁股等。

扩大夸同缩小夸，同时使用，就更有艺术魅力。例如："杨子取为我，拔一毛而利天下，不为也。"(《孟子·尽心上》)

荒谬夸是比扩大夸和缩小夸更上一层楼的夸张。修辞学家提醒说：

运用夸张时要注意必须合乎情理。鲁迅说:"'燕山雪花大如席',是夸张,但燕山究竟有雪花,就含有一点诚实在里面,使我们立刻知道燕山原来有这么冷。如果说'广州雪花大如席',那可就变成笑话了。"(《漫谈"漫画"》)① 其实,不合情理的荒谬的话语也是夸张,而且是最高等级的夸张。传统二人转《猪八戒拱地》:"我对你:申公豹无时卖过面,苏妲己斩将把神封,万里长城孟姜造,秦始皇哭倒了万里长城,楚霸王月下追韩信,未央宫里斩秦琼。"(王殿清口述)驴头不对马嘴,胡言乱语。卖面的是姜子牙,封神的也是姜子牙,苏妲己没资格封神的。下令建造长城的是秦始皇,哭倒长城的是孟姜女。这是荒谬夸。影视中,经常听到:"完不成任务,提头来见!"荒谬夸表达的是坚决地无条件地完成任务的决心与意志。

荒谬夸是常见的。"大盐生蛆了!""煮熟的鸭子飞了。""烧糊了洗脚水啦!""太阳从西边出来啦!""天上除了飞机,地上除了小板凳,没有他不吃的。""他连天上的飞机地上的小板凳都吃!"荒谬夸是超常的说服手段。荒谬夸是自吹自擂的手段。人所熟知的是《水浒传》里的潘金莲自我夸张:"我是一个不戴头巾男子汉,叮叮当当响的婆娘!拳头上立得人,胳膊上走得马,人面上行得人,不是那等搠不出的鳖老婆。"

荒谬夸是论证反驳的手段。有笑话说,王安石认为扬雄是大贤,因此是不会担任王莽的官职的,不会写为王莽篡位歌功颂德的《剧秦美新》的,这种说法是后人的胡说八道。苏轼"附和"说:"您说得很对。我也是这样看的。我疑心,也许汉朝就根本没有扬雄这个人!"苏轼用荒谬夸张来否定王安石之说。

大和小与荒不荒谬是相对的、心理的。痛苦时则度日如年,快乐幸福之人,热闹场中狂欢节上,时间转眼即逝,真真日月如梭。《西厢记》中的张生面前的粉墙高于天。柳宗元:"一身去国六千里,万死投荒十二年。"陈其年:"百年骨肉抛三地,万死悲哀并九秋。"人只能死一

---

① 鲁迅:《鲁迅全集》第六卷,人民文学出版社 2005 年,第 242 页。

次,"万死"不合情理,荒谬至极,愤激之词。都是一种心态。

夸张是漫画常用的手法。例如:

兴奋　　　贪馋　　　反对

德国爱德华·傅克斯说:"漫画的本质无疑是夸张。""这真实同夸张并不矛盾,而恰恰应该归功于夸张。画家在夸张的时候,摒弃了一切能够引起误会的外衣,发掘出现象的核心。""真实不在于中庸,而正是存在于极端。"①

三　反复

俗话说,"话说三遍淡如水"。指的是简单的重复。"好话重不得",说的是重复之后,会生发出新的意义。李商隐《夜雨寄北》:"君问归期未有期,巴山夜雨涨秋池。何当共剪西窗烛,却话巴山夜雨时。"韵味就在"巴山夜雨"的反复上,第二句的是眼前的,第四句的是未来的虚拟的。强烈的思念感导致现实和想象交融。

反复,是为了强调语义重点,加强语气和感情,重复相同的词、句、段等成分。② 例如李白《宣城见杜鹃花》:"一叫一回肠一断,三春三月忆三巴。"白居易《九江北岸遇风雨》:"黄梅县边黄梅雨,白头浪里白头翁。"王建《古谣》:"一东一西陇头水,一聚一散天边霞,一来一去道

---

① [德]爱德华·傅克斯著:《欧洲风化史　文艺复兴时代》,侯焕闳译,辽宁教育出版社2000年,第7页。

② 参看王希杰:《鲁迅作品中的一种修辞手法——反复》,《中国语文》1960年第11期。

上客,一颠一倒池中麻。"

反复是表达强烈感情的手段。李延寿《北史》:"及西魏将独孤信入洛,署为开府记室。晞称先被犬伤,困笃,不赴。有故人疑其所伤非猘,书劝令赴。晞复书曰:'辱告存念,见令起疾。循复眷旨,似疑吾所伤未必是猘。吾岂愿其必猘?但理契无疑耳。就足下疑之,亦有过说。足下既疑其非猘,亦可疑其是猘,其疑半矣。若疑其是猘而营护,虽非猘亦无损。疑其非猘而不疗,倘是猘则难救。然则过疗则致万全,过不疗或至于死。若王晞无可惜也,则不足取。既取之,便是可惜。奈何夺其万全,任其或死!'"(《王宪传》)一封短信,故意一口气连续运用了八个"猘"字。(猘,zhì,疯狗,猛狗。)常规是尽量避免重复啰唆。王晞故意跟常规对着干,表现出他的愤慨之情。

反复也能雅俗共赏。王晞的信是雅,民间小戏是俗。山西晋剧《借髢髢》,髢髢就是假发。四姐到王二嫂家借髢髢,王二嫂唱道:"没事不到俺家下,不是借东就借西。那一天借了俺两瓢面,借了俺两把花不絮,借俺的油借俺的盐,借俺的醋蒜调菜吃。借俺的碾子借俺的磨,借俺的耙借俺的犁,借俺的绳借俺的套,赶集上店借俺的驴。今日来到俺家下,可借米?可借面?可借煤?可借炭?可借老葱配老蒜?你借俺啥东西?"("花不絮"是还没絮成纺成棉线的棉花条。)王二嫂一口气连着说了20个"借"字。

鲁迅:"其实'大团圆'倒不是'随意'给他的;至于初写时可曾料到,那倒确乎也是一个疑问。我仿佛记得:没有料到。不过这也无法,谁能开首就料到人们的'大团圆'?不但对于阿Q,连我自己将来的'大团圆',我就料不到究竟是怎样。终于是'学者',或'教授'乎?还是'学匪'或'学棍'呢?'官僚'乎,还是'刀笔吏'呢?'思想界之权威'乎,抑'思想界先驱者'乎,抑又'世故的老人'乎?'艺术家'?'战士'?抑又是见客不怕麻烦的特别'亚拉籍夫'乎?乎?乎?乎?乎?"(《〈阿Q正传〉的成因》)鲁迅遭受过各种各样的攻击,说到阿Q的"大团圆"的结局,列举了那些人加给他的各种各样的头衔,一连反复运用了五个虚词"乎",表现出他的强烈的愤激之情。

反复具有渲染、强调、着重、夸张的功能。反复也有调节音节、增强节奏的作用。闻捷《苹果树下》:

苹果树下 / 那个 / 小伙子,
你不要 / 不要 / 再唱歌;
姑娘 / 沿着 / 水渠 / 走来了,
年轻的 / 心 / 在胸中 / 跳着。

重复"不要",增加一个节拍,跟上一句相对应。

反复是诗歌中经常运用的一种修辞手段,可以增加抒情效果。《诗经·魏风·十亩之间》:"十亩之间兮,桑者闲闲兮。行,与子还兮!十亩之外兮,桑者泄泄兮。行,与子逝兮!"一唱三叹,尽兴抒发,悠扬婉转。

反复可以分为:连续反复和间隔反复。连续反复,就是反复的成分是连续出现的。间隔反复,反复的单位不相连续,被其他单位分割开了。间隔反复也是连段成篇的一种手法。每一段的开头或结尾,重复相同的词语或句子,可以把这一些段落组成一个整体。汪榕培的《从莱庭〈英语修辞学新论〉序言》,第一节第一句,"修辞学是一门既古老又年轻的学问。"第二节:"修辞学是一门既熟悉又陌生的学问。"第三节:"修辞学是一门既有共性又有特性的学问。"第四节:"修辞学是一门既有理论又有实用性的学问。"相同结构的句子的反复,把四个段落组合成为一个整体。全篇的开头和结尾的反复,首尾呼应,循环往复,余味无穷。

反复是音乐构成的手段。反复给曲调发展打下了有力的基础。有照原不变的反复,有略加变化的反复,都影响着曲调的发展。贝多芬常常把一个曲调或照原曲或稍加变化,二而三,三而四,甚至更多次不绝地反复。

四 同语

同语是句子成分的反复。同语分为:1. 主宾语同语,2. 修饰语相同,

3. 修饰语中心词同语，4. 同字。

1. 主宾同语就是主语和宾语完全相同。第一是强调同一性，第二是强调差异性。"有缺点的战士终竟是战士。"（鲁迅《战士和苍蝇》）"最美的癞蛤蟆还是癞蛤蟆。"强调的是主语和宾语语义上的同一性。2021年，美国爆发的抗议活动中的口号："黑人的命也是命。"主宾语同语："命"。强调的是同一性，潜藏的是"白人的命"：黑人的命，同白人的命，是相同的，都是命。可叫作"求同式同语"。

"语言是语言，言语是言语，两码子事。""学术就是学术，权术就是权术，性质完全不同。""牛奶是牛奶，奶牛是奶牛，瓶酒是瓶酒，酒瓶是酒瓶，可不能混为一谈。""男人总归是男人，女人毕竟是女人，不承认区别是不行的。"强调的是两者的差异性。区分与对立，不可混同，不可忽视。可叫作"示差式同语"。

2. 修饰语相同，即两个短语的修饰语相同。李商隐："昨夜星辰昨夜风，画楼西畔桂堂东。"（《无题》）"春心莫共花争发，一寸相思一寸灰。"（《无题》）曹雪芹："尴尬人难免尴尬事　鸳鸯女誓绝鸳鸯偶"，"薄命女偏逢薄命郎　葫芦僧乱判葫芦案"。（《红楼梦》）王蒙："他莫名其妙地坐了好长时间的车，要按一个莫名其妙的地址去找一个莫名其妙的人办一件莫名其妙的事。"（《布礼》）

3. 修饰语中心词同语有两种。第一种是肯定修饰性同语，"前线里的前线"，"后方的后方"，"英雄中的英雄"，"聪明人里的聪明人"，"糊涂虫里的糊涂虫"，"男子汉中的男子汉"，"姑娘中的姑娘"等。"前线里的前线"还是前线，最前线。"男子汉中的男子汉"是男子汉，最男子汉的人。这是肯定式。强化语义语气。可叫作夸张式定语，例如："你这与奴才做奴才的奴才！"（《水浒传》第六十二回）"在互联网浩瀚的信息海洋中，有一个偏僻的角落，在这个角落里，也有一个偏僻的角落，在这个角落的角落里，还有角落的角落的角落，就在一个最深层的偏僻的角落里，那个虚拟的世界复活了。"（刘慈欣《三体2　黑暗森林》）

第二种是否定式同语。例如："不是教授的教授"，"不是思想家的思想家","没有办法的办法","不是劝告的劝告","不是故乡的故乡","不是理由的理由","没有希望的希望","没有烦恼的烦恼","不是厂长的厂长","不是'千里马'的千里马"等。"不是教授的教授"真的不是教授,只是像教授,具有教授的某些功能而已。

4.同字,运用包含有相同汉字的复合词或短语。例如:

①同心且同折,故人怀故乡。（梁元帝《折杨柳》）

②叶满丛深殿似火,不唯烧眼更烧心。（李绅《红蕉花》）

③一种相思,两处闲愁,此情无计可消除,才下眉头,却上心头。

（李清照《一剪梅》）

④奉使来时惊天动地,奉使去时乌天黑地,官吏都欢天喜地,百姓却啼天哭地。（元民间歌谣）

⑤究竟是"后生可畏"还是"后台可畏"?

（《现代快报》2013年5月13日）

相同汉字的出现,既相互呼应,也形成鲜明对照。

五 映衬

李白《白胡桃》:"红罗袖里分明见,白玉盘中看却无。"白胡桃在白玉盘中,消失了。这就是背景(语境)的重要性。在红罗袖里,鲜明生动地显现着,这就是映衬。

映衬,是用相似的、相关的或者相反的东西作为背景来突出本体。映衬是有主次关系的对照,把一个对比项下降为背景的对照。艾青《红旗》:

火是红的,

血是红的,

山丹丹花是红的,

石榴花是红的,

初升的太阳是红的,

最美的是在前进中迎风飘扬的红旗!

跟红旗进行对比的火、血、山丹丹花、石榴花、太阳都下降为主体红旗的衬托物。

土家族民歌：

> 几时松柏才长高？
> 几时杨柳才抽条？
> 几时石榴才开花？
> 几时桃树才结桃？
> 几时哥妹才搭桥？

五个问句的排比。分为两层：前四句为一层，修饰，烘托，比喻。最后一句是语义中心。

映衬可分为：正衬和反衬。

正衬，就是"烘云托月"法，"红花还需绿叶扶持"，有了相似的相关的"绿叶"，主体"红花"就更鲜明了。鲁迅的《故乡》："时候既然是深冬；渐近故乡时，天气又阴晦了，冷风吹进船舱中，呜呜的响，从篷隙向外一望，苍黄的天底下，远近横着几个萧索的荒村，没有一些活气。我的心禁不住悲凉起来了。"作者是要用阴晦、苦涩、昏暗、悲凉的天气来烘托作品中的"我"的"悲凉"的心情。梁斌《红旗谱》："第二天，是个阴湿的日子，灰色的云层，压得挺低，下着蒙蒙的牛毛细雨，石板路上湿滑滑的。朱老忠和江涛踩着满路的泥泞，到模范监狱去。"用"阴湿的日子"、"灰色的云层"等这样一个坏天气衬托朱老忠和江涛探监时的心情。

反衬就是用相反的事物来做背景，烘托主体。鲁迅《祝福》中的例子是反衬。鲁迅这样写："我在蒙胧中，又隐约听到远处的爆竹声联绵不断，似乎合成一天音响的浓云，夹着团团飞舞的雪花，拥抱了全市镇。我在这繁响的拥抱中，也懒散而且舒适，从白天以至初夜的疑虑，全给祝福的空气一扫而空了，只觉得天地圣众歆享了牲醴和香烟，都醉醺醺的在空中蹒跚，豫备给鲁镇的人们以无限的幸福。"（《祝福》）作者大肆渲染鲁镇除夕的热闹的气氛和声响，来反衬祥林嫂的悲惨命运。

绘画中的烘云托月法是映衬修辞格。绘画理论家说："山欲高，尽出之则不高；烟霞锁其腰则高矣。水欲远，尽出之则不远；掩映断其脉则远矣。"(《林泉高致》)"密叶偶间枯槎，顿添生致；纽干或生剥蚀，愈见苍颜。"(《画筌》)论述的是绘画修辞中的映衬修辞格。

六 撇语

杜甫："斫却月中桂，清光应更多。"(《一百五日夜对月》)辛弃疾："斫去桂婆娑，人道是清光更多。"(《太常引 建康中秋夜为吕叔潜赋》)这可以作为撇语的对译。

撇语，是指为了突出主体，将主体之外的一一加以排除。同映衬相反，映衬就是要借助于相关事物的烘托。长篇吴歌《五姑娘》："勿要买粗来针，亦勿要买月来针，亦勿要买调龙里引线软条针，亦勿要买嘉善引线橄榄针，粗勿要买扎底针，细勿要买棉绸针，俟到苏州城里观前街浪弯几弯，牛角浜里转几转，碰鼻头转弯，大街浪朝南，小街浪落北，铜匠店对门，铁匠店斜角，要买百花三姐屋里格小炉灶浪格只绣花针。"

撇语，排除的目的是要加强所要表达的意义。《西游记》："那火不是天上火，不是炉中火，也不是山头火，也不是灶底火，乃是五行中自然取出的一点灵光火。这扇也不是凡间常有之物，也不是人工造就之物，乃是自开辟混沌以来产成的珍宝之物。"(第三十五回)

撇语可以分为逻辑的和非逻辑的两种。

毛泽东在《人的正确思想是从哪里来的？》中设问："人的正确思想是从哪里来的？是从天上掉下来的吗？不是。是自己的头脑里固有的吗？不是。人的正确思想，只能从社会实践中来，只能从社会的生产斗争、阶级斗争和科学实验这三项实践中来。"这是符合逻辑的、很逻辑的一种表达方式。这类撇语经常运用于学术语体。

作为强烈感情的一种表现形式，撇语可以是非逻辑的。曹禺《雷雨》：

周萍：你没有权说这种话，你是冲弟弟的母亲。

> 周繁漪：我不是！我不是！自从我把我的生命名誉，交给你，我什么都不顾了。我不是他的母亲，不是，不是，我也不是周朴园的妻子！

周繁漪故意混淆了"A"和"非A"的界限，她明明是周冲的母亲、周朴园的妻子，这是千真万确的不可更改的事实。她的心中有两个世界：现实的世界和感情的世界，她维护自己内心的世界，撇除、否定了一切现实世界的关系，强调的是她只属于自己的感情世界，这一撇除是说话人的感情世界对现实世界的蔑视和否定。这种非逻辑的、反逻辑的表达形式是一种心理世界的现象，是一种强烈的感情，甚至是非理性的感情。

七 抑扬

《老子》："将欲歙之，必固张之；将欲弱之，必固强之；将欲废之，必固兴之；将欲夺之，必固与之，是谓微明。"（第三十六章）这就是抑扬术。

抑扬是一种强调的格式，为了突出主题，先做出铺垫，明明是一心想否定的反而先加以肯定，内心的确是要否定的，嘴巴上笔头上却先大加肯定。茅盾："它没有婆娑的姿态，没有屈曲盘旋的虬枝。也许你要说它不美。如果美是专指'婆娑'和'旁逸斜出'之类而言，那么，白杨树算不得树中的好女子。但是它伟岸，正直，朴质，严肃，也不缺乏温和，更不用提它的坚强不屈与挺拔，它是树中的伟丈夫！"（《白杨礼赞》）题作"白杨礼赞"，却先贬白杨。这就使得贬抑后的赞扬更加有力量，正如同堵住了不让水流动，一旦打开了，水流更加猛烈。贬抑之后的赞美是一种强势赞美。

抑扬是日常生活中经常运用的。顾客大加赞美商品多么多么好，最后只一个字：贵。结论：不买。营业员一听赞美言辞，立马回过头去，因为知道没戏。反之，顾客一而再再而三地批评商品这不好那也不好，营业员心里乐滋滋的，因为这位顾客是一心想购买商品的，否定的目的在于想杀价。

抑扬修辞格分四种：1. 先抑后扬，2. 先扬后抑，3. 明抑暗扬，4. 暗抑明扬。

前举茅盾的《白杨礼赞》之例是先抑后扬。陶铸《松树的风格》："我常想：柳树婀娜多姿，可谓妩媚极了；桃李绚丽多彩，可谓鲜艳极了，但它们给人们的印象只是一种'好看'的外表，不能给人以力量。"则是先扬后抑。

先扬后抑是经常运用的修辞手法。批评一个人，先赞美他，说他有许多许多优点，"你这个人呢，一表人才，风度翩翩，聪明能干，见多识广，能说会道，做事麻利，……就是，偶尔会说点儿小小不言的谎。"批评事物也如此，"这件大衣，真好，名牌，款式新潮，质料颜色好极了，好是好，不过，太贵了。"

明抑暗扬的，例如贾宝玉出场时，曹雪芹写道："无故寻愁觅恨，有时似傻如狂。纵然生得好皮囊，腹内原来草莽。""潦倒不通庶务，愚顽怕读文章。行为偏僻性乖张，那管世人诽谤？""天下无能第一，古今不肖无双。寄言纨绔与膏粱，莫效此儿形状。"（《红楼梦》第三回）全无好话，其实是明里贬抑，骨子里赞美。而同书中，对花袭人则是明里赞扬、暗中贬抑：

> 袭人悲伤不已，又不敢违命呢，心里想起宝玉那年到他家去，回来说的死也不回去的话，"如今太太硬作主张，若说我守着，又叫人说我不害臊；若是去了，实不是我的心愿！"便哭得咽哽难鸣。又被薛姨妈、宝钗等苦劝，回过念头想道："我若是死在这里，倒把太太的好心肠弄坏了，我该死在家里才是。"于是袭人含悲叩辞了众人。……

> 袭人此时更难开口，住了两天，细想起来："哥哥办事不错。若是死在哥哥家里，岂不又害了哥哥呢？"千思万想，左右为难；真是一缕柔肠，几乎牵断，只得忍住。……

> ……袭人此时欲要死在这里，又恐害了人家，辜负了一番好意。

啄木鸟家电维修广告（见右图）：先抑，"感情不修"，后扬，"啥都修"。以退为攻，后退一步，前进两步。说感情不修，为的是强调"啥都修"。

八　问语

作为修辞格的问语，是无疑而问，"问"是提高表达效果的手段。李白《金陵酒肆留别》："风吹柳花满店香，吴姬压酒劝客尝。金陵子弟来相送，欲行不行各尽觞。请君试问东流水，别意与之谁短长？"其艺术魅力就在最后两句的问话上。

问语是本无疑问，也不需要回答。如李白的诗："问余何意栖碧山，笑而不答心自闲。"（《山中问答》）"巴水急如箭，巴船去若飞。十月三千里，郎去几岁归？"（《巴女词》）"春风不相识，何事入罗帷？"（《春思》）"夜台无李白，沽酒与何人？"（《哭宣城善酿纪叟》）不答，就是答。

问语分为两种：设问与反问。

设问有自问自答的，崔颢："日暮乡关何处是？烟波江上使人愁。"（《黄鹤楼》）王观："欲问行人去那边？眉眼盈盈处。"（《卜算子》）诗歌中的自问自答，常是含混的朦胧的形象的，也是所答非所问的。学术语体和公文语体中的设问大都是自问自答，真正的回答，标准答案。

以设问为基本方式，通篇先设问，后回答，叫作"问答体"。江苏宜兴民歌《什么弯弯升上天》：

　　什么弯弯升上天？
　　什么弯弯分两边？
　　什么弯弯能割稻？
　　什么弯弯会种田？

　　月亮弯弯升上天，

　　　　牛角弯弯分两边,
　　　　镰刀弯弯能割稻,
　　　　双手弯弯会种田。
先提出一连串的问题,再一一回答。
　　河南民歌《新媳妇走娘家》:
　　　　桃花开,
　　　　一片霞,
　　　　新娶的媳妇走娘家。
　　　　穿啥哩?
　　　　月白裤子花夹袄。
　　　　戴啥呢?
　　　　鬓角戴朵白梨花。
　　　　谁送她?
　　　　哥送她。
　　　　谁见啦?
　　　　我见啦。
　　　　我还听见体己话……
一问一答,增加了诗文的层次,波澜起伏、引人入胜。

　　反问,也叫反诘、诘问、激问,也是无疑而问,不要求回答,也不做回答。这种疑问形式表示的是确定的意思,而且语气更强烈。周恩来:
　　　　没有耕耘,
　　　　哪来收获?
　　　　没播革命的种子,
　　　　却盼共产花开!
　　　　梦想那赤色的旗儿飞扬,
　　　　却不用血来染他,
　　　　天下哪有这类便宜事? 　　　　　　　　　(《生别死离》)
这里的反问方式显然比直陈方式多了一个层次。冰心:

大海呵,
哪一颗星没有光?
哪一朵花没有香?
哪一次我的思潮里
没有你波涛的清响? (《繁星》)

形式上是疑问的,实质上是肯定的。蒋光慈:

但是我的血液究竟是中国的血液,
我的言语究竟是中国的言语,
如果我这个说中国话的诗人,
不为着中国,而为着谁个去歌吟呢? (《我应当归去》)

用反问语气,感情也更加强烈。

九 类聚语

词语同时处在聚合关系和组合关系之中,例如:

	A	B	C
a	我	读	小说
b	你	看	电视
c	他	开	出租车
d	我们	打	扑克牌
e	你们	踢	足球
f	他们	爬	紫金山

横向,a、b、c、d、e、f各行中各个词语的关系是组合关系,词语是前后连续出现的,不能同时出现。纵向,A、B、C三行中,所有词语之间的关系是聚合关系,它们具有共同的语义和语法特征,形成一个集合。说话写文章时说写者从具有聚合关系的集合中选择所需要的词语,来构成组合关系,说写者从词语库的类聚系统中只选择自己需要的那些词语。类聚语是对这一常规的一种偏离。

类聚语,指的是为了达到修辞目的,不厌其烦地大张旗鼓地罗列具有聚合关系的词语。例如:

①假僧(按:孙悟空)将那些心,血淋淋的,一个个捡开与众观看,却都是些红心、白心、黄心、悭贪心、利名心、嫉妒心、计较心、好胜心、望高心、侮慢心、杀害心、狠毒心、恐怖心、谨慎心、邪妄心、无名隐暗之心、种种不善之心,更无一个黑心。

(吴承恩《西游记》第七十九回)

②次日,众猴果去采仙桃,摘异果,刨山药,劚黄精,芝兰香蕙,瑶草奇花,般般件件,整整齐齐,摆开石凳石桌,排列仙酒仙肴。但见那:金丸珠弹,红绽黄肥。金丸珠弹腊樱桃,色真甘美;红绽黄肥熟梅子,味果香酸。鲜龙眼,肉甜皮薄;火荔枝,核小囊红。林檎碧实连枝献,枇杷缃苞带叶擎。兔头梨子鸡心枣,消渴除烦更解醒。香桃烂杏,美甘甘似玉液琼浆;脆李杨梅,酸荫荫如脂酥膏酪。红囊黑子熟西瓜,四瓣黄皮大柿子。石榴裂破,丹砂粒现火晶珠;芋栗剖开,坚硬肉团金玛瑙。胡桃银杏可传茶,椰子葡萄能做酒。榛松榧柰满盘盛,橘蔗柑橙盈案摆。熟煨山药,烂煮黄精,捣碎茯苓并薏苡,石锅微火漫炊羹。人间纵有珍羞味,怎比山猴乐更宁?(同上,第一回)

③你不与我,我到家里去叫娘做一件青蘋色、断肠色、绿杨色、比翼色、晚霞色、燕青色、酱色、天玄色、桃红色、玉色、莲肉色、青莲色、银青色、鱼肚白色、水墨色、石蓝色、芦花色、绿色、五色、锦色、荔枝色、珊瑚色、鸭头绿色、回文锦色、相思锦色的百家衣,我也不要你的一色百家衣了。 (董说《西游补》第一回)

④我检讨了我的个人英雄主义、个人主义、自由主义、温情主义、虚荣心、片面性、盲动性、小资产阶级知识分子的罄竹难书的成千种劣根性,我成为一个真正的特殊材料制成的无产阶级先锋队的17岁的战士,一个新的、决非周耀祖的周克。 (王蒙《深的湖》)

⑤在这四面八方明亮耀眼的大镜子和头顶上的日光灯、白炽灯的辉映之中,在梳头油、洗发香波、花露水、杏仁蜜、菠萝蜜、44776

雪花膏的芬芳里、在剪子的喊喊喳喳、推子的格隆格隆、吹风机的嗡嗡、电推子的唑唑、放水的哗哗的交响伴奏下边，转眼已经快三十年，人生竟然能够这样简单、这样短促、这样平常又这样幸福，这使我惭愧，使我满足，也使我惶惑。（王蒙《悠悠寸草心》）

例①，心，有各种各样的心，常规表达是"多种多样的心""各色各样的心"，吴承恩故意不厌其烦地一一列举许多不同的心。例②，吴承恩把他所想得到的美味佳肴全部开列了出来。猴子的饮食习惯能同人们一样吗？花果山上有如此丰富的食物吗？这根本不必多想。作者如此描写是别有含义的，读者是不会当真的。例③，颜色有许许多多种，说"多种多样的颜色"就可以了。董说故意罗列了许许多多的颜色词，目的是传递附加信息，创造特殊的情调。例④，不厌其烦地尽量铺陈，就必然产生出特殊的话语含义来。有的是偏离逻辑分类，故意杂七杂八、杂乱无章，不厌其烦地列举许多政治术语，是对乱扣政治帽子的风气的嘲讽。例⑤，津津有味地罗列许多理发室里的事物，是对三十年的单调枯燥平庸生活的感慨与嘲讽。

类聚语是逻辑语义格式，是超语言的。法国拉伯雷的《巨人传》中就有好多类聚语。作者写游戏时罗列了217种游戏名称，提到书籍，罗列了80多种书籍，其中有《社交场合出小恭之研究》《坦坦尔出恭法》《罗马吹牛律》《寡妇光臀写真》《修士会之翻筋斗史》等。大量运用类聚语还是美国诗人惠特曼的诗歌的特色。此外，类聚语在意识流小说、魔幻小说中也十分常见。①

十　名词语

马致远《天净沙·秋思》："枯藤老树昏鸦，小桥流水人家，古道西风瘦马。夕阳西下，断肠人在天涯。"前三个语音句"枯藤老树昏鸦，小

---

① 参看王希杰：《类聚格》，《中国语文》1987年第1期。

桥流水人家,古道西风瘦马"是九个名词的组合。可以看作九个语法句,每一个语法句都是一个名词句。印欧语系的语言里,句子必须有动词,名词不能成句。汉语中,名词可以充当句子的谓语,甚至单独成句——名词句。这里是三个复句构成的一个句群:(1)枯藤老树昏鸦,(2)小桥流水人家,(3)古道西风瘦马。每一个复句都由三个分句组成。我们把这种名词组合的句群称为"名词语"。"名词语"表面上似乎是名词的并列组合,其实是名词句的组合,是名词句的句群。名词语建立在汉语的特质之上,也是中国人审美观念的体现。但是中国古典诗词中的名词语却很难翻译成其他语言。

名词语是若干个名词和名词短语单独组成的句子构成的句群。杜甫:

清新庾开府,俊逸鲍参军。

渭北春天树,江东日暮云。　　　　　　　　（《春日忆李白》）

前两句诗是两个喻体,本体(李白的诗歌)省略了。诗人自己在渭北,思念的友人李白在江东。这是春天,是日暮时,正是思念情浓的时候。

作为一种修辞格的名词语,指的是名词或名词性短语独立成句,而且是两个或两个以上的名词句联合成为句群,表示某种复合的意象。

名词语是古典诗词中特有的一种修辞手法,如:

①细草微风岸,危樯独夜舟。　　　　　　（杜甫《旅夜书怀》）
②鸡声茅店月,人迹板桥霜。　　　　　　（温庭筠《商山早行》）
③袅袅垂柳风,点点回塘雨。　　　　　　　　（杜牧《村行》）
④楼船夜雪瓜洲渡,铁马秋风大散关。　　　　（陆游《书愤》）

名词语体现了中国人特殊的审美情调。名词语其实是一种意象复合模式,也是一种形象思维的技巧。

当然,名词语也并不是汉语特有的修辞现象。鲁·阿恩海姆在《艺术心理学新论》中分析奥根格姆林格(Eugen Gomringer)的一首诗:

大街

大街和鲜花

花朵
花朵和妇女

大街
大街和妇女

大街和花朵和妇女
和赞叹者

鲁·阿恩海姆说:"朴素而轻松,从形式和内容的线性顺序讲,这首诗是传统的。诗人运用时间尺度,把他诗中的三个基本组成成分引到他打算为读者建立的形象舞台上。他从街道的景致入手,先以花朵烘托它们,又使妇女们进入了画面,再突然间按照传统的手段,用戏剧性的最后一笔点出欣赏的人。从语句上看,这首诗是一个逐渐扩大的渐强音,而在最后一个妙句之前有一个戏剧性的、出其不意的停顿。"[1] 全诗是五个名词"大街、鲜花、花朵、妇女、赞叹者"的并列组合。静态和动态的集合,并列和递进的交融。

小　　结

(1) 侧重:不可永远四平八稳面面俱到。需要有所侧重,重点突出。对婴儿要面面俱到无微不至。对敌斗争,可以抓住一点,不及其余,一击毙命。
(2) 反复:相同项目(词语、句子、句群、段落、情节等)的多次出现。整体含义大于单独运用,别有意味。
(3) 夸张:故意过度地言过其实。明夸要避免受众误以为是事实。暗

---

[1] [美]鲁·阿恩海姆著:《艺术心理学新论》,郭小平译,商务印书馆1996年,第93—94页。

夸要受众当作事实来接受。暗夸有误导性,欺骗性。明夸是双赢的。暗夸是零和的。

（4）同语：相同要素的同时出现,对比中产生新的含义。

（5）撇语：为了突出主体,将主体之外的一一加以排除。同映衬相反,映衬就是要借助于相关事物的烘托。

（6）抑扬：是一种策略,先抑后扬,先扬后抑,为抑而扬,为扬而抑。抑扬二者,一是手段,一是目的。

（7）问语：服务于修辞目的的疑问句。

（8）类聚语：故意让同类词语倾巢而出招摇过市。

（9）名词语：若干个名词和名词短语单独组成的句子构成的句群。是最中国的修辞方式。

思考与练习

（1）举例说明内容上的侧重同形式上的侧重之间的区别。谈谈说话写文章时,侧重表现形式的多样性。

（2）举例说明反复的多样性及其与重复的区别。

（3）举例说明递进同排比的区别。

（4）我们用递进修辞格来写一首小诗。

　　星空

　　错过了太阳,
　　就看月亮。
　　错过了满月,
　　就看残月。
　　残月也错过了,
　　就看星星。
　　星星也没了,
　　就看没有星星的夜空。

没有星星,夜空黑沉沉,
看黑沉沉的夜空
也是一种享受。

这是运用递进修辞格的修辞小品。请试着用递进修辞格作一首诗。

(5)分析下面的广告词:

> 蟑螂不死我死
> 当天见效　三天杀绝

第十三章 变化

变化也是使人愉快的,因为变化意味着恢复自然状态,老做同一件事,意味着过于固定,所以诗人说:变化是最愉快的事情。(亚里士多德《修辞学》)

单调(诸感觉完全一模一样)最终使感觉松弛(对周围环境注意力的疲惫),而感官则被削弱。变化则使感官更新。(康德)

关键词:视点　双关　析字　析词　返源　顾名思义　拟误　谬语　顿跌　相反相成　藏词　歇后

一　语言的变化美

变化,是美学的一个基本原则。柏西·该丘斯说:"音乐中,倘用来用去老是由自然法则所规定的那七个音,则不免发生单调之感。游览大道,固甚满意,但如不时折入小路,亦可看些新鲜景物,享受变化的愉快,并以扩大活动范围。这样的事,如在'常理'的指导与限制之下,当无妨碍。""在两种调式中,我们看到各种艺术中共有的一个基本原则,这便是'既有统一,又有变化'。"①

变化,也是语言美的一个基本原则。语言艺术中,均衡和变化是对立统一的。过分均衡,将导致单调、枯燥。在追求均衡的同时,大胆探索

---

① [美]柏西·该丘斯:《音乐的构成》,缪天瑞编译,人民音乐出版社1978年,第38、52页。

语言的变化美,才有可能获得最佳的表达效果。"一片花飞减却春,万点飘风正愁人"与"花飞一片减却春,风飘万点正愁人"整齐均衡。杜甫避免呆板,打破均衡,就说:"一片花飞减却春,风飘万点正愁人。"(《曲江》)实现了语言的变化美。均衡是异中求同,变化是同中求异,语言的变化美则是求同和求异的统一。

交替运用同义词语是实现语言变化美的手段。老舍:"原先他就不喜欢说话,现在更不爱开口了。"(《骆驼祥子》)王少堂:"英雄(指武松)走进店内,穿店堂,过屏风,进腰门。"(《武松》)稍加变化,生动活泼,富于情趣。

句式的多样化是语言的变化美的常用方法。毛泽东:"射箭要看靶子,弹琴要看听众,写文章做演说倒可以不看读者不看听众么?"(《反对党八股》)前两句用陈述句,后一句是反问句,活泼而有力量。如果后一句也用陈述句,则显得呆板而平淡。陆文夫:"科学的道路不平坦啊,生活的道路也不是一帆风顺的。"(《献身》)前一句是形容词谓语句,描写句;后一句是动词谓语句:"是……的",判断句。两种句式的交错,避免单调枯燥,活泼而有情趣。

二　视点

视点是观察事物的立足点,语言表达的角度。① 苏轼:"横看成岭侧成峰,远近高低各不同。不识庐山真面目,只缘身在此山中。"(《题西林壁》)同一个西林壁,横着看和侧着看,形象大不一样;从远处看和近处看,形象大不一样;从高处看和低处看,形象也大不一样。其原因就在于视点,视点变换了,同一事物就呈现出完全不同的形态。

视点取决于眼睛。《庄子》:

---

① 参看王希杰:《语言表达中的视点》,《语文战线》1982 年第 1 期。

> 庄子与惠子游于濠梁之上。庄子曰:"儵鱼(儵,音条。儵鱼,白鲦。),出游从容,是鱼之乐也。"
>
> 惠子曰:"子非鱼,安知鱼之乐?"
>
> 庄子曰:"子非我,安知我不知鱼之乐?"
>
> 惠子曰:"我非子,固不知子矣。子非鱼,子之不知鱼之乐,全矣!"
>
> 庄子曰:"请循其本。子曰:'汝安知鱼乐'云者,既已知吾知之而问我。我知之濠上矣!"

庄子和惠施争论的是视点问题。惠施强调人和鱼视点不同,强调庄子和惠施视点不同。庄子认为:人和鱼、庄子和惠施之间的视点有共通相通之处。科学家认为,"昆虫眼睛观看世界的方式与我们的眼睛完全不同","昆虫眼中的世界与我们看到的世界大相径庭"。①

北宋画家郭熙说:"山近看如此,远数里看又如此,远十数里看又如此。每远每异。所谓山形步步移也。山正面如此,侧面又如此,背面又如此。每看每异。所谓山形面面看也。如此是一山兼数十百山之形状,可得不悉乎? 山,春夏看如此,秋冬看又如此,所谓四时之景不同也。山,朝看如此,暮看又如此,阴晴看又如此,所谓朝暮之变态不同也。如此是一山而兼数十百山之意态,可得不究乎?"(郭思编述《林泉高致》)这是对视点的最佳阐述。注意其中的"变态"一词。"变态"(变体)是相对"常态"(常体)而言的,是对零度形式的偏离。零度形式是灰色的,偏离形式(变态、变体)之树长青。郭熙运用视点创立了"三远取景法":"山有三远,自山下而仰山颠,谓之'高远';自山前而窥山后,谓之'深远';自近山而望远山,谓之'平远'。"

视点可以分为:语言的视点和言语的视点。语言的视点是全社会所共同的,个人不能随意改变。例如"河南河北"、"湖南湖北"、"江南江

---

① [英]理查德·道金斯:《伊甸园之河》,王直华译,上海科学技术出版社1997年,第47、48页。

北江东江阴"、"淮南淮北"是以黄河、洞庭湖、长江、淮河为视点的。至于"远东、中东、近东"则是以欧洲人的眼光为视点。言语的视点是交际活动中的事情,是临时的,可以改变的。语言中的称呼语的视点是"我","爸爸、妈妈、哥哥、姐姐、爷爷、奶奶"是就"我"的视点而言的。言语交际中,可借用他人的视点。做父母的,借用子女的视点,称呼父母为"爷爷奶奶","从儿"称呼。

《世说新语》:"张苍梧是张凭之祖,尝语凭父曰:'我不如汝。'凭父未解所以,苍梧曰:'汝有佳儿。'凭时年数岁,敛手曰:'阿翁,讵宜以子戏父?'"(《排调》)张凭的祖父张镇(苍梧)对儿子说:"我不如你。"儿子一时没有明白父亲的意思。张镇就说:"你有个好儿子。"当时张凭才几岁,就对爷爷说:"爷爷,怎么可以拿儿子来戏弄父亲呢?"类似的故事是,祖父对儿子说:"我的儿子不如你的儿子。"回答:"我儿子的父亲不如我的父亲。"这是因为交际双方是父子关系,父子的不同视点的巧妙利用才赋予话语以特殊的意味。

摄影的时候,镜头摇晃不定,会使图像模糊不清。在语言表达中,视点的暗中移动,会造成歧义和误解。班固的《汉书》常直接抄司马迁的《史记》,《史记·陈涉世家》中司马迁说"至今血食",这个"至今"是司马迁生活的汉武帝时代,是司马迁亲眼所见。班固抄录进《汉书》,其"至今"则是东汉时期了,是否还"血食"就值得考虑了。

时间和地点等是相对的,"从前、现在、将来、早先、当初、后来、如今、最后、东、南、西、北、中、左、右、上、下、前、后、远、近、大、小"取决于视点的选择。所以在时间和空间的坐标上,说写者首先得明确自己的视点,才能把时间和地点表达得准确明白。

对他人的称谓,是以说写者自己的视点为基点的。夫妻之间可以(需要)借用对方的视点来称呼对方的亲属:男子称岳父岳母为"爸爸妈妈",借用妻子的视点;女子称公公婆婆为"爸爸妈妈",借用的是丈夫的视点。视点不同,对同一个人便可以用不同的称呼。有了孩子的,就借用孩子的视点来称呼亲人,"孩子他爷爷"、"孩子他姑姑","他爷爷"、"他姑姑",或者干脆就"爷爷"、"姑姑"。李准:"村里街坊邻居,老一辈人提起她,都管她叫'喜旺家',或者'喜旺媳妇';年轻人只管她叫'喜旺嫂子'。至于喜旺本人,前些年在人前提起她,就只说'俺那个屋里人',近几年双双有了小孩子,他改叫作'俺小菊她妈'。另外,他还有个不大好听的叫法,那就是'俺做饭的'。"(《李双双小传》)对李双双的不同称呼是视点造成的。不同的称呼出自不同的视点,体现不同的社会地位。"喜旺媳妇"和"喜旺嫂子"是外人的称呼。"俺那个屋里人"是丈夫喜旺的称呼,是大男子主义的产物,妻子是属于丈夫的。喜旺说"俺小菊她妈"用的是从儿称呼,是把妇女当成是生儿育女传宗接代的工具。

诗人卞之琳:

> 你站在桥上看风景,
> 看风景的人在楼上看你。
>
> 明月装饰了你的窗子,
> 你装饰了别人的梦。　　　　　　　　　　(《断章》)

妙在视点的互换。

对单一视点的颠覆的是两种视点并存与交错。弗里德曼写道:

> 在下面这段文字中,外部世界与内心世界奇特地融为一体:
> 伊莎贝尔发怒的样子很丑,他就要考虑一下,他的思想转向她,当
>
> 　　　　　贝拉　　缪罗
>
> ——噢,贝拉!祝贺你;这没什么价值。不,这是两座村庄,贝拉和缪罗,隐没在群山之中;这个小小的火车站是与外界联系的唯一方式;什么样的国家——当一个新的危机使他重新对他恶劣的行为感到羞耻和自责的时候。
>
> 吕卡透过行驶的火车的窗户,清楚地看到了一个车站的站名,他有关伊莎贝尔的冥想突然被分散了。这种从外界闯入头脑中的信息足以让他的思想从个人的恋爱转到大家都有兴趣的题目上来。这是作家

> 写内心独白时喜欢采用的手法:把个人的思想同引起思想的一个众所周知的外部世界联系起来。①

"他的思想转向她"的时间状语是:"当……的时候"。"时候"的修饰成分有两个,一个是外部世界,火车外面的小车站的站牌"贝拉 缪罗",一个是吕卡的内心独白。两者合二为一。

语言表达的基本矛盾:客观事物是无限多的,人的主观思想是无限复杂的,但是语言符号却是有限的。以有限的语言符号来表现无限多的客观事物、无限复杂的主观世界,当然是困难重重的。视点可以使语言符号以一当十、以十当百、以百当千,有限的符号便可以获得无限多的用法,满足了交际活动中多种多样的需求。

任何人,任何事,都可以从不同的视点去观察。

视点是阐释的工具。杜牧的《江南春》:"千里莺啼绿映红,水村山郭酒旗风。南朝四百八十寺,多少楼台烟雨中。"杨慎说:"千里莺啼,谁人听得?千里绿映红,谁人见得?若作十里,则莺啼绿红之景,村郭、楼台、僧寺、酒旗,皆在其中矣。"(《升庵诗话》卷八)何文焕反驳杨慎说:"余谓即作十里,亦未必尽听得着,看得见。题云《江南春》,江南方广千里,千里之中,莺啼而绿映焉。水村山郭,无处无酒旗,四百八十寺,楼台多在烟雨中也。此诗之意既广,不得专指一处,故总而命曰《江南春》,诗家善立题者也。"②杨慎误会了杜牧的视点,何文焕正确地把握了杜牧的视点。杜牧的江南不是某个地点某个时段的江南,而是泛时空的大视野下的江南,年年春天,千里沃野。

---

① [美]梅·弗里德曼:《意识流:文学手法研究》,申雨平等译,华东师范大学出版社 1992 年,第 160 页。
② 《历代诗话》下册,中华书局 1981 年,第 823 页。

三 双关

双关,是说兼有两层(或两层以上)意思的话。[①] 唐宪宗喜欢柳公权的书法。唐宪宗问柳公权:"卿书何能如是之善?"柳公权回答:"用笔在心,心正则笔正。"唐宪宗"默然改容,知其以笔谏也"。(《资治通鉴》第二百四十一卷)君臣谈论的是书法艺术,唐宪宗听出柳公权话中有话,"以笔谏也",借书法艺术的话题,说的是治国大道理,因此"改容"。诗人元稹,跟同僚一同吃瓜,青蝇飞到瓜上,武儒衡用扇子赶青蝇,大声斥责:"适从何来?遽集于此!"(《资治通鉴》第二百四十一卷)表面上是骂苍蝇,其实是在骂元稹,他们瞧不起元稹。柳公权和武儒衡的话都有表里两层意思。交际目的在深层意义。双关是有意为之的。柳公权和武儒衡是有意为之的,所以是双关。《三国演义》中,曹操的口令"鸡肋"不是双关,因为是无意识的。

双关的意义不限于两层,还可以更多。一次宴会上,张大千首先向梅兰芳敬酒说,说:"梅先生,你是君子,我是小人,我先敬你一杯!"听者愕然,不解其意。梅兰芳也感到突然,笑问道:"张先生有何解释?"张大千笑着答道:"不是嘛,您是动口(唱)的君子,我是动手(画)的小人!"张大千这句话,有几种含义:(1)你是演员,靠嗓子(动口);我是画家,靠手(动手)。(2)此刻,你喝酒(动口),我,斟酒(动手)。(3)你如果动口不喝,我就动手可以逼迫你张口喝。

双关可以分为:谐音双关、语义双关、语法双关、情景双关。

谐音双关,就是利用同音现象构成双关语。李商隐:"春蚕到死丝方尽,蜡炬成灰泪始干。"(《无题》)"丝"指蚕吐的丝,兼指人的相思。刘禹锡:"杨柳青青江水平,闻郎江上唱歌声。东边日出西边雨,道是

[①] 参看王希杰:《论双关》,《玉溪师专学报》1989年第6期;《论多义与歧义和双关及误解和曲解》,《延安大学学报》1993年第3期。

无晴却有晴。"(《竹枝词》)"晴"字兼指：天气阴晴的"晴"和"爱情"的"情"。

谐音双关是民歌、民谣、歇后语中常用的一种修辞手法。读曲歌："愁见蜘蛛织，寻思直到明。""思"与"丝"相谐。《华山畿》："别后常相思，顿书千丈阙，题碑无罢时。""题碑"是"啼悲"。安徽民歌："我也知道重和轻，只要针心对针心。"(《只要针心对针心》)"针心"是"真心"。歇后语："孔夫子搬家——净是书（输）。""四两棉花——弹（谈）不上。""外甥打灯笼——照舅（旧）。""小葱拌豆腐——一青（清）二白。""山顶滚石头——石（实）打石（实）。""老虎拉车——谁赶（敢）。""猪八戒的脊背——悟能之背（无能之辈）。""飞机上吹喇叭——响（想）得高。""癞蛤蟆跳井——扑通（不懂）。"谐音双关广泛运用于社会生活的各种领域，形成了一种谐音文化。例如：鱼——富裕，糕——高升，苹果——平平安安，枣子——早生贵子，花生——花着生、有男有女，五只蝙蝠——五福齐全，等等。

语义双关，是利用词语和句子的语言的多义现象而构成的，也可以是利用言语意义的多义来构成。例如："她们的死，不过像无边的人海里添了几粒盐，虽然使扯淡的嘴巴们觉得有些味道，但是不久还是淡，淡，淡。"(鲁迅《论"人言可畏"》)"淡"本义是"味道不浓，不咸"，引申为"冷淡"。这里的"淡"，表面上指"味道不浓，不咸"，骨子里是"冷淡"。"她们"指电影明星阮玲玉等。曹禺《雷雨》："周繁漪：好，你去吧！小心，现在，（望窗外，自语，暗示着恶劣征兆地）风暴就要起来了！"说的是天气，用的是"风暴"的比喻义，即生死搏斗。

语法双关，是利用语法结构的多义性构成的。如广告语："做女人美好"。"做女人美好"可分析为：

A．表层：单句。

"做女人"——动宾短语，做主语。

"美好"——形容词，做谓语。

B．深层：（1）单句。

"做女人"——动宾短语,做主语。

"美好"——主谓短语做谓语。

（2）复句。"美好"——主谓句。

"美"——形容词,做主语。

"好"——形容词,做谓语。

汉语没有或者是缺乏形态,句法组合非常灵活。这种双关建立在汉语句法的灵活性上,只有没有或者缺乏形态的汉语中才能出现这样的双关语。

陆扬烈、冰夫《雾都报童》：

他又从另一侧露出脑壳,朝人群多的地方高喊：

"卖报！新华——扫荡——中央！"

过路的群众听了,有的人露出会心的一笑。

表面上,"新华、扫荡、中央"是并列结构。"新华"指《新华日报》,"扫荡"、"中央"指《扫荡报》、《中央日报》。同时出售三种报纸,是一个双关语。骨子里是主谓宾齐全的句子：主语："新华",谓语："扫荡",宾语："中央"。《新华日报》"扫荡"《中央日报》。进一步：共产党（新华）扫荡"国民党（中央）"。这是利用词序构造的双关语。

唐代诗人朱庆余的七言绝句："洞房昨夜停红烛,待晓堂前拜舅姑。妆罢低声问夫婿,画眉深浅入时无？"这首诗描画的是新婚次日早晨的新娘子。可是诗题是《闺意献张水部》,又题为《近试上张籍水部》。张水部就是担任水部郎中的诗人张籍。张籍收到这首诗之后,回答了一首诗《酬朱庆余》："越女新妆出镜心,自知明艳更沈吟。齐纨未是人间贵,一曲菱歌敌万金。"如果去掉了题目,而且不是在考试前夕,交际双方不是考生和考官的关系,那就只是两首漂亮的爱情诗。事实是,前者是考生在考试前夕给主考官的诗,后者是主考官给考生的回答。

双关的运用需要交际双方思维敏捷。明成祖朱棣对解缙说"色难"这个上联很难对,解缙回答："容易。"皇帝问："你说容易,为什么不对出来？"解缙说："臣刚才已经对过。"明成祖恍然大悟：解缙的"容易"

一语双关，表面是说对出下联不难，容易。其实就是下联：

　　色难；

　　容易。

和颜悦色，难。美容化妆，易。常规说法："对'色难'的下联，不难，容易。'色难'的下联可以就对：'容易'。"故意不要一句一句地说话，故意把两句话合二为一，是拟误修辞。《现代快报》(2012年8月26日):《赢家有眉目？嘘——莫言!》，是对解缙的"容易"的仿拟。"诺奖"指诺贝尔文学奖。"莫言"字面意思是不要说话，骨子里指小说家莫言，2012年10月获得诺贝尔文学奖。

寓言、咏物诗文等是情景双关的文体。元明之际的杨讷《小令［中吕］红绣鞋　咏虼蚤》："小则小偏能走跳，咬一口一似针挑。领儿上走到裤儿腰，眼睁睁拿不住，身材儿怎生捞，翻个筋斗不见了。"拿虼蚤说事，说的是人——贪官污吏，下手处，从领儿上，一直到裤儿腰！翻个筋斗就不见了。惟妙惟肖，绝了。

1933年，燕京大学创办"金利书庄"，历史学家顾颉刚起的庄名。顾颉刚对朱自清说，"金利"有四层意义，(1)财旺；(2)金属西，中国在日本之西，是说中国利；(3)暗用《易经》"二人同心，其利断金"。(4)暗用《左传》"磨厉以须"，是对日本说的。四多关语，但是顾颉刚不说，学问家朱自清也未必理会。朱自清说，他本名"自华"，家里起的号"实秋"，一是春华秋实，二是算命的说他五行缺火，需要有半边"火"。(《大家国学·朱自清》)这可叫作"暗双关"。制作者心知肚明，但是不强求受众知晓。这个双关不强求接受者知晓，甚至有不想接受者知晓的。那么，要求接受者知道是双关解读的，是"明双关"。①

弗里德曼写道：

　　在下面这段文字中，外部世界与内心世界奇特地融为一体：

　　伊莎贝尔发怒的样子很丑，他就要考虑一下，他的思想转向她，当

---

① 参看王希杰：《歧义与双关》，《语文月刊》1994年第10期。

贝拉　缪罗

——噢，贝拉！祝贺你；这没有什么价值。不，这是两座村庄，贝拉和缪罗，隐没在群山之中；这个小小的火车站是与外界联系的唯一方式；什么样的国家——当一个新的危机使他重新对他恶劣的行为感到羞耻和自责的时候。

吕卡透过行驶的火车的窗户，清楚地看到了一个车站的站名，他有关伊莎贝尔的冥想突然被分散了。这种从外界闯入头脑的信息足以他的思想从个人的恋爱转到大家都有兴趣的题目上来。这是作家写内心独白时喜欢采用的手法：把个人的思想同引起思想的一个众所周知的外部世界联系起来。①

"当……的时候"是"他的思想转向她"的时间状语。"时候"的修饰成分有两个，一个是外部世界，火车外面的小车站的站牌"贝拉　缪罗"在群山之中；这个小小的火车站是与外界联系的唯一方式；一个是吕卡的内心独白，"噢，贝拉！祝贺你；这没有什么价值。不，这是两座村庄，贝拉和缪罗，当一个新的危机使他心中对他恶劣的行为感到羞耻和自责的时候。两者交错，合二为一，这是一种非常特殊的双关。

双关是图像制作的手法之一，如下图：

（1）　　　（2）　　　（3）

---

① ［美］梅·弗里德曼著：《意识流：文学手法研究》，申雨平等译，华东师范大学出版社 1992 年，第 160 页。

图（1），一个白色的瓶子，还是两个人黑色的头像？图（2），两个白色的美女，还是两个黑色的男人？图（3），着眼于黑色，是杯子，六只黑色的杯子。关注于白色图像，是头的头像，十二个头像。这是黑白双关图像。

四　析字和析词

（一）析字

析字就是分解字形并重新组合汉字的形体。唐玄宗时的宰相苏颋《咏尹字》："丑虽有足，甲不全身，见君无口，知伊少人。"尹同丑的区分，丑无足，尹有足。足即下面一撇。尹因为有足，才不是丑。尹同甲的区别，甲的四面是封闭的，尹字不全身，左面少了一笔。尹同君字的区别在，君字下面有个口，尹字下面没有口。尹和伊的区别在，伊字有人字旁，尹没有人字旁。

析字的基础是汉字的构造。合体字是由两个以上的部件构成的，是析字产生和发达的基础。汉字形体重新组合，可以构造出许多临时性的同义手段。析字也是一种造词方法，例如：破瓜——"瓜"字分解为两个"八"字，8×2=16，"破瓜"指十六岁。"处世须存心上刃，修身切记寸边而。"（《西游记》）其中，心+刃→"忍"，寸+而→"耐"。再如"心上秋"，心+秋→"愁"。

"黄绢幼妇"就是析字修辞格的最典型的例子。《世说新语》：

魏武尝过曹娥碑下，杨修从。碑背上见题作"黄绢幼妇，外孙齑臼"八字。魏武谓杨修曰："解不？"答曰："解。"魏武曰："卿未可言，待我思之。"行三十里，魏武乃曰："吾已得。"令修别记所知。修曰："'黄绢'，色丝也，于字为'绝'；'幼妇'，少女也，于字为'妙'；'外孙'，女子也，于字为'好'；'齑臼'，受辛也，于字为'辞'。所谓'绝妙好辞'也。"魏武亦记之，与修同，乃叹曰："我才不及卿，乃觉三十里。"

小说《三国演义》中第七十一回：

> 操读八字云："黄绢幼妇，外孙齑白。"……众皆不能答。……修曰："此隐语耳。'黄绢'乃颜色之丝也，'色'旁加'丝'是'绝'字；'幼妇'者，少女也，'女'旁'少'字是'妙'字；'外孙'乃女之子也，'女'旁'子'字是'好'字，'齑白'乃受五辛之器也，'受'旁'辛'字是'辞'字。总而言之，是'绝妙好辞'四字。"操大惊曰："正合孤意。"众皆叹羡杨修才识之敏。

"黄绢"是有颜色的丝绸，色＋丝＝绝。"幼妇"是少女，少＋女＝妙。"外孙"是女儿的儿子，女＋子＝好。齑，切成细末的姜、蒜、韭菜等。"臼"舂米或捣物的器具，接受容纳五辛之器具。受＋辛＝辞。四个字相加就是"绝妙好辞"。

曹娥碑是汉桓帝元嘉年间县令度尚所立，碑文是其弟子邯郸子礼所作。曹娥碑在会稽。曹操并未到过会稽，此说不是历史事实。但反映的是一种文化现象。

析字的方式很多，常见的是，分解汉字的形体、增减部件、部件重组。《世说新语》："杨德祖为魏武主簿，时作相国门，始构榱桷，魏武自出看，使人题门作'活'字，便去。杨见，即令坏之，既竟，曰：'"门"中"活"，"阔"字，王正嫌门大也。'"（《捷悟》）曹操造字，"活"字加在建筑物的构件门之中，合成"阔"字。大思维，走出汉字系统，打通汉字跟实物连贯之路。"人饷魏武一杯酪，魏武啖少许，盖头上题'合'字以示众，众莫能解。次至杨修，修便啖，曰：'公教人啖一口也，复何疑？'"（《捷悟》）汉字需要整体把握，不可混同其构件。曹操将汉字的构件来达意，杨修接受汉字部件的意义。析字修辞格需要熟悉汉字的结构，思维灵敏，曹操和杨修是这样的人。

汉字是世界文化的奇迹。析字文化是汉语文化的一大特色。在中国，识字不多的老百姓也喜欢析字。自我介绍姓名的时候："我姓王，三横一竖的'王'，不是草头'黄'。他姓三点水的'汪'。他姓李，十八子的'李'。她姓陈，是耳东'陈'。小张是弓长'张'，不是立早'章'。他姓冯,两匹马的'冯'。"析字可以分化汉语的同音词,姓名尤其需要避免同音误会。

析字是神秘文化的手段。东汉末童谣:"千里草,何青青。十日卜,不得生。"(范晔《后汉书·五行志》引)"千里草",是"董"字。"十日卜",是"卓"字。两者合在一起即是"董卓"。曹雪芹《红楼梦》第五回:"凡鸟偏从末世来,都知爱慕此生才。一从二令三人木,哭向金陵事更哀。""凡鸟"即"凤"字。"一从二令"即"冷"。"三人木"即"休"字,暗示贾琏对王熙凤的态度将要变为"冷淡",最后休弃。

卜算中的析字具有灵活性和不确定性。宋高宗时,有个神算周生,一个书生用"串"字来测算科举考试事,周生说,不但中,而且是连中。果然应验了。另一个书生也用"串"字测算。周生回答,不但不中,还要防止得病。理由是,前一个书生,无心而问,"串"字是两个"中"。后一个书生,有心而问,"串"加"心"为"患"字。

析字构造的对联,就是析字联,例如:"一明分日月;五岳共山丘。"日+月=明。山+丘=岳。"长巾帐内少女妙;山石岩中古木枯。"女+少=妙。古+木=枯。"品泉茶三口白水;竺仙庵二个山人。"白+水=泉。人+山=仙。

析字是文字游戏的重要手段。析字游戏是传统文人的休闲手段。析字等辞格都具有游戏功能。人是游戏的动物,游戏是人生的重要组成部分。应当积极地开发析字等辞格的游戏功能。

(二)析词

析词,是利用分析、分解、瓦解词的结构和意义,重新组合,建构新的结构,制造临时的新词,用来提高话语的表达效果的一种修辞格式。

例如:"要说当奴才也不容易,'奴'而不'才'不行,'才'而不'奴'也不行,当奴才要有当奴才之'才',否则也当不成。"(《八小时之外》1980年第6期)为了修辞目的,作者故意把词拆开来用,也就是把不能独立运用的语素临时当作词来独立运用。

析词，可以是用同它相关或相等的说法来代替它。例如，用"眼睛里流出来的那种液体"来代替"眼泪"一词。这种析词也可以说是借代的一种特殊格式。

析词的方式是多种多样的。主要有：拆词、释词、析数、返源、顾名思义。

拆词，是对词的完整性的一种偏离。鲁迅《谈金圣叹》："虽说因为痛恨流寇的缘故，但他是究竟近于官绅的，他到底想不到小百姓的对于流寇，只痛恨着一半：不在于'寇'，而在于'流'。"把"流寇"一词分解为"流"和"寇"。鲁迅《且介亭杂文二集·序言》："编完以后，也没有什么大感想，要感的感过了，要写的也写过了，例如'以华制华'之说罢，我在前年的《自由谈》上发表时，曾大受傅公红蓼之流的攻击，今年才又有人提出来，却是风平浪静。"把"感想"分解为"感"和"想"。郭沫若《我的童年》："他的讲义模仿的是章太炎的笔法，写些古而怪之怪而古之的奇字，用些颠而倒之倒而颠之的奇句。"合成词"古怪"和"颠倒"分解为短语了。徐迟："从未见过这鲜红如此之红；也未见过这鲜红如此之鲜。"(《黄山记》)分解"鲜红"为"鲜"和"红"。金河："尽管店主'包涵'不离口，但即使他说上一千零一个，这样的地方也真难叫人'涵'得下。"(《大车店一夜》)"包涵"分解为"包"和"涵"，词素"涵"还临时当作词来运用。双音节词占优势的现代汉语，单音节词很活跃。双音节词中的单音节词素同时是词。而且词和短语的界限很是模糊。人们又十分喜欢给每一个单音节找出一个意义来。

释词，就是为了达到某种修辞效果，采用词语解释的方式，偏离词语的意义，借题发挥，大做文章。陆文夫："演戏你是内行，抓戏得让我来教你。剧本剧本，一剧之本。"(《临街的窗》)这就是修辞学上的释词，不是词义解释。

鲁迅："上海的摩登少年要勾搭摩登小姐，首先第一步，是追随不舍，术语谓之'钉梢'。'钉'者，坚附而不可拔也，'梢'者，末也，后也，译成文言，大约可以说是'追蹑'。"(《唐朝的钉梢》)"面子"、"丢脸"和

"钉梢"是不需要解释的,作者是借题发挥,创造一种幽默诙谐的调子。

释词,不是词语的词汇意义的解释,也不采用词语解释的方式。释词所阐述的是词语的非词汇义,常常是词语的社会文化联想意义,而且是具有强烈个人色彩的、偏离了常规的联想意义,往往是一般人意料之外的联想。如:"勇敢:四下看清楚肯定没危险时所表现的美德。""高尚:坚持不在泳池中(只在海中)小便。""活泼:弱智者的短暂兴奋。""交际:对说谎面不改容的能耐。""不屈不挠:为人处世欠反弹力的失败表现。""笑容:面部肌肉不由自主地痉挛,间中可装饰失望。""眉钳:小巧的人力去杂草机。""香水:狐臭的姐妹。——分别是需要付费。"① 作者跳出常规思维,对词语的这些别出心裁地发挥,能够激发人们的想象力。释词营造了一种活泼、风趣、幽默的情调,满足人们心理消费的需要。

析数,是利用分析、分解、重组数词来提高表达效果的修辞格式。例如:二八——十六(二八佳人:十六岁的女孩),三五——十五(三五之夜:十五日晚上)。"暗问夫婿年几何?五十年前二十三。"23+50=73。这是对数字的分解。

析数也指把数字换成比较具体的说法,秦牧《蜜蜂的赞美》:"蜜蜂采蜜时的辛勤,可以从这么一个有趣的统计里看出来:一只蜜蜂要酿造一公斤蜂蜜,必须在一百万朵花上采集原料。假如蜜蜂采蜜的花丛同蜂房的距离平均是一公里半,那么,蜜蜂采一公斤蜜,就得飞上四十五万公里,差不多等于绕地球赤道飞行十一圈。"四十五万公里,很抽象,很难把握。作者用"差不多等于绕地球赤道飞行十一圈"来表示"四十五万公里",很具体,鲜明生动,叫人难忘。这也可以叫作"换算"。

---

① 李碧华:《女巫词典》,花城出版社2001年,第3、4、6、27、28页。

五　返源和顾名思义

（一）返源

　　返源，是故意偏离词语的通行意义，运用词语的词素意义或原始意义。① 吴昌硕说："事父母色难，作画亦色难。"（徐悲鸿《艺术家之功夫》引）子夏问孝，孔子回答："色难。""色难"的"色"指神态。"色难"是为积极的正面"和颜悦色难"。吴昌硕说的"作画亦色难"的"色"是颜色，作画的"色难"是运用颜色难，用的是"色"的本义。

　　返源有点像望文生义。把"马路、铁路"解释为"马走的路"和"铁铺就的路"是望文生义。金克木说："在台湾大学创建考古人类学的李济教授说过，不仅有丝绸之路，还有彩陶之路。我想，应该还有横贯亚洲的名副其实的上古'马路'。""马很可能是在西亚、中亚、南亚的平原上驰骋，一直到东亚的黄河流域，在这片广阔大陆上踏出一条又一条'马路'。"（《论语中的马》）今日大都市的马路不是马走的路。金克木的"马路"就是马走的路，返回造词的本意上了。望文生义是无知，返源是有学问的故作"无知"，"美丽的错误"。

　　返源格具有风趣幽默的色彩。张南庄《何典》："从此雌鬼便怀着鬼胎，到了十月满足，生下一个小鬼来。"（第一回）"就在新庙前搭起一座大鬼棚来，挂了许多招架羊角灯，排下无数冷板凳。"（第二回）"那臭花娘已去把家常便饭端正，一总和盘托出。"（第七回）"臭花娘红着鬼脸，不好意思。"（第七回）"看见路旁有一大堆柴料，便心生一计，上前放了把无名火。"（第九回）"马鬼道：'可惜你们迟来脚短，马已经卖完了。'地里鬼见门槛底下露出马脚来……"（第十回）这里的"鬼胎"是鬼怀的胎，"鬼棚"是鬼搭的棚子，"冷板凳"就是冷的板凳，"和盘托出"

---

① 参看王希杰：《返源格》，《修辞学习》1989年第3期。

是用盘子全部端出来,"鬼脸"是鬼的脸,"无名火"是火(没有名义的火),"露出马脚"真的是露出一匹马的脚。这些用法都不是这些词语的通行意义。返源格不很适宜于学术语体和公文语体。

返源格是传媒语体常用的。"追求时尚从'头'开始"(《扬子晚报》2000年6月29日),"从头"的"头"是最初,事情的开始、开端。词素"头"是人和动物的头。罔顾词义,歪曲词义,故意返回词字面义,即词素义。"常'吃醋'可治疗妇科疾病"(《扬子晚报》2009年12月12日),"吃醋"是产生嫉妒心,主要是在男女问题上。"吃醋"不是喝醋。这里的"吃醋"指的就是喝醋。"场站口被挡,偏偏交警还管不了 '霸道'车让公交车没了出路"(《现代快报》2012年3月1日),"霸道"是蛮不讲理,不是霸占道路。这个标题说的真的是霸占道路。

返源格的特征是改变词义,是转义的一种格式。

名字只是一个符号。马克思在《资本论》说:"物的名称对于物的本性来说完全是外在的。即使我知道一个人的名字叫雅各,我对他还是一点不了解。同样,在磅、塔勒、法郎、杜卡特等货币名称上,价值关系的任何痕迹都消失了。"[①] 当然是正确的,但是不妨碍人们用名字来做文章。林伯渠说:"彭德怀就是这样一位有德可怀的人!"用彭德怀的名字用字来赞美彭德怀,这是顾名思义。

(二)顾名思义

顾名思义,是名词的字面意义的借题发挥。李群玉:"望乡台上望乡时,不独落梅兼落泪。"(《闻笛》)望乡台上不一定必须望乡,不在望乡台也可以望乡。望乡台和望乡之间没有必然的逻辑联系。但是,人是感情的动物。"望梅止渴","谈虎色变",望乡台上望乡时,当然就更加伤感。文天祥:"惶恐滩头说惶恐,零丁洋里叹零丁。"(《过零丁洋》)

---

① 马克思、恩格斯:《马克思恩格斯全集》第23卷,人民出版社1956年,第119页。

惶恐滩在今江西万安，零丁洋即今伶仃洋，在今广东珠江口。文天祥在惶恐滩头与零丁洋里必定是加倍的惶恐与零丁。

顾名思义大都有语义双关、幽默诙谐的特点。鲁迅："《文化列车》破格的开到我的书桌上面，是十二月十日开车的第三期，托福使我知道了近来有这样一种杂志，并且使我看见了杨邨人先生给我的公开信，还要求着答复。"（《答杨邨人先生公开信的公开信》）说"开到"，是用的杂志名称中的"列车"，列车可以"开到"。赵树理："小飞蛾在各街道上飞了一遍也回去了。"（《登记》）在人名"小飞蛾"的"飞"字的字面做文章。再如：

  田间的诗深入田间 （《中国青年报》1958年4月5日）
  没有风波的"球场风波" （《中国电影》1958年5月）
  无为县大有可为 （《人民日报》1973年11月6日）
  《子夜》在子夜拍摄 （《厦门日报》1981年12月13日）
  连城地瓜价"连城" （《华东信息报》1999年10月21日）
  车子可以推着走，病人可以抬着走，失火可咋办？
  菜场"霸道" 居民堵得慌（《现代快报》2010年1月22日）

幽默诙谐，引人入胜。

三国时，姜维归顺蜀国，姜母来书"令求当归"，要姜维购买。姜维回答："但有远志，不当当归。""令求当归"是要姜维回归魏国，姜维回答说"不当当归"就是绝不回归魏国。（陈寿《三国志》裴松之注引孙盛《杂记》）"当归"和"远志"都是顾名思义。也许是受到这个故事的启发，柯原创作了《当归谣》：

  当归，这祖国常见的药材，
  在台湾却变得分外珍奇，
  不仅因为它有奇异的疗效，
  更因为它有亲切的名字。

  少见啊，祖国的当归，

人们耐心地四处寻觅,
谁能想方设法买到一点点,
顿时传开好消息……

今天,权把当归作赠礼,
用红线捆扎,用红绸包起,
当归,当归,不用细说,
就会明白这名字的涵意。

红炉炭火煮当归,
水汽蒸腾飘香气。
深深地吸几口呵,浓郁的乡土味,
能不勾起万缕情思?

当归,当归,当归呵,
人同此心,心同此理,
这是历史的潮流——
台湾一定要归到祖国的怀抱里。

语义双关,含蓄婉转。顾名思义修辞格是这首诗的构思方式。

六 拟误和谬语

(一)拟误

三国时,吴国民谣:"曲有误,周郎顾。"为了周郎故而故意曲有误,就是拟误。"人来疯",客人来,自家小孩子就发疯。宣示自己的存在,宁可挨骂挨打,为的是吸引眼球,也是"拟误"。

拟误是故意说错话,明知其错而故意为之。如小孩子故意称呼父母为"piapia"或"miamia";开玩笑时说"心不在马"、"吹毛求屁"和"原来如彼"或"风度扁扁"等。

拟误是赚取眼球的手段,是拉近缩小人际距离获得信赖的手段。故意说错话,犯点小小不言无关大雅的错误,可以取得信任感和亲近感,消除陌生感恐惧心戒备心疏远感。对绝对完美的、没有一点儿缺点的人,人们有的是崇拜感,缺乏的是亲近感。发现对方跟自己一样也犯错误,顿时亲近了。

拟误,有四种格式:设误、仿误、推误和存误。

设误,是说写者自己设计出一个错误的说法来。设误用于捧场。祝寿者:"这个老太不是人,王母娘娘下凡尘。三个儿子都是贼,偷来蟠桃献母亲。"第一、第三句话,是拟误,但其正确形式是对方所不明白的,而且是非常规的。所以必须加以必要的补充说明。第二、第四句,就是必要的补充。

南宋秦桧夫人经常到皇宫里去,皇太后说:"大的子鱼太少了。"秦桧夫人说:"我家就有,改天我就送进宫来。"秦桧认为夫人失言了。秦桧同手下人商议,送一百尾青鱼进宫。皇太后说:"我说秦桧的老婆没见识,果然,把青鱼当作子鱼啦!"罗大经评议说:"观此,贼桧之奸可见。"(《鹤林玉露》)秦桧用设误避祸。

仿误,是故意重复或模仿他人的语言错误。例如:"(明)景泰中,有一荫生,作苏州监郡,不甚晓文义,一日呼'翁仲'为'仲翁'。或作倒字诗诮之曰:'翁仲将来作仲翁,也缘书读少夫工,马金堂玉如何入,只好州苏作判通。'"(褚人获《坚瓠七集》)因为这个监郡把"翁仲"错误地说成"仲翁",颠倒了词语内部语素的次序。于是这颠倒诗歌中,就把"读书、工夫、金马、玉堂、苏州、通判"等词语都一一颠倒。"书读、夫工、马金、堂玉、州苏、判通",都是对"仲翁"的仿拟。

仿误,其实是仿拟中的一种特殊格式。区别在于,仿拟对象通常是正确的格式或话语。仿误是专门模仿错误的话语。例如有个中学毕业生给老师写信说:"罗老师,您走了,害得我们痛失良师。""痛失良师"指的是老师去世。罗老师回信说:"我很好,现在还音容宛在。""音容宛在"是对已经去世的人的一种形容,罗老师用模仿对方的错误来表达不满与指责。

推误,就是把他人话语扩大夸张,进一步引发开去,推导出一种荒谬的说法,目的是推翻对方的意见,或开个玩笑。如北宋王安石说,扬雄是大儒,不会写歌颂王莽的文章的。苏轼不同意,就说:其实,我看来,汉代本没有扬雄这个人。苏轼用的就是推误法。推误是一种修辞手段,同逻辑学上的归谬法不是一回事情。逻辑学上的归谬法,又叫反证法,是证明定理的一种方法,即先提出一个同定理中的结论相反的假定,然后从这个假定中得出和已知条件相矛盾的结果来,这样否定了原来的假定,而肯定了定理。

推误,把自己不相信的、认为是错误的观点进一步扩大化,推向荒谬不经。有个笑话说,佛教的轮回报应说杀猪杀牛的人来世将会变为猪或牛。反驳者说:"那么就杀人!"这样一来,来世就可以做人了!

推误是一种娱乐方式。传统相声《蛤蟆鼓儿》:

甲:你说那么大点儿的蛤蟆,它为什么叫出来的声音那么大:"呱儿呱儿……"这家伙!啊?那么点儿东西叫那么大嗓门儿,这个原因何在呀?

乙:当然有道理啦。

甲:您谈谈。

乙:蛤蟆这种东西,它是嘴大脖子顶。

甲:嗯。

乙:所以它叫唤出来的声音大。

甲:是啊!

乙:唉,只要是嘴大脖子顶,叫唤出来的声音就大。

甲:我们家有个字纸篓,那东西也是嘴大脖子顶,它怎么一回都没叫唤过呀?

乙:字纸篓它是竹子编的呀。

甲：竹子的不响？

乙：那是呀。

甲：那和尚、老道吹的笙管笛箫不也是竹子的？怎么一吹直响啊？

乙：它上面不是有眼儿吗？

甲：有眼儿啊，对呀！

乙：非得有眼儿的东西才响呢。

甲：那我们那筛子上面有几百个眼儿，它怎么不响呢？

甲和乙故意不遵守逻辑规则，在逗趣儿，让观众开开心。

存误，指的是为了提高表达效果，记述他人言语时，明知其错，而有意保存其错误说法。鲁迅：

"伊和希珂先，没有了，虾蟆的儿子。"傍晚时候，孩子们一见他回来，最小的一个便赶紧说。

"唔，虾蟆？"

仲密夫人也出来了，报告了小鸭吃完科斗的故事。(《鸭的喜剧》)

俄国盲诗人名字叫"爱罗先珂"，被小鸭吃了的是"蝌蚪"。如实记录，形象逼真地再现了孩子们的天真幼稚和急不可待的神态。

存误，是小说中刻画人物、创造个性化的人物语言的常用手段，也是制造风趣幽默情调的修辞手法。鲁迅：

胖脸的庄七光已经放开喉咙嚷起来了——

"……这灯还是梁武帝点起的……"

她（灰五婶）又用手背抹去一些嘴角上的白沫，更快地说：

"……那灯不是梁五弟点起来的么？" （《长明灯》）

灰五婶把梁武帝说成"梁五弟"，错了。作者用来是刻画描写人物形象的手段，表现人物的文化教养和经历与个性。

拟误是构思的手法。卡洛琳·M·布鲁墨（Carolyn Bloomer）说："神秘小说作家如阿加莎克里斯特（Agatha Christie）和阿瑟柯南道尔（Agatha Christie）就是这样来构思一个故事的，他们让读者得出'错误的'形象，真正的线索则置之不顾。侦探的本事就在于他们能看到别人没有看到的东西。作家们匠心独运、大笔一挥,细节改变了新的形象——结果——便暴露无遗。"① 拟误是侦探小说家的法宝。

(二)谬语

拟误是修辞策略。拟误的产物是谬语。《燕丹子》:"燕太子丹质于秦……不得意,欲求归。秦王不听,谬言曰:'令乌白头,马生角,乃可许耳。'"(卷上)"天下乌鸦一般黑",乌鸦白头、马生角,这是根本不可能的事情,所以是"谬言"。《燕丹子》中又说"丹仰天叹,乌即白头,俯而嗟,马生角",这是编造故事。

谬语之所以不同于弄虚作假、胡说八道、造谣生事、谣言惑众,就在于弄虚作假、胡说八道、造谣生事、妖言惑众的目的是要求他人信以为真,以达到欺骗愚弄对方的效果。吴敬梓《儒林外史》:

> 丈人道:"你每日在外测字,也还寻得几十文钱,只买了猪头肉、飘汤烧饼,自己搞嗓子,一个钱也不拿了来家,难道你的老婆要我替你养着?这个还说是我的女儿,也罢了。你赊了猪头肉的钱不还,也来问我要,终日吵闹这事,那里来的晦气!"
>
> 陈和甫的儿子道:"老爹,假使这猪头肉是你老人家自己吃了,你也要还钱。"
>
> 丈人道:"胡说!我若吃了,我自然还。这都是你吃的!"
>
> 陈和甫儿子道:"设或我这钱已经还过老爹,老爹用了,而今也要还人。"
>
> 丈人道:"放屁!你是该人的钱,怎是我用你的?"
>
> 陈和甫儿子道:"万一猪不生这个头,难道他也来问我要钱?"
>
> 丈人见他十分胡说,拾起个叉子棍赶着他打。 (第五十四回)

---

① [美]卡洛琳·M·布鲁墨著:《视觉原理》,张功钤译,北京大学出版社1987年,第40页。

陈和甫的儿子知道他的丈人不会相信他的话,他也不需要丈人相信他的这番话,不过是赖债的一种手段。这是谬语修辞格?是。但这可是一种十足的无赖行径。所有的修辞格都是中性的,不同的人可以运用于不同的目的。

谬语经常用于发誓赌咒。运用极度夸张的荒谬的话语来加强语势,表示绝对不可能,毫无商量的余地,表达的是说写者的极端偏离常规的坚定而顽固的态度。执行赌咒发誓的功能的谬语,可叫"咒誓语"。如汉代乐府诗《上邪》:"上邪!我欲与君相知,长命无绝衰。山无陵,江水为竭,冬雷震震夏雨雪,天地合,乃敢与君绝!"山绝不可能无陵,江水也绝不会为竭,冬雷震震夏雨雪是绝对不可能的事情,但是诗人偏偏要这样说。

咒誓语所表示的是一种绝对不可商量的态度。东北二人转《杨八姐游春》:"我要你一两星星二两月,三两清风四两云,五两炭烟六两气,七两火苗八两光阴,火烧龙须要九两,冰流子烧灰要一斤,井里的塌灰要斤半,长虫汗毛要七斤,苍蝇心来蚊子胆,兔子犄角蛤蟆鳞,四愣鸡蛋要八个,三搂粗牛毛要九根,雪花晒干要二斗,天鹅绒毛织手巾。"每一条都是绝对不可能的。这是一种模式。

第二种谬语是调侃语,半真半假的话,嬉皮笑脸的话,开玩笑的话,做游戏寻开心的话。调侃语的特色是诙谐,充分发挥了语言的游戏功能、娱乐功能。调侃语是幽默言语的构成手段之一。淮安民歌:"说我疯我就疯,/迎面撞见一老翁,/年纪不过七八岁,/雪白胡子拖到胸。""骑着大刀扛着马,/马头朝南往北冲,/一直冲到绣楼上,/大火烧了水晶宫。""两个和尚来打架,/小辫子揪在手当中,/河里骑马撵兔子,/山上撑船大毕封(毕封,一种捕鱼工具)。"

用不相干的话语来掩盖真相真心意,作为借口,叫"遁托语"。接受者明知是借口,通常并不必说破,留点面子。强逼对方说出真正的意思,扫兴煞风景,不欢而散,甚至摊牌翻脸。罗贯中:"操曰:'夫英雄者,胸怀大志,腹有良谋,有包藏宇宙之机,吞吐天地之志者也。'玄德曰:'谁能当之?'操以手指玄德,后自指,曰:'今天下英雄,惟使君与操耳!'玄德闻言,吃了一惊,手中所执匙箸,不觉落于地下。时正值天雨将至,雷声大作。玄德乃从容俯首拾箸,曰:'一震之威,乃至于此。'操笑曰:'丈夫亦畏雷乎?'玄德曰:'圣人迅雷风烈必变,安得不畏?'将闻言失箸缘故,轻轻掩饰过了。操遂不疑玄德。"(《三国演义》第二十一回)罗贯中说"操遂不疑玄德",这未免小看了曹操。

现代京剧《沙家浜》:

> 刁德一:适才听得司令讲,阿庆嫂真是不寻常,我佩服你的沉着机智有胆量,竟敢在鬼子面前耍花枪,若无抗日救国的好思想,焉能够舍己救人不慌张?

> 阿庆嫂:参谋长休要谬夸奖,舍己救人不敢当,开茶馆,盼兴旺,江湖义气第一桩,司令常来又常往,我有心背靠大树好乘凉。也是司令的洪福广,方能够遇难又呈祥。

阿庆嫂的这番话虽然冠冕堂皇,却不是真话,刁德一不会那么傻,是不会轻易相信的。

运用遁托语,接受遁托语,是生活的艺术。遁托语是外交语言的一个重要手法。

七 顿跌

顿跌,是本可以一口气说完的话,故意不让它顺顺当当地说出来,或拆成几句话,形成递进关系,或先从反面来衬垫,造成对立关系。这样一来,语势反而更为强烈。这正如把水闸关住,提高水位之后再让水落下来,水势更急更猛一样。

例如:

> "今天我要讲很长的话——"全体与会者一愣,不少人发出叹息。可是他紧接着说:"大家是不欢迎的。"听众活跃,鼓掌。代表:"所以,我准备讲三分钟。"又是一阵鼓掌。

这是运用顿跌制造的效果。

顿跌可分为：正顿和反顿。

正顿，就是把本可以一口气说完的话，分作几次说。鲁迅《非革命的急进革命论者》："所以革命前夜的纸张上的革命家，而且是极彻底，极激烈的革命家，临革命时，便能够撕掉他先前的假面，——不自觉的假面。"《伤逝》："但也还仿佛记得她脸色变成青白，后来又渐渐转作绯红，——没有见过，也没有再见的绯红。"都是可以一口气说完的，如："所以革命前夜的纸张上的革命家，而且是极彻底，极激烈的革命家，临革命时，便能够撕掉他先前的不自觉的假面。""她脸色变成青白，后来又渐渐转作没有见过也没有再见的绯红。"一口气说出来的，显得平淡一些；而运用顿跌手法的，语气则强烈一些，而且意味深长。

反顿，是先从反面来衬垫一下，目的是造成对比关系。鲁迅《无常》："他口里的阎罗天子仿佛也不大高明，竟会误解他的人格，——不，鬼格。"《"民族主义文学"的任务和运命》："从帝国主义的眼睛看来，惟有他们是最要紧的奴才，有用的鹰犬，能尽殖民地人民非尽不可的任务：一面靠着帝国主义的暴力，一面利用本国的传统之力，以除去'害群之马'，不安本分的'莠民'。所以，这流氓，是殖民地上的洋大人的宠儿，——不，宠犬，其地位虽在主人之下，但总在别的被统治者之上的。"故意先从反面说起，先反后正，先抑后扬，又是肯定又是否定，不仅语气更为强烈，而且也具有幽默诙谐的情调。

顿跌，无论是正顿还是反顿，都能增加讲话和文章的变化美。峻青《丹崖白雪》："这是一种什么样的梨啊！它不是梨，简直是糖葫芦；不，糖葫芦又怎么能比得上它呢！"《海燕》："她是怎样的一个演员哪！不，她不是演员，是英雄；而且，她不是戏剧中扮演的英雄，是生活中真正的英雄。"顿跌的运用，造成了多层次、多波澜的话语，丰富多彩，引人入胜，发人深思。

八　相反相成

《吕氏春秋》第二十五卷《似顺论》中说:"事多似倒而顺,多似顺而倒。有知顺之为倒、倒之为顺者,则可与言化矣。至长反短,至短反长,天之道也。"这就是相反相成。

相反相成,是低层次上的矛盾对立在高层次上的中和与统一。《南史·王僧虔传》:

高帝素善书,笃好不已。与僧虔赌书毕,谓曰:"谁为第一?"

对曰:"臣书第一,陛下亦第一。"

帝笑曰:"卿可谓善自为谋。"

或云帝问:"我书何如卿?"

答曰:"臣正书第一,草书第二;陛下草书第二,而正书第三。臣无第三,陛下无第一。"

帝大笑曰:"卿善为辞,然天下有道,丘不与易也。"

齐高帝萧道成的问题是臣子很难回答的问题。历史上,有好多大臣因此丢了脑袋。王僧虔的"臣书第一,陛下亦第一",当然不合逻辑,第一只能有一个。两个"第一"等于没有第一。但是,表面上不合逻辑,自相矛盾,高层次上,矛盾消解,对立面相辅相成。这个回答,可看作是故意不切题,答非所问,因为提出的问题是不可回答的。据说,另一种说法是,王僧虔回答:"臣书人臣中第一,陛下书帝王中第一。"

相反相成的智慧是超语言的,英国诗人济慈:

因为永恒的法则是:

美居第一,强也居第一。

济慈当然不知道萧道成和王僧虔的事,不是接受了王僧虔的启示,可见相反相成式思维是人类的共性。

鲁迅:"中国的老先生们——连二十岁上下的老先生们都算在内——不知怎的总有一种矛盾的意见……"(《华盖集·补白》)"二十岁上下"

同"老"字是显然相互矛盾的,鲁迅说的是精神层面,就没错儿了。再如:"怪人不怪"、"傻瓜不傻"、"吃亏是福"、"受苦也就是享乐"、"这宁静的夜,并不宁静"、"熟悉而陌生的人"、"无声的语言"等。怪人的怪,其实是不了解他的人对他的误解,了解了,看惯了,不觉得怪,见怪不怪。怪人的怪,只在某个方面,其他方面并不怪。把受苦看作享乐,是这种人崇高思想境界的表现。"宁静的夜"中的"宁静"指的是大自然的宁静,从社会斗争、人和人的种种矛盾的角度看,就"并不宁静"了。熟悉的人必然有陌生的一面,陌生的人也有熟悉的一面。语言是语音和语义的统一体,都是有声的,无声就不成其为语言了,但这里的"语言"其实是一种比喻。

相反相成的"相反"(自相矛盾)指的是表层,"相成"是深层高层。鲁迅《野草·题辞》:"当我沉默着的时候,我觉得充实,我将开口,同时感到空虚。"几乎人人都有过这样的体会。黄宗英《大雁情》:"人们啊,往往如此,有时在一起工作几十年,却依然形同陌路;有时,才碰头,就好像几辈子之前就相知了。"的确如此,谁没有过这样的感触?我们都这样感叹过。相反相成是人的一种心态。人心本来就是矛盾的统一。

相反相成加强了对立和差异,矛盾的统一就更深刻和生动,意味深长而富于哲理性。它也是格言和警句构成的方式之一。例如:"尺有所短,寸有所长。""一斗米养个恩人,一石米养个仇人。""当局者迷,旁观者清。""不打不相识。""不是冤家不聚头。"相反相成具有哲理性。波斯诗人鲁米《四行诗》:"我一直以为我就是我——但错矣,/我一直是你,而不自知。"辛波斯卡《三个最奇怪的词》:"当我说'未来'这个词,/第一个音方出即成过去。/当我说'寂静'这个词,/我打破了它。/我说'无'这个词,/我在无中生有。"

《西游记》第五十八回,如来说法:"不有中有,不无中无。不色中色,不空中空。非有为有,非无为无。非色为色,非空为空。空即是空,色即是色。色无定色,色即是空。空无定空,空即是色。知空不空,知色不色。名为照了(照了:洞晓),始达妙音。"常识上自相矛盾,在佛的高度上是统一的。

相反相成是反逻辑修辞格,具有超越语言性。英国小说家狄更斯《双城记》:"这是最美好的时期,这是最坏的时期;这是智慧的时期,这是愚蠢的时期;这是充满信仰的时代,这是顾虑重重的时代;这是光明的季节,这是黑暗的季节;这是富有希望的春天,这是充满绝望的寒冬;我们拥有一切,我们一无所有;我们正笔直走向天堂,我们正笔直走向地狱。"这在逻辑上显然是自相矛盾的。之所以讨人喜欢,就在于它的自相矛盾——"相反相成式对照"。

九 藏词与歇后

(一)藏词

藏词,是对人所共知的现成话,只说出其中的一部分,故意隐藏了最重要的部分。它同偏取正好相反,偏取把不需要的部分也说出了,藏词把最重要的部分藏起、偏偏不说出来。国学大师章太炎的对联:

国之将亡必有

老而不死是为

现成话是"国之将亡必有妖","老而不死是为贼",章太炎故意隐藏最后两个字"妖"和"贼"。

藏词,可以分为藏头、藏腰、藏尾三种。藏头如:

上联:二三四五

下联:六七八九

横批:南北

上联藏头:一。下联藏尾:十。"一"谐音为"衣服"之"衣","十"谐音为"食物"之"食"。意思是"缺衣"和"少食"。横批是藏尾,本是"南北东西",藏了个"东西",或说缺少了"东西"二字,意思是"没有东西"——没有财产!

藏腰的如:"又楚人屈原,含忠履洁,君匪从流,臣进逆耳,深思远虑,遂放湘南。"(萧统《〈昭明文选〉序》)"臣进逆耳",是藏尾:"之言"。"君匪从流"是藏腰。"从善如流"是现成话,故意藏了中间的"善"字。

藏词是语言文字游戏的常用手法。有个故事说:

  书生:扬子江中仅若何?

  酒店服务员:北方壬癸早调和。

  书生:有钱不买金生丽。

  酒店服务员:前面青山绿更多。

"扬子江中水"、"金生丽水"、"青山绿水"中的最后一个字"水"都故意没说出来,其实最重要的是这个"水"。如果全部说出来,就是偏取,意在最后一个字,前面的字是多余的,陪衬而已。偏偏说出陪衬物,而隐藏了最重要的字眼,这是藏词中的藏尾。中华传统文化中,五行学说把万事万物联系起来,"北方壬癸"同水相对应。用"北方壬癸"来代替"水",这是借代用法。

(二)歇后

歇后,是故意不说出最后的部分,即省略了最重要的内容,留给对方去思索。这是对交际常规的偏离。常规交际要求把最重要的信息表达出来,而且要加以强调。

歇后有两种:婉曲式歇后和悬念式歇后。

婉曲式歇后,指的是避免刺激而把最重要的话语省略了去。例如,"这套西装,款式新潮,做工考究,料子一等,也非常适合我穿,不过价钱……""你这个人,一表人才,风度翩翩,头脑灵活,办事麻利,佩服佩服,不过有那么一点……"

悬念式歇后,说的是故意不把最重要的信息说出来,目的是引起对方的重视。也就是俗话说的"卖关子"。古典章回体小说中,每回结尾处,都喜欢用这种手法。

小 结

（1）视点：观察事物的角度。
（2）双关：故作多义。
（3）析字：利用汉字形体做文章。析词：利用同一个词相关或相等的说法来代替。析词是正偏离。望文生义是负偏离。
（4）返源：故意运用词语的词素义或原始义。顾名思义：对名词的字面意义的借题发挥。
（5）拟误：故意说错话。谬语：拟误的产物。
（6）顿跌：一句话拆成几句话，或不顺顺当当说出来，使语势更强烈。有正顿、反顿之分。
（7）相反相成：低层次上的矛盾对立在高层次上的中和与统一。
（8）藏词：故意隐藏现成话中最重要的部分。歇后：故意不说出话的最后部分。

思考与练习

（1）说说变化美和人们求异心态之间的关系。
（2）思考语言表达中变化的多种多样的可能性，及其正和反两方面的后果。
（3）思考双关的语言基础。说说双关同歧义和模糊及误解、曲解之间的区别。
（4）说说婉曲和社会文明的关系。

第十四章　语体

语体是社会所意识到的、在功能上被制约的、内部相结合的、在某一全民的、全民族的语言范围内运用、选择、组合语言交际手段的方法的总和。（维诺格拉陀夫）

关键词：语体　学术语体　文艺语体　传媒语体　诗歌　散文

一　语体与修辞

"语体"概念是20世纪50年代末从苏联引进的。苏联语言学家维诺格拉陀夫说："语体是社会所意识到的、在功能上被制约的、内部相结合的、在某一全民的、全民族的语言范围内运用、选择、组合语言交际手段的方法的总和。"[①]

语体是语言的功能变体。语体的交际功能是在语境中实现的。语体是适应语境而形成的言语表达类型。语体是在运用中适应于不同的交际目的、内容、范围而分化之后逐步形成的。

语体是语体学的研究对象。修辞学站在表达者的立场上介入语体。修辞学研究语体同表达效果的关系。表达者首先是选择语体，再根据语体需要选择词语、句式、修辞方式。整体观念要求考虑到语言表达的总的思想要求、总的思想倾向。对具体词和句的选择，应当服从这个总的要求、总的倾向。中国科学院物理研究所《自然科学简介·物理学》：

---

① 苏璇等译：《语言风格与风格学论文选译》，科学出版社1960年，第178—179页。

近十年来,声学,特别是语言声学,研究的特点之一就是越来越多地使用电子数字计算机。研制一台较大设备(如声码器、语言识别器等),周期是很长的,用大型通用电子数字计算机进行模拟试验,可以大大节约验证方案所需的时间。语音的分析、合成和信号处理都可以利用电子计算机进行。根据方框图编辑计算程序的方法大大推动了这些方面的工作。语音识别系统不但在研制中使用电子计算机,其构造也逐渐采用专用电子数字计算机的形式,充分利用计算技术的新成就。语言声学研究的进一步开展有可能使电子计算机接受语言号令识别讲话人并用语音回答问题,使电子计算机发展到一个新水平。

对比杨朔的《荔枝蜜》:

我的心不禁一颤:多可爱的小生灵啊,对人无所求,给人的却是极好的东西。蜜蜂是在酿蜜,又是在酿造生活;不是为自己,而是在为人类酿造最甜的生活。蜜蜂是渺小的;蜜蜂却又多么高尚啊!

透过荔枝树林,我沉吟地望着远远的田野,那儿正有农民立在水田里,辛辛勤勤地分秧插秧。他们正用劳力建设自己的生活,实际上也是在酿蜜——为自己,为别人,也为后世子孙酿造着生活的蜜。

两者在选择词语、句式、修辞手法方面,都有很大差异,这是由各自的语体和风格所决定的。

语体可区分为:(1)口语语体,(2)书面语体。书面语体再分为:(1)公文事务语体,简称公文语体。(2)学术科技语体,简称学术语体。(3)传媒网络语体,简称传媒语体。(4)文学艺术语体,简称文艺语体。

二 公文语体

公文本指国家进行管理工作所需要的比较有条理的文书,社会团体和个人之间的事务活动中的文件。它不是简单地传递信息,而是以言行事,以言成事,它本身就是某种社会行为的一种实现方式,它重在言后效果,具有某种约束力。公文语体是国家出现之后,有了文字之后,才逐步产生的。中国向来高度重视公文的写作与管理,由专门机构和人员负责公文的撰写与管理。

公文语体不限于党和国家的文件、法律、法令、条约,各种社会团体、企事业单位、公司集团的规章、合同、协议书等也是广义的公文,个人的借条、请假条与总结、检查、保证书、挑战书、感谢信等文字,公共场所的广告、启事等也属于公文语体。国家机关、社会团体、企事业单位之间的各种联系,都离不开公文语体。个人生活同样也离不开公文语体。公文语体同人们社会生活的各个方面都密切地联系着。

公文语体的制作、发布需要具有相当的资格。皇帝才有资格发布诏书,如《求贤诏》、《罪己诏》,才可以"皇帝诏曰"。公文的发布同公文的撰写往往是分离的。国家法律由专门班子撰写,人大通过,国家主席发布。公文撰写专业性特强。文秘人员是从事公文撰写的。文秘工作者需要经过专门训练。高校文秘专业是培养文秘人员的。

公文语体的受众是特定的,限定在某个范围之内。如"传达到县团级"的文件,县团级以下的人们是无权阅读的。军事公文则要求必须严格保守机密。盗窃他国机密文件就是间谍罪。公文语体追求言后效果,这只局限于公文所规定的人群范围之中。对公文关涉之外的人们,是无关的。军队的训令管制的对象是军人,对老百姓是无效的。证件证书只有本人(当事人)才可以持用,其他人使用就是犯法行为。而学术语体在学者中间流传,但是不禁止业余爱好者阅读,不是大学生也完全可以自学大学教材。文艺语体所追求的是受众越多越好。文艺语体也无法限定接受对象。传媒语体就是要抢夺人们的眼球和耳朵,越多越好,多多益善。

公文在规定的时间里是有效的,超过规定的时间就失效,"过期作废"。公文语体是实用的,凡实用的东西是有时间性的。护照标注有效日期。任命书标明任职时限。唐律宋律大清律现在无效。现在的法律法令也不适用于先秦的人和事。如果用动物保护法来约束打虎的武松,是不合适的。

公文语体应当避免歧义和含混。《水浒传》第七十九回，宋徽宗下诏招安梁山泊，高俅不乐意，老吏王瑾向高俅献计："诏书上最要紧是中间一行。道是'除宋江、卢俊义等大小人众，所犯过恶，并与赦免'。此一句是囫囵话。如今开读时，却分作两句读。将'除宋江'另做一句，'卢俊义等大小人众，所犯过恶，并与赦免'另做一句，赚他漏到城里，捉下为头宋江一个，把来杀了。却将他手下众人，尽数拆散，分调开去。自古道：'蛇无头而不行，鸟无翅而不飞。'但没了宋江，其余的做得甚用？"结果是这次招安失败了。

准确和模糊是相对的，没有绝对的准确。公文语体也需要适度的模糊。法律有必要的模糊，律师的技术是利用法律的模糊，法官的本事是把握好法律条文的模糊。法律条文的模糊的解释权叫作"释法权限"。外交文件需要模糊。但外交文件的模糊，也是引发外交冲突的原因。把握模糊度，是外交官的任务。

公文语体有比较固定的规格。有一套专门的公文语汇，如"兹"、"查"、"据"、"欣逢"、"为……由"、"为要"、"为荷"、"此致"、"此令"、"申请"、"命令"、"训令"、"指令"、"批示"、"布告"、"特此通报"、"予以查处"、"缉拿归案"、"决不姑宽"、"既往不咎"、"值此……之际"、"准予量才使用"等，有特殊的句式和特殊的行款。这套规格不允许随意破坏。有的甚至规格化到只需要在其中有限的空白处填写，只能在空白处填写。这可叫作程式化。这样的程式化是诗歌等语体绝对不可能的。

鼓动性公文是常规公文的变体。鼓动性公文要求可读性和鼓动性。骆宾王撰写的《讨武曌檄》是鼓动性公文的典范。骈四俪六，句式整齐，又错综参差。对仗精工而自然，用典贴切委婉，词采华艳赡富。精心锤炼，却似率然信口。音节美与文情美达到了高度统一。结尾："公等或居汉地，或叶周亲，或膺重寄于话言，或受顾命于宣室。言犹在耳，忠岂忘心？一抔之土未干，六尺之孤何托？倘能转祸为福，送往事居，共立勤王之勋，无废大君之命，凡诸爵赏，同指山河。若其眷恋穷城，徘徊歧路，坐昧先几之兆，必贻后至之诛。请看今日之域中，竟是谁家之天下！"武则天读到"一抔之土未干,六尺之孤何托"与"请看今日之域中,竟是谁家之天下"时,叹息道:"宰相之过也。人有如是才,而使之流落不偶乎!"徐敬业讨伐武则天,很快失败了,但是,骆宾王的《讨武曌檄》同王勃的《滕王阁序》是骈文的双璧,是古文的典范,都收录在《古文观止》中。"请看今日之域中,竟是谁家之天下!"这句话引用率高得出奇。

三 学术语体

学术语体,全称是"学术科技语体",涵盖自然科学、哲学社会科学(人文科学)与科学技术。

学术语体是学术科技繁荣的产物。随着学术和科技的产生而产生,也随着学术和科技的发展而发展。学术语体立足于逻辑思维,以记述阐释为手段,以传播知识真理为目的。学术语体的基本特色是简明、平实、精确。学术语体的比喻是阐释说理的明喻,是详喻,可叫作"理喻"。

学术语体的地位日益重要。一来学术科技进步迅速,日益深入人们的日常生活,甚至离开或缺少了它们几乎无法生存;二是随着教育的普及,人们的文化水平越来越高,学历越来越高,文凭越来越多。

学术语体具有专业性。学术语体是社会分工的产物。学术语体是为学术研究者和科技工作者服务的。俗话说:"隔行如隔山。"在学科分化越来越细的今天,别说自然科学和哲学社会科学之间有一座大山,自然科学和哲学社会科学内部的不同学科之间也是大山,甚至在同一学科内,也存在着这样那样的隔阂,彼此较难沟通。学术语体在相对封闭的学术、科技圈子里流通。20世纪60年代,南京大学方光焘同北京大学高名凯争论语言和言语,在《江海学刊》(1961年7月)上发表《语言与言语问题讨论的现阶段》,编辑部转来一封读者来信。信里说,为了这篇文章才购买这本杂志,但是根本读不懂,上当受骗了。方光焘对自己的学生说:"我的文章不是写给你看的,你读不懂是你的事情!"学术论著的作者不必迁就、不需要迎合圈子之外的人士(门外汉)。

学术语体的专业性的表现之一是术语的密集使用上。术语是学科的成果的结晶。准确把握一个学科的术语,这是一门学科专业人员的标志。正确熟练地运用术语,是学术研究的基本功。每一门现代科学都有自己的特殊术语,并形成一个独特的体系。每一门学科都有自己的术语词典(辞典)。大量运用术语,而且又在严格的单义上来使用,这是学术语体的一大特点。同一术语在不同的学科中往往含义大不相同,如"形态"、"功能"、"结构"等,在语言学和生物学中就有完全不同的含义。日常用语自然、亲切,科技术语则严密、庄重。如日常用语是"根儿"、"秆子"、"叶子",生物学术语则是"根"、"茎"、"叶"。前者活泼,后者庄重。大量运用术语是构成学术语体庄重风格的一个重要因素。

广义的术语,也包括符号、图表、公式等。符号、图表、公式等,可以看作"术语中的术语"。运用一套超语言的特殊的表达手段,如符号、图表、公式等,用来代替自然语言的叙述,这就是学术语体的符号化特征。

学术语体尽量避免使用多义词语和模糊词语与省略句、变式句。句式规范整齐少变化。完全句多,长句多,各种限制性的附加成分多。复句多,连接词语多。学术语体较少运用双关、反语、拈连、夸张、婉曲等修辞格。

学术语体可以分为:(1)专门学术语体、(2)通俗学术语体(即科普语体)。专门学术语体,流通在学术圈内,服务学术圈内人士。通俗学术语体的对象是学术圈外的门外汉(学术盲),普及科学成果,提高全民文化素质,培养接班人。科普语体就应当适应读者的接受能力,要让读者能读得下去,而且读得懂,尽量少用术语、符号、公式之类,对术语尽量做出一些通俗活泼的解说,运用非专业的人熟悉的语言和表达方式。这是可读性要求。此外,句式活泼多变,较多地使用比喻、比拟等修辞方式,追求语言的形象、生动,其语言风格已向文艺语体靠拢了。吸引眼球,变阅读为"悦读",就是趣味性。

詹姆斯·金斯说:"更为详细的研究表明,地球的年龄应当不太可能大于 34 亿年,很可能比这个数字小。有人估计地球的年龄应当在 15

亿年与34亿年之间，比较可靠一点应当在20亿左右——是人类历史的10万倍以上，是基督教时代的100万倍以上。很难想象这个数字究竟意味着什么。我们最好把'百万'这个数字想象成为一本大厚书里的字母。比方说一本500页，每页330个词，平均每个词6个字母。如果我们用这本书来代表地球的年龄，那么有人类的历史用最后一个词就能代表，而基督教时代却连最后一个字母也占不上。就在最后一个字母的时空里，有罗马帝国的兴衰、基督教在世界各地的传播、欧洲西部广大地区摆脱了恺撒的野蛮统治纷纷建立了目前这些国家……60代人在此生生息息。至于你我这一辈子，在历史长河中仅仅是短短的一眨眼，在这部书中只是一个小点，就是字母'i'上的小点。"（《穿越时空》）。这是一般读者也能接受的。科普语体是科学传播与普及的重要手段。

学术语体的接受是学者专家专业人士成长的必由之路，是准学者专家专业人士的学者专家专业人士化的必由之路。修辞学有帮助学术语体写作的任务，帮助在学者专家专业人士化道路上前进的准学者专家专业人士提高学术语体的写作能力，以完成学者专家专业人士化。撰写学术论文是准学者专家专业人士的学者专家专业人士化的必要环节，是学者专家专业人士必须掌握的基本功。学位论文是获得学士学位、硕士学位、博士学位所必需的。具有学士、硕士和博士学位的人，才能进入人才市场。换言之，学位论文是人才的凭证与标志。

大学生、研究生从学术小论文开始，经过学位论文而成为学士硕士博士，进入学术圈，走到人才市场。学位论文，重在选题。在导师指导下选题。选题是学位论文成功的关键。学位论文要在有限的时间内完成，一般情况下，选题最好避开最热门的课题，避开许多学者研究过的成果多多的课题，这难以出成果。也要避开没有接触过的课题，难度太大。但是，选题也不可太小。课题太小，施展不开，难以深入。学位论文，要在前人研究的终点开始，从文献综述开始，收集文献，综述文献，这是学者的基本功。学位论文的学术价值，在自己的新观点上。新观点不在于多，在于建立在充分论证上，在论点和论据的统一上。撰写学位论文时，需要考虑答辩,要有防御性,准备被反驳,因此不说没有充分根据的话,没有更多论据的观点少说不说。学位论文要有点保守性,要求不出差错,从用词造句到篇章段落,从标点符号到参考文献的顺序,从论点论据到表述方式和语气,都要去掉一切负面的东西。过分创新出奇的观点,不适宜进入学位论文。因为答辩委员是站在学术传统的立场上提问的,问题是挑刺儿的、有挑战性的。学位论文应当简洁明快,不必追求华丽,不需要含蓄委婉。学位论文,收集资料,不拘一格,有点关系的尽量拿来。写作时,资料必须从严,要可靠,要跟观点一致。初稿,尽量写,修改与定稿一定从严,可有可无的,去掉,没有充分把握的,去掉,毫不留情。不可因一条资料而毁了一篇学位论文。学位论文要语气平和,不可用带有强烈感情色彩的语言。学位论文的写作必须坚持诚信,决不可卖弄,不可哗众取宠,不可华而不实,不可投机取巧。

学术小论文是学位论文的热身功课前奏曲。小论文,常是千字文,多则也就是三千字左右。八千字左右是学术论文。学术小论文,选题要小,小题小做。抓住一点,突破一点,扩展开去,层层深入。把一个问题说清楚说透。不可贪多求全。学术小论文可以从个案开始,选取某个事例,谈开去,由点到面,由个别到一般。修辞学小论文,可以选择一个修辞现象来分析。如"梅花似雪"是常用的比喻,可以《从"梅花似雪"谈起》为题作一短文:(一)举"梅花似雪"的诗句,作为引言。(二)说说自己所看到过的梅花,颜色不限于白色的。(三)查看有关梅花的书籍,看梅花有多少种颜色。(四)列举"梅花似雪"和"雪似梅花"的诗句。(五)为什么受众都喜欢"梅花似雪"?认可梅花都是白色的,而对非白色的梅花视而不见?(六)结语:相似点是一种文化的取舍。

学术小论文,有以观点取胜的,有以材料取胜的,有以文笔修辞取胜的。学位论文以观点取胜的为上,以材料取胜的次之。学位论文不以文笔取胜,因为文笔不代表学术性。

四 传媒语体

传媒语体是运用各种传播媒介进行交际活动所形成的语体。传媒工具的多样化、受众的多样性,就导致传媒语体的多样性。千方百计地挖空心思地扩大接受对象(或收视率),需要迎合受众的需求,也导致了传媒语体的多样性。随着科技的进步、发达及传播媒介的普及,传媒语体在社会生活中的地位和作用日益重要。

传媒语体讲究的社会效益,社会效益取决于时间,传媒语体打时间战,争第一:第一时间,第一手资料,独家新闻,要"抢新闻、跑新闻、赶新闻、挖新闻"。

传媒语体可以分为:(1)新闻语体,(2)广告语体,(3)网络语体,(4)影视语体。

新闻语体是以报社、通讯社、广播电台、电视台等报道的消息为主体的一种语体。各级国家机关和学校、集团、公司、团体等的新闻发言人的言谈,各种新闻发布会所发布的新闻,都属于新闻语体。新闻语言的中心是信息:who(谁?)、when(何时?)、where(何地?)、why(为什么?)、what(何事?)、how(如何?怎么样?),即"五个W一个H"。

现代社会,广告无孔不入,如影子一样黏着我们,现代人的生活离不开。现代人生活在广告的世界里,没有人能逃脱广告的影响与支配。现代人是广告的受益者和受害者。广告泛滥成灾,骚扰搞乱,躲不开逃不掉。现代人对广告是既爱又恨。清理骚扰广告是必不可少的事。

广告语体的特点是劝诱煽动性。"王婆卖瓜,自卖自夸。"广告语言是夸张。"广告语言"常常是贬义的,不可相信的,需要打折扣的。广告语体应当遵守"广告立其诚"的原则。但是虚假广告到处有。因此识别与制止虚假广告是现代生活中应具备的本事。

广告语言常用拟误修辞格。南京街头有则广告(左图):猛一看:"叫了个鸡"。

"鸡"和"妓"同音。"叫了个鸡"！？制作者纠正说："你想多了。是'叫了一只炸鸡'。"这是"擦边球"，是拟误修辞格。作为受众，要有正确解读广告的本事。但制作者也要考虑受众的接受度，考虑"言后效应"。

广告制作是专业人员的事情。但一般人偶尔也是"小广告"的制作人或发布人。丢失了衣物金钱，走失了儿童或老人，张贴寻物寻人启事或房屋招租启事。捡到一串钥匙、一个钱包、一只手机，张贴一个招领启事。

网络语体是互联网时代的新事物，它是正在形成之中并且日益强大而重要的一种新的语体。5G时代，网络语体的重要性日益提升。今日中国，没有手机，离开网络，几乎不能生存。

网络语体的编码者是广大民众，所有的网民都是网络语体的主人。广大民众不但是网络语体的受众，也是信息源。网络语体打破了少数人的话语权，开创了社会发展的新时期。中国的网民数量在世界排第一位，而且还不断增加。

公文语体、学术语体、文艺语体基本上是单向流通的。网络语体具有参与性，流通可以是双向的，网民在网络上接受信息，也传播信息。网民消费信息，也生产并发布信息。如此多的人参与网络信息的流通，这是一种新的力量，一种不可忽视的力量。

网络信息复杂多变，这是其他语体所不具备的特征。网络上的"X体"不断更新，而且其影响非常快速而广泛。

影视语体主要应用于电影电视。影视是由图像、声音、语言等构成的。语言不会是影视的唯一要素，甚至不是最重要的要素。影视语体超出了语言学。影视是综合性艺术，是符号艺术。修辞学首先关注影视语体中的语言问题，而且是站在受众立场上去阐释、鉴赏。

影视制作是专业，是集体的。随着网络时代的发达，手机有制作摄影视频的功能，电视节目常采用个人手机的视频。手机的主人都可以制作视频，可以在网络上发布，成为网红。5G时代，人人可以制作小视频、短视频，人人都可以是影视制作人。

五　文艺语体

　　文艺语体是各种类型的文学艺术作品所构成的语体。文艺语体运用形象思维，形象地再现生活。庄子说："筌者，所以在鱼，得鱼而忘筌；蹄者，所以在兔，得兔而忘蹄；言者，所以在意，得意而忘言。吾安得夫忘言之人而与之言哉？"（《庄子·外物》）学术语体的目的是知识的传播与接受，公文语体的关键在于效应，传媒语体重在吸引人，日常会话语体的任务是交流信息交流感情。文艺语体区别于其他语体的是，语言文字本身也是关注的中心，是不能丢弃的。同时，表达形式本身是审美的对象。吃鱼肉，喝鱼汤，把玩着筌，与筌共舞，美滋滋其乐无穷。

　　文艺语体可以分为散文体、韵文体和戏剧体。散文体同韵文体相对。区别是：散文体不押韵，韵文体押韵。戏剧是综合性艺术，语言只是构成要素之一，剧本只是戏剧的一个部分，戏剧重在舞台上。同一个剧本可表演为不同的舞台剧。语言学的修辞学研究的仅仅是剧本的语言。戏剧体包括影视，观看鉴赏影视的人，很少关注剧本的。研究戏剧体的则多的是阅读剧本，观看舞台演出是少的。

　　文艺语体是日常语言的最大限度的偏离。最偏离的是韵文体。押韵的叫作韵文体，包括诗歌、唱词、曲艺等。不押韵的是散文。散文诗，是诗，但不是韵文体，因为不押韵。押韵的不一定是文艺语体，不一定是诗歌。汤头歌诀不是诗，当然不是韵文体。公文语体也有押韵的。

　　韵文体是最偏离零度的语体。追求音乐美，为了音乐美，必须讲究韵律。韵文体，韵律至上，高居于词汇、语法和语义与逻辑上。为了韵律，可以偏离词汇、语法和语义与逻辑。毛泽东《蝶恋花·答李淑一》："我失骄杨君失柳，杨柳轻飏直上重霄九。""重霄九"是"九重霄"的颠倒。赵朴初《普天乐》："三十八年前，一点星星火，谁料到焰起冲天燎原可？"受音节限制，"星星之火，可以燎原"，简缩为"可燎原"。为了押韵，"可燎原"颠倒为"燎原可"。

韵文体有自己特有的句法。董必武《祝贺八一建军节》："义旗八一举南昌，/ 争取人民大宪章。"为了平仄，"八一南昌举义旗"说成"义旗八一举南昌"。阮章竞《妇女解放歌》："多少年来多少代，/ 盼那铁树把花开。""把"字的这种用法是散文体中所不允许的。徐志摩《偶然》："你我相逢在黑夜的海上，/ 你有你的，我有我的，方向。"后一行的句法，是散文中不可有的。

韵律是韵文的镣铐。韵文是戴着镣铐的舞蹈。戴着镣铐而"从心所欲不逾矩"，出神入化，是最高境界。为了韵律甚至牺牲词汇、语法和语义与逻辑的，不值得赞许。《词源》作者张炎说，他父亲作词"琐窗深"，不协韵律，改为"琐窗幽"，还是不协韵律，再改为"琐窗明"，才协律。陈望道批评说："为了协律起见，至于不顾窗子到底是幽暗还是明敞，随意乱改，原是不足为据。"①

文艺创作运用形象思维。文艺作品的语言是形象的语言。语言的形象化是文艺语体区别于其他语体的一个最重要的特征。别林斯基说："哲学家用三段论法，诗人则用形象和图画说话。"形象化的语言，在诗歌中表现得特别鲜明。唐代诗人用形象化的语言来代替抽象的论述。李白《早发白帝城》："朝辞白帝彩云间，千里江陵一日还。两岸猿声啼不住，轻舟已过万重山。"李白遇赦离开流放地，"轻舟已过万重山"表现的是诗人欢快愉悦的心情。杜甫《江南逢李龟年》："正是江南好风景，落花时节又逢君。"贾至《巴陵夜别王八员外》："柳絮飞时别洛阳，梅花发后到三湘。"杜甫和贾至用"落花"和"柳絮飞""梅花发"来代替抽象的时间词，鲜明生动。

语言形象化首先指运用形象来代替抽象的论说。欧阳修《生查子》："去年元夜时，花市灯如昼。月到柳梢头，人约黄昏后。　今年元夜时，月与灯依旧。不见去年人，泪满春衫袖。"秦观《南歌子》："揉蓝衫子杏黄裙，独倚玉阑无语、点檀唇。"柳永《雨霖铃》："今宵酒醒何处？杨

---

① 陈望道：《修辞学发凡》，上海教育出版社 1976 年，第 50 页。

柳岸、晓风残月。"李清照《如梦令》:"昨夜雨疏风骤,浓睡不消残酒。试问卷帘人,却道:'海棠依旧。''知否?知否?应是绿肥红瘦。'"

文艺语体往往排斥抽象的词语,特别是各类术语,偏爱具有形象色彩和感情色彩的词汇。文艺语体尽力美化语言。传统诗词中平常事物经常要加上"金、银、玉、香"等修饰成分,形成文艺语体特有的美辞系列,例如:心潮、心海、心扉、芳心、芳唇、芳草、玉臂、香风、秋波、秋水、樱桃口、杨柳腰、柳叶眉、杏脸桃腮、亭亭玉立、婀娜多姿、二八佳人、三五之夜等。这些美丽的辞藻是文艺语体特有的,假如出现在其他语体中就会显得不伦不类。《红楼梦》第七十五回,击鼓传花,轮到贾宝玉了,贾政要他以"秋"为题,即景写诗,限制他说:"只不许用这些'水、晶、冰、玉、银、彩、光、明、素'等堆砌字样。要另出主见,试试你这几年情思。"这些词是诗歌语体中常用的。1964年秋天,一个越南高级进修生对我说,你们汉语中有些词,意思简单而平常,但是读起来那种味道是说不出的美。他惊讶赞美的就是"春花、秋月、秋水、芳草"等美辞。

六 平常词语艺术化

文艺语体的特征之一是平常语言的陌生化。文艺语体的语言是艺术的语言,审美的语言。创作文学艺术作品的人是语言艺术家。文艺语体所运用的词汇是极其广泛的,它以全民通用的词汇为主,适当采用方言词和古语词,各种科技术语往往作为一种修辞手法而被采用,并常以比喻义、转义的形式出现。句式复杂多变,但又以短句为主,各种变式句、不完全句较多,状语、补语都较为复杂。各种修辞方式都能运用。在语言的声音、意义、结构三个方面努力追求语言的艺术化。积极探索和利用社会文化背景给语言带来的各种附加意义,给平常词语造成不平常的情调。在文艺语体中,作者叙述的语言同作品中人物的语言,有一定的区别,但又交错融合在一起,构成了一个有机的整体。

追求平常词语艺术化,也是文艺语体区别于其他语体的一个重要的

特征。所谓平常词语艺术化,就是把平常词语运用到某个特定的语言环境之中,使之产生不平常的艺术效果。鲁迅:

"老Q,"赵太爷怯怯的迎着低声的叫。

"锵锵,"阿Q料不到他的名字会和"老"字联结起来……

"老Q。"

"悔不该……"

"阿Q!"秀才只得直呼其名了。

阿Q这才站住,歪着头问道,"什么?"

"老Q,……现在……"赵太爷却又没有话,"现在……发财么?"

"发财?自然。要什么就是什么……"

"阿……Q哥,像我们这样穷朋友是不要紧的……"赵白眼惴惴的说,似乎想探革命党的口风。 (《阿Q正传》)

"阿Q、老Q、Q哥",指的是同一个人。对这个人,从前的赵太爷、秀才、赵白眼,是直呼其名"阿Q"的。在中国,直呼其名是不礼貌不友好的行为。现在他们叫他为"老Q、Q哥"了,因为"革命党"就要到来了。这一称呼的变化反映了社会形势的变化,也揭露了这些人对革命的恐惧以及投机的心理和变色龙的嘴脸。习惯了"阿Q"的、"料不到他的名字会和'老'字联结"的阿Q,对"老Q"这一尊称的毫无反应,深深地反映出他的社会地位的低下。秀才直呼其名为"阿Q",因为他知道,阿Q已经习惯了"阿Q"。秀才比赵太爷和赵白眼更理解阿Q这类人。这些平常词语的交替使用,不单是一个避免重复的问题,更是增加了情趣,成功地塑造了人物。

"我们"是平常词语。但叶灵凤在《红的天使》中写道:

"我到上海后决定专心研究音乐。"婉清说。

"这倒不难,上海研究西洋音乐的机会比北京多得多了。"健鹤说,"我们静待你这位音乐家的成功。"

"好一个'我们'!"婉清望了望健鹤笑着道。

"真的,谁答应过加入你的'我们'。"淑清的脸不由的有一点红了起来。

"不要多心,我的'我们'是代表静待一位女音乐家成功的一切听众。"健鹤回答说。

"呸!"婉清向空啐了一口。

丁健鹤的"我们"指的是他和表姐淑清,他和她在恋爱,这是他内心世界的自然流露。恋爱中的淑清有点儿害羞。暗恋着表哥的小表妹婉清有些吃醋。健鹤的解释,虽然是说得通的,但的确不是他心里的意思。熟悉《红楼梦》的叶灵凤这么写,是对《红楼梦》的仿拟。《红楼梦》:

袭人……,道:"好妹妹,你出去逛逛,原是我们的不是。"

晴雯听他说"我们"两字,自然是他和宝玉了,不觉又添了酸意,冷笑几声,道:"我倒不知道你们是谁!别教我替你们害臊了!便是你们鬼鬼祟祟干的那事儿,也瞒不过我去!那里就称起'我们'来了。明公正道,连个姑娘还没挣上去呢,也不过和我似的,那里就称上'我们'了!"

袭人羞的脸紫胀起来,想一想,原来是自己把话说错了。

作为丫环的花袭人是没有资格把自己同主子贾宝玉联系在一起,合称为"我们"的。她的"我们"是她潜意识的自然流露。曹雪芹把平常词语"我们"艺术化了,叶灵凤"山寨"了曹雪芹。

七 人物语言个性化

小说的语言是小说家的语言和小说中人物语言的统一。小说的叙述语言是小说家的,是他的语言风格。人物的语言是人物的,是人物个性的表现,是故事情节展开的手段。小说中的人物是小说家创造的,人物的语言是小说家设计的,尽管小说家努力使人物语言个性化,但是,归根到底人物语言也是小说家的。

人物语言个性化是小说的特征。《水浒传》中,戴宗是江州监狱的节级。宋江是一个囚犯。初次见面:

那节级便骂道:"你这黑矮杀才,倚仗谁的势要,不送常例钱来与我?"

宋江道:"'人情,人情,在人情愿。'你如何逼取人财?好小哉相!"……

那人大怒,喝骂:"贼配军,安敢如此无礼!颠倒说我小哉!那兜驮的,与我背起来,且打这厮一百讯棍。"(《水浒传》第三十八回)

管理监牢的小官吏对囚犯就是这样子的。宋江揭露戴宗跟梁山泊的吴用有来往有交情的隐私软肋,亮出自己的真实身份:

宋江笑道:"小可便是山东郓城县宋江。"

那人听了大惊,连忙作揖,说道:"原来兄长正是及时雨宋公明。"

宋江道:"何足挂齿。"

戴宗是两副嘴脸的变色龙。这就是社会现实,人的本性。

因戴宗,李逵见到了他最佩服的宋江:

李逵看着宋江,问戴宗道:"哥哥,这黑汉子是谁?"

戴宗对宋江笑道:"押司,你看这厮怎么粗卤,全不识些体面。"

李逵便道:"我问大哥,怎地是粗卤?"

戴宗道:"兄弟,你便请问'这位官人是谁'便好,你倒却说'这黑汉子是谁',这不是粗卤,却是甚么?我且与你说知,这位仁兄,便是闲常你要去投奔他的义士哥哥。"

李逵道:"莫不是山东及时雨黑宋江?"

戴宗喝道:"咄!你这厮敢如此犯上,直言叫唤,全不识些高低,兀自不快下拜,等几时?"

李逵道:"若真个是宋公明,我便下拜;若是闲人,我却拜甚鸟!节级哥哥,不要赚我拜了,你却笑我。"

宋江便道:"我正是山东黑宋江。"

李逵拍手叫道:"我那爷,你何不早说些个,也教铁牛欢喜。(第三十八回)

李逵第一次见宋江,很粗鲁,不懂规矩,没有礼貌,但是豪爽、耿直、坦诚,显得可爱。李逵保持自我本色,说自己的话,不一味迎合对象。

鲁智深初次见宋江:

> 宋江让鲁智深坐地,鲁智深道:"久闻阿哥大名,无缘不曾拜会,今日且喜认得阿哥。"　　　　　　　　　　(第五十八回)

鲁提辖智深是中级军官,懂规矩,讲礼貌。

柴进:

> 柴大官人见了宋江,拜在地下,口称道:"端的想杀柴进,天幸今日甚风吹得到此,大慰平生渴仰之念,多幸!多幸!"(第二十二回)

柴进,高级大贵族,文明文雅讲究。

武松初见宋江:

> 柴进笑道:"大汉,你不认得这位奢遮的押司?"
>
> 那汉道:"奢遮杀!问他敢比得我郓城宋押司?他可能?"
>
> 柴进大笑道:"大汉,你认得宋押司不?"
>
> 那汉道:"我虽不曾认得,……"
>
> ……柴进指着宋江,便道:"此位便是及时雨宋公明。"
>
> 那汉道:"真个也不是?"
>
> 宋江道:"小可便是宋江。"
>
> 那汉定睛看了看,纳头便拜,说道:"我不信今日早与兄长相见!"
>
> 　　　　　　　　　　　　　　　　　　　(第二十二回)

武松胜过李逵,跟柴进却是不能相比的。李逵、武松、柴进、鲁智深初次见到宋江时,各说各话,各自体现各自的身份和教养。李逵说不出柴进那样的话,鲁智深绝不说李逵那样的话。

军官鲁达在受戒时:

> 智深不晓得戒坛答应能否二字,却便道:"洒家记得。众僧都笑。"
>
> 　　　　　　　　　　　　　　　　　　　　　(第四回)

洒家,宋元时代陕西方言中的第一人称代词。注意,不同于"酒家"的是其中没有一小横。众僧之所以发笑,因为已经是鲁智深,明明是和尚,回答用语不合佛门规矩,还不符合和尚的身份。小说家暗示,鲁达变脸为鲁智深,但是野性不改,尚未立地成佛。

武松变身武行者之后:

  行者心中要吃,那里听他分说,一片喝道:"放屁!放屁!"
  店主人道:"也不曾见你这个出家人,怎地蛮法!"
  武行者喝道:"怎地是老爷蛮法?我白吃你的?"
  那店主人道:"我倒不曾见出家人自称老爷。"(第三十二回)

武松是前不久孙二娘让他打扮成和尚的,骨子里依然是武松武二爷,所以才一口一个"放屁!放屁!"的,一个没文化的粗人。店主人大惊小怪,是把武松当成真和尚了。

  戏剧是以人物语言与动作组合而成的综合性艺术。修辞学研究的只是戏剧(其实是剧本)中人物的语言。真正的戏剧在舞台上。人物语言仅仅是戏剧的一个组成部分。戏剧语言最重视人物语言的个性化。同时要求语言有动作性,起到展示情节的作用。曹禺:"哦,Pardon!对不起!……请原谅!……再见!……Good night! Good night!!"(《日出》)在外国叫乔治张、在中国叫张乔治的这个人,话不多,但是有个性。就这句话,人物的形象活了,令人难忘。

  曹禺的《日出》中,潘月亭和李石清之间有一场对话。李石清自以为已经爬了上去了,挤到了上等人的行列,可以和潘月亭平起平坐了,但因为才爬上去两天,也还感到和潘月亭之间的距离,所以一开始他说:"李:月亭——(仿佛不大顺口)经理知道了市面上怎么一回事么?""月亭"和"经理",指同一个人,李石清交替运用这两个称呼,是他的内心世界的一种微妙的反映。一得意就忘形,不知道自己是谁了,就称"月亭"。清醒一些时,就用"经理"。

  李石清说:"对!我们就这样决定了。月亭,这是千载一时的好机会。"又"月亭"了,又"我们"了。这个"我们"指的是他和潘月亭。他李石清自以为他和潘月亭已是一家人了。这当然是误会。潘月亭可从没把他当作自己人。当潘月亭翻脸不认人、态度越来越冷酷严厉时,他才开始一口一个"经理"。

而潘月亭呢?他对于李石清,时而"石清",时而"襄理",时而"李先生"。在他和李石清摊牌之前,他先表面上继续着这两天的关系,喊他"石清";当他把李一脚踢开之后,他称他为"李先生"。最后摊牌时:

潘:(冷冷一笑)对不起,我忘了你这两天做了襄理了。

李:经理,你这句话是什么意思?

……

潘:(冷冷地看着他)就在前六七天,李襄理,你还跟我当面说过。这时候尊之为"襄理",实质上是在嘲笑挖苦。"我忘了你这两天做了襄理",潜台词正是:你逼我封你做了两天"襄理",但只不过两天罢了!你已不再是什么"襄理"了!滚开吧!这话李石清是明白它的分量的,他已意识到斗不过潘了,他要找台阶下,便又采用了装糊涂的办法。这里,许多平平常常的词语,都达到了高度的艺术化。[①]

八　诗歌语言

诗人是最修辞的人。诗歌是最修辞的文本。诗歌是韵文。但是,韵文并不都是诗歌。顺口溜、汤头歌诀押韵,可不是诗歌。诗歌可以不押韵,如无韵诗、散文诗。诗歌最讲究格律,但是讲究格律的不一定就是诗歌,不讲究格律也不一定就不是诗歌。诗歌同散文相对,但是有散文诗。

诗歌是最美的语言作品。诗歌有:1.声味性,2.意味性,3.异视性。

声味性,指的是诗歌的音乐美。押韵和节拍、平仄和音节是诗歌语言音乐美最重要的因素。张若虚的《春江花月夜》是藻丽风格的典范:

春江潮水连海平,海上明月共潮生。

滟滟随波千万里,何处春江无月明?

江流宛转绕芳甸,月照花林皆似霰。

空里流霜不觉飞,汀上白沙看不见。

[①] 参看王希杰:《漫谈人物语言个性化》,《修辞学习》1983年第1期。

江天一色无纤尘,皎皎空中孤月轮。
江畔何人初见月?江月何年初照人?
人生代代无穷已,江月年年只相似。
不知江月待何人,但见长江送流水。
白云一片去悠悠,青枫浦上不胜愁。
谁家今夜扁舟子?何处相思明月楼?
可怜楼上月徘徊,应照离人妆镜台。
玉户帘中卷不去,捣衣砧上拂还来。
此时相望不相闻,愿逐月华流照君。
鸿雁长飞光不度,鱼龙潜跃水成文。
昨夜闲潭梦落花,可怜春半不还家。
江水流春去欲尽,江潭落月复西斜。
斜月沉沉藏海雾,碣石潇湘无限路。
不知乘月几人归,落月摇情满江树。

三十六句诗,四句一换韵。换了九韵。平声的庚韵起首,接着是仄声霰韵、平声真韵、仄声纸韵、平声尤韵、灰韵、文韵、麻韵,最后仄声遇韵结束。交替运用阳辙韵和阴辙韵,高低音相间。响亮度不断变化,洪亮级(庚、霰、真)→细微级(纸)→柔和级(尤、灰、文、麻)→细微级(遇)。随着韵脚的转换,交错运用平仄,前后呼应。丝丝入扣,声情并茂,婉转悠扬,回环往复。闻一多称之为"诗中之诗,顶峰上的顶峰"。(《宫体诗的自赎》)

诗歌的意味性,指"诗无定诂",只可意会,不可言说。诗歌语言,声韵高于句法结构和词汇意义。语义在句法结构之上,意味在语义之上。精确地分析诗歌的词汇语法之后,常觉索然无味。忘记词汇语法,反而反复朗诵,趣味盎然,其乐无穷。诗歌是声韵的,也是意味的。诗歌必须具有一种意味,没有意味就不是诗歌。"樱桃一笼子,半赤半已黄。一半送周至,一半予怀王。"是押韵了,可依然不是诗歌。菜肴名称可排列组合成一首五言绝句的模样,但不是诗。

意象是象，意境是境，还好把握。意味的味需要体悟。体悟是人的高等级的能力，是一种智慧。张先因为"心中事、眼中泪、意中人"获得"张三中"的美称。张先自己却以下面几句诗：

  沙上并禽池上暝，云破月来花弄影。   （《天仙子》）
  中庭月色正清明，无数杨花过无影。   （《木兰花》）
  那堪更被明月，隔墙送过秋千影。   （《青门引》）

而自称"张三影"。"三影"就是三种意境。

  诗歌的异视性，指的是诗人别具一只眼。张若虚："江畔何人初见月？江月何年初照人？"一般人不会提出这个问题。只有诗人才提出这类问题，孟浩然："携手今莫同，江花为谁发？"（《大堤行寄万七》）一般人这样提问，就是发傻。

  诗人善于选择与变化视点，运用超越常人的视点。

  云标金阙迥，树杪玉堂悬。

        （杜审言《蓬莱三殿侍宴敕咏终南山应制》）

  山中一夜雨，树杪百重泉。 （王维《送梓州李使君》）
  水国舟中市，山桥树杪行。 （王维《晓行巴峡》）
  楼台在花杪，鸥鹭下烟中。 （白居易《曲江》）
  悠然此江思，树杪几樯竿？ （张祜《江城晚眺》）
  高亭石排衙，木杪挂飞屋。

      （苏轼《叶教授和溽字韵诗复次韵为戏记龙井之游》）

  会看千字诔，木杪见龟趺。 （苏轼《归真亭》）

"树杪"是树枝的细梢。"花杪"花枝的细梢。这些景色只存在于特定的视点中。

  诗人的思维是超常人超常识的。李白说："举杯邀明月，对影成三人。"（《月下独酌》）三岁小儿都知道：月亮不是人。人的影子不是人。何来"对影成三人"？糊涂？！"天若不爱酒，酒星不在天。地若不爱酒，地应无酒泉。天地既爱酒，爱酒不愧天。"（《月下独酌》）"酒星、酒泉"是人的命名。再如：

狂风吹我心,西挂咸阳树。　　（李白《金乡送韦八之西京》）
东风吹客梦,西落此中时。　　（李白《江上寄巴东故人》）
南风吹归心,飞堕酒楼前。　　（李白《寄东鲁二稚子》）
我寄愁心与明月,随风直到夜郎西。

（李白《闻王昌龄左迁龙标遥有此寄》）

奇思妙想,好诗。公文语体和学术语体中是绝对不可以的。

诗歌语言可以是非常识反逻辑的。郭沫若:

我是一条天狗呀!

我把月来吞了,

我把日来吞了,

我把一切星球来吞了,

我把全宇宙来吞了,

我便是我了!

……

我剥我的皮,

我食我的肉,

我吸我的血,

我啮我的心肝,

我在我神经上飞跑,

我在我脊髓上飞跑,

我在我脑筋上飞跑。

不是不讲理,而是根本没有理。只有抛弃常识与逻辑,才能进入《天狗》的世界,才能与天狗共舞。

诗歌的意味需要受众跟诗人共同完成。殷尧藩:"骏马金鞍白玉鞭,宫中来取李延年。"(《汉宫词》)第一句三个名词并列,跟第二句搭配不上,语法上是残缺成分。借助于完形心理的运作,受众构建出完整的情节:使者骑着金鞍骏马,手执白玉鞭,从宫中来,来取李延年。诗歌的接受需要受众发挥完形心理机制。完形心理机制是欣赏诗歌的必要条件。

九 散文语言

散文是多义的。(1)散文跟韵文相对。押韵的,讲究韵律的是韵文;不押韵的是散文。(2)散文跟骈文相对。骈体文要求字句整齐,四六对偶,极其讲究声韵和谐辞藻华丽。散文句式整散自如,不追求四六对偶,不过分讲究声韵和谐辞藻华丽。(3)文艺语体中,跟小说诗歌戏剧相对的散文:艺术散文。(4)散文:艺术散文+非艺术散文。

散文体分为小说和散文。跟小说相对的散文是狭义的散文,排除小说之后的散文。小说,修辞学站在读者一边,阅读与鉴赏,是小说修辞学,是阐释修辞学。怎样创作小说?修辞学不能逞强,"无可奉告"。

散文,修辞学站在写作者一边,是表达修辞学。散文写作是现代人的基本素质。是文化的人,就需要具有一定的散文写作能力。中小学有作文课,大学文科有写作课。小说、诗歌、戏剧基本不在作文课的范围之内。写作课主要是散文写作。写作课和修辞学课都指导散文写作,但是不能等同,不能相互替代。修辞学仅仅从语言运用角度讨论散文写作。

散文可从短小散文开始。杜甫说:"读书破万卷,下笔有如神。"俗话说:"熟读唐诗三百首,不会作诗也会吟。"散文写作需要先要会鉴赏,从模仿(山寨)到创新。可以作为范本的短小散文是很多的,刘禹锡:

  山不在高,有仙则名;水不在深,有龙则灵。斯是陋室,惟吾德馨。
  苔痕上阶绿,草色入帘青。谈笑有鸿儒,往来无白丁。可以调素琴,阅金经。无丝竹之乱耳,无案牍之劳形。
  南阳诸葛庐,西蜀子云亭。
  孔子云:"何陋之有?" (《陋室铭》)

开篇(序言、引言)是排比句群。山和水是陋室的喻体。仙和龙是"德馨"的喻体。进入正文,对陋室进行描绘。先写景。接着写人,高雅的人。再叙事,高雅的事。高雅的人和事,就是"德馨"。继续论述陋室,先是两个喻体,诸葛亮在隆中的草庐,扬雄在成都专心撰写《太玄经》的"草玄亭",来比喻陋室。是对开篇的呼应,而且更进一步。最后,引用孔子的话,作为结论。运用了比喻、排比、引用、对偶、借代等多种修辞格,简洁明快优美,是散文的典范。

李广田在《哀念朱自清》中回忆说,有一次西南联大广场上,开文艺晚会,听众随意坐在草地上。朱自清以五四以来的散文为题讲演。朱自清说:"什么是散文呢?像诸位这样坐法,就是散文做法了。"散文语言的特点就是不拘一格的随意性。随意中隐含着有意有序,因此散文语言形散神不散。

小　结

(1) 语体是语言的功能变体。修辞学习可从大到小,先语体,然后根据所选择的语体来选择词句和修辞手段。
(2) 公文语体:执行社会人职场人的行为指令功能的文件。重在言后效果。特点是简明性和规范性。
(3) 学术语体:学术语体的阅读与写作是学者的看家本事。学位论文通不过,就进不了学者之门。长期不阅读学术论著,就可能被挤出学者行列。学术随笔是学术活动的一部分。
(4) 文艺语体:有了文艺语体,人生才更加丰富多彩趣味盎然。
(5) 传媒语体:人人都是传媒语体的受众。传媒语体对我们的影响是不可低估的。我们不知不觉地被传媒语体所塑造。
(6) 诗歌:人人都是诗人。是人都有创作诗歌的冲动,尤其是青少年。写出许多诗歌的,不一定是诗人。一首诗也没写的,也可能是诗人。分行的,押韵的,合乎格律的,不一定是诗。
(7) 散文:不会写诗,没关系。不会写散文,不行。受过教育的人,都应当会写散文。散文写作能力是文化人的基本功。散文可从千字文开始。

思考与练习

(1) 语体是什么?语体和文体的关系如何?
(2) 举例说明学术语体的主要特征。
(3) 分析一个短小的科普文本,体会学术语体同文艺语体的交融关系。
(4) 举例说明平常词语艺术化的方式和途径。
(5) 举例说明文学作品中的人物语言个性化。
(6) 举例分析诗歌语言的特点。

第十五章　风格

风格即人。(布封《论风格》)

关键词：藻丽　平实　明快　含蓄　简洁　繁丰　典雅　通俗

一　语言风格

　　风格是区别性特征的总和。语言风格是语言的区别性特征的总和。区别语言和言语，就要区分：语言的风格和言语的风格。语言风格是语言自身的风格，是一种语言区别于其他语言的区别性特征的总和。汉语的风格区别于藏语、彝语、苗语、蒙古语、维吾尔语、哈萨克语，也区别于英语、俄语、德语、法语，等等。言语的风格是语言的运用的区别性特征的总和。言语风格分为：语体风格和表现风格。语体是语言的功能变体，语体风格可称之为"言语的功能风格"。功能风格是社会的。个人运用语言的区别性特征的总和是"表现风格"。

　　表现风格是个人的语言运用所形成的风格。理论上说，每一个使用语言的人都有自己的言语风格。但是语言艺术家的表现风格尤其突出、鲜明、稳定，如：司马迁和班固、李白和杜甫、施耐庵和吴承恩与曹雪芹、鲁迅和茅盾与朱自清。并非所有的诗人小说家戏剧家都有自己独特的表现风格，有些诗人小说家戏剧家缺乏的就是独特的表现风格。

　　表现风格的形成有主观因素和客观因素。主观因素主要指使用语言的人的心理、气质、文化教养、语言能力等。一个人的语言修养，是构成他的言语风格的各种因素中最活跃的一个因素。任何一个人都不可能掌握一种语言中的一切词、一切句式，也不可能对一切同义形式没有一点儿偏爱。人们总会或多或少地给全民词语带来一些个人的理解，增加一些个人的色彩，在选择语言材料和修辞方式时总有一些个人的习惯。这在个人言语风格的形成中具有特别重要的作用。只有熟练自如地运用一种语言的人，才有可能创造出好的言语风格。人们的思想作风、生活经历和语言修养就是不同的言语风格得以形成的主观因素。人们对语言材料和修辞方式的选择，是受到他的思想作风制约的。一个深思熟虑、严肃谨慎、一丝不苟的人，他的言语风格势必是谨严、细密而周详的；而才思敏捷、为人豪放的人，他的言语风格往往是疏放的。

表现风格形成的客观因素是自然环境和社会环境。使用语言的人和交际活动是在一定的环境中进行的。环境制约着人们对语言材料和修辞方式的选择，是语言风格得以形成的客观因素。人们总是生活在一定的自然环境之中，运用语言的活动也总是在一定的自然环境中进行的。这自然环境对于语言材料和修辞方式的选择，是有一定制约作用的。社会环境对语言风格的形成作用更大。人不能离开一定的社会环境而生活，交际活动也必须在一定的社会环境中进行。社会环境制约着人们对语言材料和修辞方式的选择。

研究语言风格的叫作"语言风格学"。语言风格学是一门独立的科学，不是修辞学的下属单位。修辞学只从表达效果角度切入语言风格问题。修辞学是表达者的学问，修辞学理当以培养独特的良好的表现风格为目标。索绪尔在《关于成立修辞学教研室的报告》中说："修辞学的目的也不在于造就一种风格，虽然造就一种风格本身很重要。"[1] 这是因为，修辞学承担不起造就一种言语风格的重任。修辞学只希望通过对表现风格的阐释能够对培养独特的良好的表现风格有所帮助。修辞学要求把风格作为用词造句及选择修辞格的参考框架。[2]

---

[1] 索绪尔：《关于成立修辞学教研室的报告》，《修辞学习》1992年第3期。
[2] 参看王希杰：《言语风格和民族文化》，《杭州师范学院学报》1994年第5期。

二　表现风格的类型

表现风格是复杂的。刘勰说："各师成心,其异如面。"(《文心雕龙·体性》)没有两个人的表现风格是完全相同的。同一个人的表现风格也是多样的,不同时期、不同题材、不同语体、不同语境,风格不会完全一致的。但是,任何复杂的事物都是可以分析的。复杂与简单其实是对立而统一的,任何复杂的事物必然有简单的一面。表现风格虽然非常复杂,但是,是可以加以类型化的。

表现风格有三个特点：1. 反复性,2. 特异性,3. 整体性。

1. 反复性：只有多次反复的因素,才具有稳定性,才能作为一个特点,而偶然出现的因素,不具备稳定性,就不能作为一个特点。表现风格只能是多次反复的特点的总和,而不能是那些偶然出现的因素的总和。这就是语言风格的反复性。朱自清《荷塘月色》："今晚在院子里坐着乘凉,忽然想起日日走过的荷塘,在这满月的光里,总该另有一番样子吧。""乘凉"、"样子",都是口语词。但在整篇文章中,大量运用了文言词语,这类口语词的数量是极其有限的。因此,"乘凉"、"样子"等口语词的运用,在这篇文章中是偶然因素,不能形成特点,我们也就不能因此说这篇文章有口语化的特色。

转折多且快,而且自然,这是鲁迅杂文语言风格的一个特点。这是从许多杂文中总结出来的。例如鲁迅《崇实》：

> 大学生虽然是"中坚分子",然而没有市价,假使欧美的市场上值到五百美金一名口,也一定会装了箱子,用专车和古物一同运出北平,在租界上外国银行的保险柜子里藏起来的。
>
> 但大学生却多而新,惜哉!

仅仅几句话,就转了四个弯子,"虽然——然而——假使——但——",不可谓不多矣。"虽然——然而——",是一个小转折；"假使——",是一个大转折；"但——",是一个奇峰突起,一个出乎意外的转折。但是,这个"多而新"正和"没有市价"相呼应,所以仔细想一想,却又很自然。这样的转折,在鲁迅的杂文中是多次出现的、稳定的,这是鲁迅杂文语言风格的特点之一。

表现风格有反复性的特点,分析语言风格时,应当分清一般和个别、常例和特例,排除偶然性因素,抓住稳定性要素。

2. 特异性:表现风格是特异性的总和。所谓特异性,就是区别性特征,这些表现方式是这里特有,此外所无,至少是不多不常出现的。日常生活中某些人特别偏爱某个词语,出现频率是其他词语的若干倍,于是他人就用这个词语来作为此人的代称。戏剧舞台上,剧作家就用这类词语作为某些角色的标签。

新加坡学者林万菁研究鲁迅的表现风格,提出了曲逆律。他说:"'曲逆'是与'直顺'相对的一个概念。词汇曲逆,则语意亦随之曲逆,如鲁迅用倒词,不说'命运'而说'运命',不说'灵魂'而说'魂灵',不说'诅咒'而说'咒诅',词形异乎直顺,语意亦为之一转。句法曲逆,如鲁迅故用反复,可简处故繁,不避复沓,语意于是随之回荡。设若词汇、句法一并曲逆化,语意必更趋曲逆。"[①] 这的确是鲁迅作品特有的,是茅盾、郭沫若、朱自清、徐志摩、叶圣陶等所不具有的。

3. 整体性:表现风格指的是运用语言的各种特点的总和,而不是其中的某一个特点,也不是所运用的某一个语言材料或修辞方式的特点。因此,只有从全局出发,从整体上把握对象,才有可能谈语言风格;如果只看到所运用的某个语言材料或修辞方式,只抓住某一个特点,就无法谈论语言风格。如果说,语法分析只局限于句子,而且只局限于词的组合规则和造句的规则;那么,风格只能以整篇讲话、整篇文章为最小的单位,而且也不限于语法的分析,应包括语音和语义、词汇和语法,还有修辞方式等多方面因素的分析。这就是语言风格的整体性特点。分析表现风格时,不能简单地一一罗列,而应当分清主次,看到各个特点之间的相

---

① 林万菁:《论鲁迅修辞:从技巧到规律》,新加坡万里书局1986年,第359页。

互关系,抓住主要倾向。鲁迅《为了忘却的记念》中有这样一段:"我们第三次相见,我记得是在一个热天。有人打门了,我去开门时,来的就是白莽,却穿着一件厚棉袍,汗流满面,彼此都不禁失笑。这时他才告诉我他是一个革命者,刚由被捕而释出,衣服和书籍全被没收了,连我送他的那两本;身上的袍子是从朋友那里借来的,没有夹衫,而必须穿长衣,所以只好这么出汗。"这一段当然是很明快的,有什么说什么。而这篇文章的结尾:

> 要写下去,在中国的现在,还是没有写处的。年青时读向子期《思旧赋》,很怪他为什么只有寥寥的几行,刚开头却又煞了尾。然而,现在我懂得了。
>
> 不是年青的为年老的写记念,而在这三十年中,却使我目睹许多青年的血,层层淤积起来,将我埋得不能呼吸,我只能用这样的笔墨,写几句文章,算是从泥土中挖一个小孔,自己延口残喘,这是怎样的世界呢。夜正长,路也正长,我不如忘却,不说的好罢。但我知道,即使不是我,将来总会有记起他们,再说他们的时候的。……

这结尾是那样的含蓄:关于向子期《思旧赋》的几句话,实质上是在用魏晋时代来比方当时现实;"夜正长,路也正长",指的是革命斗争的长期性、艰苦性;"将来总会有记起他们,再说他们的时候的",表现的是作者对革命必胜的坚定信念。《为了忘却的记念》中有明快的段落,也有含蓄的段落,那么能不能说它的语言风格是既明快又含蓄呢?不能。因为根据全篇总的倾向,它是含蓄的,而不是明快的。

刘勰认识到言语风格的复杂性:"各师成心,其异如面。"(《文心雕龙·体性》)却不为复杂性所迷惑,倡导"八体"学说:"若总其归涂,则数穷八体:一曰典雅,二曰远奥,三曰精约,四曰显附,五曰繁缛,六曰壮丽,七曰新奇,八曰轻靡。"刘勰的"体"就是"风格","八体"就是八种风格类型。刘勰阐述:"典雅者,镕式经诰,方轨儒门者也;远奥者,馥采典文,经理玄宗者也;精约者,核字省句,剖析毫厘者也;显附者,辞直义畅,切理厌心者也;繁缛者,博喻酿采,炜烨枝派者也;壮丽者,

高论宏裁,卓烁异采者也;新奇者,摈古竞今,危侧趣诡者也;轻靡者,浮文弱植,缥缈附俗者也。"陆侃如、牟世金阐释说:

　　一曰典雅:特点是向儒家经典学习,和儒家走相同的道路。
　　二曰远奥:特点是比较含蓄而有法度,大多本于道家哲理。
　　三曰精约:特点是字句简练而分析精细。
　　四曰显附:特点是辞句质直,意义明畅,符合事理而令人满意。
　　五曰繁缛:特点是比喻多,文采富,善于铺陈,写得光华四溢。
　　六曰壮丽:特点是议论高超,文采不凡。
　　七曰新奇:特点是厌旧趋新,追求诡奇怪异。
　　八曰轻靡:特点是辞藻浮华,趋向庸俗。①

这八种风格是很有概括性的,现在依然具有其生命力。

我们借鉴刘勰的八体学说,把风格分为以下几组相互对立的类型:藻丽—平实、明快—含蓄、简洁—繁丰、典雅—通俗、庄重—诙谐。这些风格类型的搭配组合,可以构成各种各样的风格。如:平实明快而简洁的风格,藻丽明快而繁丰的风格,简洁又含蓄的风格,简洁而明快的风格,繁丰又典雅的风格等。

三　藻丽风格

藻丽和平实,是对立的,各有自己的特点和适用范围。古人说:"言而无文,行之不远。"所谓文,就是文采,也就是藻丽的语言风格。藻丽的风格,多用形容词之类的附加成分,多用比喻、夸张等修辞方式,力求华丽绚烂、生动细致。

现当代作家中,以藻丽为特色的有茅盾、朱自清、吴伯箫、刘白羽等。朱自清的《荷塘月色》的语言风格就是藻丽的。例如:"曲曲折折的荷

---

①　刘勰著,陆侃如、牟世金译注:《文心雕龙译注》,齐鲁书社1995年,第58—59页。

塘上面,弥望的是田田的叶子。叶子出水很高,像亭亭的舞女的裙。层层的叶子中间,零星地点缀着些白花,有袅娜地开着的,有羞涩地打着朵儿的;正如一粒粒的明珠,又如碧天里的星星,又如刚出浴的美人。微风过处,送来缕缕清香,仿佛远处高楼上渺茫的歌声似的。这时候叶子与花也有一丝的颤动,像闪电般,霎时传过荷塘的那边去了。叶子本是肩并肩密密地挨着,这便宛然有了一道凝碧的波痕。叶子底下是脉脉的流水,遮住了,不能见一些颜色;而叶子却更见风致了。"用了六个比喻:叶子——像舞女的裙;白花——正如明珠,又如星星,又如美人;清香——仿佛歌声似的;颤动——像闪电般。三次运用比拟的手法:白花——有袅娜地开着的,有羞涩地打着朵儿的;叶子——肩并肩密密地挨着。"叶子"、"白花"都是物,作者却用描绘人的词语来描绘它们:"袅娜"是形容妇女体态柔美的形容词;"羞涩"是形容人的情态的形容词;"肩并肩"也是适用于人的词语。这里是把白花和叶子当作人来描绘的,采用的是比拟。描写了"荷塘"、"叶子"、"白花"、"流水",描写了花的"朵儿"、"清香",每一个事物都带有形容词之类的附加成分。如:曲曲折折的(荷塘)、田田的、层层的(叶子)、缕缕的(清香)、脉脉的(流水),等等。"打着"、"开着"这些动词都带有大量的附加成分:袅娜地(开着)、羞涩地(打着)。古语词——如"袅娜"、"凝碧"、"渺茫"、"宛然"、"风致"等,重叠词——如"曲曲折折"、"田田"、"亭亭"、"缕缕"、"层层"、"脉脉"等,增加了语言的音乐美,富于诗情画意。

再如:"月光如流水一般,静静地泻在这一片叶子和花上。薄薄的青雾浮起在荷塘里。叶子和花仿佛在牛乳中洗过一样;又像笼着轻纱的梦。虽然是满月,天上却有一层淡淡的云,所以不能朗照;但我以为这恰是到了好处——酣眠固不可少,小睡也别有风味的。月光是隔了树照过来的,高处丛生的灌木,落下参差的斑驳的黑影,峭楞楞如鬼一般;弯弯的杨柳的稀疏的倩影,却又像是画在荷叶上。塘中的月色并不均匀;但光与影有着和谐的旋律,如梵婀玲上奏着的名曲。"用了六个比喻:月光——如流水一般;叶子和花——仿佛在牛乳中洗过一样,又像笼着轻纱的梦;黑影——如鬼一般;倩影——像是画在荷叶上;旋律——如梵婀玲上奏着的名曲。同时,也有"参差"、"倩影"等古语词,以及"薄薄"、"淡淡"、"弯弯"等重叠词。这里的比喻和描写,大都带有夸张的色彩,如:"这时候叶子与花也有一丝的颤动,像闪电般,霎时传过荷塘的那边去了";"叶子和花仿佛在牛乳中洗过一样"。这个片段中所表现出来的选择语言材料和修辞方式方面的特点,贯穿在《荷塘月色》整篇文章之中,也贯穿在朱自清的全部散文创作中。这些特点便构成了朱自清散文的藻丽的风格。

藻丽风格,常见于文艺语体,尤其是诗歌之中。东汉末开始,诗歌就开始崇尚绮丽了。曹丕在《典论·论文》中说:"诗赋欲丽。"陆机《文赋》中主张:"诗缘情而绮靡。"政论语体中的文艺政论体、公文语体中的鼓动公文体及学术语体中的通俗学术体,也会有藻丽的风格。

人们大都喜爱藻丽风格,但也有轻视并斥责的。李白说:"自从建安来,绮丽不足珍!(《古风》)蔡梦弼《杜工部草堂诗话》引述的《诗眼》中说:"世俗喜绮丽,知文者能轻之;后生好风花,老大即厌之。然文章论当理不当理耳,苟当理,则绮丽风花同入于妙;苟不当理,则一切皆为长语(引者按:指多余的话)。上自齐梁诸公,下至刘梦得、温飞卿辈,往往以绮丽风花累其正气,其过在于理不胜而词有余也。"

藻丽并不是做作、堆砌、油滑、哗众取宠。不可在没有必要的地方硬是滥用上一些形容词之类的附加成分。过分追求藻丽,往往适得其反。

四 平实风格

老子说:"信言不美,美言不信。"孔子说:"辞达而已。"孔安国说:"凡事莫过于实,辞达则足矣,不烦文艳之辞。"平实风格,厚实而大方。其特点是:不用或少用形容词之类的附加成分,不用或少用双关、夸张、婉曲、反语之类的修辞方式,老老实实地叙述事实、解剖事理。平实风格的典型是刘邦:"大风起兮云飞扬,威加海内兮归故乡,安得猛士兮守四方!"(《大风歌》)直抒胸臆,不加修饰。

赵树理的风格是平实风格:

> 小经理叫三喜,是村里合作社的经理。说他"小",有三个原因,第一是他的年纪小,才二十三岁;第二是小村子的小合作社,只有一个经理和一个掌柜;第三是掌柜王忠瞧不起他——有人找掌柜谈什么生意里边的问题,掌柜常好说:"不很清楚就回来问一问俺那小经理。"说了就吐一吐舌头做个鬼脸。
>
> 这三喜从小就是个伶俐孩子,爱做个巧活:过年过节,搭个彩棚,糊个花灯,比别人玩得高;说个话,编个歌,都是出口成章,非常得劲;什么活一看就懂,木匠、石匠、铁匠缺了人他都能配手;村里人都说他是个"百家子弟"。因为家穷,从小没有念过书,不识字,长大了不甘心,逢人便好问个字,也认了好多。不过字太多了,学起来跟学别的不一样,他东问西问,数起数来也识了好几百,可是一翻开书,自己认得的那些字都不集中,一张上碰不到几个;这是他最不满意的一件事。
>
> (《小经理》)

通篇很少用形容词之类的附加成分,也没有什么华丽的辞藻,都是一些平平常常的词语。也很少用修辞方式,一个比喻都没有,也没有夸张的说法,有的只是普普通通的叙述。这一特点贯穿在赵树理的全部创作品中,这就构成了赵树理的平实的语言风格。

大量运用比喻是藻丽风格的特色,但是,不可误以为平实风格不用比喻。阐释同一性和差异性的关系、物质和实体的关系时,索绪尔说:

> 我们试把它跟一些言语活动之外的事实比较就能很清楚地看到这种特征。例如两班"晚上八时四十五分日内瓦—巴黎"快车相隔二十四小时开出,我们说这两部快车有同一性。在我们的眼里,这是同一列快车,但是很可能车头、车厢、人员,全都不一样。或者一条街道被拆毁后重新建筑起来,我们说这是同一条街道,但是在物质上,那旧的街道可能已经荡然无存。一条街道为什么能够从头到尾重新建筑而不失为同一条街道呢?因为它所构成的实体并不纯粹是

物质上的。它以某种条件为基础,而这些条件,例如它与其他街道的相对位置,却是跟它的偶然的材料毫不相干的。同样,构成快车的是它的开车时间、路程,和使它区别于其他快车的种种情况。每次这些相同的条件得以实现,我们就得到相同的实体。然而实体不是抽象的,街道或快车离开了物质的实现都无从设想。再举一个跟上述完全不同的例子:我有一件衣服被人偷走,后来在一家旧衣铺的架上找到。这是一个只由无生气的质料:布、夹里、贴边等构成的物质的实体。另一件衣服尽管跟前一件很相似,却不是我的。但语言的同一性不是衣服的同一性,而是快车和街道的同一性。

(《普通语言学教程》第二编第二章)

索绪尔先用人所皆知的快车和街道作为喻体,两个肯定式比喻。接着索绪尔换了一个角度。用衣服作喻体,"语言的同一性不是衣服的同一性"是反喻。同一性和差异性的关系、物质和实体的关系,是抽象的,索绪尔的比喻使人豁然开朗。虽运用了比喻,却还是平实风格。比喻有两种,描绘性的比喻是美化语言的手段,是藻丽风格的构成要素。阐释性比喻是说理的工具,是平实风格的构成要素。

一般来说,公文语体(尤其是事务公文体),学术语体(尤其是专门科技体)大都采用平实风格。但平实并非贫乏、呆板、单调。不可认为平实风格比藻丽风格容易,不需要花大气力。宋人周必大说:"香山(白居易)诗语平易……疑若信手而成者,间观遗稿,则窜定甚多。"(《跋宋景文唐史稿》)元人陈秀明说:"东坡尝有书与其侄云:大凡为文,当使气象峥嵘,五色绚烂,渐老渐熟,乃造平淡。"(《东坡诗话录》)金人王若虚说:"凡为文章,须是典实过于浮华,平易多于奇险. 始为知本。世之作者,往往致力于其末,而终身不返,其颠倒亦甚矣。"(《滹南遗老集·文辨(四)》)宋人葛立方说:"大抵欲造平淡,当自组丽中来,落其华芬,然后可造平淡之境。""今之人多作拙易诗而自以为平淡,识者未尝不绝倒也。梅圣俞《和晏相》诗云:'因今适性情,稍欲到平淡。苦词未圆熟,刺口剧菱芡。'言到平淡处甚难也。所以《赠杜挺之》诗,有'作

诗无古今,欲造平淡难'之句。李白云:'清水出芙蓉,天然去雕饰。'平淡而到天然处,则善矣。"(《韵语阳秋》)

叶圣陶写道:

> 云谷寺没有寺了,只留寺基。台阶前有一棵异萝松,说是树上长着两种不同形状的叶子。我们仔细察看,只见一枝上长着长圆形的小叶子,跟绝大部分的叶子不同。就绝大部分的叶子形状和翠绿色看来,那该是柏树,不知道为什么叫它松。年纪总有几百岁了。
>
> 清凉台和始信峰的顶部都是稍微向外突出的悬崖,下边是树木茂密的深壑。站脚处很窄,只能容七八个人,要不是有石栏杆,站在那儿不免要心慌。如果风力猛,恐怕也不容易站稳。文殊院前边的文殊台比较宽阔些,可是靠南突出的东西两块大石,顶部凿平,留着边缘作自然的栏杆,那地位更窄了,只能容两三个人。光明顶虽是黄山的最高处,却比较开阔平坦,到那里就像在平地上走一样。
>
> 我们就在前边说的几处地方看"云海"。望出去全是云,大体上可以说铺平,可是分别开来看,这边荡漾着又细又缓的波纹,那边却涌起汹涌澎湃的浪头,千姿万态,尽够你作种种想象。所有的山全没在云底下,只有几座高峰露顶,作暗绿色,暗到几乎黑,那自然可以想象作海上的小岛。
>
> (《黄山三天》)

表面上看,是信笔写来,平淡无奇,其实作者是反复推敲的——孤立地看其中的一个句子、一个词,还没有什么,但从整体来看,却是完美的,值得玩味的。第一段共五句,一环套一环,形成了一个整体。第二句中有一个"说是",第三句中有个"我们仔细察看,只见",这不仅把两个句子串了起来,也突出了"异萝松"的"异"字。第二段写悬崖时,并没有什么惊人之笔,只说"站在那儿不免要心慌。如果风力猛,恐怕也不容易站稳"。具体形象,使人如临其境,比用上一大堆形容词更有说服力。读着这样的句子,读者感到和作者的心是相通的。第三段把"云海"写得有声有色。比起前两段来,要华丽一些。但是依然是在老老实实地叙述和描写,宁可说"可以想象作海上的小岛",而不说"就像海上的小岛",

也不说"就是海上的小岛"。虽然用了"那边却涌起汹涌澎湃的浪头"这样的暗喻,但是总的风格还是平实的、厚重大方的。

五 明快风格

明快和含蓄,是两种对立的表现风格。明快,就是有什么说什么,有多少说多少,东汉王充说:"口则务在明言,笔则务在露文。"(《论衡·自纪》)使人一听就懂,一看就明白,给人以明朗、舒畅的感觉。项羽《垓下歌》:"力拔山兮气盖世,时不利兮骓不逝。骓不逝兮可奈何?虞兮虞兮奈若何?"就是明快风格。

李白:

> 夫天地者,万物之逆旅也;光阴者,百代之过客也。而浮生若梦,为欢几何?古人秉烛夜游,良有以也。
>
> 况阳春召我以烟景,大块假我以文章。会桃花之芳园,序天伦之乐事。群季俊秀,皆为惠连。吾人咏歌,独愧康乐。幽赏未已,高谈转清。开琼筵以坐花,飞羽觞而醉月。
>
> 不有佳咏,何伸雅怀?如诗不成,罚依金谷酒斗数。
>
> (春夜宴从弟桃花园序)

刘白羽《早晨的花》的结尾:

> 不知为什么,自己亲手埋下的种子,看它冒芽,绽叶,而后甩蔓,而后开花,也许由于这一个小小的新生命,是由自己劳动抚养而开始生长的吧,因此对它总有一种特殊的喜爱。但我在那时又恢复了灯下工作,因而睡得较晚,每天起来看时,牵牛花往往已过了盛开的时间。花朵在晨光之中热烈而尽情地开放之后,已经疲倦萎缩,失去那青春的美丽。没想到我很快又进入了医院,便不知自己窗外的牵牛花该怎样了。可是最近起得特别早,并且又能够在医院的花园中散步,于是在一个僻静角落,我突然发现一架繁荣茂盛的牵牛花。我仔细观赏着,我觉得最好看的是那种深蓝颜色的,它十分淡雅,而又有

着最活跃的青春的颜色。花瓣上闪着钻石一样亮晶晶的露珠,整个儿就像一个蓝色晴空的缩影。我站在牵牛花架前,这时空气清新,朝阳乍露,一切都令人欣然喜悦。是的,早晨是多么美好呀!牵牛花是早晨的花,这紫的、蓝的、白的、红的花,是专门开给那些和黎明、和早霞、和朝阳一起开始生活与工作的人看的,是为早起的人祝福的。

每一句话都是清清楚楚、明明白白的,全文的意思也是清清楚楚、明明白白的。作者多么坦率,向读者无保留地摊开了一切,使读者毫不费力就看到了他的内心世界。这就是明快的风格。

公文语体和学术语体大都是明快的。例如:"第一条 为了践行绿水青山就是金山银山理念,保护、培育和合理利用森林资源,加快国土绿化,保障森林生态安全,建设生态文明,实现人与自然和谐共生,制定本法。"(《中华人民共和国森林法》)这里是明快和平实的结合。

明快也可以和藻丽结合在一起。方志敏《可爱的中国》:"朋友!中国是生育我们的母亲。你们觉得这位母亲可爱吗?我想你们是和我一样的见解,都觉得这位母亲是蛮可爱蛮可爱的。以言气候,中国处于温带,不十分热,也不十分冷,好像我们母亲的体温,不高不低,最适宜孩儿们的偎依。以言国土,中国土地广大,纵横数万千里,好像我们的母亲是一个身体魁大、胸宽背阔的妇人,不像日本姑娘那样苗条瘦小。中国许多有名的崇山大岭,长江巨河,以及大小湖泊,岂不象征着我们母亲丰满坚实的肥肤上之健美的肉纹和肉窝?中国土地的生产力是无限的;地底蕴藏着未开发的宝藏也是无限的;废置而未曾利用起来的天然力,更是无限的,这又岂不象征着我们的母亲,保有着无穷的乳汁,无穷的力量,以养她四万万的孩儿?我想世界上再没有比她养得更多的孩子的母亲吧。至于说到中国天然风景的美丽,我可以说,不但是雄巍的峨眉,妩媚的西湖,幽雅的雁荡,与夫"秀丽甲天下"的桂林山水,可以傲睨一世,令人称羡;其实中国是无地不美,到处皆景,自城市以至乡村,一山一水,一丘一壑,只要稍加修饰和培植,都可以成留恋难舍的胜景;这好像我们的母亲,她是一个天姿玉质的美人,她的身体的每一部分,都有令人爱慕之美。中国海岸线之长而且弯曲,照现代艺术家说来,这象征我们母亲富有曲线美吧!"作者的意思读者一看就懂。为了打动读者,引起共鸣,作者大量运用比喻、反复、呼语等修辞方式,所以整个语言风格是明快而藻丽的。

六　含蓄风格

含蓄,就是要说的话不直接说出来,或不全部说出来,使对方不得不揣摩揣摩,而且越揣摩含义越多,可谓言有尽而意无穷,使作品显得深沉、厚重、有味儿。

含蓄的风格,历来就受到人们的推崇。孟轲说:"言近而指远者,善言也。"(《孟子·尽心下》)苏轼说:"意尽而言止者,天下之至言也。然而言止而意不尽,尤为极致。"(见宋王楙《野客丛书》及吕居仁《童蒙训》)刘大櫆说:"文贵远,远必含蓄。或句上有句,或句下有句,或句中有句,或句外有句,说出者少,不说出者多,乃可谓之远。"(《论文偶记》)刘熙载说:"词之妙,莫妙于以不言言之。非不言也,寄言也。如寄深于浅,寄厚于轻,寄劲于婉,寄直于曲,寄实于虚,寄正于余,皆是。"(《艺概·词曲概》)沈祥龙说:"含蓄无穷,词之要诀。含蓄者,意不浅露,语不穷尽,句中有余味,篇中有余意,其妙不外寄言而已。"(《论词随笔》)吴乔说:"诗贵有含蓄不尽之意,尤以不着意见、声色、故事、议论者为最上。"(《围炉诗话》)袁枚说:"诗无言外之意,便同嚼蜡。"(《随园诗话》)

鲁迅《故乡》的结尾:"我在蒙胧中,眼前展开一片海边碧绿的沙地来,上面深蓝的天空中挂着一轮金黄的圆月。我想:希望是本无所谓有,无所谓无的。这正如地上的路;其实地上本没有路,走的人多了,也便成了路。"作者曲折地表达了对开拓新生活的坚定信心,含义深邃,耐人寻味。

闻一多:

这是一沟绝望的死水，
清风吹不起半点漪沦。
不如多扔些破铜烂铁，
爽性泼你的剩菜残羹。

也许铜的要绿成翡翠，
铁罐上锈出几瓣桃花，
再让油腻织一层罗绮，
霉菌给他蒸出些云霞。

让死水酵成一沟绿酒，
飘满了珍珠似的白沫；
小珠笑一声变成大珠，
又被偷酒的花蚊咬破。

那么一沟绝望的死水，
也就夸得上几分鲜明。
如果青蛙耐不住寂寞，
又算死水叫出了歌声。

这是一沟绝望的死水，
这里断不是美的所在，
不如让给丑恶来开垦，
看他造出个什么世界。

(《死水》)

这首诗写于1925年4月。在这首诗中，作者用"一沟绝望的死水"来比喻半殖民地半封建的中国；指出它"断不是美的所在"，表现了诗人对旧中国黑暗现实的不满；但又说"不如让给丑恶来开垦，看他造出个什么世界"，表现了诗人的消极、旁观态度。诗人的思想，没有直接说出来,是通过对客观景物的描绘,曲折地表达出来的。

茹志鹃的小说《百合花》的结尾:

> 她低着头,正一针一针地在缝他衣肩上那个破洞。医生听了听通讯员的心脏,默默地站起身来:"不用打针了。"我过去一摸,果然手都冰冷了。新媳妇却像什么也没看见,什么也没听到,依然拿着针,细细地、密密地缝那个破洞。我实在看不下去了,低声地说:"不要缝了。"她却对我异样地瞟了一眼,低下头,还是一针一针地缝。我想拉开她,我想推开这沉重的氛围,我想看见他坐起来,看见他羞涩的笑。但我无意中碰到了身边一个什么东西,伸手一摸,是他给我开的饭,两个干硬的馒头。……
>
> 卫生员让人抬了一口棺材来,动手揭掉他身上的被子,要把他放进棺材去。新媳妇这时脸发白,劈手夺过被子,狠狠地瞪了他们一眼。自己动手把半条被子平展展地铺在棺材底,半条盖在他身上。卫生员为难地说:"被子……是借老百姓的。"
>
> "是我的——"她气汹汹地嚷了半句,就扭过脸去。在月光下,我看见她眼里晶莹发亮,我也看见那条枣红底色上洒满白色百合花的被子,这象征纯洁与感情的花,盖上了这位平常的、拖毛竹的青年人的脸。

新媳妇和作品中的"我"及作者本人对这个牺牲了的青年战士的崇敬心情,都没有直接说出来。"在月光下,我看见她眼里晶莹发亮,我也看见那条枣红底色上洒满白色百合花的被子,这象征纯洁与感情的花,盖上了这位平常的、拖毛竹的青年人的脸。"这几句话含蓄地表达了这种崇敬的感情,也点出了这篇小说的主题。

司空图《诗品》对含蓄风格的阐明:"不著一字,尽得风流,语不涉己,若不堪忧。是有真宰,与之沉浮,如渌满酒,花时返秋。悠悠空尘,忽忽海沤,浅深聚散,万取一收。"蔡其矫译作:

> 在字面上不露一丝痕迹,
>
> 却已完全显示出事物的精神,

出语似乎没有牵涉到苦难,
而读来却有难忍的忧虑。
是因为有真实主宰心中,
便引导我们去同它漂流。
好像酒在杯中起泡将溢,
好像花要开放又被收住。
广阔的天空布满微尘,
浩瀚的大海浮动浪沫,
它们聚散流动虽有万数,
收入笔端的只须想象中的一粒。①

值得注意的是,含蓄不是晦涩。

七　繁丰风格

繁丰和简洁这一组对立的表现风格也是各有各的适用范围。

繁丰,就是毫不吝惜笔墨,有话通通说出来,甚至反反复复地说,并且尽量往细处说。

郭沫若《凤凰涅槃》就是繁丰的。结尾:

我们欢唱,我们翱翔。
我们翱翔,我们欢唱。
一切的一,常在欢唱。
一的一切,常在欢唱。
是你在欢唱?是我在欢唱?
是他在欢唱?是火在欢唱?
欢唱在欢唱!
欢唱在欢唱!

---

① 蔡其矫:《司空图〈诗品〉选译》,《诗刊》1980 年第 1 期。

只有欢唱!

只有欢唱!

欢唱!

　欢唱!

　　欢唱!

在这里,反复和排比的修辞方式的运用,是形成这首诗的繁丰风格的一个重要的因素。

吴伯箫的《记一辆纺车》也是繁丰的。如:

纺线也需要技术。车摇慢了,线抽快了,线会断头;车摇快了,线抽慢了,毛卷、棉条会拧成绳,线会打成结。摇车,抽线,配合恰当,成为熟练的技巧,可不简单,需要用很大的耐心和毅力下一番功夫。初学纺线,往往不知道劲往哪儿使。一会儿毛卷拧成绳了,一会儿棉纱打成结了,纺手急得满头大汗。性子躁一些的人甚至为断头接不好生纺车的气,摔摔打打,恨不得把纺车砸碎。可是那关纺车什么事呢?尽管人急得站起来,坐下去,一点也没有用,纺车总是安安稳稳地呆在那里,像露出头角的蜗牛,像着陆停驶的飞机,一声不响,仿佛只是在等待,等待。一直等到使用纺车的人心平气和了,左右手动作协调,用力适当,快慢均匀了,左手拇指和食指间的毛线或棉纱就会像魔术家帽子里的彩绸一样无穷无尽地抽出来。那仿佛不是用羊毛、棉花纺线,而是从毛卷里或者棉条里往外抽线。线是现成的,早就藏在毛卷里或者棉条里的。熟练的纺手,趁着一豆灯光或者朦胧的月光,也能摇车,抽线,上线,一切做得优游自如。线上在锭子上,线穗子就跟着一层层加大,直到沉甸甸的,像成熟了的肥桃。从锭子上取下穗子,也像从果树上摘下果实,劳动后收获的愉快,那是任何物质享受都不能比拟的。这个时候,就连起初想砸毁纺车的人也对纺车发生了感情。那种感情,是凯旋的骑士对战马的感情,是"仰手接飞猱,俯身散马蹄"的射手对良弓的感情。

这里不惜一切笔墨尽量往细处说。不说"车摇慢了,线抽快了,线就会断头;反之,线会打成结",而要说"车摇慢了,线抽快了,线会断头;车摇快了,线抽慢了,毛卷、棉条会拧成绳,线会打成结"。不说"是骑士对战马的感情,是射手对良弓的感情",而说"是凯旋的骑士对战马的感情,是'仰手接飞猱,俯身散马蹄'的射手对良弓的感情"。

小说,特别是长篇小说的景物描写,繁丰的风格是比较常见的。峻青:

> 月亮高高地悬挂在深蓝色的夜空上,向大地散射着银色的光华。大街两旁那一排高大的白杨树,也向人家的屋顶上院子里投下朦胧的阴影。珍珠似的露珠,从白杨的肥大而嫩绿的叶子上,从爬在老槐树上重重地下垂着的淡紫色的藤萝花穗上,悄悄地降落下来。大街上,飘荡着浓郁的花香。……
>
> 温馨而美丽的四月的夜,分外幽静,迷人。
>
> 隅庄,在这温馨的春夜里静静地酣睡着。它睡得是那样的幸福、安宁。在那些黑洞洞的散发着睡眠的气味的屋子里,不时地传出了年轻姑娘们的幸福的梦呓声,甜蜜的躺在母亲怀里的孩子们的鼾睡声。……
>
> 我踏着幽冷的月光,穿过大街,向着密密层层的围绕着村庄的果林里走去。村子里很静,杜鹃鸟在果林的深处不住气地啼叫。果树的嫩叶,在四月的微风中絮语。蝙蝠,扇动着它那半透明的黑纱似的翅膀,在树枝的空罅间沙沙地飞翔。…… (《老水牛爷爷》)

大量的附加成分,使这个乡村之夜的景物给人以细致入微的感觉。在《记一辆纺车》和《老水牛爷爷》中,繁丰又是和藻丽结合在一起的。

繁丰,绝不是啰唆或冗长。啰唆和冗长,历来就是人们所反对的。陆机说:"要辞达而理举,故无取乎冗长。"(《文赋》)严羽说:"意贵透彻,不可隔靴搔痒;语贵脱洒,不可拖泥带水。"(《沧浪诗话·诗法》)鲁迅在给赵家璧的信中说:"意思完了而将文字拉长,更是无聊之至。"

繁丰和简洁是各有长处、各有适用范围的。胡应麟说:"简之胜繁,以简之得者论也;繁之逊简,以繁之失者论也。要各有攸当焉。繁之得者,遇简之得者,则简胜;简之失者,遇繁之得者,则繁胜。执是以论繁简，庶几乎！"(《少室山房笔丛》)顾炎武说："辞主乎达，不论其繁与简也。"(《日知录》)钱大昕说："文有繁有简，繁者不可减之使少，犹之简者不可增之使多。……谓文未有繁而能工者，非通论也。"(《与友人论文书》)狄平子说："寻常文字以十语可了者，自能文者为之，则或括而短之至一语焉，或引而长至千百语焉。二者皆妙文，而一以应于所适为能事。"(《论文学上小说之位置》)

八　简洁风格

简洁，就是全篇没有一句多余的话，全句没有一个多余的词，话虽然少，内容却很多，含义却很丰富。《汉高祖五年赦天下令》："兵不得休八年，万民与苦甚。今天下事毕，其赦天下殊死以下。"皇帝的敕令，只有二十四个字，没有一个多余的字。

王安石：

世皆称孟尝君能得士，士以故归之，而卒赖其力以脱于虎豹之秦。

嗟乎！孟尝君特鸡鸣狗盗之雄耳，岂足以言得士？不然，擅齐之强，得一士焉，宜可以南面而制秦，尚何取鸡鸣狗盗之力哉？

夫鸡鸣狗盗之出其门，此士之所以不至也。（《读孟尝君传》）

仅仅九十个字，就把道理说得一清二楚。

主人公祥子，老舍说："生长在乡间，失去了父母与几亩薄田，十八岁的时候便跑到城里来。带着乡间小伙子的苦壮与诚实，凡是以卖力气就能吃饭的事他几乎全作过。可是，不久他就看出来，拉车是件更容易挣钱的事；作别的苦工，收入是有限的；拉车多着一些变化与机会，不知道在什么时候与地点就会遇到一些多于所希望的报酬。"（《骆驼祥子》）第一句二十七个字，叙述祥子的出身；第二句三十一个字，叙述祥子进城后拉车前的情况；第三句叙述了祥子拉车的动机。

简洁同苟简是两码事。简洁不等于晦涩难懂。一味求简，以致造成歧义和误解，这是不可取的。司马迁在书中写道："母，韩女也。樗里子滑稽多智。"(《史记·樗里子列传》)苏辙改写为："母,韩女也;滑稽多智。"(《古史》)省去了后一句的主语,便成了"母……滑稽多智",容易被人误解。《绿野仙踪》中的塾师咏"花":"媳钗俏矣儿书废,哥罐闻焉嫂棒伤。"自己阐释说,上联:儿妇折花为钗,虽然俏丽,但恐儿子因而废读;下联:他的哥哥折花,没有花瓶,就插在瓦罐里,以嗅花香,嫂嫂为防微杜渐起见,用棒子连花和罐一起打坏了。

九　典雅风格

典雅和通俗,是相互对立的表现风格。

晋人束晳《饼赋》:"玄冬猛寒,清晨之会,涕冻鼻中,霜凝口外。充虚解战,汤饼为最,弱似春绵,白若秋练,气勃郁以扬布,香飞散而远遍。行人失涎于下风,童仆空嚼而斜眄,擎器者舐唇,立侍者干咽。"全文都是四六对偶句。

典雅,就是典范而高雅的风格。追寻书面语言的传统,努力回避现代口语,排斥方言土语口语词语,尽量拉大同日常生活语言之间的距离。《秦始皇二十八年泰山刻石文》:"皇帝临位,作制明法,臣下修饬。二十有六年,初并天下,罔不宾服。亲巡远方黎民,登兹泰山,周览东极。从臣思迹,本原事业,祗诵功德。治道运行,诸产得宜,皆有法式。大义休明,垂于后世,顺承勿革。皇帝躬圣,既平天下,不懈于治。夙兴夜寐,建设长利,专隆教诲。……昭隔内外,靡不清净,施于后嗣。化及无穷,遵奉遗诏,永承重戒。"

北京天安门前的人民英雄纪念碑碑文是典雅风格的代表:

> 三年以来,在人民解放战争和人民革命中牺牲的人民英雄们永垂不朽!
>
> 三十年以来,在人民解放战争和人民革命中牺牲的人民英雄们永垂不朽!
>
> 由此上溯到一千八百四十年,从那时起,为了反对内外敌人,争

取民族独立和人民自由幸福,在历次斗争中牺牲的人民英雄们永垂不朽!

文言词语和句式的运用,创造出一种典雅、庄重而简洁的言语风格。汪辟疆撰文的《祭仁安羌死难将士文》:"维四月十九日,谨以庶馐清酌致祭于我远征军仁安羌死事诸将士之灵曰:呜呼!阵云黯黯,绝幕荒荒,匪父母之国,而掸之乡。出车啴啴,赴义堂堂,匪血气之勇,而国之光。繄惟往岁,气殰天狼,谓拒之于国内,孰若御之于外疆?嗟我壮士,义不反顾。越山跨海,驰烟驿雾。曰仁安羌,猝与敌遇,振臂一呼,山摧水怒,衔枚履险,乱流争渡。岂不自宁?为友军故。嗟我壮士,死者相属。魂兮何依?骨兮何厝?望远心伤,莽然云树。嗟我壮士,日月易迁,成仁之日,奄忽经年。国殇可招,鉴此豆笾。陬辞酹酒,有涕涟涟。呜呼哀哉,尚飨!"① 可以看成是典雅风格的代表。

十 通俗风格

通俗风格,就是尽量接近日常生活用语,不避俚俗粗俗,甚至追求粗俗。如新民谣:"会做不如会说,会说不如会吹,会吹不如会拍,会拍不如会塞。""说你行你就行不行也行,说你不行你就不行行也不行。""肚里没有油,下去游一游;袋里没有烟,下去转一圈。""五十年代不关门,六十年代虚掩门,七十年代关木门,八十年代关铁门。""五十年代人爱人,六十年代人整人,七十年代人斗人,八十年代个人顾个人。"

朱自清的《生命的价格——七毛钱》:

---

① 汪辟疆:《汪辟疆文集》,上海古籍出版社 1988 年,第 911—912 页。作者附言:三十一年,我远征军第三十八师,与日寇作战于缅甸油田区仁安羌。是役也,日寇死伤千余人,夺获辎重马匹无算,救出英军某师七千余人。克服油田,即以是役为最有功。又以掩护英军退却,复有卞萨温早旁滨之捷。又该师因强渡更的婉河,死者前仆后继亦千余人。然终以敌军增援,不及归骨。时四月十九日也。本年该师仍羁印度,爰于周年纪念日,在加尔各塔开会追悼,作此寄之。

人贩子只是"仲买人",他们还得取给于"厂家",便是出卖孩子们的人家。"厂家"的价格才真是道地呢!"青光"里曾有一段记载,说三块钱买了一个丫头;那是移让过来的,但价格之低,也就够令人惊诧了!"厂家"的价格,却还有更低的!三百钱,五百钱买一个孩子,在灾荒时不算难事!但我不曾见过。我亲眼看见的一条最贱的生命,是七毛钱买来的!这是一个五岁的女孩子,一个五岁的"女孩子"卖七毛钱,也许不能算是最贱;但请您细看:将一条生命的自由和七枚小银元各放在天平的一个盘里,您将发现,正如九头牛与一根牛毛一样,两个盘儿的重量相差实在太远了!

虽说是通俗风格,但是用词和造句都是精心设计的。朱自清散文语言风格主要是典雅风格,《荷塘月色》就是现代汉语中典雅风格的代表。但是朱自清并不轻视通俗风格,他提倡雅俗共赏。

通俗风格容易被误解为:随心所欲,漫不经心,不加修饰。其实通俗风格并不是随随便便就能够达到的,同样需要精心组织。例如鲁迅《公民科歌》:"第三着,莫讲爱,自由结婚放洋屁,最好是做第十第廿姨太太,如果爹娘要钱化,几百几千可以卖,正了风化又赚钱,这样好事还有吗?"《好东西歌》:"文的牙齿痛,武的上温泉,后来知道谁也不是岳飞或秦桧,声明误解释前嫌,大家都是好东西,终于聚首一堂来吸雪茄烟。"

宋玉《对楚王问》:"客有歌于郢中者,其始曰《下里》《巴人》,国中属而和者数千人;其为《阳阿》《薤露》,国中属而和者数百人;其为《阳春》《白雪》,国中属而和者不过数十人;引商刻羽,杂以流徵,国中属而和者不过数人而已。是其曲弥高,其和弥寡。""引商刻羽,杂以流徵"是典雅风格,《下里》《巴人》是属于通俗风格范畴的。任何时代,群众都是大多数,高雅之士总是少数,这就是通俗风格的优势之所在。现代社会通俗风格越来越盛行。各种社会用语,特别是新兴的网络语言,都是以通俗风格为特色的。

十一　风格的鉴赏与培养

欣赏文学作品，不可只是局限于思想内容，也不能只停留在写作方法上，还需要欣赏其言语风格。言语风格的欣赏，主要是比较。

风格的研究需要在复杂多变的风格中求同，抓住共性，归纳风格类型，舍弃它们之间微小的、可以不计较的差异。欣赏诗歌的关键是求异，从共性到个性，发现这个诗人、这首诗的不可重复性。这种比较可以从外到内，从大到小。例如，李白的一首诗，"床前明月光……"，可先同散文比较；再同其他咏月诗歌比较；再与同时代其他诗人如杜甫的诗歌进行比较，最好也是五言绝句；再同李白的其他诗歌相比较。

对某个人的言语风格，也需要同中求异，将此人同其他人区别开来。这其实并不神秘，也不困难。日常生活中，告诉某个人一句话，此人立刻说："一定是 X 说的，只有 X 才这样说话。别人说不出这样的话来。"这说明把握熟悉的人的言语风格，既不神秘，也不复杂困难。

形成独特的风格是语言运用的最高追求。

修辞学是表达的学问，同时也是接受者解码的工具。风格学，对于接受者，是欣赏语言风格的工具。把握话语所传递的信息，这只是解读的最基本的要求。鉴赏话语的风格是解读活动的高层次的追求。只有具有风格学修养的人，才能够进行、进入风格的欣赏和鉴赏。

风格鉴赏的前提是把握风格的基本类型，例如：藻丽和平实、繁丰和简洁、明快和含蓄、典雅和通俗、庄重和诡奇、严谨和疏放，等等。这些成对的风格都是矛盾的对立和统一。这些基本风格类型虽然比较简单，但是通过不同的组合，可以形成千差万别丰富多彩的风格。对某个作家或某一作品的风格的欣赏，主要是分析这些基本风格类型的具体组合方式和表现形态。

作为表达学的修辞学，在风格论上，目的是帮助学习者形成自己所期望的理想的风格。风格——特别是理想的风格的形成途径，是修辞学中的风格论的最重要的任务。修辞学的目的是帮助读者提高表达效果，这是它的常规目标。修辞学的最高目标是：帮助学习者培养自己独特的语言风格——好的风格、理想的风格。学习修辞学的基本目标、短期目标是提高自己的表达效果，最高目标、长远目标是培养自己的独特的理想的语言风格。

为了培养自己独特的理想的语言风格，首先需要的是自问反思：自己的口语和书面语是如何形成的？自己的口语和书面语有哪些特点？对自己的口语和书面语的满意度如何？自己心目中理想的口语和书面语是什么？目前的口语和书面语同自己理想中的标准有多大差距？通往自己的理想的风格的途径有哪些？然后抓住一两个关键之点，适当注意就行了。重要的是持之以恒。

在语言风格问题上，重要的是记住：你就是你！你不能变成另一个人！做你自己，追求你的独特风格。但是，模仿是不可避免的。模仿是形成独一无二的个人风格的不可避免的一个过程，也不必害怕。

小　　结

（1）语言风格是语言的区别性特征的总和。狭义的语言风格指语言自身的风格，一种语言区别于其他语言的区别性特征的总和，可叫作语言的民族风格。
（2）言语风格是语言的运用的区别性特征的总和。言语风格分为：语体风格和表现风格。语体是语言的功能变体，语体风格可称之为"言语的功能风格"。功能风格是社会的。个人运用语言的区别性特征的总和是"表现风格"。
（3）各种风格是相互比较相互独立的，但这不是绝对的，不同的风格也是可以相互交融的。
（4）每个人的语言风格都是多样的。

思考与练习

（1）每个人都有自己的语言风格，体会一下你最亲近最熟悉的几个人在言语风格方面的异同。
（2）反思你自己的语言风格特征。思索一下你的语言风格是如何形成的？是哪些因素促成了你现在的语言风格的形成？你满意你现有的语言风格吗？你打算如何改进你的语言风格？
（3）说说藻丽和平实风格同语体的关系。谈谈语境对这两种风格的选择方面的制约作用。
（4）举例说明繁丰和重复、简洁和苟简的区别。
（5）举例说明庄重风格和诙谐风格的主要区别。

第十六章　在广阔的修辞的田野上

常恨言语浅，不如人意深。

今朝两相视，脉脉万重心。(刘禹锡《视刀环歌》)

世尊在灵山会上，拈花示众。是时众皆默然，唯迦叶尊者破颜微笑。(《五灯会元》卷一)

关键词：符号　符号化　符号修辞　符号学　符号修辞学　符号修辞格

一　投桃报李

《诗经·卫风·木瓜》：

投我以木瓜，	She throws a quince to me;
报之以琼琚。	I give her a green jade.
匪报也，	Not in return, you see,
永以为好也。	But to show acquaintance made.
投我以木桃，	She throws a peach to me;
报之以琼瑶。	I give her a white jade.
匪报也，	Not in rcturn, you see,
永以为好也。	But to show acquaintance made.
投我以木李，	She throws a plum to me;
报之以琼玖。	I give her a jasper fair.

  匪报也，   Not in return, you see,
  永以为好也。 But to show acquaintance made.①

木瓜和琼琚，木桃和琼瑶，木李和琼玖，转化为交际的工具，信息的载体，词语句子的替代物。"投桃报李"，所投与所报，两者是等价的同义手段，双方以诚相待，心心相印，诚挚得体，和谐双赢。

  鲁迅：
    我的所爱在山腰；
  想去寻她山太高，
  低头无法泪沾袍。
  爱人赠我百蝶巾；
  回她什么：猫头鹰。
  从此翻脸不理我，
  不知何故兮使我心惊。

    我的所爱在闹市；
  想去寻她人拥挤，
  低头无法泪沾耳。
  爱人赠我双燕图；
  回她什么：冰糖葫卢（注：今作葫芦）。
  从此翻脸不理我，
  不知何故兮使我胡涂（注：今作糊涂）。

    我的所爱在河滨；
  想去寻她河水深，
  低头无法泪沾襟。
  爱人赠我金表索；

---

① 许渊冲英译《诗经》，湖南出版社 1993 年，第 122—123 页。

回她什么:发汗药。

从此翻脸不理我,

不知何故兮使我神经衰弱。

　　我的所爱在豪家;

想去寻她兮没有汽车,

摇头无法泪如麻。

爱人赠我玫瑰花;

回她什么:赤练蛇。

从此翻脸不理我,

不知何故兮——由她去罢。(《我的失恋——拟古的新打油诗》)

百蝶巾和猫头鹰,双燕图和冰糖葫芦,金表索和发汗药,玫瑰花和赤练蛇,所赠与回报之间,不同义,不等价,风马牛不相干,相互矛盾对立,结果是交际短路,"从此翻脸不理我"。这是"修辞病例"。

　　交际的工具可以是实物。作为交际工具的实物符号化了,转化为符号了。

二　空城计

　　陈寿《三国志》裴松之注引郭冲三事:"晋宣帝(司马懿)率二十万众拒亮,而与延军错道,径至前,当亮六十里所,侦候白宣帝说亮在城中兵少力弱。亮亦知宣帝垂至,已与相逼,欲前赴(魏)延军,相去又远,回迹反追,势不相及,将士失色,莫知其计。亮意气自若,敕军中皆卧旗息鼓,不得妄出庵幔,又令大开四城门,扫地却洒。宣帝常谓亮持重,而猥见势弱,疑其有伏兵,于是引兵北趣山。"空城计就是反语计。

　　罗贯中《三国演义》有一回叫"马谡拒谏失街亭　武侯弹琴退仲达"。此时的西城,只有二千五百名士兵,没有大将,真的是一座空城。但是,诸葛亮却下令:"大开四门,每一门上用二十军士,扮作百姓,洒扫街道。"司马懿来到西城："果见孔明坐于城楼之上，笑容可掬，焚香操琴。左有一童子，手捧宝剑；右有一童子，手执麈尾。城门内外，有二十余百姓，低头洒扫，傍若无人。"

京剧《空城计》，诸葛亮唱道：

【西皮二六】
我正在城楼观山景，
耳听得城外乱纷纷。
旌旗招展空翻影，
却原来是司马发来的兵。
我也曾差人去打听，
打听得司马领兵（就）往西行。
一来是马谡无谋少才能，
二来是将帅不和失街亭。
你连得三城多侥幸，
贪而无厌你又夺我的西城。
诸葛亮在敌楼把驾等，
等候了司马到此好谈（哪）谈谈心。
令人把街道打扫净，
以备着司马好屯兵。
诸葛亮无有别的敬，
早预备下羊羔美酒犒赏你的三军。
既到此就该把城进，
为什么在城外犹疑不定进退两难，
为的是何情？
只有我的琴童人两个，
我是又无有埋伏又无有兵。
你不要胡思乱想心不定，
你就来，来，来，

请上城（呃）来听我抚琴，

请上城（呃）来听我抚琴。

司马懿在城下，聆听诸葛亮的琴声和歌唱，察言观色，品味，猜摸，探究，最后下令撤退。司马懿说："亮平生谨慎，不会弄险。今大开城门，必有埋伏。我军若进，中其计也。汝辈岂知，宜速退。"（第九十五回）如果诸葛亮武装西城百姓，城头上是手执刀剑的战士，城门外，四处山野，竖立旗帜，做出早有准备，有精兵强将在的样子，这是反语。

陈寿说："军中皆卧旗息鼓，不得妄出庵幔，又令大开四城门，扫地却洒。"罗贯中说："大开四门，每一门上用二十军士，扮作百姓，洒扫街道。""城门内外，有二十余百姓，低头洒扫，傍若无人。"还是反语。诸葛亮示之以空城，诱使司马懿作反语来解读，把空城当作有埋伏的实城。诸葛亮的"空城计"的载体是符号化了的人和物与行动。

诸葛亮的空城计是一个系统工程，综合性修辞操作，核心是反语修辞格。

三 身态语和服饰语

身态语言具有丰富的信息与复杂多样的感情。身态语言的运用是一个人的身份和教养的标志。身态语言对公关人士、精英人物、外交官员，等等，尤其重要，马虎不得。《三国演义》第二十三回"祢正平裸衣骂贼"："来日，（曹）操于省厅上大宴宾客，令鼓吏挝鼓。旧吏云：'挝鼓必换新衣。'衡穿旧衣而入。遂击鼓为《渔阳三挝》。音声殊妙，渊渊有金石声。坐客听之，莫不慷慨流涕。左右喝曰：'何不更衣！'衡当面脱下旧破衣服，裸体而立，浑身尽露。坐客皆掩面。衡乃徐徐著裤，颜色不变。操叱曰：'庙堂之上，何太无礼？'衡曰：'欺君罔上，乃谓无礼。吾露父母之形，以显清白之体耳！'"祢衡不穿新衣服，穿破旧衣服，当众更衣，赤身裸体，这就是他的"语言"，他的反抗曹操的手段。衣服和行动是传达信息的载体，是交际手段的符号。

身态语言是指作为交际手段的，具有传递信息功能的面部表情和身体姿态与动作及发型和服饰等。身态语言同有声语言是同等重要的，甚至是更为重要的。身态语言经常伴随着有声语言，是有声语言的辅助手段。身态语言跟有声语言经常是一致的，但也有不一致的时候。有时甚至是身态语言为主。哑剧则仅仅运用身态语言。影视剧中，身态语言尤其重要。舞蹈是身态语言的艺术。

古印度的舞台艺术，特别重视身体表演。婆罗多在《舞论》中详细论述了多种多样的身态语言。头部动作有十三种，眼光有三十六种，眉毛动作有七种，鼻子的动作有六种，嘴唇的动作有六种，面颊的动作有七种，颈部的动作有九种。手的动作又分单手和双手，单手的动作有二十四种，双手的动作有十三种。胸部的动作有五种。足部的动作有五种。站立的姿势有六种，坐的姿势有八种。其中，我们最熟悉的是合掌。合掌表示向天神、师长和朋友致敬。举在头上，表示向天神致敬；举在面前，表示向师长致敬；举在胸前，表示向朋友致敬。①

身态语言是有时代的民族的文化的差异的。点头表示是，摇头表示否定。中国人和俄罗斯人是相同的。保加利亚人正好相反，点头不是摇头是。俄土战争时，俄罗斯士兵和保加利亚人民，都说斯拉夫语，但是需手势帮助。有俄罗斯士兵拿着小便盆问保加利亚人，是不是饭盆？保加利亚人连连点头，表示不是饭盆；俄罗斯士兵以为是饭盆，就当作饭盆了。

服装工厂制造服装。超市销售服装。顾客购买服饰。买回来后，穿戴又是一门学问——服饰修辞学。不同的人穿戴不同的服饰。同一个人不同时间和场合穿戴不同的服饰。服饰之间有个搭配组合的关系，西装与领带，长袍和马褂。一个人什么时候什么场合穿戴什么服饰，这就是服饰修辞学。服饰修辞学也是同义手段的选择的学说。指导服饰同义手段选择的原则是得体性原则。得体性，第一是符合自己的身份（年龄、

---

① 黄宝生：《印度古典诗学》，北京大学出版社1993年，第158—182页。

性别、职业、职务、教养、性格、气质），第二是适应语境（时间、场合）。服饰修辞也是修辞格的运用。服饰修辞常见的是对偶与反对偶的统一。黑色和白色强烈对照。不同服饰的相互映衬，追求和谐统一。镶嵌一些小配件，如别针、胸花、头饰。

服装是符号。中山装是孙中山倡导的。民国政府通令定中山装为礼服，规范造型，赋予新的含义。立翻领，对襟，前襟五粒扣，四个贴袋，袖口三粒扣。后片不破缝。（1）前身四个口袋表示国之四维（礼、义、廉、耻），袋盖为倒笔架，寓意是崇文兴教，以文治国。（2）门襟五粒纽扣象征"行政、立法、司法、考试、监察"五权宪法。（3）袖口三粒纽扣表示三民主义（民族、民权、民生）。（4）后背不破缝，表示国家和平统一之大义。（5）衣领为翻领封闭式，显示严谨治国的理念。（6）口袋上的四个扣子，表示人民拥有"选举、罢免、创制、复决"四权。就是说，中山装的每一个部件都是符号，都有含义。

四　镶嵌

镶嵌，是把某些现成的字、词、短语插入话语（文本）之中，增添另一层意思。斯诺的挽联：

译书尚未成功，惊闻陨星，中国何人领呐喊？
先生已经作古，痛忆旧雨，文坛从此感彷徨。

挽的是鲁迅，镶嵌《呐喊》和《彷徨》，切题。"呐喊"和"彷徨"一语双关。《一个真正的好人——纪念王一香同志》（中共江苏省委党史办）中，"一路撒香驾鹤去"（邵景元），"一树春风　香馨江东"（顾嘉禾、刘志鹏），镶嵌"一"和"香"，是纪念对象的名字。

西安莲湖公园奇园茶社：

奇乎？不奇，不奇亦奇！
园耶？是园，是园非园。

镶嵌的是这家茶社的名字"奇"和"园"。四次"奇"四次"园"，是反复，

"不奇亦奇"和"是园非园",是相反相成。镶嵌和反复与相反相成兼用。

镶嵌跟双关难分难解。离合诗就是镶嵌体诗歌。陆龟蒙：

云容覆枕无非白,水色侵矶直是蓝。
田种紫芝餐可寿,春来何事恋江南。

(《和袭美怀鹿门县名离合二首》之一)

"白"和"水"、"蓝"和"田"、"寿"和"春",不是直接成分,两者之间不发生组合关系。诗人在题目中要求读者把它们构成一个语义单位,县名：白水、蓝田、寿春。

汉语的单音节大都是语素,汉语的词序是重要的语法手段,汉语没有形态,词和语素的组合非常灵活,这给镶嵌提供了广阔的天地,说写汉语的人又特喜欢镶嵌等游戏色彩浓厚的修辞格。吴承恩《西游记》：

石打乌头粉碎,沙飞海马俱伤。人参官桂岭前忙,血染朱砂地上。
附子难归故里,槟榔怎得还乡？尸骸轻粉卧沙场,红娘子家中盼望。

(第二十八回)

"乌头、海马、人参、官桂、朱砂、附子、槟榔、轻粉、红娘子"都是中药名词。《西游记》第二十九回标题"脱难江流来国土　承恩八戒转山林","承恩"二字有点儿怪怪的。可以认为是：吴承恩把自己的名字镶嵌到标题上了。在康有为迁葬仪式上,刘海粟对报社记者说,他很喜欢自己拟的碑文："我很满意,你看,'公生于南海,归之于黄海。吾从公兮上海,吾铭公兮历沧海,文章功业,彪炳千载。'我的名字里有一个'海'字,所以我几乎一句写进一个'海'……说完,海粟老人笑了……"(李洁《康有为遗颅沉浮记》)刘海粟得意的是他运用镶嵌的修辞格,把他的名字放进了碑文之中。

镶嵌常常被指责为文字游戏,其实所有的修辞格都具有游戏的功能。人是游戏的动物。人不能没有游戏。顶针是游戏手段。暗喻是谜语的重要手法。不能因为镶嵌具有游戏功能,经常运用于游戏,就否定它。

镶嵌的单位不限于词句。《红楼梦》第五十三回,春节之前,贾蓉展开乌庄头送的年礼的单子：

大鹿三十只,獐子五十只,狍子五十只,暹猪二十个,汤猪二十个,龙猪二十个,野猪二十个,家腊猪二十个,野羊二十个,青羊二十个,家汤羊二十个,家风羊二十个,鲟鳇鱼二百个,各色杂鱼二百斤,活鸡、鸭、鹅各二百只,风鸡、鸭、鹅二百只,野鸡、兔子各二百对,熊掌二十对,鹿筋二十斤,海参五十斤,鹿舌五十条,牛舌五十条,蛏干二十斤,榛、松、桃、杏瓤各二口袋,大对虾五十对,干虾二百斤,银霜炭上等选用一千斤、中等二千斤,柴炭三万斤,御田胭脂米二石,碧糯五十斛,白糯五十斛,粉粳五十斛,杂色粱谷五十斛,下用常米一千石,各色干菜一车,外卖粱谷、牲口各项折银二千五百两。外门下孝敬哥儿玩意儿:活鹿两对,活白兔四对,黑兔四对,活锦鸡两对,西洋鸭两对。

出现在这里的这张年礼单子是镶嵌修辞。

长篇小说等大型文本中,常插入笑话和故事,如《红楼梦》第七十五回,贾政讲的怕老婆的笑话,也是镶嵌。

插入诗词是章回体小说的镶嵌模式。如《三国演义》第二十一回"曹操煮酒论英雄":"后人有诗赞曰:'勉从虎穴暂趋身,说破英雄惊杀人。巧借闻雷来掩饰,随机应变信如神。'"

镶嵌是工艺品最重要的制作方式之一。

镶嵌是修饰打扮的手段,最常见的是耳环。

五 图示

图示,指用图形符号代替语言中的词语。鲁迅杂文题目是:《"……""□□□□"论补》。运用"……""□□□□"代替词语。再如:

①现在我将《张资平全集》和"小说学"的精华,提炼在下面,遥献这些崇拜家,算是"望梅止渴"云。那就是——△

(鲁迅《张资平氏的"小说学"》)

②△△△△△

△△△△

她们么？

是我情天底流星，

倏然起灭于蔚蓝空里。　　　　　（宗白华《赠童时女友》）

③初七那天上午，双双又上工地，她担心自己回来晚，临走时在门上写着：

🔑　在老地方

👧　在四婶家

你要回来，可先把火打开，添上锅，面和和。

（李准《李双双小传》）

图形读不出声音来，却别有风味，有词语所不能有的效果。这可以认为是广义的借代。图示修辞格可以看作是图形符号的词语化。

美国诗人庞德（Ezra Pound），"感兴趣于中国的象形文字，视其为可能标志着语言图像作用之极限的诗歌模式。"[①]《比萨诗章》多次直接插入象形汉字，例如：

④在　　　　　　　醻

　　话语中

　　　重要的是　達

⑤闪耀的黎明 旦 在茅屋上

　　　次日

　　　　又绞架看护的影子

⑥　　社稷整治

　　尽管不常，却为

　　事物遵循着某种水准

[①] ［美］W. J. T. 米歇尔：《图像学》，陈永国译，北京大学出版社2012年，第32页。

```
    Chung    中
        居之中
    不管垂直还是水平
```

汉字在英语文本中,是图形,庞德《比萨诗章》中汉字是英语诗歌中的图示修辞。

图形在网络语体中得到了广泛的运用,从临时的修辞用法逐步固定化,修辞手段逐步词汇化,成为网络语体的常规手段。网络时代,手机交际,图示常态化。图示里应有尽有,使用起来极其方便。新闻发布会,网络营销活动,图像视频是不可缺少的手段。

六　象征符号

歌曲《龙的传人》:

　　遥远的东方有一条江,
　　它的名字就叫长江。
　　遥远的东方有一条河,
　　它的名字就叫黄河。
　　……
　　古老的东方有一条龙,
　　它的名字就叫中国。
　　古老的东方有一群人,
　　他们全都是龙的传人。
　　巨龙脚底下我成长,
　　长成以后是龙的传人。
　　黑眼睛黑头发黄皮肤,
　　永永远远是龙的传人。
　　……
　　巨龙巨龙你擦亮眼

永永远远地擦亮眼,
巨龙巨龙你擦亮眼,
永永远远地擦亮眼。

龙是中国的象征。《龙的传人》是象征之歌。

象征,拉丁语是:symbolon,意思是特征、标志。具体事物表现抽象的意义。红色象征喜事,象征革命。白色象征丧事,象征反革命。鸽子和橄榄枝象征和平。大棒象征暴力。胡萝卜象征亲善实惠。南京马路上的老梧桐树大多是三岔的,据说栽种时是为了象征三民主义。北极熊是俄罗斯的象征。约翰牛象征英国。雄鸡是法国的象征。美国,驴子象征民主党,大象象征共和党。孙悟空的金箍棒和紧箍咒都是象征。《西游记》第十四回"六贼无踪",那人道:"你是不知,我说与你听:一个唤做眼看喜,一个唤做耳听怒,一个唤做鼻嗅爱,一个唤做舌尝思,一个唤做意见欲,一个唤做身本忧。"悟空笑道:"原来是六个毛贼!你却不认得我这出家人是你的主人公,你倒来挡路。"六个毛贼象征人的六种本能,剿灭六种本能,"心猿"孙悟空才能够走上"归正"之路。鲁迅在《药》中在烈士夏瑜的坟上平添上了一个花环,象征着烈士永远活在人们心间,革命自有后来人。鲁迅说这是"用了曲笔"。"曲笔"就是委婉。

中国传统文化中,蝙蝠象征着幸福[图(1)],发菜象征着发财,鱼象征着富裕,松鹤象征长寿[图(2)],荷花象征和睦[图(3)]。

(1)清居巢《五福图》

(2)徐悲鸿《松鹤图》

(3)《家和万事兴》

猪的文化形象是肥的、脏的、贪睡的、好吃的、偷懒的。猴子的文化形象是瘦的、机灵的。羊是温柔的。兔子是胆小的。狐狸是狡猾的。社会文化意义是社会集体的,个人不能随意改变的。尽管猪也有瘦的,猴子也有肥的,兔子也有勇敢的。但是,我们绝不说:"他肥得像猴子。他瘦得像头猪。他像兔子一样勇敢。他像绵羊一样凶狠。"

象征是标题常用的。如:《橘颂》(屈原),《白杨礼赞》(茅盾),《海燕》(高尔基),《百合花》(茹志鹃),《苦菜花》和《迎春花》(冯德英),《巍巍太行山》(刘白羽),《茶花赋》(杨朔),《井冈翠竹》(袁鹰),等等。

象征有民族的差异。哈达是藏族和部分蒙古族人表示敬意和祝贺用的长条丝巾或纱巾,常见是白色的,但也有黄色的蓝色的。五彩哈达是献给菩萨和近亲时做彩箭用的,是最珍贵的礼物。在中国,苹果象征平平安安,问候病人的最佳礼物。西方文化,"象征爱情,诱惑,丰饶,女性美,完美,宇宙,话语,统治世界,战胜死亡,基督拯救"。(德国玛丽安娜《植物的象征》)而草莓,"象征犯罪的诱惑,谦逊的美丽,完美的人,精神的果实,基督的血,玛利亚的童贞,谦卑与虚心,诅咒以及灵魂的得救,其叶象征:三位一体"。(同上)我们吃草莓时,是不会联想到这些意义的。玛丽安娜注意到象征的地区和文化的差异:葫芦,"象征:(中国)长寿,肉身不死,太极,神力,医术,(非洲)世界,子宫,(基督教)拯救与神的赐福,丰饶,成熟,虚幻的空想,暴发户,愚蠢。"(同上)

七 比拟行事

根据普鲁培克(Phutarch)记载,亚里士多德说:"尊重希腊人如朋友和亲人,但对其他人,则应视为植物或动物。"① 把非希腊人当作植物或动物,这就是拟物。奴隶制社会里,把奴隶当作会说话的工具,这是拟物。奴

---

① [美]罗伯特·赖特著:《非零和年代——人类幸运的逻辑》,李淑君译,上海人民出版社2013年,第231页。

隶制社会是拟物制社会。贩卖奴隶的奴隶贩子眼中，奴隶市场上拍卖的奴隶，不是人，是物。

恩格斯说："在幼里披底斯的诗中，把妻叫做'奥依库来马'（Oikurema），即做家务的一种物件的意思（此字为一中性名词），而在雅典人看来，妻除生育子女以外，不过是一个婢女的头领而已……"① "妻子"是中性名词，把妻子当作一种物件，就是拟物修辞格。唐李冗《独异志》记载，曹操的儿子曹彰，喜欢上一匹骏马。提出："余有美妾可换，唯君所选。"马主看中曹彰的一个小妾，曹彰就用小妾换了一匹骏马。典故"爱妾换马"肯定曹彰，赞美为豪放。把爱妾当作马，这是拟物。

拟人是人际关系的一种方式。"情同手足"，拟人，把非手足当作手足。"刘关张桃园三结义"，三个非亲兄弟运用结拜形式亲兄弟化。结拜关系是比拟。收养制度是比拟。"养父"、"养母"、"养子"、"干爹"、"干妈"、"义结金兰"、"拜把子兄弟"，把一种人当作另一种人，是拟人。战士对牺牲的战友的父母说："就把我当作您们的儿子吧！我就是您们的儿子！您们就是我的爸爸妈妈！"这是拟人。单向的拟人，把某种地位强加于某人，必将引发矛盾冲突。"你把我当作什么人啦？""你把当作你的仆人啦？我又不是你的保姆！""你把我当作你爸爸啦！我可不是你的爸爸，我才不管你呢！""你把我当作你儿子啦！我又不是你的儿子！"

《参考消息》（2021年1月13日）中一篇文章标题为《违规"遛人"》。"遛人"是"遛狗"的仿拟词。报道说：加拿大警方对一名女子处以罚款。这名女子一心想钻宵禁规定的空子，牵着一名用狗绳拴着的男子出门散步。加拿大魁北克省自晚上8点实施宵禁，以减缓新冠病毒的传播，但允许居民在家附近遛狗。……当地警方责问她时，她面不改色回答说自己"在遛狗"。把人当作狗来遛，这是拟物。媒体上报道说，某国的一个富豪，用狗绳拴着一名年轻女子，在马路上"遛人"。把女人

---

① 恩格斯：《家庭、私有制和国家的起源》，人民出版社1954年，第61页。

当作狗,是拟物。

比拟是人生的需要。当我们面临缺失的时候,往往找一个替代物,当作我们所需要的所渴望的那个物,尽管心中清楚地知道不是。这就是"比拟行事"。

八 符号和符号学

人是运用符号的动物。运用符号是人同动物的区别之所在。语言是音义结合的符号系统。语言是人类运用的符号中最重要的一种。人类运用的符号是多种多样的,图画、手势、身态、眼神、服饰、礼仪等都是符号。符号是人类生存的手段,人是"符号人"。说人是符号的动物时,符号包括语言在内,这是广义的符号。排除语言,仅仅指语言之外的其他符号,这是狭义的符号。

离开符号,人几乎无法生存。人的世界是符号世界。恩斯特·卡西尔说:"所有这些文化形式都是符号形式。因此,我们应当把人定义为符号的动物(animal symbolicum)来取代把人定义为理性的动物。只有这样,我们才能指明人的独特之处,也才能理解对人开放的新路——通向文化之路。"①

符号是具有指代某物的功能的事物。符号是能指和所指构成的统一体。能指是所指的载体,所指是能指所承载的内容。符号联系的关涉的事物,可以叫作"关涉物"。所指≠符号、能指≠符号、能指+所指=符号。所指≠事物(关涉物),事物(关涉物)不在符号之中,在符号之外。手机里充满多种多样的符号,但是,空无一物。

鱼、糕、枣子、白果、石榴、苹果、橘子、梨子、红豆、灯笼、菖蒲、艾条、粽子、水饺、大拇指、中华结、八卦图、阴阳鱼、比目鱼、连理枝,都是符号,

---

① [德]恩斯特·卡西尔:《人论》,甘阳译,上海译文出版社1985年,第34页。

中华文化特有的标记。

危险的符号，如下图：

人具有把非符号符号化的能力。《世说新语》中记载，晋卫展主政浔阳，有个老朋友投奔他，想得到一官半职。卫展不搭理他。这人离去时，卫展赠送一斤王不留行。《本草纲目》说，王不留行"性走而不住，虽有王命不能留其行，故名。"卫展把中药材化为符号："不留，走人。"人是善于把事物符号化的动物。是人都会把物符号化。把物符号化是生成的需要。2021年，新冠病毒流行期间，在欧美，口罩被符号化，戴口罩和不戴、反对戴口罩的尖锐对立着。碰胳膊被符号化，成为新社交方式，作为握手和拥抱的同义手段。

符号学是以符号为研究对象的学科。符号学分为：符号语义学、符号语法学、符号语用学。符号语义学研究符号同符号之外的世界的相互关系。符号之间有同形异义和同义异形现象，符号不全是单义的，有同义符号、多义符号和反义符号。中华文化中，红豆、并蒂花、连理枝、鸳鸯、蝴蝶都是爱情的符号。符号语法学研究符号内部的符号同符号之间的关系，即符号组合的规律规则。符号之间有相连关系的，可以同时出现。具有相离关系的符号，不可以同时出现在同一个语境之中。红绿灯之间是相离关系，红灯和绿灯绝对不可同时出现。端午节时，同时插菖蒲和艾条，菖蒲和艾条之间具有相连关系。符号语用学是研究符号同使用符号的人之间的关系，是符号运用的学问，是研究符号功能的学问。符号学的修辞学是属于符号语用学的，是符号学中必不可少的组成部分。

符号学是多种多样的，例如：文化符号学、人类符号学、社会符号学、翻译符号学、生物符号学、动物符号学、生态符号学、影视符号学、图像符号学、运动和动作符号学、味觉符号学、触觉符号学、嗅觉符号学、副语言符号学、科技符号学、艺术符号学、文学符号学、礼仪符号学、时装符号学、历史符号学、建筑工程符号学等。广义符号学包含语言学,语言学是其中最重要的一种。排除语言学之后的符号学,是狭义符号学,语言学同符号学是并列关系。

九　符号修辞学

　　语言学的修辞学是语言学的组成部分。符号学的修辞学是符号学的组成部分。符号修辞学是有效运用符号的学科,是以符号为信息载体的修辞学。有多种多样的符号学,就有多种多样的符号修辞学。如:身态修辞学、礼仪修辞学、服饰修辞学、建筑修辞学、绘画修辞学、音乐修辞学、影视修辞学、文化修辞学等。文化是同自然相对的,凡是人类创造的事物,都是文化。那么,文化符号的范围就是非常广泛的,文化符号学的修辞学的范围当然就是非常广泛的。

　　语言学的修辞学和符号学的修辞学是相通的。两者都是提高表达效果的规律规则的体系,有效运用载体的学说,都是同义手段选择的学问。两种修辞学由于载体的不同,必然有所不同,但是异中有同,同中有异,而且同大于异,大同小异。诚信得体也是符号运用的基本原则。

　　语言的修辞格和符号的修辞格是相通的。鲁迅说:"漫画要使人一目了然,所以那最普通的方法是'夸张',但又不是胡闹。无缘无故的将所攻击或暴露的对象画作一头驴,恰如拍马家将所拍的对象做成一个神一样,是毫没有效果的,假如那对象其实并无驴气或神气息。然而如果真有些驴气息,那就糟了,从此之后,越看越像,比读一本做得很厚的传记还明白。关于事件的漫画,也一样的。所以漫画虽然有些夸张,却还是要诚实。'燕山雪花大如席',是夸张,但燕山究竟有雪花,就含着一点诚实在里面,使我们立刻知道燕山原来有这么冷。如果说'广州雪花大如席',那可就变成笑话了。"(《漫谈"漫画"》)鲁迅论述的话题是漫画,例子是李白的诗歌。论述漫画却使用诗歌的例子,这是因为夸张是诗歌和漫画的共同的手法。诗歌(语言的,听觉的)的夸张和漫画(视觉的,图形的)夸张,本质上是相同的,不同的只是载体有别。

漫画的特征是夸张。例如:

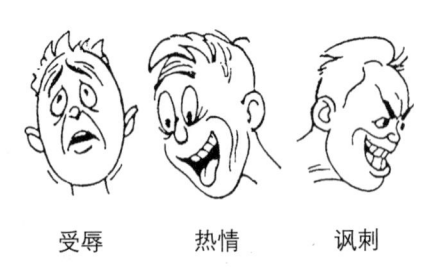

受辱　　　热情　　　讽刺

符号修辞格是有效运用符号的固定格式。《三国演义》:"孔明乃取巾帼并妇人缟素之服,盛于大盒之内,修书一封,遣人送至魏寨。""司马懿看毕,心中大怒,乃佯笑曰:'孔明视我为妇人耶?'"(第一百零三回)诸葛亮送司马懿女式服装,把服饰符号化,嘲笑司马懿像个小女子。司马懿把女式服饰当作符号来解读:"孔明视我为妇人"。这是比喻,魏军统帅司马懿像一个小女人。这个比喻是通过借代来完成的,女式服饰跟女子有相关关系。这是借代修辞格。司马懿接受"巾帼并妇人缟素之服",就等于承认自己是女人。

修辞格存在于所有的符号的运用之中。一切符号的运用都少不了修辞格。对偶、排比、反复、递进、镶嵌等是建筑、工艺美术、室内装潢、时装设计、图形设计、广告制作等不可缺少的。

语言的修辞格和符号的修辞格,因为载体不同,必然会有所不同,但是本质上是一致的,同大于异。不同的符号的修辞格,也同样是同大于异。因此可以分别研究不同符号运用中的修辞格,但是更重要的是建立共同的符号修辞格,在语言的修辞格和符号的修辞格之上建立普通修辞格。

十　手机修辞大世界

高科技的时代，人们生活在网络中。网络的时代，出现了新的交际方式，如在家办公、线上教学、太空教学、视频会议、"云外交"等。

现代人已经离不开手机了。一部手机打天下：打车、打卡、打电话。购物、销售。存款、取钱。闲聊谈天摆龙门阵。交友、恋爱。斗嘴、吵架。诈骗、诬陷。辩论、讲演。造谣、传谣。恐吓、辱骂。写作、阅读。找美食、找酒店。旅游、云旅游。电子支付。交通码、社保卡。手机靠的是后台网络和社交软件的强大。

手机开启了交际新模式，开创了修辞的新世界。交际，可以一对一，可以一对多。可以是熟人，可以是陌生人、毫无关系的人。手机交际是现实的，也是虚拟的，真真假假的。手机用户完全不需要眉眼操劳，现成的表情符号丰富多彩，自由选择，方便极了。手机交际超越了常识，颠覆了时空。手机信息的传播速度是空前的，一秒钟之间，传遍全世界。效果是立竿见影的，一瞬间，无名丑小鸭，顿时红遍大江南北、世界五大洲，顿时网红了白天鹅了。手机交际，载体五花八门，形形色色，光怪陆离。手机传播真善美，也制造假恶丑，也传播谎言谣言。手机交际有双赢的，也有零和的。手机交际成就了人，也会毁了人。有人抗拒手机，有人痴迷于沉浸于沉溺于手机，离开手机没法活。手机是信息的大海洋。弄潮儿在手机的信息大海里游泳，手把红旗旗不湿。有人被大量信息吞没了，坑害死了。朋友圈微信群像自家的客厅沙龙，像农村的集市庙会，像都市里的超市大卖场，各种各样的信息商品的集散地与交易中心。手机是现代高科技生活的一个窗口。手机是新修辞现象的发源地与集散地，因此更应关注手机的修辞，"机友"们。

歌德《浮士德》中的梅非斯特说："理论全是灰色的，朋友，生命的金树长青。"（郭沫若译）我们的汉语修辞学是灰色的，汉语修辞的金树长青。走出灰色的汉语修辞学，奔向修辞金树吧！

何其芳高歌:"生活是多么广阔,/生活又多么芬芳,/凡是有生活的地方就有快乐和宝藏。"(《生活是多么广阔》)让我们接着高声歌唱:

> 修辞海洋是多么广阔,
> 修辞花园又多么芬芳,
> 凡是有修辞的地方,
> 就有修辞学的宝藏。

到修辞的花园徜徉,悦目怡情赏心;到修辞的海洋里去,潜水冲浪扬帆远航。

网络上,语言文字同一切符号水乳交融,包容包含,融为一体,难兄难弟,难分难解,你中有我,我中有你。

修辞和修辞学与时俱进,地球村时代,互联网时代,智能手机的时代,时空关系改变了,交际场复杂多样,交际符号多元化,信息载体繁杂多样了,信息传递的方式多元化,出现新的交际方式,出现新的修辞方式,呼唤着新的修辞学。理论是滞后的。理论无法阐释所有的现象。现有的修辞学理论不能满足交际的需要。修辞的金树呼唤新的修辞学理论。创建新的修辞学理论是修辞学工作者的任务,也是所有交际者的事情。

小手机是修辞大世界。仲宣禅师手举拂子说:"看看!山河大地,日月星辰,若凡若圣,是人是物,尽在拂子头上一毛端里出入游戏,诸人还见么?"(《五灯会元》)今天,也可以说:"看看!山河大地,日月星辰,若凡若圣,是人是物,尽在我们的手掌上的小小手机中出入游戏,小姐们、女士们、先生们,你们还见吗?"

十一　真话和假话与美言和善言

鲁迅:

> 我梦见自己正在小学校的讲堂上预备作文,向老师请教立论的方法。
>
> "难!"老师从眼镜圈外斜射出眼光来,看着我,说。"我告诉你

一件事——

"一家人家生了一个男孩,合家高兴透顶了。满月的时候,抱出来给客人看,——大概自然是想得一点好兆头。

"一个说:'这孩子将来要发财的。'他于是得到一番感谢。

"一个说:'这孩子将来要做官的。'他于是收回几句恭维。

"一个说:'这孩子将来是要死的。'他于是得到一顿大家合力的痛打。

"说要死是必然的,说富贵是许谎。但说谎的得好报,说必然的遭打。你……"

"我愿意既不谎人,也不遭打。那么,老师,我得怎么说呢?"

"那么,你得说:'啊呀!这孩子呵!您瞧!多么……阿唷!哈哈! Hehe! he, hehehehe!'" (《立论》)

摆开鲁迅的本意,这是对修辞的一个挑战。可以思考:

(1)说真话,真话可以虚说。不说假话,辨识假话。

(2)说人话,不说鬼话。

(3)说这小孩将来要发财,要做官的,有可容许性。客套话场面上的话并不等同于假话。

(4)在人家小孩满月时,说:"这孩子将来是要死的。"是真话,但是不是人话。

(5)"……阿唷!哈哈! Hehe! he, hehehehe!"式表达在特定语境里是合适的。

换个角度说,就是修辞需要辩证法。

十二　修辞辩证法

杜甫说:"为人性僻耽佳句,语不惊人死不休。"(《江上值水如海势聊短述》)值得敬佩。但是杜甫也只是诗歌创作时才"语不惊人死不休"的,家人闲谈时是不会"语不惊人死不休"的。对大多数人来说,对修辞的过分追求是大可不必的。《庄子》中说:"筌者,所以在鱼,得鱼而忘筌;蹄者,所以在兔,得兔而忘蹄;言者,所以在意,得意而忘言。吾安得夫忘言之人而与之言哉!"(《外物》)筌是捕鱼的工具,使用捕鱼的工具,目的是要捕鱼。捕捉到鱼了,就应当丢开捕鱼的工具,去烹饪鱼品尝鱼享受鱼。抓兔子的工具叫作蹄,使用蹄,目的是捉兔子。捉到了兔子,就去烧烤兔子吧。语言是表情达意的手段,不是交际的目的。不应当把语言形式当作交际的目的,更不可作为人生的最高追求。孔子说得好,"辞达而已"。《水浒传》(七十回本)最后的一句话是:"语不惊人也便休。"大多数交际活动是不必"语不惊人死不休"的。

说到修辞,就会想到"推敲"和贾岛。贾岛:"鸟宿池边树,僧敲月下门。"(《题李凝幽居》)"敲门","推门",哪个好?骑驴吟诗,行走在长安城,贾岛苦苦思索着。毛驴撞到了京兆尹(首都行政长官)韩愈大人。韩愈认为是"僧敲月下门"好,"敲"有声音。但是,也许"推"字更好,"敲"打破宁静的夜的世界,破坏了和谐。轻轻地一"推",悄悄地归来,融进宇宙之中,宁静和谐。贾岛说:"二句三年得,一吟双泪流。知音如不赏,归卧故山秋。"(《题诗后》)还有两句是:"独行潭底影,数息树边身。"(《送无可上人》)但是,喜欢这两句的人并不多。贾岛精神不宜过度推崇。

辞不可不修,但,不可太修辞。该修辞的修,认真地修。不该修辞的,就不修。不需要修辞的,修辞了,则适得其反。零距离的人们之间,不可太修辞。丰子恺说:"人们谈话的时候,往往言来语去,顾虑周至,防卫严密,用意深刻,同下棋一样。我觉得太紧张,太可怕了,只得默然不语。安得几个朋友,不用下棋法来谈话,而各舒展其心灵相示,像开在太阳光中的花一样。"(《随感五则》)

说是修辞,不说也是修辞。沉默是金。刘禹锡:常恨言语浅,不如人意深。今朝两相视,脉脉万重心。(《视刀环歌》)何等的境界呀。

修辞是重要的,但不是万能的。不可迷信修辞。陆游说:"汝果欲学诗,工夫在诗外。"(《示子遹》)修辞在修辞学论著之外。

十三　多种多样的修辞学

西方修辞学空前繁荣，大大扩大了修辞学的领域。新的修辞学如雨后春笋：阐释修辞学、发生修辞学、接受修辞学、心理修辞学、认知修辞学、数理修辞学、动机修辞学、比较修辞学、运动修辞学、转换—生成修辞学、功能修辞学、结构修辞学、建构修辞学、话语修辞学、小说修辞学、新闻修辞学、政治修辞学、国家舆论修辞学、批评修辞学、民俗修辞学、对抗修辞学、肌肤修辞学、身体修辞学、法律修辞学、黑人权利修辞学等。现代修辞学在西方显赫一时。美国莫兰和巴利夫（Moran, Ballif）认为：20世纪可以被描述为一个修辞学的世纪。阿玛达说："修辞学家已经提升了修辞学，并授予她以至高无上的名义，即在修辞学的名义下，人人都屈膝膜拜，无论是在天上，在地上，还是在地下。人人都得承认，修辞学是人文科学的女王。"从莱庭、魏海燕说："西方修辞学重新登上了女王宝座，给自己戴上了女王的桂冠。"①

美国学者雅克·巴尔赞（Jacques Barzun, 1902—2012）嘲讽地说："如今，修辞学已经卷土重来，但是具有不同的对象。Rhetor这个古老的词的意思是'我说'，然而，现代修辞使用者感兴趣的不是说话者，而是听众或者读者。修辞进入了分析和阐释，而且并非仅仅限于文本，它设法进入了所有的常规之中。'新修辞学，'一位修辞爱好者说，'不是文学的组成部分，它关注的是所有领域之中非正式推理的使用。'实际上，它声称对哲学和伦理学产生了革命性影响。你不用多费功夫，就能发现题为'这样修辞'和'那样修辞'的图书和文章，诸如此类的'这样'和'那样'与语言根本没有什么关系。既然现在研究的是如何使接受者受到震撼，产生反应，我们可能很快期望见到关于'风湿病的修辞'的著

---

① 从莱庭、魏海燕主编：《后现代西方修辞学》，中央编译出版社2021年，第175、176、172页。

作,而不是任何返回原来称为'语法与修辞'——它讲授如何写说明、概述、叙事和论说文字的原则——这类教科书的迹象。"①

我们应当密切关注修辞学的发展。先不必急于加以抨击,也不可盲目跟风。坚持自己的阵地,但不抱残守缺。要勇于开拓,开拓修辞学的新领域,但不急于求成,不好大喜功,不盲目冒进。从容点好。

"且听下回分解",暂时没有了。"修行在自身"。后会有期。

小　　结

(1) 汉语修辞学是以汉语言文字为载体的。从汉语修辞学,可走向其他语言的修辞学,也可以走入符号的修辞学。
(2) 汉语修辞学也在身态语和服饰语之中。
(3) 我们生活在图像的世界之中,图像修辞格影响着我们的生活。
(4) 修辞学是时候走进手机了。

思考与练习

(1) 谈谈礼仪习俗的修辞格。
(2) 谈谈绘画图像的修辞格。
(3) 谈谈身态语言的修辞问题。
(4) 谈谈服饰中的修辞现象。
(5) 说说语言文字的修辞同符号与实物之间的关联。

---

① [美]雅克·巴尔赞著:《我们应有的文化》,严忠志译,中信出版社2014年,第176—177页。

参考文献

[1] 陈望道：《修辞学发凡》，上海教育出版社 1976 年。
[2] 从莱庭、徐亚鲁编著：《西方修辞学》，上海外语教育出版社 2007 年。
[3] 从莱庭、魏海燕主编：《后现代西方修辞学》，中央编译出版社 2021 年。
[4] 何伟棠主编：《王希杰修辞学论集》，广东高等教育出版社 2000 年。
[5] 黄庆萱：《修辞学》(增订三版)，台湾三民书局 2004 年。
[6] 李颔蕾：《辞格新论》，黑龙江人民出版社 2004 年。
[7] 李维琦：《修辞学（古汉语）》，湖南师范大学出版社 2012 年。
[8] 吕叔湘、朱德熙：《语法修辞讲话》，中国青年出版社 1953 年。
[9] 倪宝元：《修辞》，浙江教育出版社 1980 年。
[10] 倪宝元主编：《大学修辞》，上海教育出版社 1994 年。
[11] 尼采：《古修辞学描述》，上海人民出版社 2001 年。
[12] 聂焱：《广义同义修辞学》，中国社会科学出版社 2009 年。
[13] 聂焱主编：《三一语言学导论》，宁夏人民教育出版社 2008 年。
[14] 沈谦：《修辞学》，台湾五南图书出版有限公司 2010 年。
[15] 唐钺：《修辞格》，商务印书馆 1923 年。
[16] 王希杰：《修辞学通论》，南京大学出版社 1996 年。
[17] 王希杰：《修辞学导论》，湖南师范大学出版社 2011 年。
[18] 王易：《修辞学通诠》，神州国光社 1930 年。
[19] 武占坤：《汉语修辞学新论》，白山出版社 1999 年。
[20] 西塞罗：《西塞罗全集·修辞学卷》，人民出版社 2007 年。
[21] 肖书文：《中日现代修辞学对比研究——以王希杰和佐藤信夫为例》，人民出版社 2013 年。
[22] 亚里士多德：《修辞学》，罗念生译，生活·读书·新知三联书店 1991 年。
[23] 亚里士多德：《修辞术·亚历山大·论诗》，颜一、崔延强译，中国人民大

学出版社 2003 年。

[24] 杨树达：《汉文文言修辞学》，湖南师范大学出版社 2012 年。
[25] 袁晖：《二十世纪汉语修辞学》，书海出版社 2000 年。
[26] 郑奠、谭全基：《古汉语修辞学资料汇编》，商务印书馆 1980 年。
[27] 郑子瑜：《中国修辞学史稿》，台湾文史哲出版社 1990 年。
[28] 张弓：《现代汉语修辞学》，天津人民出版社 1963 年。
[29] 张志公：《修辞概要》，上海教育出版社 1982 年。
[30] 周振甫：《中国修辞学史》，商务印书馆 1991 年。
[31] 佐藤信夫：《修辞感觉》，肖书文译，商务印书馆 2023 年。
[32] 佐藤信夫：《修辞认识》，肖书文译，重庆大学出版社 2013 年。

后　记

一

二十年前，我才二十岁，还是大学低年级学生，便开始对汉语修辞学发生了兴趣。就是那一年，我在《中国语文》杂志上发表了《列举和分承》、《鲁迅作品中的一种修辞手法——反复》。本书中的某些材料，也正是那时搜集的，如关于某些外国名著的不同译本的比较，鲁迅、曹禺等语言大师对自己的作品的修改等。

二十年过去了，我已是四十岁的人了，只能拿出这样一本不像样的东西来，这是很叫我惭愧的事。我诚恳地希望专家和读者们对本书提出批评建议。我，年纪上是中年而学问上还是青年，愿意同读者一同前进。我把本书作为一个起点，而且是一个不太高明的起点，以后一定要努力地工作，把事情做得更好一些。但愿再过二十年后能拿出一点稍微像样的东西。

在课堂教学和教材编写过程中，我曾经参考了许多前辈专家和同辈同行们的专著和论文。由于不是学术专著，没有一一注明，在这里一总向他们表示我衷心的感谢。在编写和修改此书的过程中，我深深体会到：只有认真吸取前人研究的成果，我们才有可能前进一步。

1980 年 11 月
于南京大学

二

《汉语修辞学》出版于 1983 年 12 月。草创于 1974 年 5 月。2004 年出版修订本。2014 年出版第三版。日本加藤阿幸教授等将修订本译为日文，书名为《中国语修辞学》，2016 年出版。

第四版即将完成的深夜里，仿佛回到学生时代。想到钱小云（玄）老师，1960 年发表《列举和分承》和《鲁迅作品中的一种修辞手法——反复》，是钱主任激发的学术氛围的产物。想到洪诚老师（教我们古代汉语、汉语史）、黄淬伯老师（教我们音韵学和语音史）和徐家婷老师（教我们文字学），他们的朴学精神，我受用终生。时至今日，还习惯性地收集语言资料。想到岑麒祥老师，他教我们普通语言学和语言学史。

想到方光焘老师，他教我们语法理论，是我的学年论文和毕业论文的指导教师，是我毕业后工作的语法理论研究室的主任。方先生带领我们学习索绪尔和叶尔姆斯列夫，跟高名凯先生争论语言和言语，同朱德熙先生争论《说"的"》，并研讨结构主义。在方先生的指导下，写的《略论语言和言语及其相互关系》，贯穿在《汉语修辞学》之中。

第四版中还保存着大学生时候的想法和收集的资料，还坚持参加语言和言语讨论时候的基本观点，夜深人静之时，想到这里，别有一番滋味在心头。

想到吕叔湘先生。他是《中国语文》的主编，1960 年发表我的两篇文章，促使我走上语言学之路。他为《汉语修辞学》作序，激励我坚持修辞学研究。想到吕先生的期望，我不敢沾沾自喜，努力做得更好点。

第四版并不是很满意的。但是，没有遗憾，世上本没有完满的事物。一切都是相对的，都是进化过程中的一个环节。我想老师们该不会责备我的。我尽力了。

静静地等待第四版的是，在更好的修辞学出现之时，消逝，悄悄地。

2022 年 3 月 22 日夜
面对着窗外的秦淮河